中古社會經濟生活史稿

官德祥　著

總序

上世紀中葉，中國學術發展處於極其複雜的環境，新舊思想產生抗拒，卻又漸漸融和。學術研究方式惶惑於東西方模式，傳統與新式的路口中。一九四九年始，一群國內著名學者移遷香港，推展教育及學術，成就了北學南來的局面。錢穆先生的「新亞群組」就是其中一員，網羅頂尖兒的學者共同奮進，延續學術命脈。在錢穆先生等學者帶動及包融下，香港成為繼承中華文化及發展新儒學重要地方。

新亞書院及新亞研究所在港先後成立（1949及1953），研究所現址在土瓜灣農圃道是由國際著名的耶魯大學，及福特基金募捐所得。六十年代，新亞書院加入中文大學，成為了香港中文大學奠基的一員。一九七三年，成立新亞中學，同屬於新亞文化教育會之下的教育機構，目的是通過重組，以保持均衡而有聯繫性的中學至研究所教育的組織。

加入中大後，錢穆先生發覺中文大學的辦學理念與新亞書院創校的目的分歧甚大。遂於一九六三年，辭任中大新亞書院院長之職。一九八三年成立本院「新亞文商書院」，繼續以書院模式營運大學教育。在院教授老師，傳授知識道德，除耳提面命外，對同學的道德行為，心理發展，事業發展，承繼傳統文化等各方面均有所關顧。

本院出版《新亞文商學術叢刊》就是要保存不偏不倚的純學術研究刊物，舉凡有關中國文化、思想、經濟、歷史、文學、哲學、社會狀態發展與研究等，持平而具突破創新，有一定的學術水平者，本院因應院方財政狀況，資助及協助其著作出版。

二十一世紀，面對新的局面，資訊發達，對傳統學術研究帶來挑戰。

本院期望，能協助致力於學術研究，為中華文化出力，繼承新亞先賢的學術傳統，開拓未來發展道路的學者，建立園地，集中發表其學術成就，並方便學者透過此平臺，互相交流。所有出版書籍，均需要有學者專家推薦，院方才列入叢刊系列出版，以確保叢刊書籍的學術水平。

新亞文商書院院長

楊永漢

二〇二〇年冬

目次

兩漢時期蝗災述論[*]

蝗災為漢代頭號生物災害，根據正史所載，西漢時期有十七個年次有蝗災記錄。東漢自光武帝立國至獻帝亡，有三十八個年次有蝗災記錄。儘管漢代蝗災的統計數據是不完備，但透過傳世的資料可以作出一定的分析。

在二十世紀六〇至七〇年代，昆蟲學家周堯對歷代蝗災作過研究，並著有《中國昆蟲學史》。[1]另，昆蟲學家馬世駿、丁岩欽及李典謨專研「東亞飛蝗」，並在《昆蟲學報》中發表一系列有關論文。[2]近年自然災害學方興未艾，對於我國歷史時期的自然災害，學者們做了一些史料的收集和整理工作，並且有相應成果面世。如宋正海編《中國古代重大自然災害和異

---

* 東亞飛蝗（L. migratoria manilensis Meyen）是東亞和東南亞的重要農業害蟲，是中國歷史性的大害蟲，亦是本文所討論的蝗蟲品種。飛蝗喜食禾本科的玉米、小麥、高粱、水稻、粟和稷等；見陳永林《我國怎樣控制蝗蟲的》載《中國科技史料季刊》第2期，1982年，頁15-22。《辭海》載：「蝗屬昆蟲綱，直翅目，蝗科，種類很多。」見〈農業分冊〉（上海市：上海辭書出版社），第2版，1988年，頁148。另外，可參考蘇星《中國森林昆蟲》中撰述〈蝗總科〉部分（中國林業科學研究院主編，1983年初版，頁15-26）。

1 詳見周堯《中國昆蟲學史》及其撰〈附表2〉及〈附表3〉之歷代蝗蟲災害統計表，天則出版，1988年，頁171-224。另，陳正祥對蝗災有所研究發明，認為蝗災區與蝗神廟的分布有密切關係，乃一創見。其更繪出〈蝗神廟的分布〉載於《中國地理圖集》（香港：天地圖書有限公司，1980年），頁244。

2 馬世駿著《中國東亞飛蝗蝗區的研究》（北京市：科學出版社，1965年初版），頁16。另外，馬氏及丁岩欽及李典謨三人合著論文《東亞飛蝗中長期數量預測的研究》，載於《昆蟲學報》第14卷第4期，頁319至335。馬氏另著〈談農業害蟲的綜合防治〉，載於《昆蟲學報》第19卷第2期，頁129-141。丁氏著〈中國東亞飛蝗新類型蝗區——海南熱帶稀樹草原蝗區的生態地理特徵及其與大沙河蝗區比較〉，載《昆蟲學報》第38卷第2期，頁153-160；值得參考。

常年表總集》[3]及張波等編《中國農業自然災害史料集》[4]等。可惜這些資料書舛錯處多,讀者若不加查證,逕自採用,甚或進一步做統計分析;便會錯上加錯,不可不察。

一　蝗災記錄的時間分布

根據《史記》、《漢書》的記錄,西漢共有十七年次有蝗災;文帝一次,景帝二次、武帝九次、平帝一次、新莽四次。東漢則共有三十八個年次有蝗災。光武帝十二次、明帝三次、章帝二次、和帝五次、安帝七次、順帝三次、桓帝四次、靈帝一次、獻帝三次。這當中以西漢武帝及東漢光武帝時期的蝗災記錄最多,值得進一步研究。

西漢武帝時見於記錄的蝗災共九次,占全西漢蝗災次數一半以上。[5]邏輯上看,武帝從建元元年(西元前140年)起至後元二年(西元前87年),當政共五十四年,差不多占西漢整體國祚四分之一。假如蝗災發生是沒有時間規律的話,從簡單的數學「或然率」來看,漢武帝當政時間長,故遇災機會大。

另一可能是漢武帝為數不少的史家對於自然災害作了較完整的記錄。因此,撰史者如班固、范曄等,能掌握完備的資料。如剔除《漢書》〈五

3　此書為集合各專家編寫而成,與有關蝗災便收錄在〈動物象〉篇中,此篇為夏經林、宋正海及李勁松所共撰。可參見《中國古代重大自然災害和異常年表總集》〈動物象〉篇(廣州市:廣東教育出版社,1992年12月),初版,頁451-463。

4　是書是以四位學人合編而成,他們分別是張波、馮風、張綸和李宏斌。有關蝗災的資料收載於書中第二部分〈農業生物災害〉篇,編者以「蟲災中以蝗災最為頻仍劇烈……特將蝗蟲從蟲災中獨立列為一大災種」。見張波等編《中國農業自然災害史料集》第二部分〈農業生物災害〉篇(西安市:陝西科學技術出版社,1994年8月),初版,頁479-521。

5　蝗災分別發生在建元五年(西元前136年)、元光六年(西元前129年)、元鼎五年(西元前112年)、元封六年(西元前105年)、太初元年(西元前104年)、太初二年(西元前103年)、太初三年(西元前102年)、征和三年(西元前90年)及征和四年(西元前89年)。

行志〉中的陰陽思想，其本身就是一部自然災害的斷代史。[6]班氏開其先河，以後正史中多在〈五行志〉中記載自然災害資料。另外，宋司馬光撰寫《資治通鑑》，刪削史料多，但對自然災害的史事鉅細無遺，足見正史〈五行志〉的體例對後來史學大家的影響，也見史家如何重視自然災害史料。另，宋鄭樵《通志》獨創〈二十略〉，其中〈災祥略〉更是後代史家重視災害資料的明證，可惜其內容過於粗略。

　　至於東漢初光武帝朝自建武元年（西元25年）起至中元二年（西元56年）共當政三十二年，其間有十二個年次有蝗災記錄，大約平均不到三年便有一場蝗災發生。值得留意的是這十二次蝗災記錄中，有幾次是「連續性」地發災。如在建武五年（西元29年）及建武六年（西元30年）和建武二十二年（西元46年）及建武二十三年（西元47年），即是連續二年發生蝗災。更有甚者，在建武二十八年、建武二十九年、建武三十年、建武三十一年及中元元年（西元52-56年）連續五年均有蝗災發生。此外，東漢安帝自永初元年（西元107年）起至延光三年（西元125年）止共十九年，其間共發生蝗災七次。和帝五次、桓帝四次。至於明帝、順帝及獻帝朝各有三次蝗災記錄。在殤帝、沖帝、質帝和少帝四朝無蝗災記錄，此四朝存在的時間極為短促，若從「或然率」會來看，蝗災發生於其身上的機會便比其他朝小。[7]

二　漢代蝗災的空間分布及其災情狀況

　　根據馬世駿研究，蝗蟲中有群性和非群性之別。群性中以能到處飛行的飛蝗最厲害，牠們成群的侵食農民辛苦經營的成果，能從甲發生區飛到

6　詳見陳其泰《史學與民族精神》（北京市：學苑出版社，1999年1版），頁228-235。

7　關於東漢蝗災，可參考崔彥華、賈碧真〈東漢蝗災概述〉載《社科縱橫》，2016年9月，頁123。

乙發生區，散棲個體亦可遷飛擴散或集中到數百公里以外的地區。東亞飛
蝗是有較強的生殖力，且其食料植物分布比較普通，以及對溫濕度有較大
的適應范圍，因此分布比較廣闊，破壞的空間自然遼闊。[8]從《史記》、《漢
書》及《後漢書》中可以找到五條涉及蝗災地點的記載：

> 「（武帝太初元年）（夏）秋八月後，蝗從東方飛至敦煌。關東蝗大
> 起，蜚西至敦煌。」[9]
>
> 「平帝元始二年秋，蝗，遍天下。郡國大旱，蝗。青州尤甚，民流
> 亡。」[10]
>
> 「新莽始建國三年，瀕河郡蝗生。」[11]
>
> 「新莽地皇二年秋，隕霜殺菽，關東大飢，蝗。」[12]
>
> 「新莽地皇四年夏，蝗從東方來，蜚蔽天，至長安，入未央宮，緣
> 殿閣。莽發吏民設購賞捕擊。」[13]

綜上所載，可歸納成以下幾點看法：[14]

（一）西漢飛蝗活動區──由東至西來看，東起主要有青州（今山東

8　詳見馬世駿《中國東亞飛蝗蝗區的研究》（北京市：科學出版社，1965年初版），頁10。

9　按《史記》〈孝武本紀〉第十二載：「蝗大起」（頁483）。《漢書》〈武帝紀〉六載述較長，
　　頁200。及《漢書》〈郊祀志〉第五下亦載「是歲，西伐大宛，蝗大起。」1246。及見
　　《史記》〈大宛列傳〉。另《資治通鑑》〈漢紀〉十三載曰：「關東蝗大起，飛西至敦煌。」

10　參見《漢書》〈五行志〉第七中之下，頁1435。及《後漢書》〈平帝紀〉第十二，頁353。

11　師古注曰：「謂緣河南北諸郡。」（見《漢書》〈王莽傳〉第六十九中，頁4127）

12　見《漢書》〈王莽傳〉第六十九下，頁4167。

13　見《漢書》卷九十九〈王莽傳〉第六十九下，頁4176。

14　近人地理學者王錚針對自然災害空間分布特徵，採用幾個主要關鍵詞──（一）災害活動
　　區；（二）災害規模重心；（三）災害損失中心；（四）災害頻發地帶。依循此四個方向，
　　對災害的空間有較系統的看法。見其《中國自然災害空間分布特徵》載於《地理學報》，
　　第50卷第3期，1995年5月。

一帶）、關東（今河南山東等地）、長安（今陝西），西至敦煌。此外，若把西漢空間從北至南來看，又有值得留意的地方。從《史記》及《漢書》徵引有關資料中，西漢蝗災並沒有涉及南方。若從蝗蟲的生活習性和對生態需求來看，南方主要泛指長江流域，如益州、荊州、豫州、徐州等地，亦有可能是蝗害發生區。於此，有兩個較為合理的解釋。第一，西漢各朝中南方真的沒有受到蝗災破壞，所以沒有蝗災記錄。第二，有關蝗災的資料南北之間存有不平衡的地方。馬、班二氏因地處京師附近所得資料較詳，故在《史記》、《漢書》中自然有較詳細記述。南方由於偏遠隔閡及信息傳遞不便，做成記載的缺失。以蝗蟲的生態環境審之，南方也應是蝗蟲活躍區。作者也因此認為南北資料不平衡的可能性較高。

（二）災害規模及多發區域——從上引有關西漢的蝗災記錄看，大概可以見到受災較嚴重的區域主要在東方出現，即今日之河南、河北、山東及山西等地。武帝太初元年（西元前104年）「關東蝗大起」，至為嚴重。形容蝗災程度的用詞大抵有「蝗」、「大蝗」、「蝗大起」、「蝗，遍天下」等。[15]其中，如「蝗大起」及「蝗，遍天下」等字眼，均顯示出災害規模巨大。最後，王氏提出的蝗災「損失中心「及「頻發地帶」，礙於資料不足，不能詳述。

至於東漢方面，能考出的蝗災發生地遠較西漢為多；有關史料可瀏覽表一：

表一　〈東漢蝗災活動區地名一覽表〉

地名	發災時間	資料來源
青州	西元四十六、四十九年	《光武帝紀》第1下，頁74。《後漢書》〈五行三〉注引《古今注》，頁3318。及〈伏侯等傳〉第16，頁914。

---

15 「平帝元始二年（西元2年）秋，蝗，遍天下。郡國大旱，蝗。青州尤甚，民流亡。」

地名	發災時間	資料來源
京師	西元四十七、九十六、九十七、一一三、一一四、一三○年、西元一五四、一五七、一五八年	《後漢書》〈五行三〉注引《古今注》，頁3318。
河南	西元一一五年	《後漢書》〈五行三〉，頁3318。 《後漢書》〈孝安帝紀〉第5，頁222。
武威、清河、京兆、魏郡、弘農	西元五十三年	《後漢書》〈五行三〉注引《古今注》，頁3318。
酒泉	西元五十三、六十一年	《後漢書》〈五行三〉注引《古今注》，頁3318。
泰山、兗、豫	西元七十二年	《後漢書》〈五行三〉注引《謝承書》。
偃師	西元一三六年	《後漢書》〈孝順孝沖孝質帝紀〉第6，頁265。
河南	西元一一五年	《後漢書》〈五行三〉，頁3318。及見《後漢書》〈孝安帝紀〉第5，頁222。
揚州	西元一六六年	《後漢書》〈五行三〉劉昭《注》，頁3319。
河內、陳留	西元九十六年	《後漢書》〈孝和孝殤帝紀〉第4，頁181-182及《後漢書》〈五行三〉，頁3318。
冀州	西元一五三年	《後漢書》卷7〈孝桓帝〉第7，頁298。及《後漢書》〈五行三〉，頁3318。

另，沒有具體地名的蝗災記錄，涉及面廣亦值得重視。《後漢書》關於受
災郡數作的記載十三條。現按數目多寡由上而下排列：

〈東漢被蝗災郡數目表〉

被受蝗災的郡數目	資料來源
郡八十蝗	《後漢書》〈五行三〉注引《古今注》，頁3318
郡四十八蝗	《後漢書》〈五行三〉，頁3318
郡三十二蝗	《後漢書》〈五行三〉，頁3319
郡二十蝗	《後漢書》〈五行三〉，頁3318
郡十九蝗	《後漢書》〈五行三〉，頁3318
郡十八蝗（出現兩次）	《後漢書》〈五行三〉，頁3318
郡十六蝗	《後漢書》〈五行三〉注引《古今注》，頁3318
郡十五蝗	《後漢書》〈孝安帝紀〉第5，頁220。
郡十二蝗	《後漢書》〈孝順孝沖孝質帝紀〉第6，頁257及〈五行三〉，頁3318
郡五蝗	《後漢書》〈五行三〉，頁318
郡三蝗	《後漢書》〈五行三〉注引《古今注》，頁3318

又，史料中亦有以「州」數作為記錄。現把數目多少由上至下排列：

〈東漢被蝗災州數目簡表〉

被受蝗災的州數目	資料來源
十州	《後漢書》〈孝安帝紀〉第5，頁218
九州	《後漢書》〈五行三〉，頁3318及〈孝安帝紀〉第5，頁217-218
七州	《後漢書》〈孝靈帝紀〉第8，頁339及〈五行三〉，頁3318
六州	《後漢書》〈孝安帝紀〉，頁215。及〈五行三〉，頁3318

根據上表，可以推想到東漢的「蝗蟲災害中心」廣布，其中以「郡四十八蝗」及「州三十二蝗」，反映出蝗災的破壞的廣闊程度。至於「頻發地帶」，仍是以京師洛陽為主；也許由於京畿重地，對於蝗災特別注意，記錄較其他偏遠地完備。除此以外，記錄中蝗災範圍多於十郡者有八次之多，最嚴重的一次「郡四十八蝗」幾占全國一半，若記載屬實，則蝗災之禍害極深。

分析有關漢代蝗災的文字記錄內容，仍有幾點要留意。

第一點是史書上關於蝗災的用詞。《漢書》及《後漢書》中對蝗災描述有下列二種用詞：即蝗和大蝗。蝗前加上「大」字，是明顯表示出其與「蝗」一字於程度上的分別。雖然史料所記載簡略，後人很難揣摩馬、班二氏彼此心目中的「大」字的含意。但不難估測二人都是有意識地用「大蝗」一詞去描述較廣泛或較嚴重的蝗災。[16]

第二點，一般蝗災文中多說「某地，蝗」或「夏，蝗」或「秋，蝗」。不過，在重要的蝗災個案中，史家因茲事體大，多較詳描述。例如在平帝元始二年發生的一場蝗災，班固有見及此，便詳細記述當時的形勢：

> 秋，蝗，遍天下。郡國大旱，蝗。青州尤甚，民流亡。安漢公、四輔、三公、卿大夫、吏民為百姓困乏獻其田宅者二百三十人，以口賦貧民。遣使者捕蝗，民捕蝗詣吏，以石斗受錢。天下民貲不滿二萬及被災之郡不滿十萬，勿租稅。民疾疫者，舍空邸第，為置醫藥。賜死者一家六尸以上者葬錢五千，四尸以上三千，二尸以上二

---

16 史書亦有用「蝗大起」表示其情況嚴峻，其與「大蝗」在程度上相仿佛。《史記》載：「（武帝太初元年）關東蝗大起，蜚西至敦煌。」（見《史記》〈孝武本紀〉第十二，頁483）《漢書》〈武帝紀六〉及《漢書》〈郊祀志〉第五下亦載「是歲，西伐大宛，蝗大起。」同見《史記》卷一二三〈大宛列傳〉。另《資治通鑑》〈漢紀〉第十三載曰：「關東蝗大起，飛西至敦煌。」

千。罷安定呼池苑，以為安民縣，起官寺市里，募民徒貧民，縣以給食。至徙所，賜田宅什器，假與犁、牛、種食。又起五里於長安城中宅二百區，以居貧民。[17]

第三點，蝗災有時不單破壞人民的安定生活，更造成社會動盪，危及政治穩定。例如：「莽末，天下連年歲災蝗，寇盜鋒起。」[18]新莽地皇三年發生蝗災，由於蝗災引致寇盜鋒起，治安大壞，王莽亡盜賊四起，與此不無關係。另外，在安帝永初五年「夏，九州蝗。戊戌，詔曰：『……災異蜂起，寇賊縱橫，夷狄猾夏，戎事不息，百姓匱乏，疲於徵發。重以蝗蟲滋生，害及成麥，秋稼方收，甚可悼也。』」[19]此外，據王符《潛夫論》東漢末：「民既奪土失業，又遭蝗旱飢遣，……流離分散。」[20]飢餓平民鋌而走險，落草為寇，不一定全因蝗災，然而說蝗災是導因之一；則無容置疑。另外，由於蝗災引致人相食情況，對社會安定構成極不良影響。如「夏，大蝗。是時天下大亂。是時旱蝗少穀，百姓相食。」[21]在獻帝興平二年亦有類似情況「是時旱蝗穀貴，民相食……。瓚慮有非常，乃居於高京，以鐵為門。」[22]公孫瓚之顧慮是可以理解；一旦民心思變，騷亂隨時而起。

---

17 見《漢書》〈五行志〉第七中之下，頁1435。

18 《後漢書》〈光武帝紀〉第一上，頁12。另見《後漢書》宗室四王三侯列傳四注引《東觀記》曰：「王莽末年，天下大旱，蝗蟲蔽天，盜賊群起，四方潰畔。」

19 見《後漢書志》〈五行三〉，頁3318及《後漢書》〈孝安帝紀〉第五，頁217及《後漢書》〈孝安帝紀〉第五，頁218。

20 轉引自呂思勉《秦漢史》（上海市：上海古籍出版社，1983年），頁319。

21 《後漢書》〈孝獻帝紀〉第九，頁377。及《後漢書》〈五行三〉，頁3318。

22 《後漢書》〈公孫瓚列傳〉第六十三，頁2363。自然災害專家王錚更認為在農業落後的古代，農業對於自然災害特別敏感。參見其文〈中國自然災害空間分布特徵〉，收載於《地理學報》，第50卷第3期，1995年5月。

三 旱災、水災與蝗災的關係

　　一般常識認為蝗災與旱災是分不開的。[23]在《漢書》中屢載「大旱，蝗」，班固似乎也認為旱與蝗有關，所以把兩者安排一起。楊振紅在其〈漢代自然災害初探一文〉認為：「旱、蝗災發生最為頻密，……兩種災害具有共發性特徵。」楊氏認為旱、蝗災有共發性的關係，其理解與班固無異。[24]持相近類看法的還有日本氣象學家田村專之助。田村氏認為蝗災發生多在降水量低的時候；在其大著《中國氣象學史研究》中亦列舉一連串例子說明此現象。[25]

　　甚至乎歷史學者余英時在《中國知識階層史論》之〈古代篇〉中曾為了駁斥畢・漢思（Hans Bielenstein）撰寫了「王莽亡於黃河改道說質疑」一文，試圖以蝗災發生的資料來印證旱災曾出現。其考證結果是蝗災發生主要因水太少（久旱），而不是因水太多（黃河決堤泛濫）。[26]余氏更是利用旱蝗共發的常識作為其推論的基礎。

　　作者查正史中確有不少蝗災發生於大旱之後，例如：在文帝後元六年，夏四月大旱，其後便有蝗災發生。[27]在景帝中元三年，夏旱，未幾便發生秋蝗。[28]武帝元光六年夏，大旱之後蝗發生。[29]平帝元始二年郡國大

23　詳見陳業新：《災害與兩漢社會研究》（上海市：上海人民出版社，2004年版），頁43-55。

24　見楊振紅：〈漢代自然災害初探〉載《中國史研究》，1999年第4期，頁49-59。

25　見田村專之助《中國氣象學史研究》下卷，〈中國氣象學史研究刊行會〉出版，昭和52年1版，頁749、752-753。關於生態環境可參見李鋼、王乃昂、李卓侖〈中國歷史蝗災動態的社會影響及生態環境意義〉一文載《地理科學進展》第29卷第11期（2010年11月）。

26　見余英時《中國知識階層史論》〈古代篇〉（臺北市：聯經出版社，1980年），頁189-203。

27　見《史記》卷十〈孝文本紀〉第十，頁131及《漢書》卷四〈文帝紀〉第四。

28　見《漢書》卷五〈景帝〉第五，頁147及《漢書》卷二十七中之下〈五行志〉第七中之下，頁1434。

29　見《漢書》卷六〈武帝紀〉第六，頁166及《漢書》卷二十七〈五行志〉第七中之下，頁1435。

旱，蝗發生。[30]似乎，旱與蝗共發的特徵是鐵律。不過，再仔細考查漢代有關蝗災資料，蝗災發生也不一定先有旱災。例如：建元五年、元鼎五年、太初元年、太初二年、三年及征和三年、四年，同年是沒有旱災、蝗災並存的記錄。這說明了旱與蝗共發不一定是必然。[31]

在此不得不借助昆蟲學上的發見。據馬世駿的實驗報告《中國東亞飛蝗蝗區的研究》載道：「蝗初卵孵化的幼蝻不在低於百分之三十五相對濕度中發育，過旱的土表不適於飛蝗產卵……失去水即喪失生活力。……但在四十五度高濕下胚胎的生活力亦僅能維持十小時……即有大量死亡。」[32]總之，蝗不能抵抗高溫乾旱的氣候。換言之，馬氏從蝗蟲的生態角度認為「適度的旱」有利蝗的發生，過度的旱才是不利蝗生。[33]故此，傳統認為旱災是蝗災的先決條件，並不完全正確；不是所有的旱災均是蝗災發生的條件。從蝗蟲學角度看，旱災程度高低才是箇中關鍵。此外，馬世駿認為除卻旱災外，水災亦與蝗災相關聯。[34]

馬世駿認為蝗災是發生水旱兩者交替中，因為水旱使沿河、濱海、河泛及內澇地區出現許多大面積的荒灘或拋荒地，即直接形成了適於蝗災發

---

30 見《漢書》卷二十七〈五行志〉第七中之下，頁1435及《漢書》〈平帝紀〉第十二，頁353。

31 另見崔彥華、賈碧真〈東漢蝗災概述〉載《社科縱橫》2016年9月，頁124。另見陳業新《災害與兩漢社會研究》（上海市：上海人民出版社，2004年版），頁43-55。

32 東亞飛蝗，禾本科植物的大害蟲。在中國主要發生的有兩個亞種，即東亞飛蝗（Locusta migratoria manilensis）和亞洲飛蝗，東亞飛蝗為害最嚴重。詳見《辭海》〈農業分冊〉（上海市：上海辭書出被社，第二版，1988年），頁148。另外，有關東亞飛蝗可參見《中國農作物主要病蟲害及其防治》，農業部植物保護局編，農業出版社，1960年，第3次印刷，頁513-524。另，可參閱馬世駿著《中國東亞飛蝗蝗區的研究》（北京市：科學出版社，1965年初版），頁16。

33 劉昭民認為西漢成帝建始四年（西元前29年）以後，中原氣候逐漸變成寒冷乾旱，詳見其著《中國歷史上氣候之變遷》（臺北市：臺灣商務印書館，1982年初版），頁82-83。

34 關於蝗災發生的生態環境，可參見李鋼、王乃昂、李卓侖：〈中國歷史蝗災動態的社會影響及生態環境意義〉載《地理科學進展》，第29卷第11期（2010年11月），頁1376-1377。

生並猖獗的自然條件。[35]至於水災與蝗災發生的關係,在西漢武帝、元帝及新莽時表現得比較清楚。馬世駿在其書中設計了〈黃河歷代較大改道的情況與飛蝗發生情況的比較表〉,該表目的在說出黃河改道地點是與蝗災發生的地區關係密切。馬氏認為大水後正常耕作不易迅速恢復,或耕作粗放面積大,有利蝗災猖獗。表中載漢武帝元光三年時瓠子河改道、元封二年館陶沙邱堰改道、漢元帝永光五年靈縣鳴犢口改道、及王莽建國三年魏郡改道等,均說明蝗災大發生多在黃河改道有關水系(河流、湖泊)的附近。[36]另外,王文濤關於旱蝗的關聯性所作的統計值得參考,據其統計「漢代蝗、旱相關的災害有二十八次,占漢代蝗災的百分之三九點四三,二者的關聯度相當高;尤其是東漢,旱蝗相關有二十三次,占東漢災總數的百分之四十六。[37]總括而言,水、旱及蝗並非獨立事件,水旱的發生時間多與蝗災有關。

　　研究蝗災的發生除了外留意水災和旱災外,其與氣候或氣溫也有非常密切的關係。陸人驥在其《中國歷代蝗災的初步研究》中根據現存史料,統計了蝗災發生的季節:[38]

季節	春	夏	秋	冬
次數	--	35	23	--

35 見馬世駿《中國東亞飛蝗蝗區的研究》(北京市:科學出版社,1965年初版),頁25-26。另外,近人譚蔭初亦研究水旱蟲災,其研究範圍主要在湖南。參考其文,見〈歷史上湖南的水旱蟲災發生特點及並原因〉,載於《農業考古》,1986年第1期。

36 見馬世駿《中國東亞飛蝗蝗區的研究》(北京市:科學出版社,1965年初版),頁26-28。另參見馬維強、鄧宏琴:〈回顧與展望:社會史視野下的中國蝗災史研究〉載《中國歷史地理論叢》,第23卷第1輯,2008年1月,頁137-139。

37 王文濤:《秦漢社會保障研究——以災害救助為中心的考察》(北京市:中華書局,2007年版),頁35。

38 陸氏之統計時段是以漢代為起點迄至明代為終結。見陸人驥:〈中國歷代蝗災的初步研究〉,載於《農業考古》,1986年,第1期,頁315。

陸氏從此統計表說明蝗災發生與氣候的關係。[39]另外，陸氏文中更有一個歷代蝗災發生的月分統計表：[40]

月分	一	二	三	四	五	六	七	八	九	十	十一	十二	閏六月	閏七月
次數	--	4	8	28	38	76	61	28	8	3	1	5	1	1

陸氏的初步統計兩漢共有蝗災發生三十次；比作者所考少了一半有多。[41]然而，陸氏之統計表的可貴地方就是明確表現出蝗災與氣候的關係。依據其上表估測，蝗災高發生期為六月，然後順次為七月、五月、四月和八月。日本氣象專家田村專之助也提出六月為蝗災最高發生月，順次是七月、八月、四月、九月。兩人皆認為六月是蝗災高發生期，七月次之；至於其他次發生月兩者則有不同處。[42]若上述二氏之統計和估測正確的話，夏蝗是比秋蝗發生機會率大。不過，就西漢蝗災而言，史書上載有「夏蝗」、「秋蝗」字眼或載明「月分」可析其季節的蝗災記錄共十五條，見下表，其中載夏蝗次數為七次，秋蝗則有八次，夏蝗與秋蝗數目相若，於此，似未能與陸氏及田村氏所估測「夏蝗比秋蝗多」的現象相契合。[43]

西漢蝗災季節	夏	秋
發災次數	7	8

---

39 見陸人驥：〈中國歷代蝗災的初步研究〉，載於《農業考古》，1986年，第1期，頁315。

40 見陸人驥：〈中國歷代蝗災的初步研究〉，載於《農業考古》，1986年，第1期，頁311。

41 作者認為兩漢可考蝗災記錄共七十八條。詳見文後附表一〈兩漢記錄上的蝗災概覽表〉。

42 見田村專之助《中國氣象學史研究》下卷，〈中國氣象學史研究刊行會〉出版，昭和52年1版，頁749、752-753。

43 陸氏及田村氏以歷代蝗災為統計對象，大家統計材料不同，亦很難比較。作者只從微觀入手（即本文以漢一朝入手），而兩氏從宏觀估量，各有長短，互可相補，故徵引其文於此，以作討論。

關於東漢蝗災發生的時間，寫明月分或註明「夏」、「秋」二字共三十條。
其季節分布如下表：

東漢蝗災季節	夏	秋
發災次數	24	6

其月分分布為：

月分	一	二	三	四	五	六	七	八	九	十	十一	十二
發災次數	--	--	4	4	2	4	1	1	1	--	--	2

由此可知，東漢蝗災發生的季節是集中於夏季；夏蝗成災二十四次，是秋
蝗的四倍。這與陸人驥和田村專之助所提出六月為蝗災高發期，七月次之
不謀而合；至於其他次發生月則有不同。以東漢的蝗災發生月分互相參
照，六月為蝗災高峰期之說應可成立，但卻未能解釋三月及四月也有同次
數發生的現象；還有二氏皆沒有把三月列為蝗災高或次發生期。[44]

　　農諺謂：「春播夏耕，秋收、冬藏」。漢代的蝗災主要發生於夏季和秋
季，這對農民打擊很大。夏季，農民正努力耕耘，憧憬有好收成，但當發
現其正在茁壯生長的作物，被蝗蟲一掃而空，真是晴天霹靂！到了秋收
時，蝗災的破壞，不只是摧毀了農民心血，更使他們處於衣食無著的悲慘
境地。

　　在安帝永初五年，夏，九州蝗。安帝下了一道詔書，其文曰：「……
重以蝗蟲滋生，害及成麥，秋稼方收，甚可悼也。」[45]安帝詔文中清楚表
明其對於「蝗蟲害及秋稼」的惋惜之情。由此可見，秋蝗對農民的打擊，
引起居在深宮中的皇上的關注。

---

44 此處非批評二氏的統計不準，而只借助二氏的表來比較東漢的情形，這是無損二氏宏觀
　的結論。

45 見《後漢書》〈孝安帝紀〉第五，頁218。

　　以上探討了兩漢蝗災發生的時間及空間分布，大抵可以得出以下初步結論：

　　（一）從兩漢蝗災七十八條材料來看，漢代蝗災發生的數目最少有六十次。只可惜，由於史料不完備，此統計數目只供參考不可視為絕對。此外，由於史料不齊備，加上考古方面亦未涉及蝗災記錄；有許多問題仍須待進一步研究。例如：在高帝、惠帝、呂后、昭帝、宣帝、元帝、成帝、哀帝竟無蝗災記錄！西漢武帝及王莽時期蝗災發生記錄較他朝特多！正史上的蝗災記錄是否值得懷疑？更重要的是，漢代流行的陰陽五行思想會否影響蝗災的記錄！不過，學者大抵都視〈五行志〉上的史料為可信的，作者亦偏向此想法。儘管仍有一些自然災害資料在居延漢簡中偶有發現，[46]但不能藉此認為正史中的災害資料不可靠，充其量只可證明正史記錄不完備而已。

　　（二）根據馬世駿的研究，蝗災是與水、旱交錯發生。事實上，早在清朝便有學者對此有深刻認識，清陳崇砥著《治蝗書》載：「蝗為旱蟲，故飛蝗之患多在旱年，殊不知其萌蘗則多由於水，水繼以旱，其患成矣。」[47]然而，時至現代，仍有學者對此不加查察，以為旱是蝗的唯一因素，再憑此臆斷王莽不是亡於水災，結果錯上加錯！此外，根據不完全的記錄統計所得，西漢蝗災發生於夏季及秋季的數目相當。至於東漢，蝗蟲則以夏季發災次數遠較西漢為多。

　　（三）從蝗災的空間分布看，蝗災多發於黃河流域；所謂：「瀕河地區」。其活躍範圍東起於關東、青州一帶（今日陝西、山西、山東、河南各省），西至於河西四郡（今日甘肅）。其中以長安和洛陽所受到蝗蟲破壞

46　《永始三年詔書》冊出土載：「……往秋被霜，冬無大雪。」正史上卻無此載。詳見薛英
　　群：《居延漢簡通論》（蘭州市：甘肅教育出版社，1991年5月），頁203。

47　文轉引自陳永林《我國怎樣控制蝗害的》一文載《中國科技史料季刊》第2期，1982年，
　　頁15-22。

最多，原因是有關京師之史料記錄較齊全，在量方面也較多。至於長江以
南等地，只有揚州一次蝗災記錄。「（桓帝延熹）九年，揚州六郡連水、
旱、蝗蟲。」[48]這足見史料不單在時間上分布不平衡，在空間分布方面亦
存有南北不平衡之現象；對於我們全面了解漢代的蝗災造成了一定的困
難。[49]

　　——本文原載於《兩漢蝗災述論》載《中國農史》2001年第3期，
2020年8月再作一些文字上的修訂。

48　見《後漢書》《五行》第三，劉昭《注》，頁3319。

49　楊振紅在《漢代自然災害初探》中把漢代所有的自然災害作一通盤歸納，得出漢代自然
　　災害資料南北不平衡的特徵，載《中國史研究》1999年4期。李約瑟認為古代自然災害資
　　料不平衡，原因有：（1）古代通訊不發達；（2）中央與地方的溝通問題；（3）地理的隔
　　閡問題；（4）因混亂戰爭而遺失等4點。見李氏《中國之科學與文明》〈第6冊〉（臺北
　　市：臺灣商務印書館，1985年，4版）頁15。卜鳳賢認為「不同時代對災害記錄惹人重視，
　　不同。……歷史災害史料不平衡，主要是它本身並不是全國的全面記錄，京師地區及經
　　濟發達地區的災情較惹人重視，中央政府也留存有詳細的資料，易被收入史冊。」漢代
　　蝗災資料的不齊備，與此不無關係。參見其文《中國農業災害史料災度等級量化方法研
　　究》，收載於《中國農史》，1996年第15卷第4期。

隋文帝時期的主要自然災害及其救荒措施

一　前言

　　中國幅員廣大，由古至今都有無數自然災害的發生，輕者個別地區受影響，重則導致滅國喪邦。歷代政府領導人對來自「自然界」的挑戰，莫不顯得憂心忡忡。史載隋文帝特別關心民瘼，他是如何應對自然災害及其引發的各種危機，成為本文研究的核心。本文將會從「時間」及「空間」兩個維度切入，探索文帝時期自然災害的特徵，並析論文帝及其政府曾作出的「預防」和「補救」性救荒措施。[1]

二　隋文帝時期主要自然災害發生概況

　　隋文帝政權包括開皇廿年及仁壽四年，合共廿四年。筆者主要根據下列正史，包括《隋書》、《北史》、《資治通鑑》所載，合共找出二十五條關於隋文帝時期的主要自然災害記錄。筆者認為此二十五條災害記錄，可視作為文帝時期自然災害發生的下限數目。實際的災害應比此數目為多，蓋因史書之記錄與實際情況應有一定差距。假設以平均一年一災的標準來估計，隋文帝廿四年政權並發生了二十五次自然災害，又似乎合理，當然大

---

[1]　俞正燮曰：「國家荒政十二」，其為首者「救災」，足見其重要性，詳見俞正燮《癸巳存稿》卷9〈求雨說〉（瀋陽市：遼寧教育出版社，2003年版），頁266。

前提是大家是否接受「平均一年一災」的看法。值得留意的是,開皇七年至開皇十一年並無任何主要自然災害發生記錄(見表一),當中史書有否闕載值得懷疑。

災害數字本身是量化數字,發災次數越多並不一定表示災害最嚴重。自然災害還是要端視該項災害的破壞程度,很可惜關於此方面的描述,史書多語焉不詳,只能靠有限的文字訊息去猜測並加以想像。儘管史料並不圓滿,然而仍有若干訊息留傳下來,俾我們能認識到隋代文帝時期所遭遇到的災情梗概,仍具有一定意義。

根據傳世材料,可以把隋文帝時期的災害分成兩個角度去探討。第一、是從「時間」分布切入。第二、是從「空間」分布入手。希望能利用「時」和「空」兩個維度,為此時期的災害提供一個基本輪廓。

從「時間」上分布來看,隋文帝時期廿四年災害記錄共有二十五次,當中有十一年沒有災害記錄(詳見表一)。而以開皇六年(西元586年)為自然災害發災率最高一年,這年共有五次災害發生記錄,其在隋文帝廿餘年政權中,此年堪稱「自然災害之冠」。據史載當年有三次水災、二次旱災出現。僅次其後為開皇四年(西元584年)、二十年(西元600年)及仁壽二年(西元602年)同樣有一年三次受災記錄。由上述時間分布可得到初步的印像,隋文帝時災害主要分布在文帝前段及後段時期(見表一)。文帝的前段受災記錄,包括了開皇二年(1次)、開皇三年(1次)、開皇四年(3次)、開皇五年(2次)、開皇六年(5次)。至於文帝的後段受災的記錄,主要有開皇二十年(3次)、仁壽元年(1次)、仁壽二年(3次)及仁壽三年(1次)。

附表一　〈隋文帝時期主要自然災害時間分布簡表〉

年份	開皇元年	開皇二年	開皇三年	開皇四年	開皇五年	開皇六年	開皇七年	開皇八年	開皇九年	開皇十年	開皇十一年	開皇十二年	開皇十三年	開皇十四年	開皇十五年	開皇十六年	開皇十七年	開皇十八年	開皇十九年	開皇二十年	仁壽元年	仁壽二年	仁壽三年	仁壽四年
次數	--	1	1	3	2	5	--	--	--	--	--	--	--	2	1	1	--	1	--	3	1	3	1	--

* 「--」代表0次或史書失載

至於文帝時期自然災害的「空間」分布，正史中載有明確地理位置共十九條，其內容如下：

一、「（開皇四年）（正月）壬午，齊州水。」[2]

二、「（開皇四年）六月，以雍、同、華、岐、宜五州旱，命無出今年租調。」[3]

三、「（開皇四年）九月，甲戌，隋主以關中饑，行如洛陽。」[4]

四、「（開皇五年）（八月）甲辰，河南諸州水，遣民部尚書邳國公蘇威賑給之。」[5]

五、「（開皇）五年，（郭衍）授瀛州刺史，遇秋霖大水，其屬縣多漂沒……」[6]

六、「（開皇六年）秋七月辛亥，河南諸州水。」[7]

2　《隋書》卷1〈高祖上〉，頁21。《北史》卷11〈隋本紀〉，頁410。

3　《北史》卷11〈隋本紀〉，頁410。

4　《資治通鑑》卷175〈陳紀九〉，頁5474及《北史》卷11〈隋紀〉，頁411。

5　《隋書》卷1〈高祖上〉，頁23及《北史》卷11〈隋紀〉，頁411。

6　《隋書》卷61〈郭衍傳〉，頁1469。

7　《隋書》卷1〈高祖上〉，頁24及《北史》卷11〈隋紀〉，頁412。

七、「（開皇六年）京師雨毛，如髮尾。……是時關中旱，米粟涌貴。」[8]

八、「（開皇六年）八月辛卯，關內七州旱，免其賦稅。」[9]

九、「（開皇八年）秋八月丁未，河北諸州饑，遣吏部尚書蘇威賑恤之。」[10]

十、「（開皇十四年）五月辛酉，京師地震。關內諸州旱。六月丁卯，詔省府州縣，皆給公廨田，不得治生，與人爭利。」[11]

十一、「（開皇十四年）（秋）八月辛未，關中大旱，人飢。上率戶口就食於洛陽。」[12]

十二、「（開皇十六年）（六月）并州大蝗。」[13]

十三、「（開皇十八年）其後山東頻年霖雨，杞、宋、陳……等諸州，達於滄海，皆困水災，所在沉溺。十八年，天子遣使，將水工，巡行川源，相視高下，發隨近丁以疏導之。困乏者，開倉賑給，前後用穀五百餘石。漕水之處，租調皆免，自是頻有年矣。」[14]

十四、「（開皇十八年）河南八州大水。」[15]

十五、「（開皇二十年）（十一月）京都大風，發屋拔樹，秦、隴壓死者千餘人。」[16]

十六、「（開皇二十年）（十一月）戊子，天下地震，京師大風雪。」[17]

8　《隋書》卷22〈五行上〉，頁642。

9　《隋書》卷1〈高祖上〉，頁24，另見《北史》卷11〈隋紀〉，頁412。

10　《隋書》卷1〈高祖上〉，頁31，另見《北史》卷11〈隋紀〉，頁414。

11　《隋書》卷2〈高祖下〉，頁39，另見《北史》卷11〈隋紀〉，頁419。

12　《隋書》卷2〈高祖下〉，頁39，另見《北史》卷11〈隋紀〉，頁419。

13　《隋書》卷2〈高祖下〉，頁41及《隋書》卷22〈五行上〉，頁652。

14　《隋書》卷24〈食貨志〉，頁685。

15　《隋書》卷22〈五行上〉，頁622。

16　《隋書》卷22〈五行志〉，頁655。

17　《隋書》卷2〈高祖下〉，頁45。

十七、「（仁壽二年）夏四月庚戌，岐、雍二州地震。」[18]

十八、「（仁壽二年）九月……壬辰，河南、北諸州大水，遣工部尚書
楊達賑恤之。……隴西地震。」[19]

十九、「（仁壽三年）十二月癸酉，河南諸州水，遣納言楊達賑恤
之。」[20]

綜合上述史料，可歸納出以下幾點看法：

第一點，水災頻率最高的地區有河南、河北兩岸各州，故有「河南諸
州水」、「河南北大水」之載述，其他次等嚴重有「山東頻年霖雨」、「山南
荊、淅七州水」及「齊州水」等。第二點，旱災方面，則以關中為主災
區，當中包括「京師頻旱」、「關中旱」、「雍、同、華、岐、宜五州旱」及
「關內七州旱」等記載（詳見表二）。旱災直接導致農作物歉收、引發飢
荒、造成人命傷亡等。第三點，關於地震發生區如「隴西地震」、「岐雍地
震」及「京師地震」等，分散並不集中。第四點，各類自然災害記錄南北
不平衡，集中載錄黃河流域災情，對於長江以南一帶則付闕如，這或與撰
史者如何篩選史料或有關，這點於後面談及蝗災時會再有進一步討論。

總的而言，按傳世災害史料記錄，隋文帝開皇、仁壽廿四年間，中國
曾遭受各類不同的災禍打擊，包括有地震、風災、大雪、水災、旱災及蝗
災。當中主要以水災和旱災率較頻，成為隋文帝政府和百姓的最大天敵。[21]
（詳見表二）

附帶一說，根據一般常識認為蝗災與旱災是分不開。楊振紅在其〈漢
代自然災害初探一文〉認為：「旱、蝗災發生最為頻密，……兩種災害具

---

18 《隋書》卷2〈高祖下〉，頁47。

19 《隋書》卷2〈高祖下〉，頁47-48。

20 《隋書》卷2〈高祖下〉，頁52。

21 《隋書》卷24〈食貨志〉，頁673。

有共發性特徵。」楊氏認為旱、蝗災有共發性的關係，其理解與班固無異。[22]持相近類看法的還有日本氣象學家田村專之助。田村氏認為蝗災發生多在降水量低的時候；在其大著《中國氣象學史研究》中亦臚舉連串例子說明此現象；總之，旱災和蝗災是具共發性的特徵。[23]雖然楊氏和田村氏研究對象是漢代蝗災，但旱蝗「共發性」的通則是否可應用於其他朝代包括本文所討論的隋朝，值得深思。昆蟲學家馬世駿認為蝗災是發生水旱兩者交替中，因為水旱使沿河、濱海、河泛及內澇地區出現許多大面積的荒灘或拋荒地，即直接形成了適於蝗災發生並猖獗的自然條件。筆者根據蝗蟲的生態條件，認為水災、旱災及蝗並非獨立事件，水旱的發生時間多與蝗災有關。[24]而隋文帝時期水災和旱災特多，共有八次發生，僅一次蝗災。據此，水旱之出現次數實合乎自然規律，只是筆者認為蝗災發生比預期少。[25]或者，南方由於各種情報不靈通與及地方消息因偏遠隔閡，在資料缺乏情況下，撰史家只好闕載。筆者認為後者南北資料不平衡的可能性較高。以蝗蟲的生態環境審之，南方也應是蝗蟲活躍區。蝗災資料因地處南方故此失載。

22　見楊振紅：〈漢代自然災害初探〉載《中國史研究》，1999年第4期，頁49-59。

23　見田村專之助：《中國氣象學史研究》下卷，〈中國氣象學史研究刊行會〉出版，昭和52年1版，頁749、752-753。

24　關於蝗蟲爆發於水與旱之間的討論，可參見官德祥〈兩漢蝗災述要〉載《中國農史》2001年第3期及其姊妹篇〈再論兩漢蝗災〉，載2002年《新亞論叢》第4期。

25　見馬世駿：《中國東亞飛蝗蝗區的研究》（北京市：科學出版社，1965年初版），頁25-26。另外，近人譚蔭初亦研究水旱蟲災，其研究範圍主要在湖南。參考其文，見《歷史上湖南的水旱蟲災發生特點及並原因》，載於《農業考古》，1986年第1期。另可參考馬維強、鄧宏琴：〈回顧與展望：社會史視野下的中國蝗災史研究〉載《中國歷史地理論叢》，第23卷第1輯，2008年1月，頁137-139。

表二　〈隋文帝時期主要自然災害簡表〉

自然災害種類	地震	風災	水災	旱災	蝗災
發生次數	4	3	9	8	1

三　隋文帝政府的預防性救荒措施

　　隋文帝政府對於自然災害的基本處理手法，大抵上有兩個方向：一是屬於「預防性」，另一是屬於「補救性」。現先言預防性的措施，主要圍繞著兩個地方——（一）漕運及（二）義倉。

（一）漕運

　　隋文帝早已認識到京師倉廩的底子是薄弱，故有建渠以利漕運的想法。而一旦自然災害爆發，漕運則有利加強救荒的效率和效能。隋文帝在渭水之南開鑿一條漕渠用來運輸漕糧。下詔宇文愷率水工鑿渠之事。宇氏引渭水，自大興城東至潼關，三百餘里，名曰廣通渠。[26]轉運通利，關內賴之。救荒時更益重要。又，令郭衍開渠引渭水，漕運四百里以實關中。[27]足見關中的糧食補給是當時預防性救荒政策「重中之重」。

---

26 隋代漕渠的渠首段經由大興城北，其實隋大興城北也就是漢長安城南，這與西漢漕渠的線路完全一樣。漕渠開成，最初命名為廣通渠，又名富民渠。參見辛德勇：《舊史輿地文錄》（北京市：中華書局，2013年版），頁243。關於大興城，另參見辛氏〈大興城外郭城築成時間辨誤〉，載氏著《隋唐兩京叢考》（西安市：三秦出版社，1991年版，頁5-7。據湯承業考曰：「此渠之長，按〈食貨志〉所載為三百餘里，〈郭衍傳〉所記為四百餘里，很可能宇文愷率水工所鑿者為三百餘里，郭衍又率水工堵鑿百餘里，合為四百里。」參見湯承業：《隋文帝政治事功之研究》（臺北市：中國學術著作獎助委員會，1967年版），頁179。

27 參見史念海：《河山集》七集（西安市：陝西師範大學出版社，1999年版），頁84及〈隋代及唐前期漕糧的供給地區圖〉載氏著《中國歷史人口地理和歷史經濟地理》（臺北市：臺灣學生書局，1991年版），頁167。

「隋文帝開皇三年（西元583年），以京師倉廩尚虛，議為水旱之備，詔蒲[28]、陝、虢、熊、伊、洛、鄭、懷、邵、衛、汴、許、汝等水次十三州，置募運米丁，又於衛州置黎陽倉」，即為此事。[29]洛州置河陽倉，陝州置常平倉，華州置廣通倉，轉相灌注。[30]廣通倉位於渭河口附近的渭河南岸，因為其地望之利，自然成為漕船停舶的碼頭。[31]過去不少學者都留意到此方面，筆者無需贅言。總之，隋帝國糧倉的設立及米糧的漕運早在開皇初便有「議為水旱之備」的構想，為日後救荒工作做準備。

（二）義倉

隋代「義倉」是一種全民性的糧食賑濟措施，它由國家出面承辦，由社會各界負擔倉穀，賑災面向社會大眾。[32]義倉之始置見《隋書》卷四十六〈長孫平傳〉謂開皇三年（西元583年）。其文載曰：「開皇三年，（長孫平）徵拜度支尚書。平見天下州縣多罹水旱，百姓不給，奏令民間每秋家出粟一石已下，貧富差等，儲之閭巷，以備凶年，名曰義倉」。[33]而《隋書》卷一〈高祖紀上〉及卷二十四〈食貨志〉均謂開皇五年（西元585年）。[34]湯承業對此有所考證，結果如下：「考之紀傳，三年時平為度支尚書，五年時已轉為工部尚書。任度支尚書時曾建議此事（約在三、四年之

---

28 楊尚希在蒲州「引漢水，立堤防，開稻田數千頃，民賴其利」，見《隋書》卷46〈楊尚希傳〉（北京市：中華書局，1973年版），頁1253。另見，馮惠民編：《通鑑地理注詞典》〈蒲州〉條（濟南市：齊魯書社，1986年版），頁454。

29 參見馮惠民編：《通鑑地理注詞典》〈蒲州〉條（濟南市：齊魯書社，1986年版），頁35。

30 參見馮惠民編：《通鑑地理注詞典》〈蒲州〉條（濟南市：齊魯書社，1986年版），頁164。

31 參見辛德勇：《舊史輿地文錄》（北京市：中華書局，2013年版），頁253。

32 見卜鳳賢：《周秦漢晉時期農業災害和農業減災方略研究》（北京市：中國社會科學出版社，2006年版），頁257。

33 《隋書》卷46〈長孫平傳〉（北京市：中華書局，1973年版），頁1254。

34 《隋書》卷1〈高祖上〉曰：「五月甲申，詔置義倉。」頁22。

交）五年正式下詔設立者。故本文從〈高祖紀〉及〈食貨志〉所載。復按：其三年設者為官倉，五年設者為義倉，兩者非同時設者也。」[35]據此可知，隋文帝政權初期已有「官倉」和「義倉」之別。

至於民間義倉設立之原因，從工部尚書孫平的上奏內容能得知其中梗概。

開皇五年（西元585年），工部尚書長「孫平奏曰：『古者三年耕而餘一年之積，九年作而有三年之儲，雖水旱為災，人無菜色，皆由勸導有方，蓄積先備。請令諸州百姓及軍人勸課當社，共立義倉，收穫之日，隨其所得，勸課出粟及麥，於當社造倉窖貯之。即委社司，執帳檢校，每年收積勿使損敗。若時或不熟，當社有饑饉者，即以此穀振給。』自是諸州儲峙委積。」[36]總之，義倉的成立初衷是為「救荒」，為饑饉者賑給糧食。其「令諸州百姓及軍人勸課當社」，故稱義倉為「社倉」，負責人即委「社司」，職責在執帳檢校。總之，「義倉」或「社倉」意思相同。此制度由開皇五年（西元585年）一直發展下來，到開皇十四年（西元594年）關中旱災後始產生變化。[37]

《隋書》卷二十四〈食貨志〉載曰：「至（開皇）十五年，以義倉貯在人間，多有費損，詔曰：『本置義倉，止防水旱，百姓之徒，不思久計，輕爾費損，於後乏絕。又北境諸州，異於餘處，靈、夏、甘、瓜等十一州，所有義倉雜種，並納本州，若人有旱儉少糧，先給雜種及遠年粟。』」[38]開皇十六年（西元596年）二月詔：「社倉准上、中、下三等稅，上戶納穀一石、中戶不過七斗、下戶不過四斗」。杜佑《通典》所載更詳，

---

35 見湯承業《隋文帝政治事功之研究》之第5章〈財政經濟制度〉〈注〉（中國學術著作獎助委員會，1967年版），頁193。

36 杜佑《通典》卷7〈食貨〉（點校本）（北京市：中華書局，1988年版），頁289-290。

37 另參見李鋼、王乃昂、李卓侖：〈中國歷史蝗災動態的社會影響及生態環境意義〉載《地理科學進展》，第29卷第11期，2010年11月，頁1376-1377。

38 杜佑《通典》卷7〈食貨〉（點校本）（北京市：中華書局，1988年版），頁290。

其文曰：「十六年，又詔，秦、渭、河、廓、圝、隴、涇、寧、原、敷、丹、延、綏、銀等州社倉，並於當縣安置。又詔，社倉準上中下三等稅，上戶不過一石，中戶不過七斗，下戶不過四斗。」[39]《通典》比《隋書》詳細，記下十四州之名。詔令社司移交州縣，自此義倉改民辦為官辦。

民辦義倉流弊漸生，政府便轉之為官辦。至於官辦賑災是否辦得妥善，這可從幾年後即開皇十八年一次開倉賑給事件，或得到答案。《隋書》卷二十四〈食貨志〉載曰：

> 其後山東頻年霖雨，杞、宋、陳……等諸州，達於滄海，皆困水災，所在沉溺。十八年，天子遣使，將水工，巡行川源，相視高下，發隨近丁以疏導之。困乏者，開倉賑給，前後用穀五百餘石。漕水之處，租調皆免，自是頻有年矣。[40]

從此例可見官方救災確比起義倉較能全面，義倉只能解「一時一地」的糧食問題，但遇上特大災情，官方能從宏觀角度設計出最妥善方案，救災措施因而較靈活和全面。水災一旦發生，政府率先派「遣使」者巡察災情，了解全局和制定救災的方案，如「將水工」、「發近丁」去疏導。針對受災的百姓「困乏者」便開倉賑給。最後，還有「免租調」的措施以紓解民困，上述各項措施絕非義倉制度所能全面涵蓋得到。

四　隋文帝的補救性救荒措施

現代科技雖然發達，但想有效應付各種不同類型的自然災害，平日防災準備工作決不可少。儘管如此，許多時天災仍是防不勝防，尤以古代科

39　杜佑《通典》卷7〈食貨〉（點校本）（北京市：中華書局，1988年版），頁290。

40　《隋書》卷24〈食貨志〉，頁685。

技比今天相對落後，因此事後的「補救性」工作，反成為問題的核心。筆者根據史書所載，大致能歸納出隋文帝所採用的補救性救荒措施有如下七種：

（一）運粟賑救

早在開皇初期隋文帝及其政府官員已為如何處置自然災害所引發飢荒問題定調。「關右饑餒，陛下運山東之粟，置常平之官，開發倉廩，普加賑賜，大德鴻恩。」[41]由此可見，首步救荒政策就是「運粟救民」，當時是「運山東之粟」。此乃秦統一至隋幾百年以來解決飢荒的通行辦法，結果就是「依靠關東的接濟」。史念海對關中平原曾作出以下評鑑：「在這幾個富庶的農業地區中，關中平原為隋唐兩代的都城所在，尤為重要。都城為人口集中地區。在一定人口的比例下，所生產的糧食是能夠滿足當地的需要。人口增加了，就難免感到匱乏。這在隋初就已經顯示出來，越到後來，就越嚴重。隋唐兩代都曾以伊洛下游的洛陽為東都。關中遭下荒歉，甚至連皇帝也得到東都來就食。雖然直到玄宗開元未年起再未因此東行，但並不等於說關中的糧食問題已經得到完滿解決。從隋時開始，解決關中的糧食問題主要是靠關東接濟，偶然也從巴蜀運輸過……。」[42]由此可見，關中糧缺是一個長遠的歷史問題，再加上自然災害的逼迫，無論隋唐政府，「關東接濟」的救荒格局一直治用無變。[43]

---

41 《隋書》卷46〈長孫平傳〉，頁1254。

42 參見史念海：《河山集》七集（西安市：陝西師範大學出版社，1999年版），頁83。

43 史念海謂「此種模式超過八百年未有改變。」見史念海著：《中國歷史人口地理和歷史經濟地理》（臺北市：臺灣學生書局，1991年版），頁126。也有例外：魏青龍三年：「關東飢，帝運長安粟五百斛輸於京師（洛陽）。……」，參見卜鳳賢：《周秦漢晉時期農業災害和農業減災方略研究》（北京市：中國社會科學出版社，2006年版），頁263。

（二）派官救濟

大抵隋文帝時期，國內幾次的特大河南水災及因其引發的饑荒，救災工作都是落在尚書肩膀上。當中五次涉及的尚書包括有「民部」、「工部」和「吏部」尚書，重要人物包括下列各尚書：

「（八月）甲辰，河南諸州水，遣民部尚書邳國公蘇威賑給之。」[44]
「二月乙酉，山南荊、淅七州水，遣前工部尚書長孫毗賑恤之。」[45]
「秋八月丁未，河北諸州饑，遣吏部尚書蘇威賑恤之。」[46]
「九月……壬辰，河南、北諸州大水，遣工部尚書楊達賑恤之。」[47]
「十二月癸酉，河南諸州水，遣納言楊達賑恤之。」[48]

由隋朝政府中央高級官員直接處理荒政，「尚書省，事無不總」，救荒當是其中之一，高官如蘇威、孫毗、楊達等人，皆能有效調動國家糧食、糧水等資源，迅速地賑恤受災區，把災害減至最低程度。[49]文帝派出中央

44　《隋書》卷1〈高祖上〉，頁23及《北史》卷11〈隋紀〉，頁411。又，《隋書》卷43〈觀德王雄傳〉：「雄時貴寵，冠絕一時，與高熲、虞慶則，蘇威稱為『四貴』。」另可參考（日）谷川道雄著、李濟滄譯：《隋唐帝國形成史論》（上海市：上海古籍出版社，2004年版），頁260-261及張偉國《關隴武將與周隋政權》（廣州市：中山大學出版社，1993年版），頁159。《北史》卷11〈隋紀〉載：「遣戶部尚書蘇威賑給之。……」（頁411）另，張澤咸說：「這些遭水災的黃淮海地區，都有豐富的存糧」，見氏著《隋唐時期農業》（臺北市：文津出版，1999年版），頁48。另，關於蘇威事可見岑仲勉《隋書求是》（北京市：中華書局，2004年版），頁29。又，「凡隋紀作民部者，北史皆作戶部，乃知百官志此文，實應作『尋改度支尚書為民部尚書』，志成於高宗朝，已奉民部改戶部之詔，修史者敬避帝諱，故以當代之名稱。……」同見岑氏，《隋書求是》，頁29。

45　《隋書》卷1〈高祖上〉，頁23。

46　《隋書》卷1〈高祖上〉，頁31及《北史》卷11〈隋紀〉，頁414。

47　《隋書》卷2〈高祖下〉，頁47-48。

48　《隋書》卷2〈高祖下〉，頁52。

49　《隋書》卷26〈百官下〉，頁774。

高級官員指揮救災，無疑向災民表明政府救災的決心。民心自能趨向安定，避免出更大岔子。

（三）開倉賑災

隋初已有「官倉」和「義倉」兩種分別，詳見前文。「（開皇）五年（西元585年），（郭衍）授瀛州刺史，遇秋霖大水，其屬縣多漂沒⋯⋯」[50]當時郭衍任瀛州刺史，遇秋霖大水，郭衍「先開倉賑恤，後始聞奏」。當時隋文帝對於郭衍的「先斬後奏」並無懲罰，史載隋文帝反應是「上大善之，遷授朔州總督」。這說明文帝初年，已為「官倉」的救災方案開了「綠燈」，亦再一次從側面反映文帝如何關心民瘼。

另外，隋文帝為了預防地方上的災荒，遂接納臣子提意設置「義倉」，未雨綢繆。文帝採用工部尚書長孫平之策，「⋯⋯去年（四年）亢陽，關內不熟，陛下哀愍黎元，甚於赤子。運山東之粟，置常平之官，開發倉廩，普加賑賜。」於是奏令諸州百姓及軍人，勸課當社，並立義倉。又，「（長孫）平見天下州縣多罹水旱，百姓不給，奏令民間每秋家出粟麥一石已下，貧富差等，儲之閭巷，以備凶年，名曰義倉。」[51]

下列各條史料便載述有關義倉的具體發展：

> 「二月，又詔社倉，准上中下三等稅，上戶不過一石，中戶不過七斗，下戶不過四斗。」[52]
> 又，「正月，又詔秦、疊、成康、⋯⋯等州社倉，並於當縣安置。」[53]

50 《隋書》卷61〈郭衍傳〉，頁1469。

51 《隋書》卷46〈長孫平傳〉，頁1254。另參見雷家驥《隋史十二講》（北京市：清華大學出版社，2012年版），頁97。

52 《隋書》卷24〈食貨志〉，頁685。

53 《隋書》卷24〈食貨志〉，頁685。

隋代地方「私營」義倉衰象漸生，政府唯有思變。「二月，詔曰：『本置義倉，止防水旱，百姓之徒，不思久計，輕爾費損，於後乏絕。又北境諸州，異於餘處，雲、夏、長、靈、鹽、蘭、豐、鄯、涼、甘、瓜等州，所有義倉雜種，並納本州。若人有旱儉少糧，先給雜種及遠年粟。』……」[54]由於義倉設立的本意失去，「百姓之徒，不思久計……於後乏絕」。隋政府要想辦法去解決。總結隋朝實行了十多年義倉制度，由「私營」轉為「官營」。到了開皇十八年（西元598年）便有「開倉賑給」的例，而當時所開的倉便是「官倉」。《隋書》〈食貨志〉載道：「……十八年，天子遣使……。困乏者，開倉賑給，前後用穀五百餘石。……」[55]即為其證。

（四）天子祭祀

清俞正燮《癸巳存稿》卷九〈求雨說〉條討論古今皇帝「親祀雨師」的事情，對於求雨本身他不反對，但絕不贊成「妄作法術」，以迷惑世人。俞氏曰：「如果欲求雨，只宜各存誠心叩禱而已，何必種種作法……借求雨之名妄作法術，即以妖言惑眾洽罪」。[56]雖然俞氏生於清，距隋一千幾百年，但天子祭祀求雨的古今現象一直未止，而且更廣泛流傳到地方民間。俞氏所言：「……存誠心叩禱」很重要，尤以隋文帝向天求雨，大收宣傳之效，一可表示皇帝知悉災情，兼關心民生。二可展示其與天的密切關係，有利強化皇權。

開皇三年（西元583年）發生了旱災。隋文帝親自於國城祀雨，希望透過皇帝的誠心能打動蒼天，《隋書》〈高祖上〉便載：「（夏四月）甲申，旱，上親祀雨師於國城之西南。」便是其中一例。[57]又，開皇十五年（西

54　《隋書》卷24〈食貨志〉，頁685。

55　《隋書》卷24〈食貨志〉，頁685。

56　參見俞正燮《癸巳存稿》卷9〈求雨說〉（瀋陽市：遼寧教育出版社，2003年版），頁264-266。

57　《隋書》卷1〈高祖上〉，頁19及《北史》卷11〈隋本紀〉，頁409。

元595年）「庚午，上以歲旱，祠太山，以謝愆咎。大赦天下。」[58]上述除
了皇帝親祀外，還有「大赦天下」的舉動。一般而言，「大赦天下」主要
在皇帝即位、冊立皇后、冊立太子及赦免罪犯。但在此「以謝愆咎。大赦
天下」，語焉未詳，筆者難判斷其「大赦」是否如一般學者說法，包含有
赦舊時罪人，開新秩序之意。

（五）設酒禁

旱災發生，禁酒是朝廷常用的行政手段。任重、陳儀認為「歷代莫不
通過各種辦法，保障糧食供應的安全性。有時當災荒比較嚴重時，為了保
障糧食的安全供應，還會在一定範圍內禁酒如元嘉二十年⋯⋯翌年⋯⋯
『⋯⋯并禁酒』，一直到元嘉二十二年九月年景見好，才開禁。⋯⋯齊武
帝⋯⋯永明十一年四月，『以旱故，都下二縣、朱方、姑孰權斷酒』。北魏
太安四年『⋯⋯春正月丙午朔，初設酒禁』⋯⋯」。[59]

隋文帝時京師有饑荒發生。《隋書》卷三十八〈劉昉傳〉載曰：「後遇
京師饑，上令禁酒」。[60]當時，劉昉身為高官卻仍「當壚沽酒」，故受到治
書侍御史梁毗劾奏，其文曰：「臣聞處貴則戒之以奢，持滿則守之以約。
昉既位列群公，秩高庶尹，⋯⋯何乃規簞之潤，競錐刀之末，身昵酒
徒⋯⋯若不糾繩，何以肅厲！」治書侍御史梁毗劾奏是本著「禁酒保糧」
的精神，使我們能從劉昉的反面教材，見到隋朝政府都認為「禁酒」是應
對饑荒的手法之一。

---

58 《隋書》卷2〈高祖下〉，頁39。
59 詳見任重、陳儀：《魏晉車北朝城市管理研究》（北京市：中國社會科學出版社，2003年
　　版），頁230。另外，可參見林尹註譯《周禮今註今譯》卷3〈地官司徒第二〉中「荒政十
　　二條」（臺北市：臺灣商務印書館發行，1992年版），頁99。
60 《隋書》卷38〈劉昉傳〉，頁1132。

（六）減免賦稅

　　自然災害的發生影響最大的社群往往是老百姓。平日無風無浪，他們可勉強應付到政府稅收。一旦受到旱災或水災打擊，他們只好束手無策，等待政府的救援。政府當然認識到此方面，故每逢有災害發生，朝廷多以「減免賦稅」作為紓困措施的常態。隋文帝時期便有以下幾個例子：

> 「（開皇四年）六月，以雍、同、華、岐、宜五州旱，命無出今年租調。」[61]
>
> 「（開皇六年）八月辛卯，關內七州旱，蠲其賦稅。」[62]
>
> 「（開皇十四年）五月辛酉，京師地震。關內諸州旱。六月丁卯，詔省府州縣，皆給公廨田，不得治生，與人爭利。」[63]
>
> 「（開皇十八年）……漕水之處，租調皆免，自是頻有年矣。」[64]

　　不過，有些自然災害如水災多突發，政府減賦稅、免租調策略實難解燃眉之急。至於旱災，則不如水災那麼來勢急迫，故減賦稅、免租調的方法相對地奏效的。

61　《北史》卷11〈隋紀〉，頁410。

62　《北史》卷11〈隋紀〉，頁412。

63　「六月，工部尚書蘇孝慈等以為，所在官司，因循往昔，皆以公廨錢物出舉興生，惟利是求，煩擾百姓，奏皆結地以營農，迴易取利皆禁止。」參見點校本《通典》卷7〈食貨〉，第97頁。另參見雷家驥《隋史十二講》（北京市：清華大學出版社，2012年版），頁96-97。查宋正海所編之書，未知是漏錄抑或認為十四年旱災不夠重大，故不收錄，見宋正海編《中國古代重大自然災害和異常年表總集》（廣州市：廣東教育出版社，1992年版），頁171。

64　《隋書》卷24〈食貨志〉，頁685。

（七）移民就食

隋文帝開皇十四年（西元594年）發生一場富爭議性的「移民就食」事件。事源在當年「（秋）八月辛未，關中大旱，人飢。上率戶口就食於洛陽。」[65]

根據傳世文獻載，開皇十四年（西元594年）有大旱災。發災地為關中，乃京師心臟地帶。是次旱災導致關中人口缺糧，「關中大旱，人飢」，最後出現「地區性」饑荒。[66]需要補充一點是，開皇十四年關中地區發生的旱災其實不止一場。查《通志》卷十八〈隋紀〉載：「（開皇）十四年……五月辛酉京師地震，關內諸州旱，……八月辛未關中大旱人飢，行幸洛陽，并命百姓山東就食。」[67]由此可知，開皇十四年的旱災，非單一事件，而是連串天災的頻發生。[68]

隋文帝正「行幸洛陽，并命百姓山東就食……」，這說明了文帝政府亦有採用了「移民就食」的方法救災，要百姓移身到山東近糧食的地區覓食。儘管，此次救荒的手法受到別人的質疑。無論如何，「移民就食」於歷史上亦是眾救荒手段中較可行的一種。關於此，筆者贊成史家雷家驥的

---

65 《隋書》卷2〈高祖下〉，頁39及《北史》卷11〈隋紀〉，頁419。

66 滿志敏認為「旱澇等級編制的基礎是建立在有關文獻中記載的旱澇災情的文字描述之上的，依靠文字記載描述的情況來判斷旱澇災害的嚴重程度，從而定出旱澇等級的值。……不同目的的災害描述，出於不同的需要，會影響到災害程度所用的語言……」，詳見滿志敏《中國歷史時期氣候變化研究》（濟南市：山東教育出版社，2009年版），頁293。張建民、宋儉把饑荒發生分成不同類型：「有遍及整個國家或者至少一大片地區的全面性饑荒；有限於國內某一特定地區的地方性或地區性饑荒；有限於人口中某一群體、階層或階級的階級性饑荒……」，詳見張建民、宋儉《災害歷史學》（長沙市：湖南人民出版社，1998年版），頁26。

67 （宋）鄭樵《通志》卷18〈隋紀〉（北京市：中華書局，1987年版），頁348。

68 張建民、宋儉討論到「災害的群發、并發以及次生災害問題」，詳見張建民、宋儉：《災害歷史學》（長沙市：湖南人民出版社，1998年版），頁66。

精扼說法，說：「關中因戶口膨脹，遇災荒則需就食於洛陽。……」[69]歷史時期就食洛陽的情況應是司空見慣的。[70]

五　結語

　　隋文帝在位廿四年，自然災害平均一年一次交煎相迫，尤以「水災」與「旱災」為最常見之禍害。災害無疑對楊隋政權的安穩性有所威脅。幸好，隋文帝時國庫充裕，他本人雖被評為性格吝嗇，但在救災方面卻肯大破慳囊。姑勿論其救災本意是維護己之政權抑或真心為百姓，總言而之，他所做的救荒措施能有效地救黎民於水火，化險為夷，實功不可沒。故筆者對隋文帝救災工作評價相當高。當然，曾有人質疑開皇十四年旱災的救荒手法。[71]此一問題，筆者已有另文討論，於此不贅。[72]

　　許多天災的發生是無可避免，最重要的是人的處理是否得宜。從上文可見，隋文帝對自然災害的挑戰都深表關切，而且能配以實際行動作適切的回應。在預防性方面，文帝政府能預早在漕運及設倉庫等硬件上加強。在補救性方面，文帝政府實施多元化的救荒手法，包括有（1）運粟賑救、（2）派官救濟、（3）開倉賑災、（4）天子祭祀、（5）設酒禁、（6）減免賦稅，及（7）移民就食等七種「因時」、「因地」制宜的救荒板斧。

　　當然，隋文帝及其政府很清楚明白，若對災害處理不周，引致饑荒，

69　參見雷家驥：《隋史十二講》（北京市：清華大學出版社，2012年版），頁179。

70　不過山東也有受災的時候，在煬帝時，「山東、河南大水，漂沒四十餘郡，重以遼東覆敗，死者數十萬。因屬疫疾，山東尤甚」，山東也有自身難保的一天。見《隋書》卷24〈食貨〉，頁688。

71　唐太宗便在《貞觀政要》中大力批評隋文帝「不憐百姓，惜倉庫」。參見王炳文、王晶評注，（唐）吳兢撰：《貞觀政要》（北京市：中華書局，2014年版），頁147-151。

72　參見官德祥：〈隋文帝與開皇十四年旱災〉，載《中國農史》2016年，第35卷第1期，頁69-84。

百姓流離失所，後果嚴重；「百姓饑饉，相聚為盜」的現象是有其普遍因果律。[73]屆時，楊隋政權的歷史被改寫亦未可料。事實上，中外歷史便有不少例子說明某某政權面對自然災害處理失當，結果間接把社稷斷送。就以隋文帝繼任人煬帝為例，便屢因救災不力，不肯開倉賑救，導致民怨沸騰。這又豈止是天災，還包含人禍於其中耶。[74]

表三　〈隋文帝開皇年間「災害及救災」簡表〉[75]

年分	內容	資料來源
開皇二年（西元582年）	「關右饑餒，陛下運山東之粟，置常平之官，開發倉廩，普加賑賜，大德鴻恩。」	魏徵等《隋書》卷46〈長孫平傳〉，北京市：中華書局，1973年版，頁1254。（後從略）
	（五月）己酉，旱，上親省囚徒。其日大雨。	《隋書》卷1〈高祖上〉，第17頁及《北史》卷11〈隋本紀〉，頁406。
開皇三年（西元583年）	「（夏四月）甲申，旱，上親祀雨師於國城之西南。」	《隋書》卷1〈高祖上〉，第19頁及《北史》卷11〈隋本紀〉，頁409。
	「（長孫）平見天下州縣多罹水旱，百姓不給，奏令民間每秋家出粟麥一石已下，貧富差	《隋書》卷46〈長孫平傳〉，頁1254。

73　《隋書》卷43〈楊子崇傳〉，頁1215。

74　「是時百姓廢業，……無以自給。然所在倉庫，……吏皆懼法，莫肯賑救，由是益困」《隋書》卷24〈食貨〉，頁688。又，「代王侑與衛玄守京師，百姓饑饉，亦不能救。義師入長安，發永豐倉以賑之，百姓方蘇息矣。」《隋書》卷24〈食貨〉，頁689。

75　本表製成除依據各史乘所載外，另參考近人著作如袁祖亮主編，閔祥鵬著《中國災害通史——隋唐五代卷》，鄭州大學出版社，2008年版及張波等編《中國農業自然災害史料集》，陝西科學技術出版社，1994年版。

年分	內容	資料來源
	等，儲之閭巷，以備凶年，名曰義倉。」[76]	
開皇四年（西元584年）	（正月）壬午，齊州水。	《隋書》卷1〈高祖上〉，頁21。《北史》卷11〈隋本紀〉，頁410。
	工部尚書、襄陽縣公長孫平奏曰：「……去年（四年）亢陽，關內不熟，陛下哀愍黎元，甚於赤子。運山東之粟，置常平之官，開發倉廩，普加賑賜。」於是奏令諸州百姓及軍人，勸課當社，並立義倉。收穫之日，隨其所得，勸課出粟及麥，於當社造倉窖貯之。」	《隋書》卷24〈食貨志〉，頁684及杜佑《通典》卷7〈食貨〉（點校本），頁289-290。
	六月，以雍、同、華、岐、宜五州旱，命無出今年租調。	《北史》卷11〈隋本紀〉，頁410。
	九月，甲戌，隋主以關中饑，行如洛陽。[77]	《資治通鑑》卷175〈陳紀九〉，頁5474及《北史》卷11〈隋紀〉，頁411。
	京師頻旱。時遷都龍首，建立宮室，百姓勞敝，亢陽之應也。	《隋書》卷22〈五行上〉，頁636。

---

76 參見雷家驥《隋史十二講》（北京市：清華大學出版社，2012年版），頁97。

77 《北史》〈隋紀〉載：「甲戌，隋主以關中饑，行幸洛陽」（第411頁），同見元大德刊本《北史》上（百衲本二十四史）（臺北市：臺灣商務印書館，2010年新版），頁172。《北史》的「幸」和《資治通鑑》的「如」意思應同。

年分	內容	資料來源
開皇五年 （西元585年）	（八月）甲辰，河南諸州水，遣民部尚書邳國公蘇威賑給之。[78]	《隋書》卷1〈高祖上〉，第23頁及《北史》卷11〈隋紀〉，第411頁。
	「（開皇）五年，（郭衍）授瀛州刺史，遇秋霖大水，其屬縣多漂沒……。」	《隋書》卷61〈郭衍傳〉，頁1469。
開皇六年 （西元586年）	二月乙酉，山南荊、淅七州水，遣前工部尚書長孫毗賑恤之。	《隋書》卷1〈高祖上〉，頁23。
	秋七月辛亥，河南諸州水。	《隋書》卷1〈高祖上〉，頁24及《北史》卷11〈隋紀〉，頁412。
	京師雨毛，如髮尾。……是時關中旱，米粟涌貴。	《隋書》卷22〈五行上〉，頁642及《北史》卷11〈隋紀〉，頁412。
	八月辛卯，關內七州旱，免其賦稅。	《隋書》卷1〈高祖上〉，頁24及《北史》卷11〈隋紀〉，頁412。

---

78 《隋書》卷43〈觀德王雄傳〉：「雄時貴寵，冠絕一時，與高熲、虞慶則，蘇威稱為『四貴』。」另可參考（日）谷川道雄著，李濟滄譯《隋唐帝國形成史論》（上海市：上海古籍出版社，2004年版），頁260-261及張偉國《關隴武將與周隋政權》（廣州市：中山大學出版社，1993年版），頁159。《北史》卷11〈隋紀〉載：「遣戶部尚書蘇威賑給之。……」（頁411）另，張澤咸說：「這些遭水災的黃淮海地區，都有豐富的存糧」，見氏著《隋唐時期農業》（臺北市：文津出版社，1999年版），頁48。另，關於蘇威事可參見岑仲勉《隋書求是》（北京市：中華書局，2004年），頁29。又，「凡隋紀作民部者，北史皆作戶部，乃知百官志此文，實應作『尋改度支尚書為民部尚書』，志成於高宗朝，已奉民部改戶部之詔，修史者敬避帝諱，故以當代之名稱。……」同見岑氏，《隋書求是》，頁29。

年分	內容	資料來源
開皇八年 （西元588年）	秋八月丁未，河北諸州饑，遣吏部尚書蘇威賑恤之。	《隋書》卷1〈高祖上〉，頁31及《北史》卷11〈隋紀〉，頁414。
開皇十四年 （西元594年）	五月辛酉，京師地震。關內諸州旱。六月丁卯，詔省府州縣，皆給公廨田，不得治生，與人爭利。[79]	《隋書》卷2〈高祖下〉，頁39及《北史》卷11〈隋紀〉，頁419。
	（秋）八月辛未，關中大旱，人飢。上率戶口就食於洛陽。	《隋書》卷2〈高祖下〉，頁39及《北史》卷11〈隋紀〉，頁419。
	是歲關中饑，帝令百姓就糧於關東。	《隋書》卷22〈五行上〉，頁65。
開皇十五年 （西元595年）	庚午，上以歲旱，祠太山，以謝愆咎。大赦天下。	《隋書》卷2〈高祖下〉，頁39。
	「二月，詔曰：『本置義倉，止防水旱，百姓之徒，不思久計，輕爾費損，於後乏絕。又北境諸州，異於餘處，雲、夏、長、靈、鹽、蘭、豐、鄯、涼、甘、瓜等州，所有義倉雜種，並納本州。若人有旱儉少糧，先給雜種及遠年粟。』……」	《隋書》卷24〈食貨志〉，頁685。

79　「六月，工部尚書蘇孝慈等以為，所在官司，因循往昔，皆以公廨錢物出舉興生，惟利是求，煩擾百姓，奏皆結地以營農，迴易取利皆禁止。」參見點校本《通典》卷7〈食貨〉，頁97。另參見雷家驥《隋史十二講》（北京市：清華大學出版社，2012年版），頁96-97。查宋正海所編之書，未知是漏錄抑或認為十四年旱災不夠重大，故不收錄，見宋正海編：《中國古代重大自然災害和異常年表總集》（廣州市：廣東教育出版社，1992年版），頁171。

年分	內容	資料來源
開皇十六年（西元596年）	正月，又詔秦、疊、成康、……等州社倉，並於當縣安置。 二月，又詔社倉，准上中下三等稅，上戶不過一石，中戶不過七斗，下戶不過四斗。 （六月）并州大蝗。	《隋書》卷24〈食貨志〉，頁685。 《隋書》卷24〈食貨志〉，頁685。 《隋書》卷2〈高祖下〉，頁41及《隋書》卷22〈五行上〉，頁652。
開皇十八年（西元598年）	其後山東頻年霖雨，杞、宋、陳……等諸州，達於滄海，皆困水災，所在沉溺。十八年，天子遣使，將水工，巡行川源，相視高下，發隨近丁以疏導之。困乏者，開倉賑給，前後用穀五百餘石。漕水之處，租調皆免，自是頻有年矣。 河南八州大水	《隋書》卷24〈食貨志〉，頁685。 《隋書》卷22〈五行上〉，頁622。
開皇二十年（西元600年）	（十一月）京都大風，發屋拔樹，秦、隴壓死者千餘人。 （十一月）戊子，天下地震，京師大風雪。	《隋書》卷22〈五行志〉，頁655。 《隋書》卷2〈高祖下〉，頁45。
仁壽元年（西元601年）	壬辰，驟雨震雷，大風拔木，宜君湫水移於始平。	《隋書》卷2〈高祖下〉，頁46。

年分	內容	資料來源
仁壽二年 （西元602年）	夏四月庚戌，岐、雍二州地震 九月……壬辰，河南、北諸州大水，遣工部尚書楊達賑恤之。……隴西地震。	《隋書》卷2〈高祖下〉，頁47。 《隋書》卷2〈高祖下〉，頁47-48。
仁壽三年 （西元603年）	十二月癸酉，河南諸州水，遣納言楊達賑恤之。	《隋書》卷2〈高祖下〉，頁52。

——原載於2016年《新亞論叢》，第17期，2020年8月8日補訂。

隋文帝與開皇十四年旱災

一 前言

　　西元五八一年，楊堅取代北周，建立隋朝，改元開皇，是為隋文帝。[1]開皇一共有廿年（西元581-600年）。於十四年（西元594年）關中發生了旱災。[2]對於幅員遼闊的中國來說，幾乎每年都有自然災害發生，不足為奇。關鍵是旱災發生三十五年後，唐皇帝李世民不滿隋文帝此次救荒表現，在黃門侍郎王珪面前強烈批評文帝「不憐百姓而惜倉庫」。究竟太宗此言屬實否？[3]學者們質疑隋文帝時期「倉庫盈溢」，為何不許賑給？[4]有人以文帝性格「儉省」作辯解，亦有人認為文帝此行為是自保政權，對此各人莫衷一是，不能全面。[5]筆者認為透過深入認識此場旱災，或對隋文帝能作較公

1　參考周一良：《周一良集》第2卷〈《隋書》札記〉（瀋陽市：遼寧教育出版社，1998年版），頁676及吳宗國：《隋唐五代簡史》（福州市：福建人民出版社，1998年版），頁9。

2　「詩曰：終風且曀，旱不雨也」，見（清）段玉裁《說文解字注》（杭州市：浙江古籍出版社，1998年版），頁305。

3　（唐）李延壽《北史》論隋文帝：「隋文帝樹基立本，積德累仁……」，見《北史》卷11〈隋本紀〉，中華書局版，頁431。

4　錢穆：《國史大綱》認為隋代「府庫充盈」是文帝初一天下，即已富足，「所以府庫充盈者有數端：一、滅齊，隋滅陳，均未經甚大之戰禍，天下寧一，已有年數。二、自宇文泰、蘇綽以來，北朝君臣大體均能注意吏治。隋承其風而弗替。三、其尤要者，則中央政令之統一，與社會階級之消融。古代之貴族封建，以及魏、晉以來之門第特權，至此皆已消失。全社會走上一平等線，而隸屬於一政權之下。故下層負擔尚甚輕，而上層之收入已甚足。」見錢穆《國史大綱》修訂本，商務印書館（香港），1995年修訂3版，頁378-379。

5　杜佑《通典》卷7〈食貨〉：「隋文帝始以外戚，遂受託孤，不踰數年，便享大位，克勤理

平的評鑑。

二　事緣起自《貞觀政要》

　　整件事應從唐史家吳兢（西元670-749年）所著《貞觀政要》中卷八〈辯興亡〉的一篇文章說起。[6]這文章記錄了貞觀二年（西元628年）正月，唐太宗與黃門侍郎王珪討論隋朝滅亡一段話，內容如下：

> 隋開皇十四年（西元594年）大旱，人多飢乏，是時倉庫盈溢，竟不許賑給，乃令百姓逐糧。隋文不憐（愛）百姓而惜倉庫，比至末年，計天下儲積，得供五六十年。煬帝恃此富饒，所以奢華無道，遂至滅亡。煬帝失國，亦此之由。凡理國者，務積於人，不在盈其倉庫。古人云：「百姓不足，君孰與足？」但使倉庫可備凶年，此外何煩儲蓄！後嗣若賢，自能保其天下；如其不肖，多積倉庫，徒益其奢侈，危亡之本也。[7]

道，克儉資費。至於六宮之內，常服浣濯之衣，供御故弊，隨令補用，非享燕，所食不過一肉。有司嘗進乾薑，用布袋盛，帝以為費，大加譴責。後進香藥，復以氈袋盛，因笞所司，以為後誡。其時宇內稱理，倉庫盈溢。至開皇九年平陳，帝親於朱雀門勞師行賞，自門外列布帛之積，達於南郭，以次頒給，所費三百餘萬段，而不加賦於人。」王文錦等點校，杜佑《通典》卷7〈食貨〉（北京市：中華書局，1988年版），頁147。

6　謝保成引戈注：舊此章〈辯興亡篇〉重出〈奢縱篇〉，今去彼存此。本章抄本僅為卷六論〈奢縱〉第一章，刊本卷八〈辯興亡篇〉重出，戈本去去彼存此，此為戈本原文，詳見謝保成《貞觀政要集校》（北京市：中華書局，2003年版，頁466〈注一〉。另，有關〈辯興亡篇〉的重出或缺篇問題，可參考原田種成〈本邦舊鈔本に辯興亡篇を缺く理由について の考察〉載氏著《貞觀政要の研究》〈第五章〉（吉川弘文館，昭和四十年版），頁333-341。

7　參見王炳文、王晶評注，（唐）吳兢撰《貞觀政要》（北京市：中華書局，2014年版），頁147-151。雷家驥認為唐太宗與黃門侍郎王珪討論隋的滅亡提到一個重要觀念——「藏富於民」，參見雷家驥編撰《貞觀政要——天可汗時代》（臺北市：時報文化出版公司，2012年第5版），頁278-279。

此段文字前半部，清楚記述隋開皇十四年（西元594年）發生大旱，並造成關中百姓饑荒。唐太宗回顧前朝往事，批評隋文帝不願開倉救災，最後儲積過多，成為隋亡之遠因。此〈辯興亡篇〉所記之太宗評語直接影響後世史家對文帝的看法。

錢穆在其《國史大綱》中寫道：「隋在『對外無強敵之脅迫，此時的統治權所急切需要者，乃一種更高尚、更合理的政治意識，而惜乎隋文帝說不到此。』……」。錢氏認為文帝欠高尚，「說不到此」乃歸因於開皇十四大旱之「不放賑」和「令民逐糧」。錢氏的論斷是受到〈辯興亡篇〉所左右而得出。[8]另外，韓昇撰《隋文帝傳》中寫道：「中央掌握著充足的糧食，只要開倉賑災，已經餓得頭昏眼花的百姓便可以免去長途跋涉」。[9]他還進一步說：「隋文帝為了克服長期的分裂，……其財政政策自然也表現出高度集權的原則，把財富集中於國家，積聚起無與倫比的倉儲，以至到唐朝還能供五、六十年！在生產力沒有發生革命性進展，社會生產總量變化不大的情況下，財富的高度集中勢必造成百姓的相對貧窮，因此，其抵禦自然與社會災變的能力必然低落，……。」[10]總括而言，錢、韓二氏都或多或少接受〈辯興亡篇〉對隋文帝「不放賑」說。

另外，王壽南亦採納了〈辯興亡篇〉的看法。他認為「隋文帝之治術遠超南北朝之創業帝王，但器量狹小。開皇二十四年（西元604年）『大旱，人多飢乏，是時倉庫盈溢，竟不許賑給，乃令百姓逐糧……』，以致在位二十餘年，『人不見德』……」。查開皇僅廿年，王氏上述引文之開皇

8　錢穆：《國史大綱》修訂本，商務印書館（香港），1995年修訂3版，頁380。另外，其學生葉龍在記錄錢穆講授中國經濟史中對隋文帝亦有相類的負面評價可作旁證，其文曰：「惜（文）帝於荒年時，民多饑乏，竟不許賑給，誠可嘆息」，詳見葉龍記錄整理《錢穆講授中國經濟史》（北京市：北京聯合出版公司，2014年版），頁184。又，錢穆評隋文帝「勤於吏治而無一度」亦由於其不放賑濟民，同見葉氏書，頁180。

9　韓昇：《隋文帝傳》（北京市：人民出版社，1998年版），頁395。

10　韓昇：《隋文帝傳》（北京市：人民出版社，1998年版），頁243。

二十四年（西元604年）應為開皇十四年（西元594年）之誤，疑此為刊印
或校對之誤，應非王氏本人之錯。撇除此瑕疵，王氏言論其實已反映出他
對〈辯興亡篇〉的內容是照單全收。王氏遂以此冠隋文帝以「人不見
德」、「器量狹小」等污名，以對其「不許賑給」和「令百姓逐糧」表示不
滿。[11]這一切都是王氏採信〈辯興亡篇〉的後果。

　　不過，早於上世紀三十年代，馮柳堂便對隋文帝「不開倉」持著懷疑
態度。有別以上三位學者，其曰：「惟據史載，開皇四年已後，京師頻
旱，至十四年，已逾十載，開倉賑給，諒不在少，蓄儲不發或當有之」。
「蓄儲不發」就是「不開倉」之意，可惜作者沒有進一步闡釋。[12]究竟唐
太宗《貞觀政要》內裡的話是否值得相信？對於隋文帝「不開倉」之說，
也非所有隋唐史家的共識，如王仲犖[13]、岑仲勉[14]、呂思勉[15]、李樹桐[16]、
湯承業[17]、雷家驥[18]等，都無採用〈辯興亡篇〉中唐太宗的話作為對隋文帝
評鑑的依據。由於問題核心根源來自唐朝《貞觀政要》，筆者先循其作者
吳兢（西元670-749年）身上線索順藤摸瓜，希望找到一點端倪。

　　吳兢是唐玄宗時期的史學家，若果從長安初年吳氏初入史館算起，到
開元十七年出任荊州司馬為止，前後擔任國史修撰工作將近三十年。加上
此後，外任期間以及晚年回京後的著述經歷，則可以說他一生幾乎毫無保
留地貢獻給了史學工作。[19]《貞觀政要》十卷，是他眾史著中唯至今傳世

---

11 王壽南：《中國歷代創業帝王》（桂林市：廣西師範大學出版社，2007年版），頁229。

12 馮柳堂：《中國歷代民食政策史》（上海市：商務印書館，1934年版），頁66。

13 參見王仲犖：《隋書五代史》上冊（上海市：上海人民出版社，2003年版）。

14 參見岑仲勉：《隋書求是》北京市：中華書局，2004年版及氏著另一作品《通鑑隋唐紀比
事質疑》中華書局香港分局，1977年版。

15 呂思勉：《隋唐五代史》上冊（香港：太平書局，1980年香港版）。

16 李樹桐：《隋唐史別裁》（臺北市：臺灣商務印書館，1995年版）。

17 湯承業：《隋文帝政治事功之研究》，中國學術著作獎助委員會，1967年版。

18 參見雷家驥：《隋史十二講》（北京市：清華大學出版社，2012年版）。

19 王炳文、王晶評注，（唐）吳兢撰：《貞觀政要》〈前言〉（北京市：中華書局，2014年版），
頁1-3。

的作品。事實上，他有關史書的撰寫，相當宏富。其史學專著，見諸記載者，包括《齊史》十卷、《梁史》十卷、《陳史》五卷、《周史》十卷、《隋史》二十卷、《唐書》一百卷、《唐春秋》三十卷、《唐書備闕記》十卷、《太宗勛使》一卷、《中宗實錄》二十卷、《睿宗實錄》五卷、《兵家正史》九卷、《唐名臣奏》十卷，此外尚有參編史著及其他著述若干種，可惜全部散佚。[20]特別留意的是，吳兢曾經著作過《隋史》二十卷。其對隋朝歷史理應諳熟。假若吳氏所撰《隋史》仍傳世，隋文帝是否「倉庫盈溢，竟不許賑給」的真相或能大白！

在此有必要重溫唐太宗〈辯興亡篇〉的重點：「隋開皇十四年（西元594年）大旱，人多飢乏，是時倉庫盈溢，竟不許賑給，乃令百姓逐糧。隋文不憐（愛）百姓而惜倉庫，比至末年，計天下儲積，得供五六十年。……」[21]據唐太宗此番說話，筆者以為下列幾個要點需要留意：開皇十四年是否確有大旱災、「人多飢乏」是否合乎事實[22]、「倉庫盈溢」是否當時真實現象、「不許賑給」是否合乎隋文帝一貫對百姓的態度、令百姓逐糧的實情又如何。

根據傳世多份文獻記載，開皇十四年（西元594年）大旱災是確有其

---

20 王炳文、王晶評注，（唐）吳兢撰：《貞觀政要》〈前言〉（北京市：中華書局，2014年版），頁2。

21 參見王炳文、王晶評注，（唐）吳兢撰：《貞觀政要》（北京市：中華書局，2014年版），頁147-151。雷家驥認為唐太宗與黃門侍郎王珪討論隋的滅亡提到一個重要觀念——「藏富於民」，參見雷家驥編撰《貞觀政要——天可汗時代》（臺北市：時報文化出版公司，2012年5版），頁278-279。此外，羅永生認為《貞觀政要》卷八〈辯興亡〉實全書中心要旨。「人君賦斂不已，百姓既弊，其君亦亡。」羅君在書〈序〉中特別強調「隋亡的歷史教訓」，值得留意，詳見羅永生：《貞觀政要導讀》，中華書局（香港），2015年版，頁311。

22 「廣義的飢荒是指天災人禍之後生產衰退，經濟秩序混亂，生活資料匱乏的社會現象。其核心問題是糧食問題，在嚴重飢荒的情況下，可以導致大量人口因飢餓而死亡」，詳見張建民，宋儉《災害歷史學》（長沙市：湖南人民出版社，1998年版），頁24。

事。發災地為關中，乃京師心臟地帶，皇帝之眼下。各史書所記真確性應高。另外，據載此旱災還導致關中人口缺糧，「關中大旱，人飢」，最後出現「地區性」饑荒。[23]需要補充一點是，開皇十四年關中地區發生的旱災其實不止一場。查《通志》卷十八〈隋紀〉載：「（開皇）十四年……五月辛酉京師地震，關內諸州旱，……八月辛未關中大旱人飢，行幸洛陽，并命百姓山東就食。」[24]由此可知，開皇十四年的旱災，非單一事件，而是連串天災的頻發生。農民早於五月已歉收，「關內諸州旱」率先削弱農業本來脆弱的經濟。八月再來一次「辛未關中大旱」，使問題加劇惡化，雪上加霜。把農民所剩餘無幾的農產品，再徹底摧毀，最終因食物匱乏導致饑荒必然出現。[25]單就開皇十四年這一年來看，「五月辛酉京師地震」是打擊關中農民的第一波，接著「關內諸州旱」是第二波，然後便是第三波「八月辛未關中大旱」。短短一年在此區域「三波」天災群發，對隋文帝及其政府，尤其關中災區毫無疑問是一大挑戰。[26]

23　滿志敏認為「旱澇等級編制的基礎是建立在有關文獻中記載的旱澇災情的文字描述之上的，依靠文字記載描述的情況來判斷旱澇災害的嚴重程度，從而定出旱澇等級的值。……不同目的的災害描述，出於不同的需要，會影響到災害程度所用的語言……」，詳見滿志敏《中國歷史時期氣候變化研究》（濟南市：山東教育出版社，2009年版），頁293。張建民、宋儉把饑荒發生分成不同類型「有遍及整個國家或者至少一大片地區的全面性饑荒；有限於國內某一特定地區的地方性或地區性饑荒；有限於人口中某一群體、階層或階級的階級性饑荒……」，詳見張建民，宋儉：《災害歷史學》（長沙市：湖南人民出版社，1998年版），頁26。

24　（宋）鄭樵《通志》卷18〈隋紀〉（北京市：中華書局，1987年版），頁348。

25　詳見張建民，宋儉：《災害歷史學》（長沙市：湖南人民出版社，1998年版），頁25。

26　張建民，宋儉討論到「災害的群發、并發以及次生災害問題」，詳見張建民，宋儉：《災害歷史學》（長沙市：湖南人民出版社，1998年版），頁66。

三　史書筆下之「八月辛未關中大旱」

涉及記載此開皇十四年旱災的史書主要有《隋書》、《北史》、《貞觀政要》及《資治通鑑》。按著書時序，筆者先說《隋書》。

貞觀三年（西元629年），由魏徵「總知其務」重修五朝史，並主編《隋書》。[27]參加《隋書》編修的還有顏師古、孔穎達、許敬宗等人。貞觀十年（西元636年），隋書的帝紀、列傳和其他四朝史同時完成，合稱「五代史」。唐太宗與黃門侍郎王珪的討論是發生於貞觀二年（西元628年）正月，比魏徵等《隋書》尚早一年。所提及十四年旱災共三處地方1.〈高祖下〉、2.〈食貨志〉和3.〈五行志〉。[28]

其內容如下：

1.〈高祖下〉曰：

「（秋）八月辛未，關中大旱，人飢。上率戶口就食於洛陽。」[29]

2.〈食貨志〉曰：

「（開皇）十四年，關中大旱，人飢，上幸洛陽，因令百姓就食。從官並准見口賑給，不以官位為限。……」[30]

3.〈五行志〉曰：

「開皇十四年五月，京師地震。……是歲關中饑，帝令百姓就糧於關東。」[31]

27　參見中華書局編輯部〈隋書出版說明〉載《隋書》（北京市：中華書局，1973年版），頁1-4。

28　「魏徵開始主持《隋書》的修撰工作，事在貞觀三年（西元629年）上距隋朝滅亡（西元618年）僅十一年時間」，參見瞿東林〈略談《隋書》的史論〉，收錄於周文玖編《晉書、〈八書〉、〈二史〉研究》（北京市：中國大百科全書出版社，2009年版），頁266-283。

29　《隋書》卷1〈高祖下〉，頁39。

30　《隋書》卷24〈食貨志〉，頁684。

31　《隋書》卷18〈五行下〉，頁665。

綜合上述《隋書》1、2、3三處史料，關於開皇十四年旱災有下列認識。

開皇十四年發生一場大旱災。所謂「大災」，其規模當比一般「旱災」大。隋文帝對此大旱災態度是關心。他採取過連串應急救荒措施，其中措施是令百姓「就食」或「就糧」關東，「就食」與「就糧」意思相若。不過，在「令民」和「率民」細節上卻有其分別（詳見後文）。

除了上面《隋書》外，《北史》的記載便有所歧異。據李延壽私修《北史》卷十一〈隋紀〉載曰：「（開皇）十四年……八月辛未，關中大旱，人飢，行幸洛陽，并命百姓山東就食。」[32]。據此，隋文帝並不如〈高祖下〉所載「上率戶口就食」，相反與〈食貨志〉及〈五行志〉之內容較為吻合，半點沒提及「上率戶口就食」，反而是「命百姓就食」作為當時的救荒手法。

在未探究孰是孰非前，先看趙翼《廿二史劄記》卷十五之〈隋書志〉的論述，或能為大家提供一點線索。其內容如下：

> 隋書本無志。今之志，乃合記梁、陳、齊、周、隋之事。舊名五代史志，別自單行，其後附入隋書。然究不可謂隋志也。自開皇仁壽時，王劭為隋書八十卷，以類相從，至編年紀傳尚闕。唐武德五年，令狐德棻奏修五代史（梁、陳、齊、周、隋），詔封德彝、顏師古，修隋書，歷年不就而罷。[33]貞觀三年，又詔魏徵修之，房元齡為監修，徵又奏顏師古、孔穎達、許敬宗同撰。序論皆徵所作，凡帝紀五，

---

32 《北史》卷11〈隋紀〉（北京市：中華書局版），頁419，同見元大德刊本《北史》上（百衲本二十四史）（臺北市：臺灣商務印書館，2010年新版），頁172。又，《北史》的最大優點「在於其寬廣的史學視野，將政權并峙，史事龐雜……」，詳見杜維運《中國史學史》第二冊（商務印書館，2010年版），頁452。另，見高敏〈李延壽〉與《南北史》〉一文收載於周文玖編《晉書、〈八書〉、〈二史〉研究》（北京市：中國大百科全書出版社，2009年版），頁350-361。

33 參見王仲犖：《北周地理志上》〈序言〉（北京市：中華書局，1980年版）。

列傳五十。十年正月上之。此隋書也。十五年。又詔於志寧、李淳風、韋安仁、李延壽同修五代史志，凡成十志，三十卷。……[34]

《隋書》乃一集體成果，魏徵等所收書比五代史志為先。以魏徵的耿直性格，犯顏進諫，神色不移，其於撰史，當直書不諱。[35]誠如近人謝保成說魏徵：「取鑒於亡國之君的作為」，故對旱災及饑荒史事，理應實事求是。基於上述原因，筆者比較傾向先《隋書》，次採《五代史志》以補充。[36]故此，筆者採信「令百姓就食說」多於「上率戶口說」。

為方便認識各史書的記載異同，現將各有關史書所載開皇十四年旱災內容一覽表列如下，以供參考：

表一　〈各有關史書對開皇十四年八月辛末旱災的記載一覽表〉

各種史料來源	記述內容
1 《隋書》卷二〈高祖下〉	（秋）八月辛末，關中大旱，人飢。上率戶口就食於洛陽。
2 《隋書》卷二十四〈食貨志〉	（開皇）十四年，關中大旱，人飢，上幸洛陽，因令百姓就食。從官並准見口賑給，不以官位為限。……
3 《隋書》卷十八〈五行下〉	開皇十四年……是歲關中饑，帝令百姓就糧於關東。
4 《北史》卷十一〈隋本紀上〉	（開皇）十四年……八月辛末，關中大旱，人飢，行幸洛陽，并命百姓山東就食。

---

34 參見趙翼：《廿二史劄記》（北京市：中國書店，1987年版），頁206-207。其中趙翼提到王劭為隋書八十卷，實為隋書六十之誤。「《隋書》六十卷（未成），祕書監王劭撰」，詳見《隋書》卷33〈經籍二〉，頁962。另見余嘉錫《四庫提要辨證》卷3〈隋書八十五卷〉，中華書局港版，頁191-199。

35 詳見杜維運《中國史學史》第二冊，商務印書館，2010年版，頁448。

36 「隋居五代之末，《五代史志》又基本承襲《隋書》的思想原則，遂編入《隋書》」，見謝保成〈魏徵與《隋書》的鑒戒思想〉〈注釋〉一，收錄於周文玖編《晉書、〈八書〉、〈二史〉研究》（北京市：中國大百科全書出版社，2009年版），頁284。

各種史料來源	記述內容
5 《貞觀政要》卷八〈辯興亡〉	隋開皇十四年（西元594年）大旱，人多飢乏，是時倉庫盈溢，竟不許賑給，乃令百姓逐糧。隋文不憐（愛）百姓而惜倉庫，……。
6 《資治通鑑》卷一七八〈隋紀二〉	八月，辛未，上帥民就食於洛陽，敕斥候不得輒有驅逼。男女參廁於仗衛之間，遇扶老攜幼者，輒引馬避之，慰勉而去；至艱險之處，見負擔者，令左右扶助之。[37]
7 《資治通鑑》卷一九二〈唐紀八〉	（太宗貞觀二年）上謂黃門侍郎王珪曰：「開皇十四年大旱，隋文帝不許賑給，而令百姓就食山東，……。」[38]
8 《通志》卷十八〈隋紀〉	十四年……八月辛未，關中大旱人飢，行幸洛陽，并命百姓山東就食。

有一點值得留意，與唐宋時期史書比較，宋朝司馬光《資治通鑑》及鄭樵《通志》著作時代是較後。單純就內容文字看是明顯後出者因襲前者處。有趣的是，《通鑑》竟把兩說並存同一書中，技巧地把〈隋紀〉「賑給」與〈唐紀〉「不許賑給」兩處相反的論點都同收錄於其中。此是否司馬光治史筆法，讓不同論點共存俾後人得以判斷，這點不得而知。總之，《通鑑》〈隋紀二〉接受了《隋書》〈高祖下〉的「上帥（率）民就食於洛陽」之語，同時間又結合《隋書》〈食貨志〉「從官並准見口賑給」的想法，但又不採〈食貨志〉中「上令」百姓就食，反而是「上帥」的字眼。《通鑑》〈隋紀二〉內文予人初步印象是各史書的「複合體」。

又，《通鑑》〈隋紀二〉載：「八月，辛未，上帥民就食於洛陽，敕斥候不得輒有驅逼。男女參廁於仗衛之間，遇扶老攜幼者，輒引馬避之，慰勉而去；至艱險之處，見負擔者，令左右扶助之」[39]。此段文字生動地講出八月辛未旱災時百姓到關東逐糧過程，載述隋文帝各種體貼情狀，歌頌

---

37 見《資治通鑑》卷178〈隋紀二〉，頁5545-5546。

38 見《資治通鑑》卷192〈唐紀八〉，頁8047-8048。

39 見《資治通鑑》卷178〈隋紀二〉，頁5545-5546。

文帝救荒「以民為本」，恰與《通鑑》〈唐紀〉引王珪話「不許賑給」唱反調。此段文字最先見於《隋書》卷二〈高祖下〉及《北史》〈隋本紀下第十三〉。[40]《通鑑》內容顯然採錄自《隋書》。但是《通鑑》把其內容繫於開皇十四年（西元594年），則有值得商榷餘地。

按《隋書》卷二〈高祖下〉此段文字置於卷末，並無標明具體年份，只錄下「開皇、仁壽之間……」[41]等字。據其文載曰：「及東拜太山，關中戶口就食洛陽者，道路相屬。上敕斥候，……」。按「及東拜太山」五字看，應非指開皇十四年（西元594年）辛未旱災。根據前引《隋書》〈食貨志〉所載隋文帝十四年記載著「上幸洛陽」，其他正史則無「上幸」訊息，更遑論「東拜太山」[42]。加上與司馬光同朝代的《通志》作者鄭樵，其在處理辛未旱災的載述時，並沒有採用《通鑑》等材料和說法。《通志》卷十八〈隋紀〉載曰：「十四年……八月辛未，關中大旱人飢，行幸洛陽，并命百姓山東就食。」此內容反而傾向《隋書》及《北史》的說法。筆者基於年份不確定與及內容文字出入的兩方面考慮下，對《通鑑》〈隋紀二〉的內容是有所保留。

綜合《隋書》、《北史》、《貞觀政要》和《通鑑》等材料，弄清其異同後，筆者總結出以下幾點想法其一、除《貞觀政要》外，並沒有史書明言隋文帝開倉或不開倉。其二、《貞觀政要》〈辯興亡〉的內容是值得懷疑，尤以文帝不憐百姓一點最可議，這點在後文〈隋文帝一向對百姓救荒態度〉會有所討論。其三、從前朝過往的「就食」的歷史看，不能因為「要百姓逐糧」便在道德上一口咬定該皇帝行為不當，而忽略考慮其他因素，如災情嚴重度、倉儲儲存量、漕運交通暢通等問題。其四、筆者傾向「令百姓」多於「帥百姓」說，這點於後文有所交代。

---

40 《隋書》卷2〈高祖下〉，頁54。《北史》卷11〈隋紀上〉，頁429。

41 《隋書》卷2〈高祖下〉，頁54。

42 《隋書》卷1〈高祖下〉，頁39及《北史》卷11〈隋紀上〉，頁419。

四　自然災害與隋文帝的救荒態度及措施

　　隋文帝有否「不開倉」，吳兢《隋書》是主要證據之一，可惜失佚。未能直接與其撰之《貞觀政要》〈辯興亡篇〉對質，但憑其他傳世資料，仍能窺探隋文帝一生是如何看待百姓，這對證明文帝有否「不憐百姓而惜倉庫」應有幫助。於此，我們可以從開皇十四年旱災前後所發生的事情，去考探隋文帝是否「愛民」。為方便大家，筆者根據各史書，為隋文帝開皇年間所發生的災害及其救災措施，制訂〈隋文帝開皇年間「災害及救災」簡表〉（詳見文後表二）以供參考。根據表二所記，我們可以歸納出以下兩點：第一、開皇廿年間，中國百姓曾遭受到各類不同災禍，包括地震、風災、大雪、水災、旱災、蝗災[43]，主要以水災和旱災發災率較頻，所謂「關中癘疫，炎旱傷稼」，兩者交煎相迫，嚴重打擊關中地區的農業生產，成為隋朝政府的最大天敵。[44]第二、隋文帝在開皇十四年前及其後，皆關心民瘼，對救荒不遺餘力，這點是有其一致性的。他一向的救荒舉措，大概有以下數項，包括有「遣使巡察」、「開倉賑賜」、「親祀雨師」[45]、「設義倉」、「免租調」、「大赦天下」及「禁酒」等。[46]過去隋文帝會因應

43　蝗蟲乃爆發於水與旱間，詳見官德祥《兩漢蝗災述要》載《中國農史》2001年第3期及其姊妹篇《再論兩漢蝗災》，載2002年《新亞論叢》第4期。

44　《隋書》卷24〈食貨志〉，頁673。

45　參見俞正燮《癸巳存稿》卷9〈求雨說〉（瀋陽市：遼寧教育出版社，2003年版），頁264-266。

46　據《隋書》卷38〈劉昉傳〉載：「後遇京師饑，上令禁酒」（頁1132）。任重、陳儀認為「歷代莫不通過各種辦法，保障糧食供應的安全性。有時當災荒比較嚴重時，為了保障糧食的安全供應，還會在一定範圍內禁酒如元嘉二十年………翌年……『……并禁酒』，一直到元嘉二十二年九月年景見好，才開禁。……齊武帝……永明十一年四月，『以旱故，都下二縣、朱方、姑孰權斷酒』。北魏太安四年『……春正月丙午朔，初設酒禁』……」，詳見任重、陳儀《魏晉車北朝城市管理研究》（北京市：中國社會科學出版社，2003年版），頁230。另外，可參見林尹註譯《周禮今註今譯》卷3〈地官司徒第二〉中「荒政十二條」（臺北市：臺灣商務印書館，1992年版），頁99。

災情的嚴重性，曾多管齊下救荒，盡顯「愛民」的一面。若如論者言開皇十四年文帝「忽然」不愛民，只愛倉庫。這實與其前後對百姓態度相矛盾。除非找到令隋文帝性格在十四年突變的合理因由（此在後文會有所探討），否則這是不合常理。

再補充一點，隋文帝之愛民，有學者認為是出於天性。[47]隋文帝的「愛民亦出天性」、「身在京城，而心在百姓」，或則「乘輿四出，親自臨問」。或則「潛遣行人，採聽風俗」；「吏治得失」與「人間疾苦」，無不留意。[48]筆者同意隋文帝「流涕以示群臣，深自咎責」應無矯揉造作，是發自其真心。上述反映隋文帝不單救荒時愛民，平日亦關心民瘼。當然，我們很難排除如王仲犖所說的「鞏固統治權」和「強化中央政權」等，放諸四海皆準的論調。隋文帝「躬身儉約」、「注意到農民的痛苦」。他的「以民為本」與鞏固統治，某程度上是「二為一體」。[49]

事實上，隋文帝開皇初便一直施行「減輕賦稅徭役」、「減輕刑罰」及「廢除酷刑」等措施，以獲取民心。大家不難從薛道衡〈隋文帝大赦詔〉、〈隋文帝拜東嶽大赦詔〉和李德林〈隋文帝獲寶龜大赦詔〉等內容，看到文帝簡化刑罰的利民思想。[50]此等「利民」措施與前文所述隋文帝愛民的救荒態度皆一脈相承！隋文帝應是「憐百姓」的好君王。至於「惜倉庫」，反而需要留意開皇十四年前後政治上形勢，例如內憂或外患等，看其有否影響文帝「惜倉庫」的決定？

---

47 參見湯承業：《隋文帝政治事功之研究》，中國學術著作獎助委員會，1967年版，頁56-59。

48 詳見湯承業：《隋文帝政治事功之研究》第一章〈政治作風〉第二項〈愛民〉，中國學術著作獎助委員會，1967年版，頁56。

49 參見王仲犖：《隋唐五代史》上冊（上海市：上海人民出版社，2003年版），頁31-34。

50 參見吳宗國：《隋唐五代簡史》（福州市：福建人民出版社，1998年版），頁23-25。韓理洲輯自之薛道衡〈隋文帝大赦詔〉乃輯自《文館詞林》卷670，詳見韓理洲輯校《全隋文補遺》（西安市：三秦出版社，2004年版），頁23。薛道衡〈隋文帝拜東嶽大赦詔〉輯自《文館詞林》卷667，《全隋文補遺》，頁26，另李德林〈隋文帝獲寶龜大赦詔〉輯自《文館詞林》卷667，頁18。

五　隋政府的內憂外患與其「惜倉庫」

　　〈辯興亡〉中認為隋文帝「惜倉庫」，容易令人聯想到國家可能遇上「內憂」或「外患」，隋文帝為保存大局，遂有「不開倉」之舉。為求真相，我們必須回到開皇十四年前後所發生的史事去尋找線索。

　　關於「內憂」方面，扼要言之，開皇九年平陳肯定是隋文帝政權的內部大事，「建康以上既定，惟蕭瓛據吳州（蘇州），蕭巖據東揚州（浙江紹興）不降。文帝命宇文述會燕榮討平之。於是長江流域悉平，湘贛嶺南亦次第降附，復成一統之局。」[51]又，開皇九年春正月，隋滅陳。文帝以陳後主陳叔寶之屏風賜突厥大義公主。至開皇十四年，國內基本上無特大事件發生。開皇九年下距十四年旱災，五年之多，平陳對於倉庫的影響應無此深遠，影響到隋政府在十四年的賑災力。除了平陳外，時間上較接近開皇十四年的內憂，還有開皇十年十一月之行軍總管討伐江南「叛亂」。開皇十一年年初，平江南「叛亂」等。另，開皇十七年，政府討平南寧兩爨蠻。史萬歲為將，深入今雲南腹部。[52]據此，開皇十四年前後幾年的內憂問題並不難處理，故不能視之為隋文帝決定「不開倉」的背後理由。總之，《隋書》卷二十四〈食貨志〉：「開皇十七年，戶口滋盛，中外倉庫，無不盈積。」[53]一話足概括隋政府的倉庫存量仍十分充足，此乃天下昇平日久的結果。《北史》卷十一〈隋本紀〉載：「（開皇）二十年間，天下無事，區宇之內晏如也」[54]，此句話可謂內憂對隋政府不構成任何威脅的精

51　魏徵等《隋書》卷1〈高祖上〉（北京市：中華書局，1973年版），頁34-35。及參見嚴耕望〈隋唐時期戰史〉載《嚴耕望史學論文集》下冊（上海市：上海古籍出版社，2009年版），頁1351-1353。

52　見嚴耕望〈隋代人文地理〉載《嚴耕望史學論文集》下冊（上海市：上海古籍出版社，2009年版），頁1399頁。

53　《隋書》卷24〈食貨志〉（北京市：中華書局，1973年版），頁672。

54　同見《太平御覽》卷106（石家莊市：河北教育出版社），頁48。

準描述補充。

　　至於「外患」方面，隋文帝政府對於外敵突厥是憂心忡忡，這從〈梁睿列傳〉一段話得以反映，其文曰：「……今皇祚肇興，宇內寧一，唯有突厥種類，尚為邊梗。此臣所以廢寢與食，寤寐思之。……」[55]不過，梁睿的擔憂，隨著政府經濟和軍事實力漸趨穩固，便不再出現。尤其是當隋政府能掌握突厥的弱點，採用分化策略對付。「開皇十三年，流人楊欽，亡入突厥，詐言彭城公劉昶，共宇文氏女謀欲反隋，遣其來密告公主。……上大喜，仍遣入藩，酖殺大義公主。」[56]嚴耕望分析隋政府能成功利用離間對付突厥。「隋初，其（突厥）勢稍弱，文帝欲用兵以服之，然恐勞師動眾，遂採用長孫晟『遠交近攻離強合弱』之離間政策，輔以兵力，於是突厥分為東西。其勢既分，隋復用離間政策以弱之，結果東西突厥皆請和稱臣。」[57]隋政府採用的「以夷制夷」離間手法有效，最終逼使啟民可汗率領部眾內遷，留下「千萬世與大隋典羊馬」之語。隋初最大外患突厥，到了開皇十三年，已不再對隋政權構成威脅，他們遣使來朝，上貢方物。[58]

55　《隋書》卷37〈梁睿列傳〉，頁1128。

56　《隋書》卷51〈長孫覽列傳〉，頁1332-1333及《隋書》卷84〈北狄列傳〉，頁1872。另，參見呂思勉《隋唐五代史》上冊（香港：太平書局，1980年版），頁12-13。

57　參見嚴耕望〈隋代人文地理〉載《嚴耕望史學論文集》下冊（上海市：上海古籍出版社，2009年版），頁1399。另，見鄧廣銘《隋唐五代史講義》（北京市：中華書局，2013年版），頁12。另，參見林幹《突厥史》（呼和浩特市：內蒙古人民出版社，1988年版），頁70-73。

58　筆者就《隋書》〈高祖上下〉兩篇所載自開皇元年至十三年時的主要外患記錄作一觀察，其文如下：1. 開皇元年八月壬午，……突厥阿波可汗遣使貢方物。冬十月乙酉，百濟王扶餘昌遣使來賀……。十二月……壬寅，高麗王高陽遣使朝貢，授陽大將軍、遼東郡公。（《隋書》卷一〈高祖上〉，頁15）2. 開皇二年辛未，高麗、百濟並遣貢方物。（《隋書》卷一〈高祖上〉，頁16）3. 開皇三年癸亥，高麗遣使來朝。……（五月）甲辰，高麗遣使來朝。……丁未，鞨鞨貢方物……六月……戊寅，突厥遣使請和。庚辰，行軍總管梁遠破吐谷渾於爾汗山，斬其名王。（《隋書》卷一〈高祖上〉，頁19）4. 開皇四年（夏四

眾所周知，軍用需要大量糧草儲備。於開皇十四年，綜觀全局無論「內憂」包括平陳問題、地方叛亂等，抑或「外患」如東、西突厥等重大問題，都無構成對糧食有特別的需求。故此，筆者認為「內憂」或「外患」於當時（西元594年）並無造成國內糧食不足，以令隋文帝緊守糧倉不放賑，更不足以令其一反常態不顧百姓。

六　「『率民』和『令民』就食關東」試釋

開皇十四年的大旱災還有一些地方需要講清楚，不同史書提到「率民就食」或「令民就食」的問題；另外，還有就食地——關東等問題。

先講「率民就食」和「令民就食」。有關「率民就食」的記載主要有以下二條：（一）《隋書》卷二〈高祖下〉記曰：「上率戶口就食於洛陽。」（二）《資治通鑑》卷一七八〈隋紀〉則曰：「上帥民就食於洛陽」。「率」與「帥」相通，應同一義。「率」同「帥」是有帶領之意。就食者，即遷移到糧食較充裕的地區，即所謂「移民就粟」。

至於「令民就食」，則有以下六條史料：

月）丁未，宴突厥、高麗、吐谷渾使者於大興殿。（《隋書》卷一〈高祖上〉，頁21）5. 開皇五年夏四月甲午，契丹主多彌遣使貢方物。……八月丙戌，沙鉢略可汗遣子庫合真特勤來朝。（《隋書》卷一〈高祖上〉，頁22-23）6. 開皇六年（春正月）庚午，班曆於突厥。（《隋書》卷一〈高祖上〉，頁23）7. 開皇十年（秋七月）辛亥，高麗遼東郡公高陽卒。壬子，吐谷渾遣使來朝。（《隋書》卷二〈高祖下〉，頁35）8. 開皇十一年五月甲子，高麗遣使貢方物。……十二月丙辰，靺鞨遣使貢方物。（《隋書》卷二〈高祖下〉，頁36）9. 開皇十二年十二月癸酉，突厥遣使來朝。……乙酉，以上柱國、內史令楊素為尚書右僕射。……己酉，吐谷渾、靺鞨並遣使貢方物。（《隋書》卷二〈高祖下〉，頁37）10. 開皇十三年（正月）丙午，契丹、奚、霫、室韋並遣使貢方物。……秋七月戊申，靺鞨遣使貢方物。（《隋書》卷二〈高祖下〉，頁37-38）另外，參見林幹：《突厥史》（呼和浩特市：內蒙古人民出版社，1988年版），頁70-73。

（一）《隋書》卷二十四〈食貨志〉載：「……因令百姓就食」。

（二）《隋書》卷十八〈五行下〉載：「……帝令百姓就糧於關東……」。

（三）《北史》卷十一〈隋本紀上〉載：「……并命百姓山東就食……」。

（四）《貞觀政要》卷八〈辯興亡〉載：「……乃令百姓逐糧……」。

（五）《資治通鑑》卷一九二〈唐紀〉載：「……而令百姓就食山東……」。

（六）《通志》卷十八〈隋紀〉載：「……并命百姓山東就食……」。

綜合「率民就食」及「令民就食」來看，《隋書》卷二〈高祖下〉所載「率民就食」與《隋書》卷二十四〈食貨志〉及卷十八〈五行下〉「令民就食」確有出入。按《隋書》之作是集眾人之手，而〈食貨志〉內容略有不同，前引《廿二史劄記》已對此作出解釋，於此不贅。至於《資治通鑑》〈隋紀〉與〈唐紀〉不同，前者乃據《隋書》卷二〈高祖下〉，而後者則據《貞觀政要》卷八〈辯興亡〉，刻意兩說並存。

至於筆者則傾向「令民就食」，原因如下：《隋書》〈高祖下〉之「上率戶口就食於洛陽」，明顯與同書〈食貨志〉及〈五行志〉「令百姓就食／就糧」意義不同。前者含有皇帝親自帶領到洛陽就食之意。若此屬實，開皇十四年大旱災在隋國歷史上是件非同小可的大事，儘管在中國歷史時期上皇帝「率民就食」非僅見，但對隋一朝來說，並無先例可援。[59]試想像由當今皇帝率民就食，其饑荒災情應是達何等嚴峻程度。要之，在「率民」行動中，皇帝再不是孤家寡人，滿朝文武百官，加上隨從家眷成千上

59　湯承業認為隋文帝「有仁心者，必有仁行……未聞近世有親率民難就食者，至於為民流涕者則更為歷史之陳蹟矣。……」，詳見湯氏《隋文帝政治事功之研究》，中國學術著作獎助委員會，1967年版，頁56。

萬。若非情勢岌岌，筆者估計皇室絕不輕易作出如此「大動作」。筆者對「上率戶口就食」是有所置疑。

關於就食地「洛陽」、「關東」或「山東」，筆者則認為宜從歷史、經濟及地理三個角度去探討。

先從歷史角度去看，隋文帝以前「令民就食」的歷史例子不少，如《前漢書》卷二十四上載有「就食蜀漢」、卷二十四下「就食江淮間」等。至於「就食山東」如《魏書》卷三、《魏書》卷七下、《魏書》卷一〇三、卷一一〇、《北齊書》均有所載。「就食」的地點山東（太行山以東）是農產富庶地區。隋自開皇初起，關中人口愈來愈多，誠如凍國棟說關中乃「功臣之地」，戶口滋多。平常日子，糧食都還勉強可以，一旦發生大旱災，倉庫有限，饑荒無可避免。[60]試想災害來勢洶洶，飢民長途跋涉，流離遠處地區就食，應是迫不得意之舉。[61]開皇十四年前九年，關中連年大旱，而青、兗、汴、許、曹、亳、陳、仁、譙、豫、鄭、洛、伊、潁、邳等州大水，百姓饑饉。高祖乃命蘇威等，分道開倉賑給。又命司農丞王亶，發廣通之粟三百餘萬石，以拯關中。又發故城中周代舊粟，賤糶與人。買牛驢六千餘頭，分給尤貧者，令往關東就食。其遭水旱之州，皆免其年租賦。[62]這裡「尤貧者」便是特定階層遇災的典型例證。[63]

關中的缺糧，由秦統一至隋解決的辦法，仍是「依靠關東的接濟」。

---

60 參見凍國棟：《唐代人口問題研究》（武漢市：武漢大學出版社，1993年版），頁72-73。

61 詳見卜鳳賢：《同秦漢晉時期農業災害和農業減災方略研究》（北京市：中國社會科學出版社，2006年版），頁263。

62 《隋書》卷24〈食貨志〉，頁684。「其後（開皇五年）關中連年大旱」，張波等視此「連年大旱」的發生時間為開皇五年，若此如何解「連年」一詞，值得商榷。詳見張波等編《中國農業自然災害史料集》（西安市：陝西科學技術出版社，1994年版），頁30。

63 張建民、宋儉把饑荒發生分成不同類型「有遍及整個國家或者至少一大片地區的全面性饑荒；有限於國內某一特定地區的地方性或地區性饑荒；有限於人口中某一群體、階層或階級的階級性饑荒……」，詳見張建民，宋儉《災害歷史學》（長沙市：湖南人民出版社，1998年版），頁26。

史念海先生謂「此種模式超過八百年未有改變。」[64]史氏對關中平原曾作
出以下評鑑：「在這幾個富庶的農業地區中，關中平原為隋唐兩代的都城
所在，尤為重要。都城為人口集中地區。在一定人口的比例下，所生產的
糧食是能夠滿足當地的需要。人口增加了，就難免感到匱乏。這在隋初就
已經顯示出來，越到後來，就越嚴重。隋唐兩代都曾以伊洛下游的洛陽為
東都。關中遭到荒歉，甚至連皇帝也得到東都來就食。雖然直到玄宗開元
末年起再未因此東行，但並不等於說關中的糧食問題已經解決了。從隋時
開始，解決關中的糧食問題主要是靠關東接濟，偶然也從巴蜀運輸
過……。」[65]卜鳳賢認為「移民就粟」與「移粟就民」是有異曲同工之
妙。[66]是次開皇十四年史載隋文帝「令民就食」便是採取「移民就粟」
法，不過從「就食」或稱之「逐糧」過程來說，前者「移民就粟」客觀上
傷民；後者「移粟就民」則體恤人民。卜氏說之「異曲同工」僅可就救荒
結果而言。至於「移民」和「移粟」何者較佳，此應不言而喻。然而，在
古代的物流水平來衡量，無論「移民就粟」抑或「移粟就民」都是按當下
實際災情而定，不宜以此來武斷哪種方法較人道。若以「就食」關東——
「移民就粟」即以不人道來厚誣隋文帝，筆者認為有欠公允。

　　再從經濟角度看。隋文帝早已認識到京師倉廩的底子是薄弱，故有建
渠以利漕運的想法。史念海認為關中平原太小，所產的食糧不能供給國都
的消費。秦漢時期至隋唐時期都是一樣。隋代建都之初，砥柱之險阻礙漕
舟的上下，渭水水道的曲折多沙也使漕舟往來困難。[67]「漕關東及汾、晉

---

64 詳見史念海著：《中國歷史人口地理和歷史經濟地理》（臺北市：臺灣學生書局，1991年
　　版），頁126。當然，也有例外如：魏青龍三年：「關東飢，帝運長安粟五百斛輸於京師
　　（洛陽）。」，詳細參見見卜鳳賢《同秦漢晉時期農業災害和農業減災方略研究》（北京
　　市：中國社會科學出版社，2006年版），頁263。
65 參見史念海：《河山集》七集（西安市：陝西師範大學出版社，1999年版），頁83。
66 見卜鳳賢：《同秦漢晉時期農業災害和農業減災方略研究》（北京市：中國社會科學出版
　　社，2006年版），頁264。
67 參見史念海：《中國的運河》（西安市：陝西人民出版社，1988年版），頁148-149。

之粟，以給京師。又遣倉部侍郎韋瓚，向蒲、陝以東募人能於洛陽運米四十石，經砥柱之險，達於常平者，免其征戍。其後以渭水多沙，流有深淺，漕者苦之。」[68]由各州有關水道集中到黃河，再溯河西上。這裡有兩個比較難於解決的問題：一是黃河中砥柱的險阻，再一是渭水的水力大小無常，又復流淺沙深，不易濟運。[69]於是隋文帝在渭水之南便開鑿一條漕渠用來運輸漕糧。詔宇文愷率水工鑿渠之事。宇氏引渭水，自大興城東至潼關，三百餘里，名曰廣通渠。[70]轉運通利，關內賴之。又，令郭衍開渠引渭水，漕運四百里以實關中。[71]「（隋文帝）開皇三年，朝廷以京師倉廩尚虛，議為水旱之備，於是詔於蒲[72]、陝、虢、熊、伊、洛、鄭、懷、邵、衛、汴、許、汝等水次十三州，置募運米丁，又於衛州置黎陽倉」，即為此事。[73]洛州置河陽倉，陝州置常平倉，華州置廣通倉，轉相灌注。[74]廣通倉位於渭河口附近的渭河南岸，因為其地望之利，自然成為漕船停舶的碼頭。[75]漕

68　《隋書》卷24〈食貨志〉（北京市：中華書局，1973年版），頁683。

69　參見史念海：《河山集》七集（西安市：陝西師範大學出版社，1999年版），頁84。

70　隋代漕渠的渠首段經由大興城北，其實隋大興城北也就是漢長安城南，這與西漢漕渠的線路完全一樣。漕渠開成，最初命名為廣通渠，又名富民渠。參見辛德勇《舊史輿地文錄》（北京市：中華書局，2013年版），頁243。關於大興城，另參見辛氏〈大興城外郭城築成時間辨誤〉，載氏著《隋唐兩京叢考》（西安市：三秦出版社，1991年版），頁5-7。據湯承業考曰：「此渠之長，按《食貨志》所載為三百餘里，〈郭衍傳〉所記為四百餘里，很可能宇文愷率水工所鑿者為三百餘里，郭衍又率水工堵鑿百餘里，合為四百里。」參見湯承業《隋文帝政治事功之研究》，中國學術著作獎助委員會，1967年版，頁179。

71　參見史念海《河山集》七集（西安市：陝西師範大學出版社，1999年版），頁84及〈隋代及唐前期漕糧的供給地區圖〉載氏著《中國歷史人口地理和歷史經濟地理》（臺北市：臺灣學生書局，1991年版），頁167。

72　楊尚希在蒲州「引瀵水，立堤防，開稻田數千頃，民賴其利」，見《隋書》卷46〈楊尚希傳〉（北京市：中華書局，1973年版），頁1253。另見，馮惠民編：《通鑑地理注詞典》〈蒲州〉條（濟南市：齊魯書社，1986年版），頁454。

73　參見馮惠民編：《通鑑地理注詞典》〈蒲州〉條（濟南市：齊魯書社，1986年版），頁35。

74　參見馮惠民編：《通鑑地理注詞典》〈蒲州〉條（濟南市：齊魯書社，1986年版），頁164。

75　參見辛德勇：《舊史輿地文錄》（北京市：中華書局，2013年版），頁253。

渠運關東漕糧到關中是「移粟就民」。至於「就食洛陽」則是「移民就粟」。隋文帝對於八月辛未的旱災所採取的救荒手法就是「就食洛陽」，除卻「洛陽」、「山東」與「關東」的字眼不同外，所有材料大抵指向著同一地望。從地理角度看，京師、關內都屬「關中廣義範圍」。此處「關中廣義範圍」大抵所指應是關中盆地中心區及渭涇洛流域一帶。[76]

附帶一提，隋文帝開皇三年，都城由漢長安城舊址，遷到了新建的都城大興城。大興城在漢長安城的東南，今西安市區大部分都在隋大興城城區之內，規模空前。[77]關於大興城的規模大小，一般認為其與唐代長安相同。整個都城呈長方形，東西約九七〇〇米，南北約八六〇〇米。[78]嚴格來說，「就食洛陽」中的「洛陽」乃隋煬帝即位才新建，大業元年徙都其地。因此，史書載「就食洛陽」，於隋文帝政權來看嫌欠安妥。所以，史家們宜寫「就食山東」或「就食關東」，這才符合文帝的歷史時代背景。按《都邑攷》載：「隋初承周舊，開皇二年更營新都，明年名其城曰大興城，遂定都焉。大業元年更營洛陽，謂之東都。」[79]有學者認為「令伕饑民就食山東，反映太行山以東地區生產發展，有倉糧濟饑。」[80]雷家驥則解釋「關中因戶口膨脹，遇災荒則需就食於洛陽。洛陽位居天下之中，四沖八達，漕運便利，是則其在東部作為政治中心之外，至此亦已漸成全國

---

76 嚴耕望據正史統計，再就自然地理把此區域定為戶口「特密區」（縣戶平均一萬五千左右之郡）及「繁密區」（縣戶平均一萬以上之郡），詳見嚴耕望〈隋代人文地理〉，收錄於其《嚴耕望史學論文集下冊》（上海市：上海古籍出版社，2009年版），頁1379-1381。

77 參見辛德勇：〈隋大興城示意圖〉載氏著《舊史輿地文錄》（北京市：中華書局，2013年版），頁312。

78 參見（日）氣賀澤保規：《絢爛的世界帝國——隋唐時代》（桂林市：廣西師範大學出版社，2014年版），頁32。

79 參見顧祖禹：《讀史方輿紀要》卷四（北京市：中華書局，2005年版），頁182。《兩京新記輯校》載曰：「初謂之東京，有詣闕言事者，稱一帝二京。乃改為東都。……」，詳見辛德勇：《兩京新記輯校》卷四〈東都〉條，西安市：三秦出版社，2006年版），頁72。

80 參見張澤咸：《隋唐時期農業》（臺北市：文津出版出版社，1999年版），頁49。

交通經濟的中樞。」[81]一言以蔽之，東都洛陽或就食山東應是歷史慣例，就食其地當然而視乎災情的嚴重性而定。據此，開皇十四年的連串旱災，文帝「令民就食」之救荒策略背後是有其歷史和經濟等因素。雖然開皇十四年旱災隋文帝「令民就食」，但開皇十八年，文帝又下令開倉賑給，前後用穀五百餘萬石。[82]此反映出隋文帝是會開倉賑給，並非僅採「令民就食」的單一方法。

最後，略談一下隋文帝的「躬節儉」。[83]誠如呂思勉對文帝評價：「隋文帝何如主也？曰：賢主也。綜帝生平，惟用刑失之嚴酷；然實勤政愛民，尤有儉德。」[84]湯承業說：「善儉約者，必善儲蓄，隋文便是能儉能儲之君主。」[85]筆者綜合觀察隋文帝統治政權，並不曾因個人的「儉」而「害」百姓。筆者絕不贊同王夫之《讀通鑑論》卷十九說法，其文曰：「隋文帝之儉，非儉也，吝也，不共其德而徒厚其財也。富有四海，求盈不厭，侈其多藏，重毒天下，為惡之大而已矣」。[86]隋文帝開皇十二年〈減免租調詔〉和上引開皇十八年「用穀五百餘萬石」[87]賑給災民，正駁斥王夫之「求盈不厭，侈其多藏」的武斷看法。十二年〈減免租調詔〉文曰：「既富而教，方知廉恥。寧積於人，無藏府庫。河北、河東今年田租三分減一，兵減半，功調全免」。[88]筆者認為隋文帝一生愛民，「寧積於人，無藏府庫」是他一貫作風。隋文帝因開皇十四年「令民就食」而得「不開倉」之污名，究竟何解如此？筆者有另一想法，疑其與當時民間救荒「義倉」制度改革有所關聯。

---

81 參見雷家驥：《隋史十二講》（北京市：清華大學出版社，2012年版），頁179。

82 參見王仲犖：《隋唐五代史》上冊（上海市：上海人民出版社，2003年版），頁19。

83 《北史》卷11〈隋本紀〉，頁430。

84 參見呂思勉：《隋唐五代史》上冊，香港太平書局，1980年香港版，頁1-4。

85 參見湯承業：《隋文帝政治事功之研究》，中國學術著作獎助委員會，1967年版，頁185。

86 參見王夫之：《讀通鑑論》中卷十九〈隋文帝〉（北京市：中華書局，1975年版），頁552。

87 參見王仲犖：《隋唐五代史》上冊（上海市：上海人民出版社，2003年版），頁19。

88 《全隋文》卷二〈減免租調詔〉條（北京市：中華書局，1958年版），頁4023。

七　義倉與隋文帝「不憐百姓而惜倉庫」

　　惹起筆者懷疑的是隋開皇十二至十四年，當時經濟已處於富裕的高水平。開皇十二年，隋政府確實庫藏皆滿，對內對外又無軍事，絕對有開倉賑災的條件，除非此辛未旱災影響範圍極大，破壞性強至令關中所有倉庫全開，都不能挽救，遂有「令民就食」。但據前引史書身上的蛛絲馬跡看，此旱災的破壞程度又似乎未到極其嚴重地步。假設隋文帝真的「忽然」不開倉，一向愛民如己的他何以如此？如前面所說，十四年以後的旱災，隋文帝卻又開倉救荒，究竟內裡有何乾坤？這點令筆者不得不把後來的「義倉」改革問題與之關聯起來。

　　開皇十六年二月詔「義倉改民辦為官辦」，但凡新制度的出籠，較安全做法是先利用試點，秦、渭、河、廓、幽、隴、涇、寧、原、敷、丹、延、綏、銀等十四州社倉便是率先作實驗。筆者同意馮柳堂對義倉制度的所持有的看法：「蓋至是義倉制度已發生絕大變遷：（一）不由勸課而改為准上中下三等稅納糧，以充倉儲，是將民間自由輸納而變為一種賦稅矣。（二）不於當社置倉，移設於州縣，遂開後世官吏勒派及挪移支用之弊。（三）此即後世官辦義倉之濫觴。……」[89]筆者十分同意馮氏三點看法，皆能把握義倉變革問題的精要。不過，馮氏卻沒有闡明義倉變遷的背後轉折點。

　　筆者認為隋文帝利用開皇十四年自然災害的去作為其改革義倉的借口，是「順水推舟」手法。何以言之？《隋書》〈食貨志〉中的記載便是明證。細心閱讀《隋書》〈食貨志〉，可以透視到撰史者的刻意舖排。其文曰：「（開皇）十三年，帝命楊素出，於岐州北造仁壽宮……乃灑酒宣敕，

89　馮柳堂：《中國歷代民食政策史》（上海市：商務印書館，1934年版），頁66-67。

以呪遣之。自是乃息」[90]之後，筆鋒忽轉到「開皇三年，朝廷以京師倉廩尚虛……四年……於是命宇文愷率水工鑿渠……五年……於是奏令諸州百姓及軍人，勸課當社，共立義倉……十四年，關中大旱，人飢……十五年二月詔曰：『本置義倉，止防水旱，百姓之徒，不思久計，輕爾費損，於後乏絕……。』十六年正月，又詔秦、疊、……等州社倉，並於當縣安置。二月，又詔社倉，准上中下三等稅，上戶不過一石，中戶不過七斗，下戶不過四斗。……」。引文明言開皇十四年有一場旱災，然後把義倉的衰敗問題歸究於「百姓之徒，不思久計，輕爾費損，於後乏絕」，娓娓道來。繼而撰史者一口氣介紹出隋文帝幾道詔書，內容都是圍繞著義倉的改革，由「當縣安置」的上層制度設計，發展到「准上中下三等稅」具體執行細節上，於開皇十六年整套改革完成。《隋書》作者利用通古今式之志書撰寫筆法，便交代出義倉由「私營」變「官營」的一段沿革史。

筆者認為開皇十四年的大旱災即使沒出現，義倉改革也事在必行，變革只是遲早問題。不過，十四年辛未大旱災的出現，正好讓隋文帝政府利用移民就食洛陽，製造輿論，公告天下，促成義倉順理成章由「私」變「官」。[91]官營義倉一旦進入國家體制，肯定對國家賦收有著促進作用。[92]〈食貨志〉載：「開皇十七年，戶口滋盛，中外倉庫，無不盈積」，義倉官營化對此應有正面積極的作用。

八　結論

首先，唐太宗在〈辯興亡篇〉評論隋文帝「不憐百姓而惜倉庫……乃

90　《隋書》卷24〈食貨志〉（北京市：中華書局，1973年版），頁682-683。

91　參見管東貴：〈略論歷史上的「偶然」與「必然」〉載氏著《歷史解析──整體觀與歷史結構》（北京市：中華書局，2013年版），頁123-157。

92　《隋書》卷24〈食貨志〉（北京市：中華書局，1973年版），頁672。

令百姓逐糧」。此中包括幾個命題，一是「不憐百姓」。綜觀隋文帝一生，其在開皇廿年間均有不少救荒記載，對於受災百姓態度多表同情，樂於施救，「不憐百姓」之說不合歷史事實，殆可斷言。二是「惜倉庫」，若問「惜」者為何？誠如前文探討，無論在內憂及外患上都無威脅，此兩大因素剔除後，隋文帝實無「惜倉庫」的迫切性。三是有關「百姓逐糧」的問題，逐糧就食本身含複雜的歷史、地理及經濟等原因，不能全怪責隋文帝。當中「移民就粟」救荒手法，是否等同「不憐百姓」，亦見仁見智。

關於隋文帝「不開倉」的控訴，不少學者受到《貞觀政要》〈辯興亡篇〉的誤導。《隋書》、《北史》、《資治通鑑》及《通志》等均無明確文字記錄以闡明文帝有否「不開倉」。若據隋文帝大旱災後「令百姓逐糧」，就食關東舉措以證文帝無開倉，又似乎太武斷。說不定史書失載，文帝早有開倉，或因大旱嚴重，一年兩次遭旱，倉糧不敷，遂令大量人口就食。當然，從另一角度想，旱災與蝗災不同，非一朝一夕而成，既然如此隋文帝政府絕對有時間和能力去好好處理。可惜史書不詳，當中細節只好存疑。

最後，隋前歷史時期關中頻旱是平常事，開皇十四年辛未旱災與一般無別，剛巧遇上民營義倉「止防水旱」的救荒初衷功能崩壞。隋文帝政府借「災」機改革。從開皇十四年的旱災後連續兩年，政府頒行連串詔書，把改革義倉放在施政日程桌上。《隋書》〈食貨志〉的字裡行間反映出十四年辛未旱災催生了隋代「民辦」義倉的變革。一場旱災，遂成為隋代「民辦」義倉演變成「官營」的重要轉折點，致日後發展造成地方官員乘機貪瀆局面，則非隋文帝改革義倉時所始料得及。

表二 〈隋文帝開皇年間「災害及救災」簡表〉[93]

年份	內容	資料來源
開皇二年	「關右饑饉，陛下運山東之粟，置常平之官，開發倉廩，普加賑賜，大德鴻恩。」	魏徵等《隋書》卷46〈長孫平傳〉，中華書局，1973年版，頁1254。（後從略）
	（五月）己酉，旱，上親省囚徒。其日大雨。	《隋書》卷1〈高祖上〉，頁17及《北史》卷11〈隋本紀〉，頁406。
開皇三年	「（夏四月）甲申，旱，上親祀雨師於國城之西南。」	《隋書》卷1〈高祖上〉，頁19及《北史》卷11〈隋本紀〉，頁409。
	「（長孫）平見天下州縣多罹水旱，百姓不給，奏令民間每秋家出粟麥一石已下，貧富差等，儲之閭巷，以備凶年，名曰義倉。」[94]	《隋書》卷46〈長孫平傳〉，頁1254。
開皇四年	（正月）壬午，齊州水。	《隋書》卷1〈高祖上〉，頁21。《北史》卷11〈隋本紀〉，頁410。
	工部尚書、襄陽縣公長孫平奏曰：「……去年（四年）亢陽，關內不熟，陛下哀愍黎元，甚於赤子。運山東之粟，置常平之官，開發倉廩，普加賑賜。……」於是奏令諸	《隋書》卷24〈食貨志〉，頁684及杜佑《通典》卷7〈食貨〉（點校本），頁289-290。

---

93 本表製成除依據各史乘所載外，另參考近人著作如袁祖亮主編，閔祥鵬著《中國災害通史——隋唐五代卷》鄭州市：鄭州大學出版社，2008年版及張波等編《中國農業自然災害史料集》（西安市：陝西科學技術出版社，1994年版）。

94 參見雷家驥：《隋史十二講》（北京市：清華大學出版社，2012年版），頁97。

年份	內容	資料來源
	州百姓及軍人，勸課當社，共立義倉。收穫之日，隨其所得，勸課出粟及麥，於當社造倉窖貯之。」六月，以雍、同、華、岐、宜五州旱，命無出今年租調。	《北史》卷11〈隋本紀〉，頁410。
	九月，甲戌，隋主以關中饑，行如洛陽。[95]	《資治通鑑》卷175〈陳紀九〉，頁5474及《北史》卷11〈隋紀〉，頁411。
	京師頻旱。時遷都龍首，建立宮室，百姓勞弊，亢陽之應也。	《隋書》卷22〈五行上〉，頁636。
開皇五年	（八月）甲辰，河南諸州水，遣民部尚書邳國公蘇威賑給之。[96]	《隋書》卷1〈高祖上〉，頁23及《北史》卷11〈隋紀〉，頁411。
開皇六年	二月乙酉，山南荊、淅七州水，遣前工部尚書長孫毗賑恤之。秋七月辛亥，河南諸州水。	《隋書》卷1〈高祖上〉，頁23。《隋書》卷1〈高祖上〉，頁24及

---

95 《北史》〈隋紀〉載：「甲戌，隋主以關中饑，行幸洛陽」（頁411），同見元大德刊本《北史》上〈百納本二十四史〉，（臺北市：臺灣商務印書館，2010年新版），頁172。《北史》的「幸」和《資治通鑑》的「如」意思應同。

96 《隋書》卷43〈觀德王雄傳〉：「雄時貴寵，冠絕一時，與高熲、虞慶則，蘇威稱為『四貴』。」另可參考（日）谷川道雄著，李濟滄譯《隋唐帝國形成史論》（上海市：上海古籍出版社，2004年版），頁260-261及張偉國：《關隴武將與周隋政權》（廣州市：中山大學出版社，1993年版），頁159。《北史》卷11〈隋紀〉載：「遣戶部尚書蘇威賑給之。……」（頁411）另，張澤咸說：「這些遭水災的黃淮海地區，都有豐富的存糧」，見氏著《隋唐時期農業》（臺北市：文津出版社，1999年版），頁48。另，關於蘇威事可參見岑仲勉《隋書求是》（北京市：中華書局，2004年版），頁29。又，「凡隋紀作民部者，北史皆作戶部，乃知百官志此文，實應作『尋改度支尚書為民部尚書』，志成於高宗朝，已奉民部改戶部之詔，修史者敬避帝諱，故以當代之名稱。……」同見岑氏，《隋書求是》，頁29。

年份	內容	資料來源
		《北史》卷11〈隋紀〉，頁412。
	京師雨毛，如髮尾。……是時關中旱，米粟涌貴。	《隋書》卷22〈五行上〉，頁642及《北史》卷11〈隋紀〉，頁412。
	八月辛卯，關內七州旱，免其賦稅。	《隋書》卷1〈高祖上〉，頁24及《北史》卷11〈隋紀〉，頁412。
開皇八年	秋八月丁未，河北諸州饑，遣吏部尚書蘇威賑恤之。	《隋書》卷1〈高祖上〉，頁31及《北史》卷11〈隋紀〉，頁414。
開皇十四年	五月辛酉，京師地震。關內諸州旱。六月丁卯，詔省府州縣，皆給公廨田，不得治生，與人爭利。[97]	《隋書》卷2〈高祖下〉，頁39及《北史》卷11〈隋紀〉，頁419。
	（秋）八月辛未，關中大旱，人飢。上率戶口就食於洛陽。	《隋書》卷2〈高祖下〉，頁39及《北史》卷11〈隋紀〉，頁419。
開皇十五年	庚午，上以歲旱，祠太山，以謝愆咎。大赦天下。	《隋書》卷2〈高祖下〉，頁39。
	「二月，詔曰：『本置義倉，止防水旱，百姓之徒，不思久計，輕爾費損，於後乏絕。又北境諸州，異於餘處，雲、夏、長、靈、鹽、蘭、豐、鄧、涼、甘、瓜等州，所有義倉雜種，並納本州。若人有旱	《隋書》卷24〈食貨志〉，頁685。

---

97 「六月，工部尚書蘇孝慈等以為，所在官司，因循往昔，皆以公廨錢物出舉興生，惟利是求，煩擾百姓，奏皆罷之以營農，迴易取利皆禁止。」參見點校本《通典》卷7〈食貨〉，頁97。另參見雷家驥《隋史十二講》（北京市：清華大學出版社，2012年版），頁96-97。查宋正海所編之書，未知是漏錄抑或認為十四年旱災不夠重大，故不收錄，見宋正海編：《中國古代重大自然災害和異常年表總集》（廣州市：廣東教育出版社，1992年版），頁171。

年份	內容	資料來源
	儉少糧，先給雜種及遠年粟。』 ……」	
開皇十六年	正月，又詔秦、疊、成康、……等州社倉，並於當縣安置。	《隋書》卷24〈食貨志〉，頁685。
	二月，又詔社倉，准上中下三等稅，上戶不過一石，中戶不過七斗，下戶不過四斗。 （六月）并州大蝗。	《隋書》卷24〈食貨志〉，頁685。 《隋書》卷2〈高祖下〉，頁41及《隋書》卷22〈五行上〉，頁652。
開皇十八年	其後山東頻年霖雨，杞、宋、陳……等諸州，達於滄海，皆困水災，所在沉溺。十八年，天子遣使，將水工，巡行川源，相視高下，發隨近丁以疏導之。困乏者，開倉賑給，前後用穀五百餘石。漕水之處，租調皆免，自是頻有年矣。	《隋書》卷24〈食貨志〉，頁685。
	河南八州大水	《隋書》卷22〈五行上〉，頁622。
開皇二十年	（十一月）京都大風，發屋拔樹，秦、隴壓死者千餘人。	《隋書》卷22〈五行志〉，頁655。
	（十一月）戊子，天下地震，京師大風雪。	《隋書》卷1〈高祖下〉，頁45。

——原載於《中國農史》2016年第1期，頁69-84，2020年8月再補訂。

漢晉西南地區竹木述要[*]

一　前言

　　《史記》〈貨殖列傳〉第六十九載曰：「巴蜀沃野……地饒……竹、木之器。」[1]班固《漢書》〈地理志〉第八下曰：「巴、蜀、廣漢本南夷，秦并以為郡，土地肥美，有江水沃野山林、竹木、疏食、果實之饒。」[2]班氏短短三十字，說明古代西南得天獨厚的自然生態，具體指出在此環境下所孕育出豐饒的「山林、竹木、疏食和果實」。本文就據其中「竹木之饒」的內容及貢獻略述其要如後。

二　西南區的自然環境與竹木的栽培

　　竹（Phyllostachys Sieb. et Zucc.）屬毛竹屬，禾本科。中國是世界上竹類最多的國家之一。主要分布在華南、中南、華東、黃河流域中下游及本文即將討論的西南區。竹是一種較重要的植物，原因在於其富有相當高的經濟價值。竹的幼芽可以食用，成長的竹材可作各種器具和建築材料。古

---

[*]　本文所論西南範圍，大抵以今日四川全省，雲南大部與貴州西部等地。其北以大巴山脈為界，西與西康高原毗連，南達今老撾越南邊疆，東迄今湖北湖南西界。若以此與今人徐新建的西南觀念比較，則本文談的屬於徐氏所認為的「狹義」西南，詳見徐新建《西南研究論》（昆明市：雲南教育出版，1992年1版），頁63-65。

1　（漢）司馬遷《史記》卷129〈貨殖列傳〉（北京市：中華書局，1982年版），頁3261。

2　（漢）班固《漢書》〈地理志〉第8下（北京市：中華書局，1962年版），頁1645。

代在製紙技術發明前，便是用的竹簡來記載文字。[3]秦代西南區有名的都江堰工程，便是就地取竹材來完成。[4]

至於木方面，古史時期（石器時代與青銅時代），中國西南各地森林是十分茂密。其出土大批巴蜀時代楠木木棺、船棺及其隨葬竹木器物，反映出西南以樟楠樹種占優勢的一類亞熱帶常綠闊葉林。按西南山脈河谷主要作南北方向走，有利南方濕熱氣流深入。[5]學者楊武認為河谷成為馬來亞區系動植物侵進的通路，為植物定居、演變和土壤的發育提供了複雜的環境。就雲南一省為例就有植物約一點八萬多種，幾乎占全國植物種類的一半。[6]時至今日，西南區已為中國第二大林木區。雲南種子植物占全國種子植物總數的一半多，相當於歐洲植物總數的一倍，被人譽為「植物王國」。[7]四川省譽為天府之國其中「竹木」豐饒，自不待言。[8]

3　〈成都市天回鎮老官山漢墓〉出土的竹簡M3:121，共計736支（含殘簡）。依據擺放位置、竹簡長度、迭壓次序、簡文內容和書法風格等，大致可分為八部醫書和一部律令（尺簡）。其中除《五色脈臟論》（簡稱）之外，其餘都沒有書名。見〈成都市天回鎮老官山漢墓〉載《考古》2014年第7期，頁62。

4　有關古人對竹材的應用與處利，可參考鄧其生〈中國有關竹材應用與處利的發展〉，收載於《農史研究》第2輯（北京市：農業出版社，1983年版），頁168-169。另見李璠：《中國栽培植物發展史》（北京市：科學出版社，1984年1版），頁128-129。及見查瑞珍《戰國秦漢考古》（南京市：南京大學出版社，1990年1版），頁208-209。

5　參見索德浩〈漢代四川氣候初步研究〉載《樂山師範學院學報》第33卷第2期，2018年2月，頁71-76。另見林鴻榮〈四川古代森林的變遷〉載於《農業考古》1985年1期，頁162。另見《辭海》《農業分冊》（頁422）載曰：「楠木產於雲南、西藏東南部。木材為建築和製器良材；木材富於香氣，用途廣泛。」孫敬之主編《中國經濟地理概論》載：「本區（四川林區）東部是我國歷史上優良樹種——楠木主產地。」（北京市：商務印書館，1994年第2版），頁543。

6　據任美鍔等編《中國自然地理綱要》（北京市：商務印書館，1979年第1版，頁280-281）所統計今日雲南種子植物的數字為一點二萬種。而楊武主編《中國民族地理學》（中央民族學院出版社出版，1993年第1版），其數字為一點八萬多。任氏之書早出，楊氏之書較近，固從楊氏所統計的數字。

7　楊武主編：《中國民族地理學》（北京市：中央民族學院出版社出版，1993年第1版），頁478-480。另參見于加林主編：《雲南特產風味指南》，出版不詳，頁193。

三 西南地區主要經濟「竹木」

　　西南地區自古盛產竹木，秦始皇時採蜀山之木以建「阿房宮」即可證明。唐杜牧〈阿房宮賦〉曰：「六王畢，四海一。蜀山兀，阿房出。」[9]阿房宮是秦帝國浩大工程之一，其計用蜀山之木材令致「山兀」，雖然有點誇張，但蜀地區的木材資源豐盛應為事實。[10]另外，早於春秋時代，約西元二五五年至前二五一年，由蜀守李冰所領導，建辦舉世知名的都江堰水利工程，其中「堆堤」、「作堰」疏水工程作業，便是沿岷山谷兩旁筏取材木。

　　晉常璩《華陽國志》卷三〈蜀志〉載：

> 岷山多梓、柏、大竹，頹隨水流，坐至材木，功省用饒。

若非西南富竹木之饒，都江堰水利工程恐難建立。此外，學者徐中舒在其一篇探討都江堰的文章中，詳細談論都江堰的截流技術，其中提及到工程與竹木的關係。在截流工程中有「下橰槎，用橰木三根成三角架，直立水中，槎腰間，用竹絡籠石以鎮之。自腰以下，用木條縱橫遮攔。……」徐氏對於用「竹絡籠石築提防水」的技術評價甚高，他認為漢武帝元光三年河決瓠口，因薪柴少，乃下淇園之竹以為楗與及漢成帝四年河決館陶及東郡金堤，以竹落長四丈，大九圍，盛以小石塞河決口，皆是從都江堰「竹絡籠石築提防水」的截流技術中學回來的。[11]中原河決雖然非用西南竹木

8　詳見索德浩〈漢代四川氣候初步研究〉載《樂山師範學院學報》卷33，2期，2018年2月，頁71-76。

9　《樊川文集》(《四部叢刊》本)，卷1，頁1上。

10　參考楊聯陞〈從經濟角度看帝制中國的公共工程〉一文，載於《國史探微》(臺北市：聯經出版事業公司，1991年版)，頁225。

11　詳見徐中舒《古代都江堰情況探原》(《四川文物》1984年第1期)另可見劉琳校注《華陽國志》卷三〈蜀志〉注「六」有關橰槎截流法，頁205。竺可楨更以「竹」的分布作為其

材料，但從前人李冰身上學了大量利用竹木的技術，其可能性不能排除。

漢晉時期，不少關於西南區竹木產物，都被當世學者記載下來。

就以東漢文字學家許慎為例，其《說文解字》中便保存了很多關於漢代西南區的「竹木」產物名稱，如「枸」、「枳」、「枒」、「梧」、「杬」、「桵」和「柹」等[12]，這些都是漢時西南區普遍和常見的『竹木』種類。到了晉朝，文學家左思〈蜀都賦〉載：

> 良木攢於褒谷，其樹則有木蘭、桱桂、杞櫹、椅、桐、櫻、枒、楔、樅、梗、柟、幽藹於谷底，松、柏蓊鬱於山峰。

近人林鴻榮於其〈四川古代森林的變遷〉一文分析左思〈蜀都賦〉中所記各類林木植被。據他研究所得，當時西南區低處應分布著種類甚多的亞熱帶常綠闊葉林；在較高處分布著溫帶落葉闊葉林；在更高處分布著以冷杉為代表的亞高山暗針葉林。[13]在此大自然優厚條件下，西南地區能孕育出各種類富經濟價值的竹木，現就有關主要屢述如下：

（一）桐木[14]

漢時西南竹木產十分豐富，除見載於傳世文字外，在畫像磚等資料中更能生動地反映。

中「物候時期」的主證。其認為河南淇園的繁茂是亞熱帶植物北界比現在更北的結果。參見竺可楨〈中國近五千年來氣候變遷的初步研究〉載於《考古學報》1972年第1期。及見李吉甫《元和郡縣圖志》卷31「劍南道上」載桱尾堰及其所提的淇園之竹以為桱。

12 「枸」可參見《說文解字注》，頁244、「枳」《說文解字注》，頁245、「枒」《說文解字注》，頁246、「梧」《說文解字注》，頁247、「杬」《說文解字注》，頁248、「桵」《說文解字注》，頁239和「柹」《說文解字注》，頁268。

13 參見林鴻榮〈四川古代森林的變遷〉（北京市：《農業考古》1985年1期），頁167。

14 桐與梧桐在古代是屬一類，為方便分別地談桐木產油和梧桐製布，故把它分開討論。

　　漢代四川畫像磚中，有關於「採桐木」活動的描繪。高文所編《四川漢代畫像磚》第七「採桐」（出土於新都縣），其內容如下：「拓片，24×43釐米。圖的左下角有一屋門，門外一人（似女子）於桐樹林中採桐。」[15]此外，在成都市郊也有出土「採桐」的畫像磚。其描述內容如下：「拓片，24×37.5釐米。小屋前，桐蔭深處，一人手拿長竿，正在採桐子。桐油是西南特產，為農村主要副業之一。桐油在工業和日常生活中用以照明。」[16]文中「手拿長竿」的「竿」應是利用俯拾皆是的竹木材料以製成。從畫像磚的內容來看，漢時西南地區已有「採桐」活動，而且情況普遍，故此等日常工作情狀，被當世工匠運用其巧手繪畫在磚身上。居民採「桐油」的經濟活動，時至二千年後的今天仍存在，可見「桐木」於西南地區長久歷史上所扮演的重要經濟角色。[17]

（二）桃支和靈壽木

　　談到西南竹木類，桃支木和靈壽木極其珍貴。

　　《華陽國志》卷一〈巴志〉載：

　　　　竹木之貴者有桃支（枝）、靈壽。[18]

15　參見高文編：《四川漢代畫像磚》編號第「七」（上海市：上海人民出版社，1987年1版。）

16　參見高文編：《四川漢代畫像磚》編號第「八」（上海市：上海人民出版社，1987年1版。）

17　今日四川省是我國種植油桐最集中的地區之一，桐油年產量大約占全國的三分之一以上；可參見《祖國各地》組編寫《全國名特產品》之四川「油桐」（太原市：山西人民出版社，1982年1版），頁359-360。另外，雲南省亦是桐油主產地，年產量現居全國第六位；參見于加林主編《雲南特產風味指南》，出版不詳，頁25。

18　劉琳《華陽國志校注》卷1〈巴志〉，巴蜀書社，1984年版，頁27。另，《文選》卷4左思〈蜀都賦〉中引劉逵注曰：「桃枝，竹屬也，出墊江縣，可以為杖。」《藝文類聚》卷89〈木部〉下「竹」條引《山海經》云：「嶓冢之山，罷水之山，多桃枝竹。」據元李衎

又，《華陽國志》卷三〈蜀志〉曰：

> 江陽郡……東接巴郡，南接牂柯，西接犍為，北接廣漢……有桃
> 枝。[19]

又，《文選》卷四左思〈蜀都賦〉中引劉逵注曰：

> 桃枝，竹屬也，出墊江縣，可以為杖。

由上引史料可知，西南巴蜀竹既可為杖，還可做席。[20]西南地區的桃枝產
地主要有江陽郡。該郡地處中心與鄰郡毗連通達，具有貿易市場的先決條
件。晉戴凱《竹譜》屬漢以後作品，但其載記「桃枝皮赤編之滑勁」和
「桃枝是其中最細者」，仍可反映漢時西南工匠已能利用高質素的桃枝來
製優秀的「席」。席在漢代流行，桃枝席成當中極品，非一般農民家庭能
有條件培植作自用。西漢王褒〈僮約〉載：「綿亭賣席，往來都洛」，於此
綿亭應是西南地區「席」的主要集散市場。[21]推測桃枝席的生產亦如〈僮

《竹譜》卷4「桃枝條」對其形態、葉色、果實皆有詳細描述，並引《唐志》曰：「合州貢
桃枝竹。……今蜀中亦以此桃枝竹。」見元李行《竹譜》卷6，（四庫全書珍本別輯）；鄧
少琴《巴蜀史稿》載〈鄧少琴西南民族史地論集（上冊）〉（成都市：巴蜀書社，2001年
版），頁253-254。

19 劉琳：《華陽國志校注》卷3〈蜀志〉（成都市：巴蜀書社，1984年版），頁289。江陽郡治
本犍為枝江都尉，建安十八年，劉璋立郡，見錢書林編《續漢書郡國志匯釋》〈益州——
犍為郡條〉（合肥市：安徽教育出版社，2007年版），頁309。《藝文類聚》卷89〈木部〉
下「竹」條引《山海經》云：「嶓冢之山，罴水之山，多桃枝竹。」

20 據鄧其生曰：「古代人生活習慣是席地而坐，為防潮防塵和整潔，地面都鋪有竹席。」參
考鄧其生〈中國有關竹材應用與處利的發展〉，載《農史研究》第2輯（北京市：農業出
版社，1983年版），頁168-169。

21 參見Clarence Martin Wilbur（韋慕庭），"SLAVERY IN CHINA DURING THE FORMER

約〉中所載，屬於莊園式商品性質。[22]

此外，《文選》卷四左思〈蜀都賦〉中引劉逵注曰：「桃枝，竹屬也，出墊江縣，可以為杖。」《藝文類聚》卷八十九〈木部〉下「竹」條引《山海經》云：「嶓冢之山，罷水之山，多桃枝竹。」據元李衎《竹譜》卷四「桃枝條」對其形態、葉色、果實皆有詳細描述，並引《唐志》曰：「合州貢桃枝竹。……今蜀中亦以此桃枝竹。」[23]綜上所言，巴蜀桃枝竹十分出名，既可以為席，又可以作杖。降至唐代更成為貢物，成為西南區竹木中的特產。[24]

至於「靈壽木」，《漢書》卷八十一〈匡張孔馬列傳〉：「明年，徙為太師，而莽為太傅。光常稱疾，不敢與莽並。有詔朝朔望，領城門兵。莽又風群臣奏莽功德，稱宰衡，位在諸侯王上，百官統焉。光愈恐，固稱疾辭位。太后詔曰：太師光，聖人之後，先師之子，德行純淑，道術通明，居四輔職，輔道於帝。今年耆有疾，俊艾大臣，惟國之重，其猶不可以闕焉。書曰『無遺耇老』，國之將興，尊師而重傅。其令太師毋朝，十日一賜餐。賜太師靈壽杖，黃門令為太師省中坐置几，太師入省中用杖，賜餐十七物，然後歸老於第，官屬按職如故。」[25]孟康曰：「扶老杖」。服虔曰：「靈壽，木名。」顏師古注：「木似竹，有枝節，長不過八九尺，圍三四寸，自然有合杖制，不須削治也。」[26]

HAN DYNASTY 206 B.C.— A.D.25", *Anthropological Series Field Museum of Natural History* Vol.34 1943，第385頁。

22 官德祥〈從王褒〈僮約〉探析漢代中葉四川田莊商品經濟〉載《中國農史》2010年第4期，頁36。

23 見元李衎《竹譜》卷6，（四庫全書珍本別輯）。

24 盧華語：《唐代西南經濟研究》（北京市：科學出版社，2010年版），頁422-424。

25 《漢書》卷81〈匡張孔馬列傳〉，頁3363。

26 《漢書》卷81〈匡張孔馬列傳〉注8，頁3363。

西晉左思〈蜀都賦〉載:「靈壽出涪陵縣。」[27]李衎《竹譜》卷六載曰:「《安南物記》曰:『靈壽木,其節竹,又曰木竹,中實,注云漢賜三老靈壽杖,即此竹。靈壽即木竹異名也』。」李衎言「漢賜三老靈壽杖」之說,惜未見證明。[28]又,《續漢書》〈禮儀志〉載:「仲秋之月,縣道皆案戶比民。年始七十者,授之以玉杖,餔之糜弱。八十九十,禮有加賜。」又,漢代鳩杖賜予七十歲以上的老人,並伴有各種特權,比如免除看護老人的侍丁的稅役,授予米穀、布帛,在判處刑罰時實行優待,給予相當於官員的禮遇等等。[29]但鳩杖是否皆用靈壽木製,則不得而知。[30]

(三)梧桐木

竹木有製成木杖,也有作其他用途,例於能用其木製成「布」。

《華陽國志》卷四〈南中志〉便有以下說明:

> 有大竹名濮竹,節相去一丈,受一斛許。有梧桐木,其華柔如絲,民績以為布,幅廣五尺還,潔白不受污,俗名曰「桐華布」。

據《漢唐地理書鈔》所輯樂資《九州要記》亦有相類似記載:「哀牢……有梧桐木葉,績以布幅廣五尺。」當地居民利用梧桐木,績以為布,實遠

---

27 劉琳校注《華陽國志》卷1〈巴志〉(北京市:巴蜀書社,1984年版)。

28 關於三老可見鄒水傑〈三老與漢代基層政治格局之演變〉載《史學月刊》2011年第6期,頁23-31。

29 山田勝芳著,莊小霞譯:〈鳩仗與徭役制度〉,載《簡帛研究》2004年(桂林市:廣西師範大學出版社),頁192-209。

30 《漢書》卷81〈孔光傳〉,第3363頁及〈注八〉。漢代杖的最高規格應是「王杖」,《後漢書》〈獨行李充傳〉:「年八十八,為國三老,安帝常特進見,賜以几、杖。」李充八十八歲時才作為國三老,受到安帝接見,獲賜王杖。這說明,賜王杖還要考慮道德修養方面的條件,參見汪桂海〈漢代高年受王杖的資格〉收載入其著《秦漢簡牘探研》15章,2009年版,頁224。

近馳名。[31]而且西南居民更不斷發展，梧桐木所製成的布，於南北朝時更廣泛地轉賣至北方。

另外，梧桐木不但能用作製布，還能製成高質素的樂器。《太平御覽》卷九五六〈木部五〉桐條引《詩義疏》曰：「梓實桐皮曰：『椅今民云梧桐也。有青桐、白桐、赤桐，白桐宜琴。』」[32]同文中另載引《異苑》曰：「晉武帝世，吳郡臨平岸崩，出一石鼓打之無聲，以問張華，張華云可取蜀中桐材，刻作魚形扣之，則鳴矣。於是如言，音聞數十里」[33]，此話同見《晉書》卷三十六〈張華傳〉。另外，《穆天子傳》卷五載曰：「乃樹之桐以為鼓，則神且鳴，則利於戎，以為琴則利。」學者郭璞注云：「梧桐樹亦響木也。」[34]郭璞乃晉代人，其博學廣聞，也曾為《山海經》注釋。[35]郭氏對西南特產——梧桐木應有深刻認識，其注桐為響木之論應有其據。

梧桐木為樂器製造的主材料。以製琴為例，有分青、白、赤桐琴，此反映西南琴的質素講究，產品具不同款式。梧桐木用作為樂器，流行於當

---

31 據近人繆啟愉研究「梧桐木」，有以下見解。其曰：「裴淵《廣州記》原文曰：『採木綿為絮；皮圓當竹，剝古綠藤，績以為布。……《藝文類聚》八十五「布」引所記絮和布對舉，說明「木棉」的絮不能為布。……古綠藤是古終藤之誤，即「梧桐木」，是阿拉伯語棉花Kutum的音譯，古書上也省譯為「橦」木，所指為錦葵科的樹棉（Gossypium arboreum），即亞洲棉，這才是棉花。』」收載於繆啟愉譯注元王楨《東魯王氏農書譯注》（上海市：上海古籍出版社，1994年版），頁430-431。

32 見《太平御覽》卷956〈木部五〉（北京市：中華書局影印版），頁4244。另可參考繆啟愉選譯唐韓鄂《四時纂要選讀》（北京市：農業出版社，1984年初版），頁27。

33 見《太平御覽》卷956〈木部五〉（北京市：中華書局影印版，頁4245。）。事實上，梧桐是南方產物，不單止在西南之巴蜀區出現，還有在東南方亦見其生長。任昉《述異記》中載曰：「梧桐園在吳夫差舊國也。」

34 見郭璞注《穆天子傳》卷五（上海市：上海古籍出版社，《諸子百家叢書》1990年第1版），頁17。

35 詳見蒙文通之〈略論《山海經》的寫作時代及其產生地域〉載於《巴蜀古史論述》（成都市：四川人民出版社，1981年第1版），頁146-184。另，譚其驤在其《山海經》簡介中不同意蒙氏論斷，詳見《長水集續篇》（北京市：人民出版社，1994年1版），頁408-410。

時西南地域。迄至唐代仍種梧桐，而且利用梧桐木所製成的器物，日益多元，如車板、盤盒。唐韓鄂《四時纂要》桐木條中白桐載曰：「其木堪為樂器、車板、盤盒等用。」可作證明。[36]

總括而言，梧桐木能製成布，亦可製出高質素的各類桐琴，再加上從其身上能採桐油（前面已述），可說是漢晉西南木產中用途較廣的一種。[37]

（四）桄榔木

西南竹木中還有可作為食用的「桄榔木」的培植。「桄榔木」屬熱帶喬木，其樹幹可製粉，其在西南副糧食市場中或曾擔當著角色。[38]

《後漢書》卷八十六〈西南夷列傳〉云：

> 句町縣，有桄榔木，可以作面，以牛酥酪食之，人民資以為糧。欲取其木，先帝祠祀。[39]

---

36 參考繆啟愉選譯唐韓鄂《四時纂要選讀》（北京市：農業出版社，1984年初版），頁27。

37 《說文》〈龠部〉：「籥，樂之竹管，三孔，以和眾聲也。」竹管製成的管樂器中，籥是比較原始的一種。《爾雅》〈釋樂〉郭注：「籥如笛，三孔而短小。」廣西貴縣羅泊灣一號墓所出竹笛，兩端開口，當中倫上端的竹節將管腔隔成長、短兩段。竹節內外各有一吹孔，長段的吹孔外側開六個指孔；短段則用於吹高音。居延甲渠候官遺址出土之殘竹笛，也是以腔中的竹節隔成兩段，竹節內外也各有一吹孔；與羅泊灣之笛所不同的是，長段只有五個指孔。馬王堆與羅泊灣所出者均經測音，其音列結構均較規整，音色亦佳。參見孫機《漢代物質文化資料圖說》（上海市：上海古籍出版社，2008年版），頁395。

38 劉琳《華陽國志校注》卷4〈巴志〉注六「桄榔條」（成都市：巴蜀書社，1984年版），頁456。張增祺按：桄榔木為熱帶或亞熱帶地區的常綠喬木，屬椰子科，俗稱砂糖椰子。樹高三四丈，樹幹之髓可製取澱粉，即桄榔木麵，在糧食缺少的地區用作食用，見張增祺《滇文化》（北京市：文物出版社，2001年版），頁42；另，參考藍勇《西南歷史文化地理》（重慶市：西南師範大學，1997年版），頁267。

39 《後漢書》卷86《南蠻西南夷列傳》，頁2845。

晉左思〈蜀都賦〉曰：

> 布有橦華，麵有桄榔。

從「人民資以為糧」和左思的話，已見「桄榔木」在西南人士「食」方面的地位。

另，《華陽國志》卷三〈蜀志〉載：

> 興古、南漢縣有桄榔樹，峰頭生葉有麵，大都收麵乃至百斛。[40]

農民培植桄榔主要目的應是自給自足，故有「人民資以為糧」之語。在自給之餘外，農民或把其剩餘之桄榔麵產，作販賣用途，以幫補家計。

（五）漆木

漆木為天然植物，鄭師許在《漆器考》中曾用科學方法去分析漆液成分，言「其主要有四——漆酸、卵白質淡氣、膠質、水分。漆若經一度乾固之後，則任何強酸類皆可對抗。傳四川古代棺木，近有出土者，其中人骨已壞，木質全無，惟表面之漆，依然如故。」[41]漆的特性此見一斑。

利用漆木產物來從事漆器製造業，是漢代重要手工業之一。漆器進一步代替青銅器，成為日常生活用具。[42]自古以來，西南地區皆為漆木之重

---

40 《太平御覽》卷960〈木部九〉載引魏王《花木志》云：「桄榔出興古國者，樹高七八丈，其大者一樹出麵百斛。」此一條史料見於《太平御覽》卷960〈木部九〉（北京市：中華書局影印版）。竹木可為食用桄榔樹是其一，還有其他竹木可作食料。據謝靈運《晉書》卷28《五行志》中載於曰：「惠帝元康二年春，巴西郡竹生花，紫色，結實如麥，外皮青，中赤白，味甘。」詳見《太平御覽》卷962〈竹部〉所引文。

41 詳見鄭師許《漆器考》（揚州市：江蘇廣陵古籍刻印社，1991年1版。）

42 詳見查瑞珍《戰國秦漢考古》（南京市：南京大學出版社，1990年1版），頁197。另外，

要產區，至漢晉時期，漆器製作地點主要在蜀郡、廣漢郡和河內郡三地。

《華陽國志》卷一〈巴志〉載：

> （巴）其地東至魚復，西至僰道，北至漢中，南極黔、涪。丹、
> 漆、茶、蜜……皆納貢之。

劉琳〈注〉云：「丹、漆、茶、蜜主要產於涪陵郡。」[43]另，劉氏於〈注〉「涪陵郡」條中「漆」曰：「今酉陽、彭水、武隆等縣仍為四川省漆的主產區，皆在晉涪陵郡境。」[44]

此外，在同書〈巴志〉載：「江州以東，濱江山險，……敢欲分為二郡，一治臨江，一治安漢，各有……丹漆足相供給，兩近京師。」此外，卷三〈蜀志〉亦有漆產的記述，其曰：「蜀之為國，……其寶則有……漆之饒。」此漆主要是分布在臺登縣。

又，卷四〈南中志〉亦載曰：「出其……漆給軍國之用。」綜合常璩《華陽國志》所載，無論在巴地、蜀地、南中地均有載「漆」產字眼，可惜失於簡略和籠統；使人不能窺見「漆木」於西南經濟上的具體影響。幸好，在鋤頭考古下大量出土漆器，能把西南竹木的真相展露。

先秦之時，巴蜀地已產漆器，而且為數不少。據沈仲常與黃家祥在《雲夢睡虎地秦墓》所引漆器，便有很多屬西南巴蜀產物。他們更認為「可以把巴蜀的漆器的生產，上溯到春秋末或戰國早期。[45]下迄到漢，西南及附近地區以『木胎』製成大量各式各樣的漆器。」成都鳳凰山西漢木

關於漢代漆價，可參考丁邦友、魏曉明編：《秦漢物價史料匯釋》（北京市：中國社會科學出版社，2016年版），頁109。

43 劉琳校注《華陽國志校注》（成都市：巴蜀書社，1984年版），頁25。

44 劉琳校注《華陽國志校注》（成都市：巴蜀書社，1984年版），頁85。

45 詳見沈仲常與黃家祥〈從出土的戰國漆器文字看「成都」的得名〉，此文收載於徐中舒主編《巴蜀考古論文集》（北京市：文物出版社，1987年1版），頁186-190。

椁墓出土，在M2處發掘漆木器六〇二件，約占出土文物的百分之七十九點八，絕大多數為木胎。[46]於一九九二年一月下旬，綿陽市雙包山漢墓出土大量漆器，器形中以木胎漆器為多，有漆碗、漆巵、漆盒、漆扁壺、漆鉢、漆盤、漆盂、木几、木案、耳杯、梳、篦、漆馬、漆木桶、漆車、漆竹盒、矢服、弓，以及人體經脈漆俑和一些木構件，共計六一一件。[47]巴蜀竹木成為漆器的製作原料。又，四川滎經古城坪M1墓出土漆器「漆匕為竹胎。木胎則以漆杯、漆奩、漆盤、漆案為主，以人體經脈漆雕人、漆馬等……。」[48]後來因為木胎漆器昂貴，才由陶胎漆器替代。[49]

　　另外，《馬王堆一號漢墓》出土的漆器和朝鮮樂浪郡所發現有鑄名「蜀郡工官」及「廣漢工官」的漆器。[50]還有李昭和〈巴蜀與楚漆器初探〉一文便記載了自一九七八年以來四川和青川墓群發現大量漆器；無論從「用途、器形、裝飾技法和製作方法，與楚漆器有許多相類同地方。主要由於地理上接近，彼此有所交流。秦滅巴蜀後，便受巴蜀漆器影響，互相仿製。由此得知，西南區的漆器早已非常聞名和成為其他地方模仿的對象。馬王堆漢墓，出土「漆器胎體有木、竹和夾紵胎。……」經多方專家考證這批漆器的烙印文字有「成市草」、「成市飽」、「成市口」、「市府」等文字，表明其製作地為四川。[51]總言之，沿用至漢晉，「成市」和「工官」

46　胡玉康、潘天波：《中國西部秦漢漆器藝》（北京市：人民美術出版社，2014年版），頁87。

47　四川省文物考古研究所、綿陽市博物館：〈綿陽永興雙包山二號西漢木停墓發掘簡報〉載《文物》1996年第10期。另參考潘天波：〈漢代中央漆器生產獨厚巴蜀之分析──兼及漢代蜀漆市場的開放性〉載《中國生漆》第36卷第4期（2017年12月），頁16-17。

48　胡玉康、潘天波《中國西部秦漢漆器藝》（北京市：人民美術出版社，2014年版），頁89。

49　胡玉康、潘天波《中國西部秦漢漆器藝》（北京市：人民美術出版社，2014年版），頁89。

50　可參見王世襄《中國古代漆器》（北京市：文物出版社，1987年1版），頁13。另，樂浪漆器其有銘文，據關野貞所統計十二器銘文年代，最早為西元前八十五年，最晚為西元五十二年，此時代是漢漆器演進狀況。詳見鄭師許《漆器考》（揚州市：江蘇廣陵古籍刻印社，1991年1版）。

51　胡玉康潘天波《中國西部秦漢漆器藝》（北京市：人民美術出版社，2014年版），頁89。

漆器，實質上繼承了巴蜀和楚漆器工藝，將之融合一體。[52]

說到蜀工官，有一點需要補充。西漢至東漢初年的蜀郡西工造產品，毫無疑問幾乎完全是專門供給皇室和官府的，但是東漢明帝（西元58-75年在位）以後，隨著生產經營管理方式的變化，其產品的一部分繼續專門供給皇室宮廷的同時，一部分開始進入市場，尤其是元興元年（西元105年）中央政府不再調用其產品之後——實際上並非完全不調用，只不過數量減少而已，其產品更多地進入市場。[53]有學者李發林根據朝鮮樂浪王旴墓內的一批漆器中的「題銘」用語和「瑞鳥」圖案，分析出東漢的手工漆業有管理體制和工藝作風上的變化；兼且有衰落的跡像。

另外，《後漢書》〈和熹鄧皇后紀〉載，殤帝時（西元106年）鄧太后下令：「蜀漢釦器、九帶佩刀，並不復調。」自此，蜀郡及廣漢工官的漆器生產就停止了。李發林認為此是蜀郡手工業中漆器製造業衰落的轉捩點。[54]查瑞珍據貴州墓中出土不少漆器，認為是私營手工作坊的產物。東漢是髹漆工藝的鼎盛時期；但瓷器的出現，才是漆器逐漸衰落。[55]作者認為漆器的衰落，不可能因鄧太后一令，西南漆工業便完全封殺。事實上，漆的用途極廣，日常用具多依賴漆來美化和保護。朝廷漆工業與民間私人手工作坊的漆工業屬不同層面。因此朝廷中止，並不代表民間漆工作坊停頓。鄧太后命令傳出後，仍有大量私人手作坊及貴州的漆產物出土，便是

---

52 詳見李昭和〈巴蜀與楚漆器初探〉，此文收載於徐中舒主編《巴蜀考古論文集》（北京市：文物出版社，1987年1版），頁178-190。

53 詳見白雲翔〈漢代「蜀郡西工造」的考古學論述〉載《四川文物》2014年第6期，頁39-45。又，新近考古大事，南昌西漢海昏侯劉賀墓園出土珍貴文物一萬餘件，其中包括大量精美的漆木器。出土漆木器胎骨質地主要有木胎與夾紵胎兩種。木胎依據製法可分為斫製、旋製、卷製三類。可見漆木胎在當時非常流行，詳見〈江西南昌西漢海昏侯劉賀墓出土漆木器〉《文物》2018年第11期，頁27。

54 見李發林：《戰國秦漢考古》（濟南市：山東大學出版社，1991年1版），頁357-358。及見查瑞珍《戰國秦漢考古》（南京市：南京大學出版社，1990年1版），頁197。

55 詳見查瑞珍：《戰國秦漢考古》（南京市：南京大學出版社，1990年1版），頁296。

進一步證明民間漆工業未因太后令而沒落。查瑞珍和李發林甚至認為私人漆工業很可能在東漢殤帝後替代了朝廷，成為推動漆工業的主力。此點則極有可能，有時朝廷愈禁，民間反而興旺，反動心理之表現。

下降至唐代以後，漆器的內容、形象、製作手法而有不同發展，如馮漢驥所論前蜀王建墓出土的平脫漆器及銀鉛胎漆器，便是唐至宋間的製漆主要內容。[56]時至今日，西南區仍是中國主要產漆地；城口漆每年出口占全中國之出口總量近六分之一。[57]可以說漆工業自漢晉發展，至今未衰。漆藝更促成中國的音樂、建築、繪畫、佛教等文化的大美。中國漆藝文化成為一種精美的傳統文化形態。[58]

（六）邛竹

《史記》卷一二三〈大宛傳〉載：「騫曰：『臣在大夏時，見邛竹杖、蜀布。』問曰：『安得此？』大夏國人曰：『吾賈人往市之身毒國。身毒在大夏東南可數千里。……』以騫度之，大夏去漢萬二千里，居漢西南。今身毒又居大夏東南數千里，有蜀物，此其去蜀不遠矣。……天子欣然，以騫言為然，乃令騫因蜀犍為發間使，四道並出……。……及張騫言可以通大夏，乃復事西南夷。」[59]同見於《漢書》卷六十一〈張騫傳〉，內容一致。[60]張騫在大夏見邛竹杖、蜀布，透過此商品透露出大夏與身毒國市貿

---

56 見馮漢驥所論前蜀王建墓出土的平脫漆器及銀鉛胎漆器，載於《馮漢驥考古學論文集》（北京市：文物出版社），頁123。

57 四川城口縣的城口漆，是我國五大名漆之一。我國五大名漆：湖北毛壩漆、竹溪漆、陝西安康漆、貴州（畢）節漆和四川城口漆。我國生產出口量占世界第一位，城口漆每年出口一千二百擔左右。詳見《祖國各地》組編寫《全國名特產品》（太原市：山西人民出版社，1982年1版），頁357-358。

58 胡玉康、潘天波：《中國西部秦漢漆器藝》（北京市：人民美術出版社，2014年版），頁245-248。

59 《史記》卷123〈大宛傳〉（北京市：中華書局，1982年2版），頁3166。

60 《漢書》卷61〈張騫李廣行傳〉（北京市：中華書局，1962年版），頁2689-2690。

的信息，進而改變漢朝天子通西域取道西南夷新戰略思維。由此可見，竹
杖在漢代通西域這件大事上所蘊涵的歷史意義。

　　唐張守節《正義》曰：「邛都邛山出此竹，因名『邛竹』。節高實中，
或寄生，可為杖。」[61]何達認為「邛竹是大熊貓最喜歡食用的竹類之一。
因此，邛竹生長的區域也是大熊貓活動的區域。這個區域，就是以今四川
省榮經縣境內的大相嶺為中心的邛竹生長的區域。這一帶人煙稀少，峰巒
迭嶂，地形高聳，海拔高度在二六〇〇米至二八〇〇米之間，氣候濕潤，
竹類叢生，成為大熊貓的主要棲息地區。這一區域就是今邛崍山脈。」[62]

　　對於邛竹杖有不少專家學者對此有不同看法，有學者康斌認為：邛竹
指漢代邛出（即今榮經、漢源間的大相嶺，一說今邛崍市西的邛崍山）
竹，節高實中，又稱「扶老竹」、「羅漢竹」、「暴節竹」等。[63]

　　李紹明認為張騫所見的「邛竹杖」今已不可確指，不宜任意指定某種
竹為「邛竹」。漢以前頻於邛都夷活動的今涼山州及雅安地區。今小涼山
一帶，漢時已有叟人即彝族先民之一的馬湖部居住於此，但就文獻記載與
考古發掘，此處則從未有「邛人」蹤跡。既無「邛人」何來「邛竹」？固
然，四川大、小涼山自古即有交通聯繫，不能排除小涼山之竹杖有運往大
涼山「邛地」銷售，並貫以「邛竹杖」之名的可能。但這畢竟是一種推
論，並無實據可依。[64]

　　除了邛竹產地有爭議外，學者對其價值亦有不同看法。任乃強考證邛
竹本屬棕櫚藤科植物；並非竹類。[65]因此，邛竹杖不是竹所製，而是一種

61　《史記》卷123〈大宛傳〉〈注1〉（北京市：中華書局，1982年2版），頁3166。

62　參見何達〈邛竹杖的產地新說〉載《文史雜誌》2012年第4期。

63　康斌〈邛竹杖考〉一文認為「……四川洪雅邛崍山才是我國古代歷史上的古邛崍山。」
　　詳見康斌〈邛竹杖考〉載成都大學學報（社科版）2010年第2期，頁82-83。

64　李紹明：〈說「邛」與「邛竹杖」〉載《四川文物》2002年第1期，頁24。

65　任乃強考證所得張騫在大夏所見到的邛竹杖是藤，古人由於對植物分類不科學所致。其
　　更作出詳細考證，邛竹也不是蜀的特產。詳見任氏〈蜀枸醬，蜀布，邛竹杖考辨〉，收載
　　於《四川歷史研究文集》（成都市：四川省社會科學院出版社，1987年1版），頁17。

藤杖。任氏據今日的植物分類來言，古人對竹和藤常看成一類。至於任氏言「藤類植物印度亦有，又何需自蜀輸入呢？其以為蜀中手工技藝從來是名聞遐邇，……即以近世論之，蜀中製的廣藤杖仍是手杖中的珍品。……安知邛竹杖不是蜀人以精巧的技藝加工而成……它被商人使用到身毒等地，受到當地人士的喜愛。」[66]作者同意任氏之說，認為竹杖之所以廣布流行，乃是蜀手工藝獨到遂引人青睞。但不同意任氏認定竹杖必是高檔貴價商品。關於此點，康斌「不認為它是因珍貴而成名，它就是我國古代用邛竹所製普通人可用的平常之物。更不是什麼藤竹杖工藝品，印度也是世界文明古國，難道連這樣簡單的工藝品也做不出來嗎？何況民間商貿之道，是用本地普通價廉而外地稀缺珍貴之物來換取最大利潤，古代中國瓷器最初傳到世界各地，不正是如此嗎？[67]作者則認為竹杖價錢應具不同檔次，不同品質的竹杖，市場上有價高，亦有價廉，實為市場的平常事。

總言之，漢已聞名的邛竹杖一直被人沿用到晉代，當中還有不少人士對其效能充滿信心，這從晉代文學家蘇彥對邛竹的描述，反映一二。孫星衍輯《續古文苑》卷七的一段蘇氏文章載曰：

> 安不忘危，任在所仗，秀矣雲竹，勁直條暢。節高質貞，霜雪彌高，圓以應物，直以居當。妙巧無功，奇不待近，君子是扶，逍遙神……。

由漢至晉相差約二百年，邛竹杖受到漢晉人士的愛戴時間非短。晉戴凱

66　任乃強：〈蜀枸醬，蜀布，邛竹杖考辨〉，收載於《四川歷史研究文集》（成都市：四川省社會科學院出版社，1987年1版），頁17。

67　康斌〈邛竹杖考〉載《成都大學學報（社科版）》2010年第2期，頁83。最初的杖主要與敬老之風相關。後來，杖有其承重攜物和協助行走的實用功能，易於取得的竹杖也可能進入實用杖的行列，若造型與紋理美觀還有成為裝飾物的可能。到了魏晉時期，鳩杖已經不再流行，士族最愛執塵尾和如意清談，偶爾也會使用斑竹杖。

《竹譜》特別強調曰:「箈竹高節實中,狀若人刻為杖之極。」《廣志》云:『出南廣邛都縣。』另外,還引張孟陽的話曰:「邛竹出興古盤江縣,山海經謂之扶竹。」[68]可見,邛竹杖一直至晉朝仍受歡迎。

(七)孟灘竹和濮竹

前引述梧桐木能製成布料,而竹節亦能製成麻;它們是「孟灘竹」和「濮竹」。據《蠻書》卷七:「孟灘竹,長旁出。其竹節度三尺,柔細可以索亦以皮為麻。」[69]《蠻書》雖成於唐,但此孟灘竹所成的麻很可能不自唐始,疑漢晉時西南盛出竹節,已有利用此資源製成麻的活動了。[70]更有「濮竹」,纖維柔細,刻之縷縷如麻,可以絞索織履,故亦稱麻竹。

(八)羌竹筒

王子今說:「秦漢時期確實曾普遍使用竹筒作為飲食用器。」[71]而在漢晉西南竹筒還有運布的特殊功能。《華陽國志》卷三〈蜀志〉載曰:

安漢上下,朱邑出好麻、黃潤細布[72],有羌筒盛。[73]

---

68 (晉)戴凱之《竹譜》,收錄於《欽定四庫全書》《子部》九,第845冊,頁173-179。

69 此《蠻書》引文與元李衎《竹譜》所引唐樊綽《雲南志》亦即《蠻書》有文字上出入。按元李衎《竹譜》卷六所引唐樊綽《雲南志》曰:「孟灘竹,出雲南長滂,其節長三尺,柔細可為索,人亦以皮為麻。」

70 在廣西博物館藏有樹皮布,其做法是把剝下的樹皮投放到水坑裡漚發數天,使其略為柔軟,然後撈出捶打,盡量去其海綿而留存其纖維,經過乾燥、梳理、捶壓,即成一塊塊的布。詳見,趙善德《先秦秦漢時期嶺南社會與文化考索──以考古學為視角》(廣州市:暨南大學出版社,2014年版),頁34-35。

71 王子今:《秦漢名物叢考》(北京市:東方出版社,2016年版),頁124。

72 黃潤細布為蜀地織造業中的名貴商品。《文選》卷4〈蜀都賦〉載:「黃潤比筒,贏金所過。」又楊雄〈蜀都賦〉云:「筒中黃潤,一端數金。」即可證明。

73 劉琳校注《華陽國志》卷3〈蜀志〉注3,頁243。

所謂「羌筒」亦即大竹筒，盛產於岷江上游羌中故名，近人任乃強研究所得「黃潤行銷很遠，它為絲織品或絲葛交織的葛布。其時以竹筒將衣料卷成筒狀入，以便運輸。」[74]若任氏所言屬是，西南竹木的功用更應受視。王子今更進一步認為：「中國器用史上曾經有一個『竹器時代』，可能也是適宜。」[75]西南的運絲的羌竹筒，就是竹器時代眾「代言人」之一。

除上述外，竹筒還第二種功能，就是用來盛火。〈蜀志〉載：「臨邛縣……有火井，……民欲其火，先以家火投之。頃許，如雷聲，火焰出，通耀數十里，以竹筒盛其光藏之，可拽行終日不滅也。」[76]據此可反映出西南竹木產品的用途十分廣泛，一方面可用作運輸「黃潤細布」的工具，另又可作為盛「天然火井氣」的盛器。

總括而言，西南竹木除作書寫之載體外，可造席、杖，桄榔則可製麵，也可作竹筒運布、盛火，這一切皆見西南林業領域中竹木培植對漢晉西南商業發展的正面貢獻。

四　竹木的其他貢獻

根據材料力學專家老亮研究，其認為竹木是我國古代廣泛應用的材料之一。古人早已掌握竹材和木材「抗拉強度高和性柔韌」的特點。老氏更把不同的竹材木材來比較其中『抗拉強度』（Mpa）。他計算出竹材『抗拉強度平均值』（Mpa）比木材的『抗拉強度平均值』更高。另外，也為毛竹、剛竹、淡竹、麻竹、刺竹和石竹的內外側抗拉強度，據此作了一個簡表。從表中數字可以見到各竹的抗拉強度，證明竹木材於材料上的拉伸和

74　參見任乃強：〈蜀枸醬、蜀布、邛竹杖考辨〉，《四川歷史研究文集》，頁10-14。

75　王子今：《秦漢名物叢考》（北京市：東方出版社，2016年版），頁116-117。

76　劉琳：《華陽國志校注》卷3〈蜀志〉注3，頁244。

彈性能力很高。[77]此外,科學史大家李約瑟先生(Joseph Needham)在其鉅著《中國之科學與文明》中亦有類同的見解。李氏說:「在古代,中國最常用之固結構物,內部之材料,仍推竹材,竹材之能承受高張力之特性,使其應用於拖纜、傳動帶、弔橋纜索等。」[78]

漢晉西南以竹木之饒見稱於世,便是憑藉上述有利的特性,為西南人士提供極大方便和貢獻。學者段渝說「西南人竹木被廣泛地用於製作各種生活用具、生產用具、兵器、刑具、禮儀性裝飾品、藝術品,並用作建築材料,在當時是最經濟實惠且又適應當地生態環境的用品。」[79]

要探討西南竹木的貢獻,最好的方法是找出各種竹木的功能所在,逐一分析其對西南人的活動作出了多少貢獻。可惜,由於有關植物資料不足,想作全面的了解,恐怕不能如願。因此本文只就以下比較明顯見到竹木的貢獻,如「漁獵業方面」、「民間建築方面」、「交通運輸方面」和「礦工業方面」等作一略述;西南竹木的貢獻當不止於此。

(一)漁獵業方面的貢獻

西南區之竹產能運送衣料為商業貿易作出貢獻,應記一功。然而,竹木對於那些只依賴漁獵收穫來生活的原始西南民居,竹木對他們則富有另一番的意義。近人李偉卿在雲南出土銅鼓中發現有的圖像表示出居民「操舟」捕魚。[80]從上述出土資料可見「垂釣」和「操舟捕魚」是古代西南區土著居民的兩種漁獵的基本方式。他們捕魚用的舟,主要材料便是當地特產『竹木』。

---

77 詳見老亮:《中國古代材料力學史》(長沙市:國防科技大學出版社,1991年1版),頁46-47。

78 李約瑟:《中國科學與文明》第10冊(臺北市:臺灣商務印書館),頁513-514。

79 見段渝:《四川通史》第1冊(成都市:四川大學,1993年1版),頁136。

80 見李偉卿:〈雲南出土銅鼓源流考略〉一文,《雲南青銅器論叢》,頁107-143。

西南區森林所提供的充足竹木，土著居民才有材料做竹筏和木筏，然後便可下江捕魚。在漢代便有不少實物記載其中漁獵活動內容，據高文所編的《四川漢代畫像磚》第十一，在新都縣出土的「放筏」畫像磚，其描述內容如下：

> 磚，25×45釐米。此圖為一放筏圖，一木筏正行於水面，下端有起伏的山丘，木筏上一人正用持杆划行，另一人用一腳跪地一腳前伸，正欲動手入水捕魚。木筏下江水中有魚、龜、魚老鴉。圖左端有一人在岸上釣，右手持一物，似欲與木筏人交談。現在四川境內許多河流還在編放木、竹筏。[81]

此漢代新都縣出土的「放筏」畫像磚內容，可以說是當時西南人捕魚業活生生的典型例子。漢時西南人士捕魚已趨向採用「竹」或「木」筏。近人王冠倬編著《中國古船》一書，其中載有兩幅圖（一）雲南永寧納西族獨木舟、（二）雲南西雙版納傣族竹筏；這是西南竹木的產物，也都是西南盛產「竹木」的最佳印證。[82]

（二）民間建築方面的貢獻

竹木不但可作為覓食工具，更重要者它是西南少數土著居所的主要建築材料，其中著名的「干欄式」房屋或稱「柵居」；便是用竹木所做成[83]。學者祈慶富說：「干欄是一種竹木結構的住房建築，分上下兩層，用通俗的話說，干欄『是有腿的房子』，又稱樓居。干欄凡名稱很多，又叫麻

---

81 參見高文編：《四川漢代畫像磚》（上海市：上海人民出版社，1987年）。

82 參見王冠倬編著《中國古船》（北京市：海洋出版社，1991年版），頁145-146。

83 柵居在僚語裡稱為干欄。見高文編：《四川漢代畫像磚》（上海市：上海人民出版社，1987年版）。

欄、水欄、閣欄、柵居、羊柵等。干欄是原始時代巢居形式的遺留發展。」[84]

其時，巴人和蜀人多用「楠木」來建屋；他們慣常採用粗逾一米以上楠木木段構建，而且相沿成習，代代如此。當然，他們看來有享用不盡的常綠葉林給他們利用，才會有大量「干欄式」房屋出現[85]。本來干欄的記載最早見於《魏書》和《北史》，及後在銅鼓圖案和漢代畫像磚中得見「干欄式」房屋的典型圖像。據近人郭聲波研究，其認為「林木採伐在先秦以盆地內楠木為主，秦漢時以岷江上游梓、柏為主。」[86]作者亦贊成，巴蜀居民應很早便利用梓木、柏木作為建築資源。

另外，漢晉西南區流行懸棺葬，其材料主要來自西南森林的竹木。據陳明芳研究所得，西南自古以來是懸棺葬分布最密集的地區，由其是四川南部宜賓地區珙縣、興文縣一帶的僰人懸棺葬更是本世紀三十年代聞名中外。[87]此外，四川奉節、巫山、巫溪等地也是懸棺葬的主要分布區，於其隨葬品中發現西漢文帝四銖半兩錢和東漢五銖錢等；陳氏認為懸棺葬考古可能晚於東漢。[88]總括來說，西南懸棺葬的流行，表示出當時西南人士已大量需要附近山林木材，以資應用。再者，據陳氏說懸棺葬中以船形棺最為獨特，當中有用整木挖鑿的圓形棺、整木挖鑿的方形棺與及木板拼合式主要三大類型。[89]一般學者稱此種用船形棺作葬具為「船棺葬」。

---

84 祈慶富：《西南夷》（長春市：吉林教育出版社，1990年1版），頁126。

85 據鄧其生的研究，我國古代建築雖然是以木構為主體，但其用材、裝修、構造、施工工具和運輸都是與竹材息息相關，可參考鄧其生：〈中國有關竹材應用與處利的發展〉，收載於《農史研究》第2輯（北京市：農業出版社，1983年版），頁168-169。另參見林鴻榮〈四川古代森林的變遷〉載於《農業考古》1985年1期，頁162。

86 見郭聲波：〈四川歷史農業地理概論〉，收載於《中國歷史地理論叢》1989年第3輯，頁119。

87 見陳明芳：《中國懸棺葬》（重慶市：重慶出版社，1992年1版），頁68-69。及見邱宣充、張瑛華等編著《雲南文物古蹟大全》（昆明市：雲南出版社，1992年1版），頁141。

88 上揭陳明芳書，頁158。

89 上揭陳明芳書，頁114-115。

　　所謂船棺葬，學者安金槐認為是「始於戰國或更早，盛行於秦漢的一種比較特殊的墓葬形制。」[90]船棺是用整段楠木鑿成長約五米的舟狀葬具，葬在沿江私山坡上，屍體背山面河，置於船艙靠河的一端。船身正中一段挖空形似船倉作為棺室。船倉形棺室一般長三點九米，寬零點八六米，深零點三八米；船舷後約零點一九米，頭尾各長零點七五米。也有把木雕船倉作木槨使用的，即木船倉內再放置一個長方形小木棺，隨葬品放在腳下。發現船棺葬地點在川東巴縣冬尹壩和川北昭化寶輪縣，寶輪縣的船棺葬屬秦漢時期。[91]羅開玉等根據考古發現，認為秦漢成都的「船棺」以楠木為多，木板棺槨以梓木、檀木較多。秦漢時期的「蜀弓」名聲極高，主要以梓屬小木製成。車軸，多用橉木、檀木。車鞣多用槭木。房梁、檐柱之屬，則多用柏木、杉木。[92]

　　近年在成都及成都附近的綿竹、廣漢、雙流、蘆山等地也發現船棺葬，這是蜀人的勢力範圍，說明船棺葬不止是巴人的葬俗，也與蜀人有關。此外，在成都北部的錦陽和錦竹有大量的西漢早期的木板葬。從船棺葬內的木船倉、小木棺和木板葬的流行，可直接想到西南森林所產的木材，是製作大量船棺和木板的主要原材料。[93]不過，秦漢時期，由於鐵鋸等一系列鐵工具的使用，成都的造船技術由過去的造獨木舟演進為造木板船、舫船。先秦時期成都地區流行的用獨木舟演進為造木板船。與此同時，先秦時期成都地區流行用的獨木挖鑿的「船棺」，逐漸被木板棺、槨代替。原成都地區常見的獨木船、船棺，在秦入巴蜀彼便明顯減少，至西

90　見安金槐主編：《中國考古》（上海市：上海古籍出版社，1992年1版），頁500。

91　見安金槐主編：《中國考古》（上海市：上海古籍出版社，1992年1版），頁498、501。

92　羅開玉、謝輝：《成都通史》卷2〈秦漢三國（蜀漢）時期〉（成都市：四川人民出版社，2011年版），頁334-335。

93　有關船棺葬和木槨墓可詳見查瑞珍《戰國秦漢考古》（南京市：南京大學出版社，1990年版），頁382-383。當然，漢晉西南人不只是有船棺葬，也有其他墓葬和石棺葬等，詳見霍巍、黃偉著《四川喪葬交化》（成都市：四川人民出版，1992年1版）。

漢中期完全絕跡。[94]

（三）交通運輸方面的貢獻

竹木於「日常」生活的一般貢獻業已介紹過，至於「非常」的軍事或救荒用途方面，還有值得大家關注的地方。

（一）《史記》卷七十〈張儀列傳〉載曰：「秦西有巴蜀，大船積粟，起於汶山，浮江而下，至楚三千餘里，舫船載卒，一舫載五十人，與三月之食，下水而浮。一日行三百餘里，里數雖多，不費汗馬之勞，不至十日而拒扞關。」[95]

（二）《史記》卷九十七〈酈食其傳〉載曰：「諸侯之兵四面而至，蜀漢之粟方船而下。」

綜合上述二條史料，可以肯定的是，兩漢時代巴蜀早已盛出舫船，而且當中有不少大舫船；可以運兵；可以輸送米糧。事實上，要依賴巴蜀舫船的例子又豈止於前述——戰國和楚漢之時；於西漢元鼎二年（西元115年）秋九月，武帝下詔曰：「江南之地，火耕水耨，方下巴蜀之粟致之江陵」。[96]又在《漢書》卷二十四下《食貨志》載：「是時山東被河災，……下巴蜀粟以振焉。」東漢許慎對此也有認識，在其《說文解字》中釋「舫」：「舫并舟也。」舫也稱「方」、「枋」、「方舟」、「方船」和「枋船」。[97]

至於巴蜀能有大量舫船出現，則少有直接文字上的史料，說明其造船的材料來源。然而，這是不難推想，西南區所盛產竹木，是用作造舫船的主要材料。假若西南巴蜀地沒有豐饒的竹木來造舫船，「下巴蜀之粟」之

---

94 羅開玉、謝輝：《成都通史》卷2〈秦漢三國（蜀漢）時期〉（成都市：四川人民出版，2011年版），頁336。

95 參見《史記》卷97〈酈生陸賈列傳〉司馬貞《索隱》案：方船謂舟也。《戰國策》：「方船積粟，循江而下」。

96 班固《漢書》〈武帝紀〉（北京市：中華書局版）。

97 參見金秋鵬：《中國古代的造船和航海》（中國青年出版社，1985年版），頁18-19。

救荒工作肯定有所阻延。

東漢建武時，也有一例子，足見西南木竹在軍事上的貢獻。《後漢書》卷十七〈馮岑賈列傳〉中載：

> （建武）九年，公孫述遣其將任滿、田戎、程汎，將數萬人乘枋箄下江關，……橫江水起浮橋、鬥樓，……彭數攻之，不利，於是裝直進樓船、冒突露橈數千艘。[98]

李賢等注曰：「枋箄，以木竹為之，浮於水上。《爾雅》曰：舫，泭也。」[99]當中，枋箄、浮橋、鬥樓和露橈皆資用西南木竹造成，西南竹木之饒又見一斑。

秦漢時期西南盛產竹木，為該區造船業提供充足材料，一直發展蓬勃。迄至晉代，西南區造船事業更加昌盛，下再有二則例子：

> 「時王濬將伐吳，造船於蜀。」（《晉書》卷五十七〈吾彥列傳〉）
> 「武帝謀伐吳，詔濬修舟艦。濬乃作大船連舫，方百二十步，受二千人，以木為城，起樓櫓，開四出門，其上皆得馳馬來往。……舟楫之盛，自古未有，濬造船於蜀，其木柿蔽江而下。」（《晉書》卷四十三〈王濬列傳〉）

從上引文可再次說明晉時西南林木充足。文中「作大船連舫」、「以木為城」、「舟楫之盛，自古未有」和「木柿蔽江而下」的情景，可直接見到晉時西南區的造船事業如何鼎盛，可以媲美東南江淮樓船事業。[100]

98　《後漢書》卷17〈馮岑賈列傳〉（北京市：中華書局，1965年版），頁660。
99　《後漢書》卷17〈馮岑賈列傳〉〈注一〉（北京市：中華書局，1965年版），頁660。
100　參見包遵彭：《漢代樓船考》（中華叢書編審委員會，1967年版），頁12-13。

　　另外，據材料力學專家老亮研究，竹的表皮具有相當高的「抗拉強度」，正好用來作船用的竹索；這正好說明竹木是很有用的材料。[101]西南區是竹木豐饒之地，而竹木用途如此被廣泛利用，故為史家注意並記載，此絕非偶然。

　　至於竹木在陸地交通的貢獻，最值得注意便是西南區的千里棧道，《史記》卷七十九〈范睢蔡澤列傳〉載：「棧道千里，通於蜀漢。」又同書卷一百二十九載：「巴蜀亦沃野，……然四塞，棧道千里，無所不通。」棧道於漢晉西南區的交通是十分重要，而竹木是其中主要構造成份，其貢獻不言而喻。

　　《史記》卷八〈高祖本記〉載曰：「漢王之國，項王使卒三萬人從，楚與諸侯之慕從者數萬人，從杜南入蝕中。去輒燒絕棧道，以備諸侯盜兵襲之，亦示項羽無東意。」[102]註引崔浩云：「險絕之處，傍鑿山巖，而施版梁為閣。」所謂「棧」，東漢許慎釋曰：「棚，棧也。從木，朋聲。棧，棚也。竹木之車曰棧。」清段玉裁注曰：「通俗文曰板閣曰棧，連閣曰棚。……許氏云竹木之車者，謂以竹若木散材編之為箱、如棚然，是曰棧車。」[103]東漢許慎載『棧車』直接說出西南竹木，如何被人用於陸路交通工具身上。

　　西南竹木可成「棧車」，是其一貢獻。而棧車所走的棧道或棧閣；也大量地利用竹木材料。

　　史書上常見西南棧道偶有因軍事上的需要而受到破壞，但似乎沒因此

101　詳見老亮《中國古代材料力學史》（長沙市：國防科技大學出版社，1991年1版），頁46-48。

102　另見《史記》卷55〈留侯世家〉載張良說漢王燒絕棧道。

103　參見清段玉裁《說文解字注》六篇上〈木部〉（上海市：上海古籍出版社，1981年1版），頁262。

而完全湮滅。[104]棧道不是歷史一時的偶然存在，漢代史籍上屢有「棧道千里，通於蜀漢」的記述。到了三國時期，《魏書》〈諸夏侯曹傳〉第九載云：「（曹）真以『蜀連出侵邊境，宜逐伐之，數道並入，可大克也。』……真以八月發長安，從子午道入。……會大霖雨三十餘，日或棧道斷絕，詔真還軍。」進一步表明西南區千里棧道是其長久以來的特式，是西南區的主要陸路交通方法。儘管史籍上少有談論棧道工程中用了何處的竹木和耗用了多少竹木，不過從西南竹木饒豐的角度去推想，千里棧道應是就地取材。愈多的棧道工程，即表明要用愈多的西南竹木。有關此點，可從棧道的構成中有進一步的了解。

有關西南棧道的構成的記載，《水經注》中有詳載。其文如下：

> 歷故棧道下谷，俗謂千梁無柱也。諸葛亮〈與兄瑾書〉云：前趙子龍退軍，燒壞赤崖北閣道緣谷一百餘里，其閣梁一頭入山腹，其一頭立柱於水中，今水大而急，不得安柱，此其窮極，不可強也。……魏延先退而焚之，謂是道也。自後按舊修路，悉無復水中柱，逕涉者浮梁振動，無不搖心眩目也。[105]

引文提到「閣道緣谷一百餘里」。云「其閣梁一頭入山腹，其一頭立柱於水中」又云「自後按舊修路，悉無復水中柱，逕涉者浮梁振動」。這些都說明沿谷閣道一般都是很長，而閣梁就是由大量木板造成，西南竹木便是主要原料來源，其貢獻亦在於此。至於「自後按舊修路等」，則反映出閣道是常受到人為或天然的破壞，這點其他閣道也會有同樣的情況，在需要

---

104 關於棧道，可參考王子今《秦漢交通考古》（北京市：中國社會科學出版社，2015年版），頁320-325。

105 見楊守敬、熊會貞《水經注疏》卷27〈沔水〉（南京市：江蘇古籍出版，1989年1版），頁2305-2306。

的時候，便要派人作維修工程，以便作軍事及經濟上的用途。換言之，西南竹木是不斷地為棧道工程作出貢獻。[106]

此外，以成都為例，其城中可行舟，故西南築起很多橋，目的在方便交通，其中著名的是李冰沿水所造的七星橋。[107]七橋中提到笮橋（夷里橋）以竹索為名。雖然史書中沒有詳細地載及這些造橋材料，但從西南竹木富饒和竹索的特性（前提抗拉強度），是有理由推想到西南人士利用本地的木材作為造橋的其中主要材料。

（四）礦工業方面的貢獻

漢晉時代西南區的工業十分發達，其中礦工業如開鹽井和冶鐵都與西南的竹木產極有關係。史念海說「在煤炭沒有發現和使用以前，冶煉鐵鋼等礦產便是使用木柴」即可見其中一二；下面更會詳談箇中關係。[108]至於西南人大量開採山礦，對該地區造成破壞也不難預見，不過此非今日所論範圍，故於此不贅言。[109]

首先，在漢西南區鹽場中便有利用「竹」來盛火藏鹽。常璩《華陽國志》卷三〈蜀志〉說：臨邛縣「有火井，夜時光映上昭。民欲其火，先以家火投之。頃許，如雷聲，火焰出，通耀數十里，以竹筒盛其光藏之。」竹的其中用途於此得見。另外，在《中國西部的漢墓藝術》（譯名）中便

---

106 譚宗義引《文物》一九六四年，第十一之〈襃斜道石門附近棧道遺跡及題刻的調查——之古棧道遺跡及棧道的復原〉一文，說出棧道結構有三式——（一）標準式、（二）依坡搭架式、（三）凹槽形。詳見譚氏〈漢代國內陸路交通考〉，《新亞研究所專刊》，1967年出版，頁13。

107 參見李吉甫《元和郡縣圖志》卷31〈劍南道上〉所載。及詳見楊熊二氏之《水經注疏》卷33〈江水一〉（頁2756-2756）中考證七橋的數目和真偽。

108 見史念海《河山集》之五集（太原市：山西人民出版，1991年1版），頁64。

109 工業對西南森林的破壞可以參考林鴻榮〈四川古代森林的變遷〉載於《農業考古》1985年1期，頁165。及參見袁清林《中國環境保護史話》一書（北京市：中國環境科學出版社，1990年1版）。

載有一副關於漢代四川的鹽井畫像磚，與高文編《四川漢代畫像磚》之十四「鹽場」為同一圖像。其內容與常璩卷三〈蜀志〉中所述類同；唯一不同者，就是圖比文字更能活生生的展示出「竹」的功用。

從該畫像磚中可清晰的見「一鹽場座落在山巒重疊、林木茂密的山區，獵人彎弓搭箭，群獸豬突狼奔。左側均有鹽井一口，井上兩木架畫上，每層站有二人對立以吊桶汲鹵。……看到很多竹連成一條管道，其負責輸送鹽水（Brine）或稱鹽鹵到鹽鍋熬煮。」[110]此外，在《四川漢代畫像磚》之十二和十三兩件成都市郊出土的「鹽井」畫像磚，再一次清楚地見到「一竹經過山溪將鹽鹵引至灶上」；這些鋤頭下的鐵證，都顯明「竹」在西南區的井鹽事業中所扮演的重要角色。另外，在鹽井圖中看到鹽鹵由竹筒送到鹽鍋熬煮，而在煮鹽其間，當有大量的「木材」會被用作燃料，若果不是西南產盛之竹木有助開採事宜，漢晉西南區井鹽事業可能沒有如此成就。

漢晉西南木材的重要性於冶鐵活動中更加明顯。據林鴻榮分析，漢晉時代冶鐵只能以材薪為燃料，同時還要消耗大量的木炭。莫論此舉其如何破壞西南的森林，但有一點可以斷言，就是當時西南竹木豐饒，而工礦事業多在山林區中進行，開礦者自可就地取材，為西南區開礦事業提供極方便的條件。[111]

---

110 可參見R.Rudolph and Wen Yu, Han Tomb Art of West China（Berkeley and Los Angeles 1951），收載於Michael Loewe, *Everyday life in Early Imperial China*（Batsford, 1968 First published, p.194.）及參見高文編：《四川漢代畫像磚》十四〈鹽場〉（上海市：上海人民出版社，1987年）。至於利竹筒採鹵，要到了十一世紀才有。蘇軾〈蜀鹽說〉：「又以竹之差小者，出入井中為桶，無底而竅其上，懸熟皮數寸，出入水中，氣自吸呼而啟閉之，一桶致水數斗。」參見林元雄等著《中國井鹽科技史》（成都市：四川科學出版社，1987年1版），頁27。和參見吳天穎：〈中國井鹽開發史二三事——《中國科學技術史》補正〉一文，收載於陳然等編《中國鹽業史論叢》（北京市：中國社會科學出版社，1987年1版），頁34-35。

111 參考林鴻榮：〈四川古代森林的變遷〉載於《農業考古》1985年1期，頁165。

　　附帶一點要說明白,楊寬認為在漢代西南從事開鹽礦者,早已利用天然氣來熬鹽,沒有天然氣地方,才用木柴作燃料。[112]本來,漢西南熬鹽是否用天然氣不是本文範圍。不過,若漢西南區早以大量用天然氣,即表示會省卻很多西南區木材;儘管天然氣也需耗去一部分木材來取火。另外,天然氣中所出的火,史書中記載是以「竹筒」盛載。因此,以下也簡略地介紹天然氣的利用和竹木的關係。

　　考楊氏說漢代西南人已利用天然氣,主要是根據《華陽國志》卷三蜀志云:臨邛縣有火井。(前面已引)及《後漢書》〈郡國志〉臨邛條注引《博物記》曰:「有火井深二三丈,在縣南百里。以竹木投取火,後人以火燭投井中,火即滅絕,不復然。」及〈蜀都賦〉注曰:「火井欲出其火,先以家火投之,須臾許隆隆如雷聲,……光耀十里,以竹筒盛之,接其光而無炭也……。」[113]楊氏認為不少火井分布於漢代西南區,當時的開礦者定有不少利用天然氣來熬鹽或冶鐵。

　　楊氏的論點有專家提出質疑。據吳天穎的分析所得,(前面提及)漢代井鹽畫像磚中有管輸送天然氣(中國科技史李約瑟先生也持此看法)是錯誤的。若「仔細審閱《鹽井》畫像磚圖,灶前一人正搖扇助火,灶後還置有煙窗,所以灶內燒的應是此柴薪,不是天然氣。」[114]另外,白廣美共對《井火煮鹽圖》也提出商榷,其主要論點是(一)漢代不可能有輸氣的火井,那幾根誤為輸氣的管道是燒灶的木柴。(二)井火煮鹽始於蜀漢時

112　參見楊寬:〈古代四川的井鹽生產〉,收載於陳然等編《中國鹽業史論叢》(北京市:中國社會科學出版社,1987年1版,頁17-22)和詳見齊濤《漢唐鹽政史》(濟南市:山東大學出版社,1994年1版),頁29-31。

113　李吉甫《元和郡縣圖志》卷31〈劍南道上〉載:「火井廣五尺,深三丈,在臨邛縣南一里,以家火投之,有聲如雷,以竹筒盛之……。」

114　見劉志遠等:《四川漢代畫像磚與漢代社會》,頁47。轉引自吳天穎〈中國井鹽開發史二三事〉,收載於陳然等編《中國鹽業史論叢》(北京市:中國社會科學出版社,1987年1版),頁35。

期。[115]作者亦同意吳氏和白氏的論斷。就本文主旨出發，木在漢西南礦工業中作為「柴薪」，而竹也在蜀漢以後，如史乘所言用來盛載井火。

（五）西南生活用器

竹木器有梳、勺、臼、笥、織樹模型、房屋模型等。[116]

竹笥是漢代常用的貯物之器，外型像帶蓋的扁箱子。[117]笥字從竹，可見它多以竹製。「二〇一二年七月至二〇一三年八月，成都文物考古研究所在成都市金牛區天回鎮發現一處西漢時期的豎穴土坑木槨墓墓地，出土大量漆木器、陶器，以及少量銅器和鐵器等。其中M2平面呈長方形，無墓道，隨葬的陶器有罐、盆、井、灶、倉、壺、甌、甕等，漆木器有耳杯、盤、俑、動物俑、織機模型等⋯⋯年代在西漢景帝、武帝時期。M2北二底箱未被盜擾，隨葬有大量的陶蓋罐、盆及鐵釜、竹笥等生活用器，其中三個竹笥（M2：162、M2：163、M2：177）裡面裝盛全為動物骨骼，我們對其進行了系統鑒定、測量和研究。一種屬鑒定與測量M2隨葬的三個竹笥裡，一個竹笥（M2：163）裡裝的是乳豬、雞和魚骨；一個竹笥（M2：162）裡盛的是牛肋骨；一個竹笥（M2：177）裡裝的是肢解了的豬骨骼。這些骨骼酥脆，保存都相對完整，基本可以判斷為熟食。其中乳豬、雞和魚⋯⋯。」[118]這在長沙馬王堆一號西漢墓共出土竹笥四十八個，是用寬零點四至零點五釐米左右的細竹篾以人字形編法編成的。蓋和底的口部及頂部周緣，又用藤條或竹篾加纏竹片以加固，有的四角也加竹片。[119]

---

115 詳見白廣美：〈中國古代鹽井考〉，收載於陳然等編《中國鹽業史論叢》（北京市：中國社會科學出版社，1987年1版），頁74-75。

116 見〈成都市天回鎮老官山漢墓〉載《考古》2014年第7期，頁67。

117 王子今：《秦漢名物叢考》（北京市：東方出版社，2016年版），頁124。

118 何錕宇、謝濤（成都文物考古研究所）〈成都市金牛區天回鎮老官山漢墓M2隨葬動物骨骼研究〉《南方民族考古》2016年1月。

119 孫機：《漢代物質文化資料圖說》（上海市：上海古籍出版社，2008年版），頁395。

　　王子今〈四川漢代畫像中的「擔負」畫面〉中挑擔的畫面例如圖三十六新都漢畫像磚挑擔畫面、圖三十七成都羊子山漢畫像磚挑擔圖、圖四十滎經石棺擔水畫面，挑擔應是以木製或竹製為主。[120]前面講到的西南常見用品——邛竹，就已經是最可能成為順手拈來的挑擔原材料。以人力負物時，常用篝筽等，它很像現代的背簍。[121]《類篇》〈竹部〉篝下說：「一曰蜀人負物籠，上大下小而長，謂之篝筽。」四川新律出土的背負物俑背的正是此物（圖31-10）。[122]另外，新都漢畫磚挑擔畫、成都羊子山漢畫磚收穫畫面挑擔圖、新都漢畫磚荷擔者運輸酒罐等。王子今對於四川漢畫中的擔負畫面作了詳細分析，值得參考。[123]

　　另外，二〇一二年七月至二〇一三年八月，因為地鐵等基礎設施建設，成都文物考古研究所和荊州文物保護中心組成聯合考古隊，對成都市老官山西漢墓地進行搶救性發掘。[124]當時幾個大墓都曾被盜，木槨裡幾乎沒有什麼隨葬品，但墓葬底箱隨葬器物保存較好，四台提花織機模型均出自二號墓的底箱。它們均用竹木材料製成，結構複雜，細緻精到，經軸上還殘存彩色絲線。同時出土的還有整經、絡絲、搖緯等相關紡織工具模型和十五個從事紡織生產的彩繪木俑。[125]

　　最後有一點值得注意，王子今認為「正是由於秦漢社會生活中竹筒作器之普及，使得陶器、銅趵、漆器中都出現了仿竹筒的筒形器。這種器物

120　王子今：《秦漢交通考古》（北京市：中國社會科學出版社，2015年版），頁104-107。

121　參見孫機：《漢代物質文化資料圖說》（上海市：上海古籍出版社，2008年版），頁139。

122　參見孫機：《漢代物質文化資料圖說》（上海市：上海古籍出版社，2008年版），頁139。

123　王子今：《秦漢交通考古》（北京市：中國社會科學出版社，2015年版），頁101-111。

124　見成都文物考古研究所、荊州文物保護中心：〈成都市天回鎮老官山漢墓〉載《考古》2014年第7期，頁59-71。另見王子今：《漢代河西的蜀地織品——以廣漢八稯布為標本的絲綢之路史考察》，載《四川文物》第2017年第3期（總193期），頁42。

125　段渝、汪志斌編：《四川古代發明創造遺產》（成都市：巴蜀書社，2014年版），頁78-79及參考《人民日報》（2015年10月23日22版）。另見馮永德：〈談談成都市天回鎮老官山漢墓出土蜀錦織機〉，載《四川蠶業》，2013年第4期，頁55-56。

除平底直壁，整體呈圓筒狀而外。有的底部微內凹，有的做成圈足，有的
外部飾有仿竹節的弦紋，有的腹部圓徑微收，都刻意表現出模仿竹筒的特
徵。……我們稱這類器物為『仿竹筒』……但筒形器的出現和普及，說明
手工業生產受到當時社會生活中普遍使用竹器這一文化現象的影響。」[126]
王氏此點確有真知灼見。

五　竹木的價格

　　對於竹木價，史書所記不多，而專指西南竹木價暫未見到，只能從有
限的史料及《九章算術》的習題中反映一二。

　　竹品種很多，司馬遷說得很籠統，在建築和軍事上應用價值較高的當
屬毛竹。[127]丁邦友引《史記》〈貨殖列傳〉說：「商人一年販賣竹竿一萬
個，可獲利二十萬錢，則商人從每個竹竿賺取的利潤為二十錢。」[128]丁氏
結論是：「我們認為《史記》〈貨殖列傳〉反映的竹價分別為：竹林銷售
價：每竿八至二十四錢；都市市場銷售價：在竹林銷售價的基礎上加入商
人售賣一竿竹子所賺取的二十錢的商業利潤，其價格為每竿二十八至四十
四錢。」[129]參考《九章算術》卷〈粟米〉：「今有出錢一萬三千五百，買竹
二千三百五十個。問個幾何？答曰：一個，五錢四十七分錢之三十五。」
（題33）曾海龍〈今解〉：「每一根竹價格為$135000 \div 2350 = 5\frac{35}{47}$。」[130]

　　另外，《九章算術》卷〈粟米〉題三十八：「今有出錢五百七十六，買
竹七十八個。欲其大小率之，問各幾何？」答曰：「其四十八個，個七

126　王子今：《秦漢名物叢考》（北京市：東方出版社，2016年版），頁126-127。
127　丁邦友：《漢代物價新探》（北京市：中國社會科學出版社，2009年版），頁124。
128　丁邦友：《漢代物價新探》（北京市：中國社會科學出版社，2009年版），頁125。
129　丁邦友：《漢代物價新探》（北京市：中國社會科學出版社，2009年版），頁126。
130　（漢）張蒼等，曾海龍譯解：《九章算術》（重慶市：重慶大學出版社，2006年版），頁
　　　52-53。

錢。其三十個，個八錢。」又，今有人出錢五七六，買竹根。擬分大、小
竹各多少根？每根竹的單價各是多少錢？答：可買小竹四十八根，每根單
價七錢。還可買大竹三十根，每根單價八錢。[131]

　　關於木材價格，《史記》〈貨殖列傳〉：「山居千章之材」。陳連慶認為
「林場主的百萬資產」。丁邦友認為「忽略了種植林木的土地這個重要資
產」。此外，「漢代一畝相當於今天的零點六九一五市畝，即使是山地，每
畝至少可以種植十株左右的林木，按此計算，一百畝地即可種植千章一
材」……而據史籍記載，漢代擁有一百畝耕地的普通農民的家產連十萬也
不到，何談百萬呢？因此，我認為「千章之材，實際上就是林場主每年採
伐出來投入市場的總量，其價值為二十萬錢，每根木材價值兩百錢。」[132]

　　「木千章」是商人每年在都市裡銷售售一千棵大木材。可以獲利二十
萬錢。[133]丁邦友綜合居延漢簡142．28A、居延漢簡 EPT65．120、居延新
簡 EPT52．277，得出以下結論「居延地區一根木材的價格低者只在八十
至三百錢之間，高者大約七百錢。《史記》〈貨殖列傳〉所反映的木材價
格當為中原內郡的木材價，林場主出售木材與居延漢簡所記的木材低價
相當，而都市場上商人售賣木材的價格要比漢簡記載的木材高價還要高一
些。」[134]西南巴蜀地區在漢武帝以後應視為中原內郡，其木材價應以此方
向作參考。

---

131 （漢）張蒼等，曾海龍譯解：《九章算術》（重慶市：重慶大學出版社，2006年版），頁56
　　及參考丁邦友、魏曉明編：《秦漢物價史料匯釋》（北京市：中國社會科學出版社，2016
　　年版），頁108。

132 丁邦友：《漢代物價新探》（北京市：中國社會科學出版社，2009年版），頁122-123。

133 丁邦友《漢代物價新探》（北京市：中國社會科學出版社，2009年版），頁123。

134 丁邦友《漢代物價新探》（北京市：中國社會科學出版社，2009年版），頁124及丁邦友、
　　魏曉明編《秦漢物價史料匯釋》（北京市：中國社會科學出版社，2016年版），頁106-109。

六　結語

　　總括而言，漢晉西南竹木之饒，可從其廣泛分布和用途多元化中有所反映。漢晉西南區的竹木分布地區非常廣泛，其大致分布在下列地方──胸忍、巴西、越巂、邛都、蜀郡、江陽、南廣、興古、哀牢、涪陵、句町及牂柯等地皆為主要竹木產區與。還有，西南區的主要山區如岷山及江水兩旁山峽，亦是竹木生長的最佳地方。

　　西南竹木富饒，再加上竹木材本身「抗拉強度高和性柔韌」的特性，對於當地居民的日常生活，無論在衣食住行均貢獻良多。在「衣」方面有「梧桐木績以為布」和「孟灘竹之皮為麻」。於「食」方面有「用桃榔木製的麵」。於「住」方面，有在生時的「干欄式」房屋及死後的船棺葬。於「行」的方面有邛竹助行、竹筒竹筍運布、舫船軍運和棧車陸運等等。本文一再強調的邛竹杖，只是西南竹木其中之一，其他竹木如梧桐、靈壽、桃榔、漆、羌竹、孟灘竹和濮竹也曾直接或間接地推動西南方的經濟發展，功不可沒。

　　漢朝政府十分重視西南區竹木之饒，憑藉西南區的陸路和水路交通，西南區有方便的條件去輸運和調配竹木，甚至是成為中央政府材料不足的主要補給區。[135]成都地區便用木工最多的行業是建築業、造船業、造車業、日用家具、棺槨以及其他各工業部門，如鹽井井架、礦井井架、漆工工具、兵器器柄生產等。[136]漢晉後至唐政府也沿襲此歷史背景發展，仍對西南區竹木特產極表關注。[137]特別是當中原森林如終南山受到戰爭破壞或

---

135 詳見譚宗義〈漢代國內陸路交通考〉一書已有基本概說，《新亞研究所專刊》，1967年出版。

136 羅開玉、謝輝：《成都通史》卷二〈秦漢三國（蜀漢）時期〉（成都市：四川人民出版社，2011年版），頁335。

137 詳見盧草語：《唐代西南經濟研究》（北京市：科學出版社，2010年版），頁405-434。

大量人為砍伐，屆時西南區豐饒的竹木產便可是用作為支持政府的二線基地。[138]

——原載於《農業考古》1996年第1期及第3期，2020年7月30日再增訂。

---

138 黃河流域自然條件不如長江流域，長江流域的森林經破壞之後，還可以長出次生林來，黃河流域雖也有次生林，為數是相當的少。見史念海《河山集》第五集之〈森林地區的變遷及其影響〉（太原市：山西出版社，1991年1版），頁66。

漢晉時期西南地區漁業活動探討[*]

　　漁獵業一向被視為古時初民的基本經濟活動，古西南地區亦不無例外。秦始王統一天下開發西南；漢武帝踵承其事，繼續經營此地；其結果不單止是大量中土人士移入，更重要的是，中原文化與西南本土民族文化產生起互相通融的作用。漁業活動本是原始西南地區本土居民主要傳統文化活動之一，他們廣泛採用竹筏和木筏捕魚，自給自足。來自中土的農耕人士遷入後，其中土農耕文化生起變化，進行起漁池式養魚活動；促使此區漁業發展更趨多元化。[1]另外，漢政府在西南大興建水利工程，其中陂池蓄水間接對西南漁業起著促進作用，這在本文中亦有討論。

　　早在中國青銅時期，西南地區原居民已有從事漁、獵、農、牧、採集及林木各項產業活動。[2]自秦統一巴蜀，漢元狩元年張騫通西域，使者王然

---

[*]　本文所論之西南地區範圍，大抵以今日四川全省，雲南大部與貴州西部等地。其北以大巴山脈為界，西與西康高原毗連，南達今老撾越南邊疆，東迄今湖北湖南西界。若以此與今人徐新建的西南觀念比較，則本文談的屬於徐氏所認為的「狹義」西南，詳見徐新建：《西南研究論》（昆明市：雲南教育出版，1992年1版），頁63-65。

[1]　參見朱宏斌：《秦漢時期區域農業開發研究》（北京市：中國農業出版社，2010年版），頁152-167。

[2]　近年來，有關先秦時期的西南區的地下出土發現和研究有著可觀的豐收。如近期廣漢的三星堆——成都十二橋的考古發現促使者在研究早期巴蜀文化有突破性發現和重大進展。想對此時期的巴蜀史和其文化有較深認識可參考林向〈近五十年來巴蜀文化與歷史的發現與研究〉一文，文中詳盡介紹了由三十年代至八十年代的有關的考古發學者的研究。其中所得結論就是西南區很早便有高度文明，其經濟發展早與中原情形已接近。（林向之文收錄於李紹明等編之《巴蜀歷史‧民族‧考古‧文化》（成都市：巴蜀書社，1991年），頁23-43。另可參考汪寧生之〈雲南考古簡要〉參考書目，見《雲南考古》（成都市：雲南人民出版社，1992年），頁289-310。

于、柏始昌、呂越人等使西夷，大量開發西南，中原文化包括農耕文化此時進入西南各區。此事引起漢代史學大家司馬遷的注意寫下《西南夷列傳》以載述其中過程。漢中土人士進入西南地區，促使兩地文明對接、碰撞以及互動發展，對該地區的政治及經濟發展實有深刻影響。[3]在此政治大背景下，西南漁業本為古代土著「原始謀生」的基本活動，同時亦是西南本土文化，開始受到外來文明的引入，從而生起變化。[4]本文主旨便是試從漢晉西南漁業史的視角，去探討此經濟產業的歷史遞變與發展。

一　出土文物和史乘中所發見的漁業例子及漁獵民的日常操作內容

近人朱俊明在其《夜郎史稿》中載曰：「在普安銅鼓山遺址發現有銅箭鏃、銅漁叉、石彈丸、石網墜，以及大量的螺殼和獸骨，則是其漁獵的

3　秦漢以降，西南之所以能發展迅速，主要是依賴前時巴蜀國歷史留下豐富遺產。另外，加上在位君主如漢武帝的銳意經營和中原人士特別是工業家如卓氏、程鄭二氏的遷入，使漢以來西南各方面如農業、手工業和商業都有高度發展。可參見段渝：《四川通史》（成都市：四川大學，1993年），頁88-149及頁215-228。另可參見許輝〈略述公元六世紀前長江上游經濟的開發和發展〉一文其有詳細探索秦漢魏晉南北朝時期西南方的發展。也參考王炎平〈關於古代天府經濟的幾個問題〉論及秦昭王之世，蜀守冰在蜀地的開發是多方面，故後來秦併蜀，是蜀史出現飛躍。與及謝元魯〈秦漢到隋唐四川盆地經濟區的能量與信息交換〉從人口移徙和商業物質的信息交換來分析四川地區的發展。（上所引述三文皆收錄於《古代長江上游的經濟開發》，中國魏晉南北朝史學會、中國唐史學會、西南師大歷史系編，西南師範大學出版，1989年，頁8-17、頁74-90和頁91-111）。見朱宏斌《秦漢時期區域農業開發研究》（北京市：中國農業出版社，2010年版），頁152-167。

4　呂思勉說古人主要的食料有三種：「（一）在較寒冷或多山林的地方，從事於獵，食鳥獸之肉，飲其血，茹其毛，衣其羽。（二）在氣候炎熱，植物茂盛的地方，則食草木之實。衣的原料麻、絲該也是這種地方發明的。（三）在河湖的近旁則食魚。」（呂思勉《中國通史》（上海市：上海印書館，1969年，頁234。）另參見童恩正說：丘陵地帶適於狩獵、採集，河、湖、海濱適於捕撈。（童恩正：〈中國南方農業的起源及其特徵〉，載於《農業考古》，1989年2月，頁57-58。）

物證。古百越民族喜歡捕食魚、蝦、蛤、螺、和青蛙、蛤蚧等水生動物或兩棲動物……夜郎自不例外，今壯侗語族各族仍是如此。」[5]另，任乃強先生亦在其大作《四川上古史新探》推斷古代巴族善泅泳，以捕魚為生，沿江深入，並用獨木舟協助捕魚。[6]又，劉小兵在《滇文化史》中說：「滇人居住的地方大都有湖泊河流，在所出土的青銅器有許多以魚為題材。」[7]可見先秦時期，西南地區早有漁獵事業的進行。

發展至漢晉時期，西南地區的土著已有不少從事農田耕稼。[8]但有部分仍保留傳統漁獵業。他們大致上可概括分為二種類型，第一類是「潛水捕獵」型，第二類是「操舟垂釣」型。

先談「潛水捕獵」型，應劭在其大作《風俗通義》中記載說：「哀牢（漢永昌郡）者，其先有婦人名沙臺，居於牢山，嘗捕魚水中。」[9]應劭為東漢人，其所記錄應可信。另外，方國瑜《中國西南歷史地理考釋》中說：「永昌地——在此地區居民，自始以濮人為主要，……漢以哀牢地置永昌郡，東西三千里，南北四千六百里，有七十七王，境界遼闊。居民以濮人、撣人為主要，……。」[10]居於永昌郡地的濮人和撣人於當時大有可能如哀牢婦人般從事「徒手潛水捕魚」的活動。

5　參見朱俊明：《夜郎史稿》（貴陽市：貴州人民出版社，1990年），頁135。

6　參見任乃強：《四川上古史新探》（成都市：四川人民出版社，1986年），頁238及頁241。

7　「在石寨山M6：98銅斧就是魚尾形，還有一些雕有水鳥和水獺捕魚的銅扣飾。在M12：26貯貝器上，還有一人雙手抱大魚的鑄像。」見劉小兵《滇文化史》（昆明市：雲南人民出版社，1991年），頁39。

8　李昆聲：《李昆聲學術文選——文物考古論》（昆明市：雲南人民出版社，2015年版），頁236-243。

9　常璩《華陽國志》〈南中志〉載曰：「永昌郡，古哀牢國。」另作者按此一條史料其事其人雖未全是真確，但於反映哀牢人早有捕魚活動則有可能。

10　有關討論古哀牢國和其部族與濮族的事宜，可參見方國瑜之《中國西南歷史地理考釋》（北京市：中華書局，1992年），頁20-24。另可參考呂思勉《中國民族史》第十章〈濮族〉（北京市：中國大百科全書出版社），頁194-207。

除此之外，學者羅二虎在其〈論三星堆文化居民的族屬〉一文中曾對居住在建寧的僚人文化有詳細闡明，其中提及僚人的「漁業」活動，內容如下：「在僚人文化要素中有水底刺魚類、鼻飲、臨水生秃置水中驗浮以定取棄等項，說明僚人是一種近水居、生活中與水關係密切的民族。到目前為止，所發現的三星堆文化的遺址，基本上都分布在江河之濱，遺址中常見魚、鰲、蚌類骨殼以及魚網墜、魚鉤等，有魚形象的陶勺。」[11]羅氏之說亦能從宋人類書中找到證明。

按宋李昉在《太平御覽》卷七百九十六〈四夷部〉十七所引《永昌郡傳》一段文字，對偏遠土著居民傳統捕魚情景，有著較詳細及珍貴的載述。其中講及僚人的漁業內容如下：「建寧東北一千三百里，外所險峻，率皆高山，而少平地。僚民喜食人，……能水中潛行，行數十里，能水底持刀，刺捕取魚……。」[12]據此足見當地土著僚人已有下水捕魚的活動，而且在水中謀生技能不錯，也懂運用利器協助取魚。至於文中曾提到「能水中潛行，行數十里」，容或有點失實和誇大。然而，若其屬實，推想僚人懂利用「竹」作水底潛行。僚人依賴竹中空心管道來呼吸，以作為長途及長時間潛水取魚的原始輔助器。竹產在西南區是極為普遍，垂手可得，利用「竹」助水底潛行是有可能的。[13]

綜上所述，西南土著居民所進行傳統的捕魚活動有像哀牢婦和僚人的兩種例子。兩者不同的地方在後者能懂用刀刺魚，較比前者進步。但把之與以下的「操舟垂釣」式漁業相比，其捕魚文化又顯得落後。

---

11 見羅二虎之〈論三星堆文化居民的族屬〉一文，收錄於李紹明等人編的近作《巴蜀——歷史·民族·考古·文化》（成都市：巴蜀書社），頁57。

12 另可參見王謨《漢唐地理書鈔》中之《永昌郡傳》（北京市：中華書局影印版，1961年），頁375-377。

13 從先秦的捕魚方法可反映漢晉時期的情景，如先秦時捕魚有採用網捕，有用竹、木編成的魚籠；這與當時西南情景配合。參考周蘇平：〈先秦時期的漁業——兼論我國人工養魚的起源〉，載於《農業考古》，1985年2月，頁164-170。

　　從考古發掘可見，早在先秦時期西南已經有採魚垂釣的活動。根據王
大道在其〈滇池區域的青銅文化〉一文所述江川李家山出土有「魚鉤」。[14]
此外，在漢代四川出土了大量畫像磚，當中涉及不少關於魚產的內容；近
人高文在其《四川漢代畫像磚》中便有載述，例如：渠縣出土有魚和魚形
紋的畫像磚。平武縣也有同類魚形紋的畫像磚出土。[15]

　　另，據考古學專家馮漢驥在其論文集中述及四川的畫像磚時說：「所
有漢代四川畫像磚，嚴格來說都應是東漢後期和蜀漢時期磚室墓中一種特
有的東西。」[16]當然畫像磚是屬東漢，但西南部漁業活動早已有之，後人
為紀念或記錄此一實況，把其內容大量繪在畫像磚上。上引江川魚鉤反映
西南滇池早有採魚垂釣的活動。然而，這例子只能證明西南人有垂釣活
動，但仍未足證他們有「操舟捕魚」，因為垂釣活動可在岸邊進行，不一
定在舟上垂釣。幸好，這一問題在地下出土的銅鼓和畫像磚中找到答案。

　　近人李偉卿在雲南出土銅鼓中便發現有的圖像表示出居民「操舟」捕
魚。[17]另外，高文所編的《四川漢代畫像磚》第十一新都縣出土的「放
筏」畫像磚，其描述「操舟」捕魚內容更生動和直接，其文如下：

> 磚，25×45釐米。此圖為一放筏圖，一木筏正行於水面，下端有起
> 伏的山丘，木筏上一人正用持杆划行，另一人用一腳跪地一腳前
> 伸，正欲動手入水捕魚。木筏下江水中有魚、龜、魚老鴉。圖左端

14　參見王大道〈滇池區域的青銅文化〉載收於《雲南青銅器論叢》（北京市：文物出版社，
　　1981年），頁85-91。

15　參見高文編《四川漢代畫像磚》（上海市：上海人民出版社，1987年）。

16　馮漢驥先生把畫像磚的年代分成「西漢晚期」、「新莽至東漢初期」、「東漢中期」和「東
　　漢晚期」。但嚴格上來說，「四川畫像磚是東漢桓、靈以至蜀漢時期製作的。」參見馮漢
　　驥之〈四川的畫像磚墓及畫像磚〉一文，收錄於《馮漢驥考古學論文集》（北京市：文物
　　出版社），頁59-69。

17　參考李偉卿〈雲南出土銅鼓源流考略〉一文，見《雲南青銅器論叢》，頁107-143。

有一人在岸上釣，右手持一物，似欲與木筏人交談。現在四川境內許多河流還在編放木、竹筏。[18]

「放筏」畫像磚的內容，可以說是當時西南人操舟捕魚的典型例子。此外，四川彭縣義和公社出土一件〈放筏、釣魚畫像磚〉，來自四川省文物委員會專家認為「過去對這種磚有兩種不同的定名，『放筏』或『捕魚』。兩種定名皆有一些道理，都反映了畫像磚的一部分內容，但是沒有反映此磚的全部內容。故定名為『放筏、釣魚畫像磚』較為適宜」。[19]此定名看來較全面，很符合事實。也許，上引高文所編之新都縣出土「放筏」畫像磚同樣需要改名。

放筏及釣魚的形式當然比牢山婦沙臺下水先進，亦較建寧僚民持刀水中捕魚安全，不難想像西南人士，漸漸由較高風險的下水捕魚轉向較安全的操筏捕魚。當然，偏遠山區的土著資訊不發達，又與外界隔絕，他們的漁業手法仍保守著傳統。無論如何，從畫像磚中的圖像得悉當時捕魚的狀況、方法、技術水平和工具等，可與文獻相印證，得見漢晉西南漁業發展的歷史輪廓。

漢晉西南人士利用竹筏或木筏來從事捕魚，當然成本較大，幸好西南竹木豐富，應不會花費太多。[20]西南區山林茂盛木材遍布，利用此天然材

---

18 參見高文編：《四川漢代畫像磚》（上海市：上海人民出版社，1987年）。

19 四川省文物管理委員會〈四川彭縣義和公社出土漢代畫像磚簡介〉載《漢畫飲磚發掘報告》第二卷，浙江大學出版社，2012年版，頁203-207（原載《考古1983》第10期）。

20 丁邦友綜合居延漢簡142‧28A、居延漢簡EPT65‧120、居延新簡EPT52‧277，得出以下結論「居延地區一根木材的價格低者只在八十至三百錢之間，高者大約七百錢。《史記》〈貨殖列傳〉所反映的木材價格當為中原內郡的木材價，林場主出售木材與居延漢簡所記的木材低價相當，而都市場上商人售賣木材的價格要比漢簡記載的木材高價還要高一些。」丁邦友《漢代物價新探》（北京市：中國社會科學出版社，2009年版），頁124及丁邦友、魏曉明編《秦漢物價史料匯釋》（北京市：中國社會科學出版社，2016年版），頁106-109。

料作為謀生工具，是十分普通和便宜，這點另可參考拙作討論有關漢晉時期西南地區的竹木產與竹筏的關係，於此不贅。[21]

二　農耕民式的「魚池養魚」

陶朱公《養魚經》曰：「夫治生者之法有五，水畜第一，水蓄所謂魚池也。……」此一段文字為農學大家賈思勰在其名著《齊民要術》中得見。《齊民要術》被譽為一大奇書。全書十卷內容，主以農民生活休戚息息相關。賈氏把養魚納入其書內容中，反映魚池養魚是農耕民生活的不可或缺部分。至於西南地區農耕民為何會有漁池養魚的產生，作者有以下推想。

漁池養魚的出現，有著主觀和客觀兩方面的因素。

先說人為的主觀因素。儘管西南地被譽為「天府」，由於大量的中土人士擁入，對於當地糧食的供求或多或少構成壓力。特別當中央政府也對其地有所需索時，成為當地人民的重擔。生活在西南地區的農耕民，不得不因地制宜，想盡法子「開源」以增收。同時，農耕民發現農田水利設施不僅是豐產豐收的重要保障，還可兼獲養魚之利，使經濟生活因多元發展更有保障。羅開玉說：「秦至蜀漢，整個巴蜀數以萬計池塘堰湖皆用以養魚，成為全國著名魚米之鄉」。[22]漁池養魚非常普及。

至於客觀自然因素。漁池布局很受水體分布的影響。換句話說，水源問題是漁池養魚的主要關鍵。西南地區以江水為主，在其水系下支流滿布，水源充足，津流徑通，冬夏不遏；此外，西南地區土地多不平（平原除外），低窪地多，是形成天然湖池的極有利潛質，加上江水的注入及人工開拓，很容易便成為漁池。總括而言，長江水系及西南的地貌實為西南

21　見拙作〈漢晉時期西南地區竹木述要〉，載《農業考古》，1996年第1期。
22　參見羅開玉主編《四川通史》（成都市：四川大學，1993年），頁264。

地區的「漁池養魚」提供極穩定的客觀自然環境。[23]

在主觀及客觀利好因素下，就讓我們進入西南地區，看看「漁池養魚」的活動是如何進行。從有關文獻中發現秦漢至晉時期西南區確也有不少「漁池養魚」的產業活動（當然先秦時期已出現魚池，但並不如漢以後普遍和具規模）[24]，它們的分布也甚為廣泛。主要分布在漢安縣、南安縣、武陽縣、平陽山和廣都縣等地；當中著名的有萬頃池、龍隄池、千秋池、柳池、天井池和滇池。

在上述例子中，值得我們討論的是早受時人所注意的萬頃池，酈道元在其《水經注》中記曰：「初張儀築城取土處去城十里，因以養魚，今萬頃池是也。城北又有龍隄池。城東有千秋池，西有柳池，西北有天井池，津流徑通，冬夏不竭。」[25]今日萬歲池大概在四川城口縣西，一名千頃池。從上述一段文字，可反映出自秦時張儀築城起成都附近皆有漁池養魚，而長江水系更成為漁池供應充足的淡池水源。降到漢代，漁池養魚便逐漸發展成為當時西南區的其中主要民間經濟產業。

另，根據常璩的《華陽國志》卷一〈巴志〉引漢人但望《請分郡疏》載曰：「（巴郡）一治臨江（江州），一治安漢，各有……漁池……足相供給。」此段文字反映漢時西南區漁池養魚已有所發展；而且當時的漁池不單是「自給自足」，更有跡象見到其由「自給自足」發展到「向外輸出」和「供應」的地步；引文中「足相供給」一語便是證明。再者，此語更暗

---

23 查正史中漢晉時期江水水患與河水水患發生率相較地少。當然不能否定的是河水比江水接近京師，河水生禍，中央立刻收到消息。長江水災報告，可能因地理不便，災情未能立刻上報，正史上可能有不平衡的記載；亦未可料。總而言之，就表面來看江水較穩定。

24 近人林乃燊相信早在商紂時已有人工開築的陂池，至東周吳、越，陶朱公便是養魚起家；《齊民要術》內便有引陶朱公《養魚經》。林氏認為「我國淡水養殖業的大量發展，當在戰國以後，在人口大量增加和鐵鍬鐵鏈廣泛使用後，才有必要和可能。」見林乃燊《中國飲食文化》（上海市：上海人民出版社，1989年），頁30。

25 見楊守敬等著《水經注疏》卷33（揚州市：江蘇古籍，1989年），頁2751。

示兩地之漁池養魚產量有一定數量，這才有大量剩餘作為當地一項主要外銷經濟活動。

此外，在同一卷但望引文的前部，還提到一件水災，從某程度上反映出從事漁業的人數，或可作旁證。其文曰：「（江州）結舫水居五百餘家，承（二）（三）江之會，夏水漲盛，死者無數。」儘管不是所有水居者皆從事漁業，但據引文的上文下理，可推想有一定數量的水上居民是從事漁業。漁池林立，居住附近的江州居民從事池漁事業，實為理所當然。

除上述外，漁池養魚還有以下例子可茲說明，足見漁池養魚在漢晉時期的普遍存在。

（一）常璩在《華陽國志》卷三蜀志中談到關於蜀郡漢安縣，其文如下：「漢安縣……魚池以百數，家家有焉，一郡豐沃。」按《水經注疏》卷三十三曰〈江水一〉：「江水逕漢安縣北，縣雖迫，山川土地特美，……魚鹽家有焉。」另楊、熊疏據《華陽國志》卷三考曰：「漢安縣在江陽郡東五百里，雖未若是之遠，而在江陽郡東則無疑，故酈氏敘漢安於江陽之下也。」事實上除了江水流經漢安外，《水經注》也有牛鞞水逕漢安之文。總括而言，漢安縣是當時漁池養魚的明顯例子。

（二）班固《漢書》卷二十八上〈地理志〉云：「巴郡閬中縣，彭道將池在南，彭道魚池在西南。」〈地理志〉中閬中縣，故城在今四川閬中縣西。

（三）常璩的《華陽國志》卷三〈蜀志〉記云：「……平陽山有池澤，蜀之魚獵之地也。」

另外，值得留意的是蜀國大豪馮氏和王褒的例子，他們應是漁池養魚的其中典型例子。《華陽國志》卷三〈蜀志〉載曰：「廣都縣，郡西三十里，元朔二年置。有……漁田之饒。大豪馮氏有魚池鹽井，……江有魚漕梁。」劉琳校注曰：「魚漕梁是於江中水淺處四面壘砂石為堰，但開一口，使魚入其中，以便捕捉，叫『魚梁』，又叫『魚漕梁』。」另，王褒

〈僮約〉中說僮的職責除「垂釣」外，還有「結網捕魚」、「放養魚」和「入水捕龜」等。[26] 由此可知，西南豪門亦有從事漁業，其取魚手法亦比土著的赤手潛捕，有明顯的進步。他們一身兼數職，一方面從事漁池養魚或漁田，另一方面又築陂池和開鹽井，而這些經濟活動彼此也有著互相聯繫和互相影響的。

最後，關於池漁業的稅收問題值得在此提出。呂思勉先生在其《中國通史》第十一章認為古人甚輕視此事業，其文曰：「漁稅，歷代視之不甚重要，所以正史中關於漁業的記述亦較少。」呂氏從正史記述出發，固有此言。筆者則以有關漁民的切身利益為出發點，認為漁稅本身對漁民卻是十分重要；對漁業本身發展亦有極直接的影響；這可從東漢政府的一項政策得到了解。東漢和帝九年詔曰：「山林饒利，陂池漁採，以贍元元，勿取假稅。」十一年又詔曰：「令民得漁採山林池澤，不收假稅。」十二年又詔曰：「郡國流民，聽入陂池漁採，以助蔬食。」到十五年再詔曰：「令百姓鰥寡漁採陂池，勿取假稅。」[27] 東漢政府對漁業不收假稅，兼且讓平民進入陂池捕魚，筆者認為和帝連串政策，儘管原意在於救荒，但其對西南區的漁業有著促進作用，值得一提。

三　西南區的主要漁產資源

前面所舉之例子，皆見漢晉時漁池養魚分布廣泛。至於當時究竟有什麼魚類資源，現就有關所得資料闡述如下：

> 據李善注左思名作〈蜀都賦〉中引任豫《益州記》云：「嘉魚，鱗

26　官德祥：〈從王褒〈僮約〉探析漢代中葉田莊商品經濟〉，載《中國農史》2010年第29卷第4期。

27　見范曄《後漢書》卷四孝〈和帝紀〉（北京市：中華書局版），頁183、185、186、191。

似鱒魚。」按《漢唐地理書鈔》引述《太康地記》曰:「順政郡丙穴,以其口向,因以為名,沮水經丙穴間而過……每春三月上旬復有魚長八九寸……相傳名為嘉魚。」另見《水經注疏》卷三十三〈江水一〉曰:「水發縣東南柏枝山,山下有丙穴,穴方數丈,中有嘉魚,常以春末游渚,冬初入穴,抑亦褒漢丙穴之類也。」[28]另,王先謙在《後漢書》〈郡國志〉卷二十三上〈集解〉中引郭義恭《廣志》曰:「犍為郡南安出臑骨黃魚」,此同見於《太平御覽》卷九百四十〈鱗介部〉十二「黃魚」條。同書釋引《南中八郡志》曰:「江出黃魚,魚形似鱣,骨如蔥,可食。」

　　除了「嘉魚」、「黃魚」外,在西南區中還有一種小魚產於犍為武陽縣十分出名,並能製成醬料。《初學記》卷三十〈魚〉十引《廣志》曰:「武陽小魚,大如針,號一斤千頭,蜀人以為醬。」[29]據《水經注疏》卷三十三曰:「(江水)又東南過犍為武陽縣,青衣水從西南來合而注之。」可見武陽縣是發展漁業生產的優越地區。

　　又,《水經注疏》卷三十三〈江水一〉載:「……詩至孝,好飲江水,嗜魚膾,常以雞鳴逆流汲江。……詩有田濱江澤鹵。泉流所溉,盡為沃野。又湧泉之中,旦旦常出鯉魚一雙以膳焉。」據後魏賈思勰《齊民要術》〈養魚〉第六十一引陶朱公《養魚經》曰:「……所以養鯉者,鯉不相食,易長又貴也。」[30]

---

28 參見《水經注疏》卷三十三〈江水一〉。明人李時珍《本草綱目》22卷44提到「嘉魚」,時珍曰嘉,美也。杜甫詩云:魚知丙穴由來美,是矣。蜀人呼為拙魚。言性鈍也。黃鶴云:蜀中丙穴甚多,不獨漢中也。另按任豫《益州記》曰:「嘉魚,蜀郡處處有之。」(見李時珍的《本草綱目》,(北京市:中國書店,1988年)卷44,〈鱗部〉)。

29 另見《太平御覽》卷935〈鱗介部〉七〈魚上〉。

30 「鯉(Cyprinus carpio),硬骨魚綱,鯉科。……生長迅速,生活力強,能耐高溫和污水,是一種重要的養殖魚類。」見《辭海》〈農業分冊〉(上海市:上海辭書,1988年2版),

最後還有漁池養魚的副產物，特出的例子有朐忍縣所產的靈龜。

據常璩的《華陽國志》卷一〈巴志〉：「朐忍縣……有靈龜。」同文另云：「咸熙元年，獻朐忍靈龜於相府。」按《水經注》卷三十三〈江水一〉云：「朐忍龜產於將龜溪。」而《文選》卷四左思〈蜀都賦〉云：「蚺蜹山棲，黿龜水處……。」黿即大龜也。本人疑左思賦所提與朐忍龜為同一類。

除朐忍縣外，在巴郡涪陵也有產龜的記述。李善在《文選》卷四左思〈蜀都賦〉註中引譙周《異物志》云：「涪陵多大龜，其甲可以卜。」總括而言，靈龜可以作為獻物及占卜工具。漢代嚴君平曾卜筮於成都市，以為「……有邪惡非生之問，則依蓍龜為言利害……。」[31]想嚴氏卜筮所用之靈龜應來自於蜀或毗連之巴郡。

此外，古哀牢國永昌郡更有採「蚨蝶」的史料記述。據常璩的《華陽國志》卷四〈南中志〉曰：「永昌郡……有蚨蝶」。永昌郡大概在今日雲南保山縣北五十里。前引方國瑜論永昌郡主要有濮族，濮字從「水」部，反映出永昌郡人多從事漁業。

從上述引例可見漁池不只產魚；永昌郡「蚨蝶」是一例；朐忍、涪陵「龜」也是一例。事實上，西南方地理環境複雜，而江水支流密布，其所涇流低窪地，形成許多天然湖池。農漁結合再加以改良，陂池林立便是其結合下的成功產物。

古代修建陂池主要是為方便水利、灌溉田地。由於陂池面積一般也不少，有時在蓄水之餘；還有許多副產業的出現。據肖明華在《陂池水田模型與漢魏時期雲南的農業》中談到漢魏陂池副業時引小松山出土的陂池水田模型，「在陂池中有鴨子、螺、蚌、貝、泥鰍、蛙。鎮海出土的陂池水

頁647。

31 《漢書》卷72〈王貢兩龔鮑傳第四十二〉（北京市：中華書局，1962年版），頁3056。

田模型中，在陂池中有則刻有四條魚。」[32]此陂池漁池業大大地豐富了西南的漁業；使其發展更加多元化。[33]西南魚池不單產魚，其他漁獲副產品如蓮花、荷葉、龜、鴨、菱藕等都有不少生產。現僅就出土的陂池水田模型內所反映各類漁商品內容，表列如下：

《漢代西南地區陂池水產養殖之考古發現簡表》

主要考古發現點	陂池養殖業主要產品名稱	資料來源
（四川）		
新都馬家山	蓮花、荷葉	王方《從考古發現看漢化成都水利的發展》《四川文物》1999年第3期，頁87-91。
新律縣堡子山	游魚和田螺	四川省博物館文物工作隊《四川新津堡子山崖墓清理簡報》，載《考古通訊》1958年8期，頁35及參見徐鵬章《四川成都鳳凰山出土的西漢炭化水稻及有關遺物》，載《農業考古》1998年3期，頁108。

---

32 肖明華之文可參見《農業考古》，1994年第1期，頁97-102。另文中提及「貝」，據汪寧生研究「貝」是青銅時期的主要交換媒介。石寨山和李家山出土大量的貝皆無孔，學者對其用途曾有不同意見。汪認為青銅器上的人物形象數以百計，並無以貝為裝飾品之俗，似以作交換媒介解釋為妥。它正是作為一種財富固大量隨葬。（見汪著：《雲南考古》，昆明市：雲南人民出版社，1992年2版，頁71）此外，汪在滇池發現大量螺殼堆積的出土，為當時人們食後所遺下。螺殼尾部都鑿出小洞，是為了取食其中凡螺肉，至今滇池居民仍用此法食螺。又在青銅器上屢見的形象。人們還在滇池地區打撈螺蛳，作為食物的補充。（見汪前引書，頁20和頁70）據此，滇池很可能於漢晉時也有著漁池業活動的進行。惜文獻未能找到肯定的證據，只能據理推想罷。

33 參見官德祥：〈漢代西南地區陂池水田模型的出土及其研究〉，載2001年《新亞論叢》第3期及見郭聲波〈四川歷史農業地理概論〉，收錄於《中國歷史地理論叢》，1989年第3輯，頁110-125。

主要考古發現點	陂池養殖業主要產品名稱	資料來源
成都天回山	蓮葉、水鴨	王方《從考古發現看漢化成都水利的發展》《四川文物》1999年第3期，頁87-91。
涼山西昌	魚、螺、龜、荷花、荷葉、蓮蓬、菱角、螺螄、鱔魚，水甲蟲、鯉、螺螄和水甲蟲	涼山州博物館《四川涼山西昌發現東漢、蜀漢墓》，載《考古》1990年第5期，頁424。
禮州漢墓	魚、龜、鴨、菱藕	王兆祺《從出土文物看西昌古代農業發展》載《農業考古》1991年1期，頁97。
經久漢墓	魚、龜、鴨、菱藕	王兆祺《從出土文物看西昌古代農業發展》載《農業考古》1991年1期，頁97。
綿陽市朱家梁子東漢墓	鱔魚、泥鰍、田螺、鯉魚	綿陽博物館《四川綿陽市朱家梁子東漢崖墓》載《考古》2003年第9期。
（雲南）呈貢縣龍街七步場	蛙、龜、鴨、螺螄、荷葉蓮蓬	汪寧生《雲南考古》，1992年2版，雲南人民出版社，頁243-245。
（貴州）興義	荷葉、蓮蓬、菱角、荷花	貴州省博物館考古組《貴州興義、興仁漢墓》載《貴州田野四十年》頁268-279，原載《文物》1979年5期。
興仁	荷葉、蓮蓬、菱角、荷花	貴州省博物館考古組《貴州興義、興仁漢墓》載《貴州田野四十年》頁268-279，原載《文物》1979年5期。

根據上表，筆者可從陂池水田內找到水產動植物超過二十餘種，可分為「水生動物」及「水生植物」兩大方面。水生動物方面有鯉魚、草魚、鱔

魚、泥鰍、魚、靈龜、蚌蛛、螺螄、貝、蛙、魚鷹、水鳥、鴨、蝦、水甲蟲。水生植物方面則有禾苗、菱、蓮花、荷葉、藕、芋。上述大部分水產均於西南漁市場中有售。陂池所產的漁類商品種類多元化，對當地漁業市場發展有很大幫助。

總括而言，秦到晉西南方的漁業，由土著居民之傳統逐水游牧式「垂釣」、「操舟捕魚」或「潛水捕魚」等，漸演成有固定地區之產業。土著居民傳統漁業只能自給自足，而農耕漁池產業則不止於此，甚至有向外傾銷的漁業活動。當然，西南由於地理環境複雜地方與地方之間仍有隔膜；固也有土著居民仍作傳統漁業，自給自足；漁池式產業看與他們毫不相干。但也不能排除，當地土著漁獵民也有摒棄其單純的捕撈法，進而利用漁池養殖各類漁產。

歸納全文探索漢晉西南地區漁業活動所得，可總結出以下三點。

第一點，漢晉西南地區漁獵民有傳統「自給自足」漁獵形式，亦也有魚市場式的商業販賣。他們有廣泛採用竹筏和木筏捕魚，比較起一些少數民族如僚人或哀牢人的赤手下水捕魚的文化，前者顯然是進步、更安全和更具保障。

第二點，漢晉西南人士從事漁業，也反映出他們對魚的大量需求；江州──安漢相供給魚產即為一例。另外，文中載漢晉西南居民多喜食「丙穴嘉魚」、「黃魚」、「鯉魚」和用來造醬料的「武陽小魚」，還有其他副產物，如靈龜、蚌蛛的需求，便證明西南人實喜嗜魚產；至於吃靈龜更表示出當時西南人已懂滋陰及講究水產的藥用功效，這都是大大地豐富了當地的飲食文化。[34]

第三點，漢晉時期西南地區的漁業，主要有下水捕獵和魚池養魚二種。前者，是傳統漁獵民用單純方法捕撈漁產，後者是農耕民對農田水利

---

34 王褒〈僮約〉要求其僮「膾魚炰鱉」，膾魚來吃是十分普及，參見《全漢文》卷42〈王褒〉（北京市：中華書局，1958年），頁359。

工程的大力發展下的產物。有利的主客觀因素，使漁池養魚得以快速發展。魚池養魚，一池二用，可灌溉兼養魚，在協同效應下。投資小，收效快，收益大。雖然「農耕民魚池式」漁業，只是農產事業發展下的一項副產物，但它的發展甚為可觀；主要是它能帶給農耕民豐厚的額外收入和安排水利。一石二鳥，農民樂此不疲，魚池養魚事業因而得到大力推廣。

　　——原載於《中國農史》1997年第3期。2020年7月1日增訂，8月7日再增訂，8月10日訂稿。

從王褒〈僮約〉探析漢代中葉四川田莊商品經濟

一 序言

　　王褒（約西元前90-前52年），字子淵，西漢著名辭賦家，蜀郡資中縣即今四川資陽市北墨池壩人。生活在西漢中葉，幼年在武帝時度過，少年時代正遇昭帝在位，青壯年時代躬逢宣帝執政。西元前六十五年以後，王褒遊歷成都，住了六年。〈僮約〉是描述西元前五十九年，王褒到湔辦事，途經寡婦楊惠家，導演了一幕滑稽劇。〈僮約〉表面上是一篇遊戲文章，但其內容所具的各種真實性已被中外歷史學者們所肯定。在眾多關注〈僮約〉史實方面的研究成果中，以日本學者宇都宮清吉氏在約半個世紀前對〈僮約〉研究至為全面。[1]本文所撰就是建基於氏著〈僮約研究〉，但不求像他的著般全面，而求片面深刻，研究焦點集中在田莊商品經濟身上。作者完全同意宇都宮清吉氏，認為王褒在賣契券上所列舉田莊的方方面面，不是子虛烏有，反是歷史學式實錄，史料含量極豐。[2]〈僮約〉券中

---

[1] 詳見宇都宮清吉〈漢代社會經濟研究〉一書第9章〈僮約研究〉，弘文堂書房，昭和42年（1967年）增訂版，頁256-374。

[2] 宇都宮清吉氏在〈僮約研究〉第11節〈莊園經濟について〉中對田莊經濟條分縷析，參見氏書《漢代社會經濟研究》，頁354-369。另有著名西方學者Clarence Martin Wilbur（韋慕庭）對於〈僮約〉中的史實異常重視，並在其著作中把〈僮約〉全篇翻譯成英文，詳見其書"SLAVERY IN CHINA DURING THE FORMER HAN DYNASTY 206 B.C.— A.D.25"，*Anthropological Series Field Museum of Natural History* Vol.34 1943，頁383-388。

所訂的無數苛刻條文，如僅針對田莊奴便了一人，條款當然誇張，不合常理。但順著王褒行文的獨特風格去思考，他不過把其耳聞目睹的眾多田莊訊息捆綁成一時一地產物，這是大有可能。再進一步說，作者認為〈僮約〉的豐富內容，基本上可說是西漢中葉蜀地甚或全國其他田莊經濟現象的「綜合縮影」。[3]

王褒所構思〈僮約〉的時代背景是漢代「田莊」經濟，這裡有一個關鍵問題，就是田莊經濟是否「自給自足」？就田莊經濟生產模式，大體言之可分成兩大類型，一是「多元綜合性」，另一是「專業專門性」。前者，以樊氏田莊及本文〈僮約〉為典型例子。此類田莊除農業領域生產之外，還兼從事林業、園圃種植業、養魚業、飼養禽畜等多項農副產業活動。[4]後者，則以卓王孫、程鄭為例子，他們專注單一冶礦事業。作者認為從事「多元綜合性」的田莊主，他們都難免從事商品交換活動，需要參與商品經濟。根據王褒〈僮約〉內容，大家不難見到多條關涉商品貿易活動的史料，如「上至江州、下至湳主」、「綿亭賣席」、「往來都洛」、「販於小市」、「牽犬販鵝」、「武陽買茶」、「往來市聚」、「持車載轑」、「轉出旁蹉」等。〈僮約〉中提到僮奴便了需要依主人吩咐購買商品，包括有罿、席、桌、茶、荷、羊、牛。[5]他還要到農村基層市場販賣的商品，如索、犬、鵝、刀、矛等物。王褒〈僮約〉揭示出西漢中葉田莊經濟中蘊含商品貿易活動一環，而且這環在田莊經濟中舉足輕重。至於那些僅從事單一專門性的田莊如前述卓王孫、程鄭礦業，他們的經營，愈是專門化，愈要仰賴商

3　有學者詳細考證〈僮約〉的作者、版本流行及其可信性，詳見楊生民《〈僮約〉新探》，中國經濟史論壇於2004年5月27日，http://www.guoxue.com/economics，原載《中國史研究》1996年第3期

4　田昌五等編《中國歷代經濟史》《先秦兩漢卷》（臺北市：文津出版社，1998年版），頁509。

5　關於漢代物價，詳見丁邦友：《漢代物價新探》（北京市：中國社會科學出版社，2009年版），頁236-250。

品市場去購買其所欠缺的生活必需品和生產資料。故此,一般人簡單地認為田莊是「自給自足」並與外間隔絕,此說法應與歷史現實不符。

二 〈僮約〉中所載的商品性生產及貿易活動

有學者傾向把漢代商業發展慢歸咎於「田莊經濟的出現」;其認為田莊經濟縮小了商品生產的範圍、削弱了商品流通的基礎。田莊經濟是自給自足,不須他求。不過,作者從〈僮約〉所載,發現田莊經濟對商品經濟不是絕對負面。相反,田莊經濟在某程度上還帶有商品性;不是純粹「自給自足不須他求」一話所能概括。因此,探討田莊經濟其「商品性格」是不得迴避的關鍵項目。

另外,西漢田莊經濟發展迅速已成為一時趨勢。[6]有學者們認為田莊的流行是商業高利貸資本和土地問題扭結一起的結果。大地主手中掌握了土地,支配了奴婢、徒附和賓客的人身;並進行超經濟剝削。[7]最終產生自給性與商品性生產的相結合的田莊經濟。亦有學者強調田莊經濟是「封閉式」,其「向內性」味重;而商業經濟則「開放性」和「向外性」。作者則認為田莊不可能完全自給自足,並與外界不相交通;問題關鍵在乎於其對外進行商品貿易究竟到了哪個程度?[8]

---

6 近有學者對中西兩方田莊的作出仔細的比較,並為中國古代莊園下了一個較可為人接受的定義:「封建莊園是以大地產為基礎,以超經濟人身強制的勞役地租或實物地租為剝削形態,有嚴密的生產管理體系,以自給自足目的的封建生產的一種組織形式。」張竹雲《漢代田莊與西歐莊園比較研究》,載於《史學集刊》,2002年4月第2期,頁29-33。另,「一個莊園實際上就是一個以士人為領袖,以宗族為紐帶,包容貧賤富貴、士農工商等各個階層、各種行業的小社會,所以我將這一時期的莊園經濟生存特點歸納為『宗族的聚樓之地』。」馬良懷〈漢晉之際莊園經濟的發展與士大夫生存狀態之關係〉載於《中國社會經濟史研究》,1997年第4期,頁8。

7 田昌五:《中國歷史體系新論》(濟南市:山東大學出版社,1995年版),頁271。

8 見田氏:《中國歷史體系新論》(濟南市:山東大學出版社,1995年版),頁272。

考有關〈僮約〉中提到自給自足的農業生產有：種菜、編牛皮、編葦作簟、織麻織布、設網捕烏鴉和魚、射野鴨、登山射鹿、入水捕龜、放養魚、雁、鴨、放豬、種薑種芋、養馬養牛、種瓜茄蔥等。但是在別的地方它又談到商品性的生產；詳細參見下表：

表一　〈僮約〉中所涉的商品內容

商品類別	商品名稱
蔬果食物	荷、藕、黃甘橘、板栗
日常用品	棕索、席、苧麻、蒲葉
牲畜	馬、牛、豬、狗、鵝、羊
飲料	酒、茶
農具、武器	刀、矛
其他	脂澤

據上表可見，成都田莊經濟仿如一塊銀元具有雙面。一方面，田莊內的農業及農副產品如種菜、織麻織布、捕魚射鴨、放養雁鴨、放豬、種薑種芋、養馬養牛、種瓜茄蔥，主要是屬自給自足範疇的經濟活動。[9]但另一面又見到田莊主們把其中部分農產品拿到市場作商品售出。換句話說，田莊生產物品許多時具有商品與自給消費品的雙重性格。田莊對外進行農村商業貿易，其目的是滿足他們及其家族的實際需要。〈僮約〉中所描述的田莊主到農村市場交換所需的物品，原因是在每個田莊的生產亦有不同。故此，他們需要依賴市場作商品流通媒介。根據《華陽國志》所載，許多「大姓」田莊所居地區天然資源差異很大，故此「大姓」田莊生產方向各有不同。另有一些從事專門化生產的田莊，如種桑、種桐、採礦、採鹽或冶鑄等則把勞動力集中投放於單一生產。由於生產力集中於一種生產活

9　孫機：《漢代物質文化資料圖說》（上海市：上海古籍出版社，2008年版），頁226-228。

動，故該等田莊便要仰賴市場來買其所欠缺的貨物，如衣服布匹、蔬果、牲畜及米糧等。田莊主是具有實力的大生產者，同時間是一個龐大的消費者；他們既是生產者；也是消費者。他們如個體農民般除了能自給自足外，還依賴市場購買所需和賣出剩餘產品。

王褒〈僮約〉有一段描寫漢代中葉四川境內農村城市間的貿易，其筆觸所涉及的地方有——商貿地區、商貿交通、商品行銷範圍等，均為研究四川田莊商業提供了重要的線索。現把該段文字抄錄並闡釋如下：

> 舍後有樹，當栽作船，上至江州、下至湳主，主為府掾求用錢。推紡惡販樓索。綿亭賣席，往來都洛，當為婦女求脂澤，販於小市，歸都擔枲，轉出旁蹉。牽犬販鵝，武陽買茶。楊氏擔荷，往來市聚，慎護奸偷，入市不得夷蹲旁仰臥，惡言醜詈。多作刀矛，持入益州，貨易羊牛……南安拾栗採橘，持車載轈。……[10]

根據材料最少可反映四川生活市場的兩種功能，第一是由於某地盛產某種土特產品，因而具有了某種商品集散地的作用，如綿亭集市就是席的集散地，商人們便把那裡的席集中收購，然後轉移往外地銷售。第二是一些基層農村市場本身又成為城市手工業品的終端銷售市場。如「當為婦女求脂澤，販於小市」。作者同意高維剛作出的以下看法：「概言之，秦漢時期的基層農村市場在秦漢小農經濟中發揮了一種很好的槓桿作用，廣大小農和小手工業者依靠基層農村市場完成了相互間及自身內部的交換，獲得了他們各自所需的一些生活資料和生產資料，從而使他們的生活水平得到一定改善，再生產條件得到了一定的補償。另外，秦漢某些大的基層農村市場已具有某些商品集散地的作用，這是秦漢時期農業商品生產有所發展的標

---

10 《全漢文》卷42〈王褒〉（北京市：中華書局，1958年版），頁359。

誌。這一定反過來又給農業商品以一定刺激，從而促進了秦漢時期農業商品經濟的良性循環發展。」[11]作者同時贊成一些學者對商業活動作出以下的論斷：「西漢中後期商業資本是非生產性的資本，當其通過流通領域得增殖、積聚後，必然會向其他經濟領域內流動轉移。」[12]不少田莊主能在流通領域中獲利，並把利潤轉投其他商業活動，再求進一步的圖利，循環不息。

三　〈僮約〉內容所涉之商貿地理範圍

根據前述王褒〈僮約〉一段文字其所涉及的商業貿易地點，共九個。若以〈僮約〉所載鍵為資中為中心點，此等商品貿易網範圍便不過以約三百公里為直徑地區；朝向交通相連的鄰近貿易市場輻射開去。九個商貿點，以成都為最大都會、新都、益州屬次一級中型市場，湔、南安屬更次一級小市鎮；他們所服務的對象不盡相同。王褒透過〈僮約〉把四川內田莊商業體系和情勢作了活潑生動的交代。作者現對此九個商業貿易點逐一闡述，求扼要說明西漢中葉四川田莊商業的貿易情狀。

根據〈僮約〉所載，西漢中葉四川九個主要商品貿易活動中心為下列各地：

（一）成都　（二）江州　（三）湔主　（四）益州
（五）綿亭　（六）雒水　（七）新都　（八）武陽
（九）南安

11　高維剛：《秦漢市場研究》（成都市：四川大學出版社，2008年版），頁112。
12　張弘：〈戰國秦漢時期商業資本的發展與積聚研究〉載《江漢大學學報》第18卷第1期（2001年2月），頁83。

（一）成都

扼要言之，成都自先秦以來便為長江流域第一等大都會。[13]至西漢已成為中國西南地區商業的「主核心」，其商業向外輻射面幾乎覆蓋全國各大城市，商貿的空間廣博寬闊。[14]。成都是一個城市網絡的中心，其北有新都，起著聯繫川西平原北部的作用。其西有郫城，重在溝通成都平原工農業與川西北高原畜牧業的經濟文化聯繫。還有，西有臨邛城，重在溝通成都平原與川西高原的經濟文化交流。郫縣和臨邛，充當著成都平原農業經濟、城市手工業經濟同川西北和川西高原畜牧業經濟進行交流的媒介。南有南安，則不僅是蜀鹽的供應基地，還是成都平原農業經濟、城市手工業經濟同南中半農半牧業經濟進行交流的媒介。[15]整個四川盆地以成都為中心，其對周邊地區的經濟文化發展，起了巨大的組織、協調和推動作用。[16]成都為漢代西南最大都會，是一個擁有綜合性經濟職能的城市。它是一個集農業、手工業、商業、交通樞紐和消費市場等「特殊職能」於一身的綜合性城市。

成都是西南地區農業生產中心地，其農產業部門包括有稻作、林木、漁池養殖、畜牧等。成都市位於四川盆地的西部，其地土壤肥沃，雨水充

13 關於成都可詳見羅開玉、謝輝《成都通史》卷二〈秦漢三國（蜀漢）時期〉（成都市：四川人民出版，2011年版）。另外，段瑜認為中國西南早在先秦時期已有對外交通，其在近作有詳細和深入的探析，詳考氏著《中國西南早期對外交通——先秦兩漢的南方絲綱之路》，轉引自《先秦、秦漢史》2009年3期，中國人民大學書報資料中心複印本，頁20-37。

14 詳見毛曦：《先秦巴蜀城市史研究》（北京市：人民出版社，2008年版），頁244-251。參考屬以寧：《區域發展新思路》（北京市：經濟日報出版社，2000年版），頁248-249。

15 段渝：《政治結構與文化模式——巴蜀古代文明研究》（北京市：學林出版社，1999年版），頁234-235。

16 謝覺民說：「德國人克里斯特勒（Walter Christaller）的中心地學說，……城市的形成，有一定的腹地和服務區……克氏的中心說……設想目的，在於探索和發現城鎮分布的『安排原則』。」謝國民：〈城鎮發展和地理研究——中國城鎮發展的道路〉，載謝國民主編《人文地理筆談——自然、文化、人地關係》（北京市：科學出版社，1999年版），頁118。

沛，氣候溫暖濕潤，四季均宜農耕，加上長江支流岷山水系縱貫全境；與及得益於都江堰水利和郫江、檢江、湔水、文井江等大小河流；為成都農業灌溉提供方便。[17]自蜀守李冰「鑿離碓避沫水之害，穿二江成都之中」為成都帶來「沃野千里號為陸海」的氣象[18]，為後來出現的「開稻田百頃」打下良好的根基。[19]地下出土陶水塘模型遍布成都各地，說明當地有著農耕民從事陂池養殖業。成都出土的木槨墓和船棺葬中大量利用楠木，反映出成都林木業的興旺景象。成都平原周邊山地和高原地區，如岷江上游「出名馬」，表示出其地有牧業進行。上舉例子僅成都作為西南農業中心的大概，主要說明成都是個農業發達的地區。

漢代成都也是一個手工業的重鎮。早在秦代開始，就以成都為中心逐漸形成了一個手工業區。漢以前成都已有生產銅器、漆器、絲和麻等紡織品。另外，漢承秦制在成都設置鐵官，成都更成為兩漢時期蜀郡主要鐵器和鹽的生產基地。為區內提供各式鐵器及鹽產品。由於鹽鐵生產與國計民生及軍用物資攸關，漢政府不能不加強管理，因此在成都二江附近，從漢代起就設立了鹽鐵市官，專司管理。[20]成都設有工室、工官經營著大規模的冶鑄、製陶、漆器等生產。蜀綿作坊分布成都「二江」，不難推想當時成都紡織業的盛況。

隨著農業及手工業的蓬勃發展，剩餘產品刺激起商業。成都亦因商業經濟得以起飛，成為全國新興商業城市之一。至西漢末，成都漸漸上升為

---

17 詳見姜世碧：〈成都漢代農業考古概述〉載《農業考古》1992年3期，頁93-98。

18 應劭《風俗通義》曰：「秦昭王聽田貴之議，以李冰為蜀守，開成都兩江，造興溉田，萬頃以上。」徐南洲認為李冰治水的成功與發揮天彭闕的功能有關聯，見〈天彭闕為古蜀國「觀象臺」說〉載李紹明編《巴蜀歷史、民族、考古、文化》（成都市：巴蜀書社，1991年版），頁239-252。

19 常璩：《華陽國志》卷3〈蜀志〉，據劉琳《校注》，頁238。

20 馮舉等《成都府南兩河史話》（成都市：四川民族出版社，1998年版），頁93；傅立民、賀名倉主編：《中國商業文化大辭典》上〈古代鹽專賣制度〉條（北京市：中國發展出版社，1994年版），頁32。

一獨立經濟區域。成都所出產的農商品和手工業商品更沿交通幹線向外輻射。以著名的四川「自造奇綿」為例，便是農業手工業相結合下的著名商品性生產。商業貿易的蓬勃發展，成都漸漸變成「市廛所會，萬商之淵」的全國有名商業城。[21]當時，成都商業區域集中在少城；《華陽國志》卷三〈蜀志〉載：「成都縣本治赤里街，（張）若徙置少城，內城營廣府舍，置鹽、鐵、市官並長丞，修整理要，市列張肆，與咸陽同制。」[22]成都市官的設立，可反映出漢政府對成都商業的重視程度。

以成都為中心，圍繞著成都的縣有臨邛、郫縣、江原、廣都、新都、什方、雒縣、綿竹、武陽，這些中級商品市場都是與成都商業心臟毗連，其間水道網絡滿布如血脈般不斷地向各地市場輸液。總言之，成都是巴蜀市場最繁榮的商業總中心。[23]按譚其驤先生《中國歷史地圖集》的比例量度，成都與其鄰近城市之空中距離——郫縣（約20公里）、臨邛（約70公里）、新都（約20公里）、繁縣（約50公里）。由此可知，成都與其他鄰近城市地理上多不出七十公里範圍以外。成都所擔當的是整個西南商業貿易區總樞紐和龍頭角色，其作用是集散來自區內外的各類商品。西南區內各具特色的土、特產品會被各縣商人匯送到成都市肆內集中賣出。與此同時，區內商人亦從成都中買來區外的商品，各取所需；達至「天下熙熙，

---

21 蕭統《文選》上卷4〈蜀都賦〉（北京市：商務印書館，1978年重印版），頁89。

22 常璩《華陽國志》卷3〈蜀志〉，據劉琳《校注》，頁196；史游〈急就篇〉載道：「肆謂坐市行列也，言販賣及買，皆因市肆以獲便宜也」；見漢史游、曾仲珊校點〈急就篇〉（長沙市：岳麓書社，1989年版），頁126；王念孫案：「市列、即肆也……〈食貨志〉亦作「坐市列」，師古曰：「市列、謂列肆，是《史記》、《漢書》皆無肆字也」，見王念孫《讀書雜志》（揚州市：江蘇古籍出版社，1985年版），頁98、392；楊愛國《不為觀賞的畫作——漢畫像石和畫像磚》（成都市：四川教育出版社，1998年版），頁39；黃今言：《秦漢經濟史述略》（北京市：中國社會科學出版社，1999年版），頁218；《說文解字》5篇下〈倉部〉載曰：「市居曰舍」。段注曰：「……此市字非買賣所之，謂賓客所之也……」，見（清）段玉裁：《說文解字注》（揚州市：浙江古籍出版社，1998年版），頁223。

23 高維剛：《秦漢市場研究》（成都市：四川大學出版社，2008年版），頁120。

皆為利來；天下壤壤，皆為利往」的情況。[24]總之，在交通暢達情況下，成都對鄰近短距離的各貿易點所發出的輻射力度最大。

（二）江州

江州縣，原巴國都，地處長江和嘉陵江的交匯之處。秦置縣，為巴郡治。兩漢至南朝因之。治今重慶老城區，大約轄今重慶市區、巴縣、江北、綦江、南川、璧山、永川等縣地；是漢代西南地區商業的「副核心」。《華陽國志》寫：「又立市龜亭北岸，今新市里是也。」《水經注》〈江水〉云：「江水又東，左逕新市里南。常璩曰：巴舊立市於江上，今新市里是也」。據學者考證，其地為今天重慶的小車海，都城江州附近已設有官市。從出土的巴蜀「橋形幣」，可約略看出巴國都城江州早「已具有組織地區商業貿易的經濟功能」。

江州城的發展關鍵時刻應在秦朝時候「儀城江州」，即張儀築建江州城；江州城在今重慶市區。[25]大概轄有今日重慶市區、巴縣、江北、綦江、南川、璧山、永川等縣地。[26]漢代江州在主糧稻作業和農副產業上都取得有不俗的成績。就稻米的生產，江州縣北「有稻田」。其所生產的稻米也非一般普通貨色，而是品質極佳的貢品；故有「出御米」之載譽。[27]此外，其農副業生產表現亦相當不錯。《巴志》載：「江州以東，……一治臨江，一治安漢，各有桑麻、丹漆、布帛、魚池……足相供給，兩近京師。」[28]

24　《史記》卷129〈貨殖列傳〉，頁3256。

25　王褒〈僮約〉注26〈江州條〉曰：「章樵注：『漢中郡有江州縣。蜀都眾水至此會合。見〈蜀都賦〉。』按：江州縣，西漢巴郡治，章注不確。」張傳璽主編：《中國歷代契約匯編考釋》卷2〈兩漢〉〈西漢神爵三年貲中縣王褒僮約〉注26〈江州〉條（北京市：北京大學出版社，1995年版），頁37。

26　劉琳《校注》本，頁65，〈注〉1。

27　劉琳《校注》本，頁65。

28　劉琳《校注》本，頁49。

從文中「足相供給，兩近京師」可反映到當時江州東部——臨江與安漢已有商品貿易活動，與京師也有商業上的往來。當時的貿易商品主要是包括上述的桑麻、丹漆、布帛、漁產等。

由此可知，江州除了歷史上為政治文化中心功能外，城市的經濟功能非常突出。[29]居住在江州的「大姓」，根據《華陽國志》所記載一共十個。他們為波氏、鉎氏、毋氏、謝氏、然氏、楊氏、白氏、上官氏、程氏、常氏等。[30]當中應有部分是專業戶專門從事土特商品的生產。江州不單止「大姓」多，其本土的特產亦多；如江州墮林粉、御米、荔枝等更是貢品，十分值錢。要知，進貢是一種特殊的物品流通形態，因為自然環境、特殊技術等因而無法在其他地區普遍生產。[31]貢品對有錢的消費者吸引很大。史籍雖無明載，但由於土、特產售價肯定很高，其為商人帶來的利潤也很好。這無疑對西南地區農業商品化帶來刺激作來。江州與安漢「足相供給」亦見其流通情況。江州商品主要來自農業領域；上述墮林粉、甘橘、荔枝、御米和蒲蕛蘭席便是主要特產商品。不過，它的手工業方面的生產則相對地顯得薄弱，史料上僅提到有鐵的生產而已。[32]總而言之，江州的農產商品一部分是滿足區內市場消費，至於外銷方面則以土特產為主。如以江州名土特產荔枝為例。《巴志》載：「荔枝產於江州（今重慶）、墊江（今合川）、枳縣（今涪陵）等地。」查三地荔枝產品都各占市場，若三地荔枝質量相若，以荔枝須及新鮮享嗜的特性，估計其產品應該是針對區內短距離的本地市場。[33]

29　毛曦：《先秦巴蜀城市史研究》（北京市：人民出版社，2008年版），頁232。

30　常璩：《華陽國志》卷1〈巴志〉，據劉琳《校注》，頁65。

31　陳元朋《荔枝的歷史》載《新史學》，2003年14卷2期，頁134。

32　劉琳《校注》本，頁49。

33　白居易：〈荔枝圖序〉（全唐文675）云：「荔枝生巴峽間，……如離本枝，一日而變色，二日而香變，三日而味變，四五日外色香味盡去矣」，另詳見嚴耕望《唐代交通圖考》篇27〈天寶荔枝道〉，《中央研究院歷史語言研究所專刊》83，1986年版，頁1。

（三）湔主

蜀郡有湔道，湔主湔之縣治。〈僮約〉文中載曰：「上至江州、下至湔主」，表示其田莊的交通網北達玉壘山一帶，一般不出此界限。[34]根據《初學記》「上至江州、下至湔主」宜改為「下至江州、上至湔主」。然而，宇都宮清吉氏在其〈僮約校勘記〉透過「押韻」的審視，認為「上至江州，此句當下句之下。州與舟協韻」。又「下至湔主，此句當上句之上。主與樹協韻」。[35]全句應為「舍後有樹，當裁作舟，上至湔主，下至江州」。宇都宮清吉氏持之有據，言之成理。作者對押韻沒有深究。不過，如從地望方位考慮，無論以成都或資中作為中心點看，湔主都是位處西北上方，而江州則在東南下方。基於以上原因，作者同意接受宇都宮清吉氏「上至湔主，下至江州」的校勘成果。

從文中有限資料可推知湔主是一個商業貿易點，依賴湔水作交通，但商貿水平並不如成都和江州般。湔主大約位於成都西北，今都江堰玉壘山一帶。由於這區是四川的農業區，估計這裡的商品主要來自農業領域的生產物為主。與湔主毗連的地區有繁縣[36]、郫縣[37]、成都，這些地區都是水稻

---

34 顏師古注曰：玉壘山，湔水所出。參見《漢書》卷28上〈地理志第8上〉（北京市：中華書局版），頁1598。

35 參見宇都宮清吉：《漢代社會經濟研究》，弘文堂書房出版，昭和42年（1967年）增訂版，頁269。

36 治今四川彭州市西北，見周振鶴編著《漢書地理志匯編》（合肥市：安徽教育出版社，2006年版），頁303。彭州市出土了兩塊描繪市場的畫像磚，可參見劉志遠、余德章、劉文傑：《四川漢代畫像磚與漢代社會》（北京市：文物出版社，1983年版）。另見高維剛《秦漢市場研究》（成都市：四川大學出版社，2008年版），頁194。

37 治今四川郫縣。周振鶴據《一統志》載，沱水禿灌縣西，首受大江，東流，經崇寧南（漢郫然地），郫縣北，下入繁。詳見氏編著《漢書地理志匯編》（合肥市：安徽教育出版社，2006年版），頁302-303。繁縣，以繁江（今青白江）得名，其縣治治所《讀史方輿紀要》、《元一統志》及《四川總志》均不同，詳見毛曦《先秦巴蜀城市史研究》（北京市：人民出版社，2008年版），頁251。

產地，故滇自然成為當時西南的重要糧倉和主糧食的供應市場。至於江州至滇主途中主要交通，是陸路抑或水路。宇都宮清吉認為滇主之水運河體系，有利物資往運。[38]作者同意當地交通運輸是依靠水路為主，根據〈僮約〉所載「舍後有樹，當裁作舟」可視為旁證。

（四）益州

王褒〈僮約〉中益州所指應是益州郡。西元一〇九年漢武帝開滇池置，三年後於蜀郡置益州郡刺史部，統蜀、犍為、益州郡等八郡。〈僮約〉載道：「……多作刀矛，持入益州，貨易羊牛」，寥寥數字已反映出益州鐵器與畜牧市場的供需問題。從「多作刀矛」看到益州人士對刀和矛等農產工具的需求量高[39]；「貨易羊牛」反映出益州地區畜牧業發達，羊牛產量多。[40]益州地中滇池地區少數民族多利用天然草場放牧養。《華陽國志》卷四〈南中志〉載滇池地區曰：「郡土平敞，有原田，多長松皋，出鸚鵡、孔

38　詳見宇都宮清吉《漢代社會經濟研究》，弘文堂書房出版，昭和42年（1967年）增訂版，頁355、363。

39　孫機《漢代物質文化資料圖說》（上海市：上海古籍出版社，2008年版），頁146。

40　關於養牛業，據蔡葵從青銅鑄像與各種有關的紋飾，看出先秦時期滇池已大量牧養以牛為主的家畜，他認為畜牧業生產較發達，就以出土的銅器上所看到牛的圖像已超過一百頭，貯貝器器蓋頂上大多鑄有立牛；李家山還有兩件銅牛頭出於成堆海貝上，說明牛是貴族重要財產之一。詳見蔡葵《考古與古代史》（成都市：雲南大學出版，1995年1版），頁81。據劉小兵《滇文化史》中載：「牛是滇人最重要的一項畜產，在滇文化出土的動物紋飾和圓雕造型中，牛的形象最多。在石寨山出土的M3：64「屋宇銅飾」和M6：22「干欄」模型上掛有牛頭，說明滇人以牛作為財富的標誌。關於養羊業，據常璩《華陽國志》卷四〈南中志〉曰：「漢武帝元封元年初開晉寧郡，司馬相如、韓說初開得牛馬羊屬三十萬。」按此條史料所記雖然不純是羊的數量，還有加上牛馬數量總和，但可估計若羊數目即使只占總數之六分之一，亦有五萬，此亦非少數目。儘管仍有學者對三十萬數字有懷疑，但從此數字得出當時滇人畜牧業十分發達的印象則毫無疑問。詳見劉小兵此認為「常璩於《華陽國志》〈南中志〉中所載牛馬羊數字，在《史記》、《漢書》中不載，對常璩說法依據有懷疑。」參見《滇文化史》（昆明市：雲南人民出版社，1版），頁38，注釋一和注釋二。

雀，鹽池田漁之饒，金銀畜產之富。……」[41]即為畜牧業發達之明證。

　　至於巴蜀地區商人，他們很清楚知道西南人士對羊牛的需求，故喜到益州地區購買牧民的羊牛產物，與此同時以利用蜀的鐵器產品優勢來與放牧者交換。此交換地點屬巴蜀區域市場之內。[42]商人獲得牛羊，能在市場售賣。牧民獲得其所欠缺的鐵器，以作為生產資料。這一切都是商品交易下所達致的「雙贏」局面。文中強調「多作」刀矛，顯然是一種商品生產。並且說明此項交易對田莊主應是特別有利。雲南昭通出土的漢代鐵器，上有「蜀郡」字樣。[43]昭通是漢時巴蜀與滇商業貿易的必經之地，是川滇交通線上的一個樞紐。由蜀郡一帶輸入的鐵製生產工具，在雲南是被普遍地使用。

（五）綿亭

　　具體地點無考，疑處綿水流域。巴蜀特產桃枝，西南田莊一般都有栽種，以此材料造「席」。西南對席的質素要求講究很高。這從他們選「桃枝皮赤編之滑勁」和「桃枝是其中最細者」中有所反映；西南人所用作製席的竹材質素是優秀的。〈僮約〉中載：「綿亭賣席，往來都洛，……。」於此綿亭應是西南地區「席」的主要集散市場。[44]各地席產品都拿到該地作買賣。賣者希望以理想價錢賣出，買者則希望在席市場中能買到高質素的席產品。

41　常璩《華陽國志》卷4〈南中志〉，據劉琳《校注》，頁394。

42　高維剛：《秦漢市場研究》（成都市：四川大學出版社，2008年版），頁118。

43　一九三六年在昭通石門坎出土三件東漢鐵鑸，鑄有「蜀郡」、「千萬」字樣；一九五四年在魯甸出土一件東漢鐵鑸，鑄有「蜀郡」、「成都」銘文，都是標準的巴蜀漢式器物，詳見孫太初〈雲南古代畫像石刻內容考〉，載《學術研究》1963年第5期。

44　參見Clarence Martin Wilbur（韋慕庭）"SLAVERY IN CHINA DURING THE FORMER HAN DYNASTY 206 B.C.— A.D.25", *Anthropological Series Field Museum of Natural History* Vol.34 1943，頁385。

（六）雒水

雒水兩岸有雒縣[45]和什方[46]，屬廣漢郡，以手工業著稱。朝廷曾在其地設有工官。工官管作金銀器和漆器，是司馬遷所說的巴蜀物產中銅鐵竹木之器。雒縣，今廣漢縣北北外處。[47]商人利用雒水為主要交通，沿水路運輸金銀器和漆器等貨品至各縣級市場，抵達後進行其銷售活動。此外，〈蜀志〉載雒「綿、洛（雒）為浸沃」[48]是肥土，能「出稻稼」，而且「畝收三十斛，有至五十斛」，雒多產的稻米應是當地及鄰近縣級糧食市場中的主要商品來源。[49]宇都宮清吉氏對於「往來都洛」並無校勘。[50]查雒縣與新都距離約二十五公里，彼此在地理上十分接近。據《四川漢代畫像磚》載新都縣出土「採桐」圖像。[51]又，新都馬家山出土陶水塘模型二件，其中一件中間有堤埂將水塘分成兩個部分；塘裡有游魚、蓮花、荷葉等。兩地毗鄰方便商品互通。另外，沿雒水南下可達牛鞞及〈僮約〉所言主人居地資中；此水道應是當時與鄰近地區貿易的重要商道之一。

45　治今四川廣漢市北，見周振鶴編著《漢書地理志匯編》（合肥市：安徽教育出版社，2006年版），頁299。

46　治今日四川什新邡市。顏師古〈注〉引應劭曰：汁音十。《補注》引王鳴盛曰：南監本汁作什，朱一新曰，汪本作什，詳見周振鶴編著《漢書地理志匯編》（合肥市：安徽教育出版社，2006年版），頁299。

47　蒲孝榮《四川政區沿革與治地今釋》（成都市：四川人民出版社，1986年版），頁9。

48　常璩《華陽國志》卷3〈蜀志〉，據劉琳《校注》，頁210。

49　常璩《華陽國志》卷3〈蜀志〉，據劉琳《校注》，頁259；蒙文通按「由下「至」字看，疑上「三」字為衍文」，蒙氏之看法僅從關中旱地種粟的觀念作基礎，故產生出對五十斛的懷疑，進而認為前面的三字有誤；見蒙文通《古史甄微》（成都市：巴蜀書社，1999年版），頁266。

50　詳見宇都宮清吉《漢代社會經濟研究》一書第九章〈僮約研究〉，弘文堂書房，昭和42年（1967年）增訂版，頁269。

51　高文編《四川漢代畫像磚》編號第「7」（上海市：上海人民出版社，1987年第1版）。

（七）新都[52]

新都縣位於成都北部，距離不過約二十公里，兩地十分接近。新都縣本身起著聯繫川西平原北部的作用。據《華陽國志》卷三〈蜀志〉載：「蜀以成都、廣都、新都為三都，號名城。」四川新都縣曾出土漢代畫像磚，內容包括「採桐」、「雙騎、吹騎和驂駕軒車」、「放筏」、「釀酒」等。新都馬家山崖墓出土陶鴨十四件。在各地出土的陶水塘中有很多水鴨發現。養鴨除了為食用外，還有剝取其毛製羽扇、絨被等。[53]至於養鵝，其資料較少，但與養鴨無異屬小規模的飼養，其毛亦可製扇及絨被。由此可知，新都縣主要是以售賣農副產品為主的市場。

另外，根據王褒〈僮約〉載：「綿亭買席，往來都雒。」都雒何指，王洪林《王褒集考譯》認為都雒所指的是新都、雒縣。新都、雒縣地理上兩地接近，以此解釋，本應合情合理。[54]不過，作者比較接受范文瀾在其《文心雕龍注》中所作的解釋，范氏以為洛當為落，謂村落也。[55]根據上文下理推斷，「綿亭買席，往來都雒。……楊氏擔荷，往來市聚。」往來都雒、市聚，應屬同類詞，而非地名。若都雒是代表兩個地方，市聚則無解。故此，作者贊成范說，不採王氏考譯。

---

52 治四川成都市新都區，見周振鶴編著《漢書地理志匯編》（合肥市：安徽教育出版社，2006年版），頁300。

53 羅開玉《四川通史》第2冊（成都市：四川大學出版社，1993年版），頁263；（明）王廷相〈巴人竹枝歌〉曰：「野鴨唼唼一雙飛，飛到儂池不肯歸，莫共鴛鴦性世間稀」，載《古今圖書集成》〈禽蟲典〉卷33〈鴨部〉（北京市：中華書局影印本，1998年版），第517冊之頁64。

54 王洪林：《王褒集考譯》（成都市：巴蜀書社，1998年版），頁24，〈注〉三十二。

55 見范文瀾：《文心雕龍注》（北京市：人民文學出版社，2006年版），頁487。

（八）武陽[56]

治四川彭山縣東，緊靠岷江，大概是離資中最近的茶葉市場，茶業來源最大可能是蒙山一帶。[57]《漢書補注》引〈江水注〉曰：江水自蜀廣都來，東南過武陽縣，縣故大夜郎國，武帝開道，置以為縣，屬犍為郡治地。犍為郡在漢武帝五年開西南夷置，共有十二個縣。包括其中的宜賓、筠連、珙縣、慶符、瀘州、峨嵋、丹稜、青神、樂山、彭山、資中等地。據《漢書》載稱是武陽縣（今四川彭山縣），它是處在一個交通方便的樞紐要地與成都僅距七十餘公里，距邛、灌、雅安、蒙山[58]、樂山、資中等地很近。〈僮約〉中載「牽犬販雞，武陽買茶」，可見武陽為當時四川產茶及買賣茶葉的市場所在地。[59]據常璩《華陽國志》所載述，主要茶產地在名山縣蒙山（此處為核心產地）。另有巴郡涪陵和蜀郡南安、武陽、成都及南中平夷等地。其中大概情況如下：《華陽國志》卷三〈蜀志〉曰：「什邡縣，山出好茶。」又曰：「南安縣、武陽出名茶。……」《華陽國志》卷一《巴志》曰：「涪陵郡……出茶。」由此可四川茶產分布地廣，其本身在質在量方面尚佳；故有出「好茶」、出「名茶」等語。

有點要留意，嚴可均《全漢文》卷四十二載「武都買茶」。[60]與《初學

---

56 參見周振鶴編著《漢書地理志匯編》（合肥市：安徽教育出版社，2006年版），頁310及毛曦《先秦巴蜀城市史研究》（北京市：人民出版社，2008年版），頁251。

57 郭聲波著：《四川歷史農業地理》（成都市：四川人民出版社，1993年版），頁261。

58 「目前可知姓名的最早的種茶人是西漢宣帝年間在名山縣蒙山種茶的吳理真，他種茶的時間與王褒寫〈僮約〉一致同時。……」詳見袁庭棟《巴蜀文化志》（成都市：巴蜀書社，2009年修訂版），頁236。

59 陶德臣也認為：「我國最早的茶葉區域市場存在於西元前一世紀的四川。」陶氏更進一步說明：「西漢以後，隨著茶葉產區的擴大和飲茶習俗的推廣，茶葉商品化程度得到進一步提高，茶葉區域市場也從四川一地逐漸向全國其他地區推進。」陶德臣〈中國古代茶葉國內市場的發展〉載《安徽史學》（合肥），1999年第1期，頁7-10。

60 嚴可均輯《全漢文》（北京市：商務印書館，1999年版），頁434。（唐）徐堅等《初學記》第2冊卷19〈奴婢〉條載：「武陽買茶」（北京市：中華書局），頁467。另見陳垣《日知錄校注》上冊卷7〈茶〉（合肥市：安徽大學出版社，2007年版），頁432。

記》第二冊卷十九〈奴婢〉條載「武陽買茶」地點有所有出入。宇都宮清吉氏據《初學記》認為是武陽買茶，武陽即今彭山地，惜未作深究。[61]究竟〈僮約〉中所載是「武都」抑或是「武陽」？查《漢書》〈地理志〉武都地名有兩處，一是武都屬益州，元鼎前為白馬氐所據。[62]另一是武都，莽曰桓都，治所當在今內蒙古準格爾旗北。[63]根據地望後者與四川成都及資中存有一大段距離，王褒〈僮約〉所指肯定非後者。至於前者益州武都，從地理上考慮，其地較近四川。但作者仍認為有兩點不安。首先，如以〈僮約〉載資中為中心點，商品貿易網範圍以約三百公里為直徑繩之，則益州武都遠超過王褒〈僮約〉中的商貿範圍圈。第二，查益州武都物產中恐無茶產。論者或駁曰：即使益州武都無茶產，但它仍可經營茶商品的轉賣活動。不過，要四川人捨近求遠買茶商品，除非其茶商品質數遠比武陽茶高，且可保償長途所支出的運輸費。若是如此，史書對益州武都茶業必大書特書，然而事實非如此。綜合上述原因，作者認為「武陽買茶」是正確，嚴氏所輯之「武都買茶」應有誤。[64]

考武陽實即今彭山縣，在仙女山，古稱彭望山頂有古茶園，轄今彭山、新津、仁壽、井研、眉山等縣及雙流南部。[65]應是一個上下物資交流

---

61 詳見宇都宮清吉《漢代社會經濟研究》，弘文堂書房出版，昭和42年（1967年）增訂版，頁352。

62 見周振鶴編著《漢書地理志匯編》（合肥市：安徽教育出版社，2006年版），頁339。另見尤中《中國西南民族地區沿革史──先秦至漢晉時期》，民族出版社，2005年版，第80頁。

63 見周振鶴編著《漢書地理志匯編》（合肥市：安徽教育出版社，2006年版），頁388。

64 西方學者Clarence Martin Wilbur（韋慕庭）亦以武陽為正確地點，其為全篇〈僮約〉翻譯中，音譯為 Wu-yang，詳氏著 "SLAVERY IN CHINA DURING THE FORMER HAN DYNASTY 206 B.C.— A.D.25", *Anthropological Series Field Museum of Natural History* Vol.34 1943，頁387。

65 漢代武陽另有一地，屬東海郡，見周振鶴編著《漢書地理志匯編》（合肥市：安徽教育出版社，2006年版），頁254。

的繁榮市場。[66]至今仍產茶。[67]事實上，茶乃溫帶高山作物，以西南溫濕的
自然生態環境，是茶物絕佳的生長地。武陽附近山區為四川省的主要產茶
區域。武陽的茶葉市場便憑藉該地區交通方便，流通量廣；自然成為四川
茶葉兩大集散地之一（另一個是南安）。近人李衍垣在〈漢代武陽傳舍鐵
爐〉一文載述：「貴州可樂鎮出土鐵爐子，生鐵二道合模鑄造是一件厚重
堅實、通風性良好、提攜方便的小爐子。爐內壁近口沿有銘文一行，隸體
陽文反書：『武陽傳舍比二』六字。……根據銘文內容，這一鐵爐與古代
驛傳交通有關。……傳有房舍供住宿。」[68]日本學者越智重明認為「邸舍
能為商賈提供方便，不須逐日來去」。[69]「傳舍」供商人旅客歇宿；甚至充
作商賈洽談大宗茶買賣生意的場所。王褒〈僮約〉中寫到「武陽買茶」，
便反映出漢代居民專程到武陽買其特產的風尚。

（九）南安

南安，治今四川樂山市。[70]漢代置有鹽官、鐵官。本屬蜀郡，見〈鄧
通傳〉。周振鶴先生據《一統志》認為故城今夾江縣西北三十里。[71]王褒
〈僮約〉中載：「……南安拾栗採橘，持車載轃。」[72]意謂下到南安縣收買

---

66 魏學峰《中國古代茶葉市場考》，載於《四川文物》1995年第6期，頁18-19；徐希平更認
　　為武陽堪稱茶葉文化的發祥地；見徐希平《高尚的天祿──香茶藥酒》（成都市：四川人
　　民出版，1996年版），頁72-73。
67 見袁庭棟《巴蜀文化志》（成都市：巴蜀書社，2009年修訂版），頁236。
68 李衍垣〈漢代武陽傳舍鐵爐〉，載於《文物》1979年第4期，頁76；Ying-shih Yu, Trade and
　　Expansion in Han China: A Study in the Structure of Sino-Barbarian Economic Relations (U of
　　California Press, 1967), p.34。
69 越智重明《戰國秦漢史研究2》（北京市：中國書店，平成5年版），頁442-443。
70 王洪林《王褒集考譯》（成都市：巴蜀書社，1998年版），頁53。
71 詳見周振鶴編著《漢書地理志匯編》（合肥市：安徽教育出版社，2006年版），頁310。另
　　見毛曦《先秦巴蜀城市史研究》（北京市：人民出版社，2008年版），頁251。
72 宇都宮清吉認為此句有脫文「……南安拾栗，□□□■，□□採橘，持車載轃。」見氏
　　著《漢代社會經濟研究》一書第九章〈僮約研究〉，弘文堂書房，昭和42年（1967年）增
　　訂版，頁283。

板栗，採購黃甘橘。根據徐堅《初學記》卷二十八〈橘第九〉引文載曰：
「《廣志》曰：『有黃甘一核，有成都平蔕甘，大如升，色蒼黃。犍為南安
縣出黃甘。』」[73]此引文除了說出其外形特徵，還有說出其兩處主要特產地
（一）成都和（二）犍為南安縣。[74]有學者根據《史記》〈貨殖列傳〉估算
出每株樹所產的果實均可賣二百錢。[75]至於「持車載轐」則是以車運物取
利[76]，此與〈貨殖列傳〉中載：「……轉轂百數，賈郡國，無所不至」；師
古《注》曰：「轉轂，謂以車載物而逐利者」同出一轍。[77]總之，「持車載
轐」與「轉轂百數」目的只有一個就是想效益和利潤同時獲得最大化。

73　（唐）徐堅《初學記》卷28〈橘第九〉（北京市：中華書局版，第3冊），頁682。

74　郭聲波認為當時橘林主要分布於成都平原至樂山一帶，詳見氏著《四川歷史農業地理》
　　（成都市：四川人民出版社，1993年版），頁279。

75　丁邦友談論到橘價與棗、栗比較，詳見氏著《漢代物價新探》中（北京市：中國社會科
　　學出版社，2009年版），頁130。

76　王洪林《王褒集考譯》（成都市：巴蜀書社，1998年版），頁25，第44條〈注〉。

77　《漢書》卷91〈貨殖列傳〉（北京市：中華書局版），頁3692。

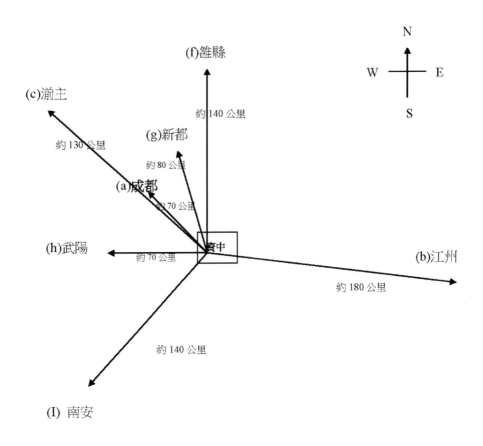

圖一 〈僮約〉中商品流布里程示意圖

四 結論

「刺繡文不如倚市門」的商業觀念在兩漢時代很濃郁，即使經過了漢文帝、武帝大力推行重農抑商政策，各地大商人及商業受到一定程度的壓制和打擊外。重商思想在漢時人心中根深柢固。[78]回顧春秋戰國士、農、

---

78 《漢書》卷91〈貨殖列傳〉（北京市：中華書局版），頁3687。

工、商四民社會，商人、商業自由發展，迄至漢文帝實行晁錯的政策後，商人在政治上受到重大的打擊。貴農賤商以後，商賈們便趨向「以本守之」的投資手段，此時商人多身兼大地主。他們還利用手段兼併自耕農的土地，總之他們占有土地愈多，其田莊規模便愈大。而大地主因而產生和發展。與此此時，大商人商品經濟漸次轉入田莊經濟。田莊經濟便是把農、工和商三業結合，一齊而成。隨著田莊經濟的流行，重商思想遂以另一種姿態出現在田莊主身上生根萌芽。漢代田莊主人從事商品貿易活動，從沒間斷。本文就試圖利用王褒〈僮約〉文本中從側面考察西漢中葉田莊經濟的商品性格，並得出以下幾點看法：

（一）田莊經濟乃自給性與商品性生產的相結合

漢代大多數的田莊是進行多種經營兼有商品生產，它是個包括農、林、牧、副、漁和工商活動的綜合經營的經濟組織。〈僮約〉中所記載楊氏田莊有種菜、編牛皮、編葦作簟、織麻織布、設網捕烏鴉和魚、射野鴨、登山射鹿、入水捕龜、放養魚、雁、鴨、放豬、種薑種芋、養馬養牛、種瓜茄蔥等多項屬農業領域的生產活動。綜合上述各項生產推想到田莊在衣、食、住、行方面看來都能自給自足。不過，田莊主雖憑上述農業領域的生產達至「自給」，但他們並不以此「自足」。田莊主為了增加其收入，他會進行一系列商品生產。誠如文中提到的「販棕索」、「賣席」、「販脂澤於小市」、「牽犬販鵝」、「武陽買茶」、「擔荷往來市聚」[79]等商品貿易活動，正反映出田莊主在某程度上進行著自給性以外的商品生產，此等商品生產主要屬農業領域的消費性產品。特別值得一提的是，〈僮約〉「多作刀矛，持入益州，貨易羊牛」中「多作刀矛」的「多」字。田莊主多製造刀和矛，目的顯然非為自給，乃為商品貿易，是商品生產的直接例證。

---

79 王子今《秦漢交通考古》（北京市：中國社會科學出版社，2015年版），頁101-111。

（二）田莊經濟並不完全封閉

商品貿易是互通有無，田莊經濟進行商品貿易，堅持田莊經濟屬「封閉性」的論者論點不攻自破。根據〈僮約〉中所描述，楊姓田莊主對商品市場資訊表現熟諳；對「綿亭賣席」、「往來都洛……求脂澤」、「武陽買茶」、「楊氏擔荷」、「南安拾栗採橘」等市場內容如數家珍。總之，從何處出賣某某產品、何處買什麼商貨品與及在市場交易中應當注意什麼等等甚為了解。凡此予人一個印象就是田莊主是對外面市場態度極其積極。[80]此外，〈僮約〉中談到成都與毗鄰的地區臨邛、郫縣、江原、廣都、新都、什方、雒縣、綿亭和武陽，點與點間有商貿的往來。總之，田莊自給自足不假外求的印象是錯的，他在某程度上是對外開放，不反對進行商品貿易。

（三）〈僮約〉反映漢代四川盆地區間的商貿往來

〈僮約〉中談到很多種類型的商業活動，從這些記錄中可以看出四川盆地中各地的物產及供需情況。根據〈僮約〉文中所反映出的貿易範圍，除益州郡外，商業貿易範圍均不出資中約三百公里之內（參見圖一）。[81]漢民諺「百里不販樵，千里不販糴」，百里千里雖然不是具體實數，但也許說明漢時農副產品的交換是有其區域性的市場範圍。[82]〈僮約〉所記載除

---

80 西方學者Clarence Martin Wilbur（韋慕庭）其在上世紀四十年代所撰名著提到〈僮約〉中僮於商業活動所扮演角色，他曾在書中寫道："……As to merchandising, Wang Pao planned to intrust his slave with business duties involving extensive travel. Most of his commercial work, however, was rather petty: the slave would be classed as an itinerant peddler, such work was probably not uncommon for slaves who were enterprising and trustworthy, but is not important in the general economical picture."〈僮約〉文中便了被主人要求到外地販賣，角色如Clarence Martin Wilbur所言 "an itinerant peddler"。詳氏著"SLAVERY IN CHINA DURING THE FORMER HAN DYNASTY 206 B.C.—A.D.25", *Anthropological Series Field Museum of Natural History* Vol.34 1943，頁219。

81 陳連慶《中國古代史研究》上冊（長春市：吉林出版社，1991年版），頁365-366。

82 《史記》卷69〈貨殖列傳〉，頁3271。

成都外，大都屬農村基層生活市場，其所帶出的豐富訊息和歷史價值，恐不下於記載區域都會市場的正史。購買的商品多半購自原產地，例如武都買茶，楊氏池中擔荷。買來的物品多半自用，有一部分拿到市場上轉手販賣。如「為婦女求脂澤，販於小市」。從城裡買來脂澤，帶到農村「賤買而貴賣之」。[83]農村本身沒有生產脂澤，便成為商販藉以轉手圖利的最佳市場。[84]田莊主人要求僮奴「自交精慧，不得癡愚」，要求僮奴在販賣過程中能精打細算；這都見到田莊主在地區間慣常貿易的經驗之談。

（四）從〈僮約〉個案反映漢代田莊的商品性格

田莊自西漢中葉至東漢較多見，《史記》〈魏其武安侯列傳〉載：「（灌）夫不喜文學，好任俠……諸所與交通，無非豪傑大猾。家累數千萬，食客日數十百人。陂池田園，宗族賓客為權利，橫於潁川。」[85]另，西漢末年，樊重田莊更是其中典型代表。《後漢書》卷三十二〈樊宏傳〉載曰：「（樊）重，字君雲，世善農稼，好貨殖……其管理產業，物無所棄，課役童隸，各得其宜，故能上下戮力，財利歲倍，至乃開廣田土三百餘頃。其所得盧舍，皆有重堂高閣，陂渠灌注。又池魚牧畜，有求必給。嘗欲作器物，先種梓漆，時人嗤之，……。」又，《水經注》卷二十九〈比水注〉載樊氏田莊內「廣起盧舍，高樓連閣，波陂灌注，竹木成林，六畜放牧，魚贏梨果，檀棘桑麻，閉門成市」，即可證明。[86]總之《四民月令》中描述田莊主無論在農業、手工業或是商業都表現得相當活躍。農業的種植範圍相當廣泛，其中包括釀酒、作醬、紡紗、織布、取絲、染色等等；一年之中有八個月進行商業活動，買賣交換的都是些如麥、豆、粟、

83 （漢）史游《急就篇》曾仲珊校點（長沙市：岳麓書社，1989年版），頁126。
84 陳連慶《中國古代史研究》上冊（長春市：吉林出版社，1991年版），頁367。
85 《史記》卷107〈魏其武安侯列傳〉（北京市：中華書局版），頁2847。
86 《水經注》卷29〈比水注〉（長沙市：岳麓書社，1995年版），頁444。

布帛等生活的必須品。其經營方式則主要是囤積居奇、賤買貴賣。[87]另，根據《四民月令》田莊中的各種農產品和手工業產品均可上市出售，闡明商業活動多在農閑時進行。[88]田莊主與商品生產及商品市場是分不開的。樊氏田莊的收入除了用於家庭、家族消費、交納租賦，擴大生產、支付僱傭勞動外，當有大量剩餘產品投放市場，參與商業活動。[89]從中可見田莊主參與商業市場活動積極性的一面。

——原載於《中國農史》2010年第29卷第4期，2020年7月增訂。

---

87 馬良懷：〈漢晉之際莊園經濟的發展與士大夫生存狀態之關係〉收載於《中國社會經濟史研究》，1997年第4期，頁9。

88 田昌五等編《中國歷代經濟史》〈先秦兩漢卷〉，1998年1版（臺北市：文津出版社），頁509。

89 黃今言、王福昌：〈漢代農業商品生產的群體結構及其發展水平之評估〉，《中國社會經濟史研究》，2003年1期，頁3-4。

東漢永昌郡之設立與西南地區的商業發展

　　東漢明帝於永平十二年（西元69年）在西南邊陲設立永昌郡。西南學者黎小龍認為明帝此舉在開疆拓土中深具歷史意義。[1]黎氏並用「各以地比」之治理方略闡釋漢室在西南邊疆所採之策略；甚有見地。[2]不過，筆者認為永昌郡之設立，除了作政治及軍事之考慮外，當中還包含有經濟因素在內；而此因素亦值得大家深入探究。

一　永昌郡設立之前後變化

　　西漢時期，永昌郡未設郡之先，其地稱「哀牢」。據〈南中志〉載「永昌郡，古哀牢國……絕域荒外，山川阻深，生民以來，未嘗通中國也」。[3]又載：「哀牢，山名也，其先有婦人，名沙壺（壹），依哀牢山下居，以捕魚自給……。」[4]此兩條史料帶來兩個很重要的訊息，第一是哀牢

1　黎小龍：《西南師範大學學報》（人文社會科學版），2001年（第27卷第6期），頁115。

2　黎小龍認為漢武帝以後的西南邊疆開發是用「各以地比」治理方略，「地比」，謂依其次第，自近及遠。此方略基本內容是北方中原王朝在穩固掌控西南北部蜀地的基礎上，與蜀人一同治理巴地，並依托北部的巴蜀人對西南中、南部進行治理開發；詳見黎氏〈論兩漢王朝西南邊疆開發中的「各以地比」之治理方略〉，載《西南師範大學學報》（人文社會科學版），2001年第27卷第6期，頁112-115。

3　常璩：《華陽國志》卷4〈南中志〉，據劉琳《校注》，頁424。另見張增祺《中國民族西南考古》（昆明市：雲南人民出版社，2012年版），頁94-102。

4　常璩：《華陽國志》卷4〈南中志〉，據劉琳《校注》，頁424。筆者按此條史料其事其人雖未全是真確，但可反映出哀牢人早有捕魚活動。

國地處邊陲所謂「絕域荒外」，其「山川阻深」，與中國內地隔絕，故彼此並無交通往來。另一是經濟落後，主要收入是依賴漁獵業。據方國瑜的考證哀牢國內除了哀牢人外，還有濮人[5]和撣人。他們多從事「潛水徒手捕魚」的活動[6]，方氏此論斷主要根據《太平御覽》卷七九六《四夷部》十七〈永昌郡傳〉中載而得來的，其文如下：

> 建寧東北一千三百里，外所險峻，率皆高山，而少平地。僚民喜食人，……能水中潛行，行數十里，能水底持刀，刺捕取魚……。[7]

據此條史料所記當地土著——僚民是以下水捕魚維生。[8]他們在水中謀生的技能純熟，懂運用利器協助取魚。至於文中提到「能水中潛行，行數十里」，或容有誇張。筆者推想當時僚人已懂得利用「竹」協助水底潛行；並且利用竹中空心管道來作長時間徒手取魚的輔助器。[9]

5　永昌郡主要有濮族，濮字從「水」部，反映出永昌郡人多從事漁業。

6　方國瑜《中國西南歷史地理考釋》說：「永昌地——在此地區居民，自始以濮人為主要，……漢以哀牢地置永昌郡，東西三千里，南北四千六百里，有七十七王，境界遼闊。居民以濮人、撣人為主要，……。」有關討論古哀牢國和其部族與濮族的事宜，可參考方國瑜《中國西南歷史地理考釋》（北京市：中華書局，1992年版），頁20-24。另可參考呂思勉《中國民族史》第十章〈濮族〉（北京市：中國大百科全書出版社），頁194-207；另見張福：《彝族古代文化史》（昆明市：雲南教育出版社，1999年版），頁70；另，任乃強先生以為羌族入大巴山區者為濮族（巴氏），見任乃強《羌族源流探索》（重慶市：重慶出版社，1984年版），頁45。另參考張增祺《中國民族西南考古》（昆明市：雲南人民出版社，2012年版），頁123-129。

7　王謨《漢唐地理書鈔》中之〈永昌郡傳〉（北京市：中華書局影印版，1961年），頁375-377。

8　張增祺云：「……可是自魏晉南北朝以來，雲南的越人已不再稱越，而改稱『僚』或『鳩僚』……。」詳見氏著：《中國民族西南考古》（昆明市：雲南人民出版社，2012年版），頁129-130。

9　拙作〈漢時期西南地區漁業活動探討〉，載《中國農史》1997年第3期，頁82-88。從先秦的捕魚方法可反映漢時期的情景，如先秦時捕魚有採用網捕，有用竹、木編成的魚籠；

　　古哀牢民除了從事上述捕魚業外，據史書還載其有從事採蛛業。據〈南中志〉載：「永昌郡……有蚌蛛。」[10]蚌蛛是當地特產，具商品價值。哀牢居民中有人以採「蚌蛛」為業，並於附近市場出售。總言之，根據傳世文字資料所載，說明東漢永昌郡未設立之前，哀牢居民的生產主要是從事漁獵業。

　　雖然永昌郡在東漢時設立，但早於此，西漢政府已介入此地。[11]西漢武帝時，漢室曾對哀牢地區進行過征伐，通博南山，渡瀾滄水，並取哀牢北部置嶲唐、不韋二縣，為漢益州郡西境內屬縣，怒江以東已早屬漢廷。此後，哀牢轉衰。降至光武帝建武二十七年，哀牢賢栗等率種人內屬，光武帝封賢栗為君長，自是歲來朝貢。到明帝永平十二年，將哀牢夷地置為永昌郡。東漢政府此時在西南正式設置永昌郡，其位置大約在今騰沖、龍陵、保山一帶。永昌郡下轄八縣，自領域劃定後無所變更，直至漢末。[12]當中，不韋、嶲唐、比蘇、葉喻、邪龍、雲南六縣實早置於西漢，東漢時劃歸為永昌郡，新置的兩縣是哀牢（治在今雲南盈江以東）和博南（治今雲南永平）。由此可知，永昌郡之設立乃經歷一段長的歷程。要補充一點是，永昌郡所轄之八縣，大多沿江而設，說明東漢政府開發主以近水之地為主。[13]近水無疑對商業貿易提供很大方便。

　　一般而言，商業貿易活動中，商品如金銀寶貨是不可或缺。以下有一

這與當時西南情景配合，參考周蘇平〈先秦時期的漁業——兼論我國人工養魚的起源〉，載於《農業考古》，1985年2期，頁164-170；羅鈺：《雲南物質文化——採集漁獵卷》（昆明市：雲南教育出版社，1996年版），頁108-111。

10　常璩《華陽國志》卷4〈南中志〉，據劉琳《校注》，頁431。

11　錢林書編：《續漢書郡國志匯釋》〈益州永昌郡〉條（合肥市：安徽教育出版社，2007年版），頁323。

12　李曉傑：《東漢政區地理》（濟南市：山東教育出版社，1999年版），頁193-194。

13　李曉傑：《東漢政區地理》（濟南市：山東教育出版社，1999年版），頁194。另參考李宇舟，郝雪：〈東漢永昌置郡的人文地理辨釋〉載《曲靖師範學院學報》第38卷4期，2019年7月，頁104-110。

條史料便說明永昌郡與商業關係密切。此條史料見載於〈南中志〉，其文
如下：

> 益州西部，金銀寶貨之地，居其官者，皆富及十世⋯⋯。明帝（永平
> 12年）嘉之，因以為永昌郡，⋯⋯。[14]

此條史料指出東漢明帝置永昌郡曾考慮到益州西部「金銀寶貨」與商業有
關的問題。當然，永昌郡之成立，在政治、軍事方面的意義不容忽視。而
東漢政府在商業經濟方面的考慮究竟占多少，實無從估量。也許，成立永
昌郡是政府一個複合多因的戰略考慮。無論如何，有一點幾乎可以肯定的
是永昌郡成立後，其與國際間的商業活動則活躍起來，這可從下述的戶口
數目問題得到反映。

　　在漢代史料方面，並沒有留下具體數字可供參考，但在《華陽國志》
中卻載有兩條間接史料，或能幫助大家了解永昌郡之商業發展。

　　首先，〈南中志〉永昌郡條載云：「明帝乃置郡，以蜀郡鄭純為太守。
屬縣八，戶六萬，⋯⋯。有閩濮、鳩獠、僄越、裸濮、身毒之民。」[15]據
此條見永昌郡設立不久便有緬甸、高棉和印度人來居。[16]這些來自不同國
家的外籍人士為何千里迢迢來到中國，其中一個較合理的解釋就是他們並

14　常璩：《華陽國志》卷4〈南中志〉，據劉琳《校注》，頁347。

15　常璩《華陽國志》卷4〈南中志〉，據劉琳《校注》，頁430。

16　饒宗頤認為「僄越一名始見於此。異本或作漂越。身毒即印度，這說明帝新置的永昌郡
　　境內，雜處的種民，其中有印度人及僄越人。」張增祺進一步說：「其中驃越、身毒之民
　　為緬甸人、印度人僑居雲南者，閩濮、裸濮屬於南亞語系⋯⋯高棉語族，鳩獠即僚人，
　　為百越民族。⋯⋯雲南古代，不僅有越人分布，而且數量較多。」張增祺《滇文化》（北
　　京市：文物出版社，2001年版），頁17。江玉祥也說：「永昌郡成了蜀、巴與印、緬的市易
　　中心，華地鉅賈扎莊於此。」任乃強《中西陸上古商道──蜀布之路》（下篇）載《古代
　　西南絲綢之路研究》，1990年1版，成都市：四川大學出版社，頁113。關於百越，見李昆
　　聲：《李昆聲學術文選──文物考古論》（昆明市：雲南人民出版社，2015年版），頁266。

不是普通的移民，而是從事商業的國際商人。此點還可在同書另一條史料中得到佐證，其載曰：「（永昌郡）……有黃金[17]、光珠、琥珀、翡翠、蠶桑、猩猩、貊旄、琉璃[18]、軻蟲、蚌珠」等。[19]細看所載眾物品中——琥珀、琉璃、翡翠並非永昌郡產物，它們應是集四方交易而來自緬甸和印度的商品。把上述兩條材料合起來看，不難令人想到居於永昌郡的「僄越、裸濮、身毒之民」會有從事國際轉販貿易的商人在其內。

此外，永昌郡成立後，其史載戶口數不斷增加。據《後漢書》卷八十六《南蠻西南夷傳》記載：「永平十二年，哀牢王柳貌遣子率種內屬，其稱邑王者七十七人，戶五萬一千八百九十，口五十五萬三千七百一十。西南去洛陽七千里，顯宗以其地置哀牢、博南二縣，割益州州郡都尉所領六縣，合為永昌郡。」[20]另據《後漢書》志第二十三〈郡國志〉所載，「永昌郡八城，戶二十三萬一千八百九十七，口百八十九萬七千三百四十四。」[21]按東漢一〇五個郡國中永昌郡之人口數目僅次於汝州郡，位居第

17　《後漢書》載：「……時永昌太守冶鑄黃金為文蛇，以獻梁冀，……。」見《後漢書》卷56〈張王種陳列傳〉，頁1827。

18　古時雲南地區是不產琉璃，當來自印度。江玉祥〈古代中國西南絲綢之路簡論〉載《古代西南絲綢之路研究》（成都市：四川大學出版社，1990年版），頁37。江川李家山22號有一顆淺綠色透明琉璃珠，時代相當春秋末或戰國初。此在雲南其他地區尚未發現，張增祺懷疑是由西亞地區輸入，當時從巴比倫穿越伊朗高原至巴克特利亞（阿富汗）築有通商大道，埃及和西亞各地盛產的琉璃器就有可能通過這條大道輸入阿富汗和印度，然後再由印度流入雲南。詳見張增祺《中國西南民族考古》（昆明市：雲南人民出版社，2012年版），頁291-292。

19　常璩《華陽國志》卷4〈南中志〉，據劉琳《校注》，頁431。

20　《後漢書》卷86〈南蠻西南夷傳〉，頁2849。司馬彪注云：「明帝永平二年，分益州置」，此處永平二年當作永平十二年，見李曉傑《東漢政區地理》（濟南市：山東教育出版社，1999年版），頁192。

21　《後漢書》志第23〈郡國〉，頁3513；張增祺對永昌城遺址進行考察，研究所得認為該城為東漢初期所建。因為城牆夯土層中只夾雜西漢時期中原地區常見的粗繩紋瓦塊和卷雲紋瓦當的殘片（傳入雲南後為東漢初年）。另外，永昌城西城牆的延長部分，顯然是便於防衛所置，可見著名的永昌古道是從城西經過的，故需特加防範，見張增祺：《雲南建築史》（昆明市：雲南美術出版社，1999年版），頁79。

二。其戶口數之盛,不合常理。無怪乎,人口史專家葛劍雄認為永昌郡的戶數含有虛假成分。[22]筆者對永昌郡戶口數目記錄也有保留。誠如一些學者說其戶口數目可能由於誤抄所致,或與益州數目誤調,「永昌郡地處邊陲,又只有八縣,居然有將近一百九十萬人口,每縣近三萬戶,如此繁華,令人生疑。它本由益州郡分出,而益州郡十七縣不足三萬戶,每縣才千餘戶。而從地理位置看,益州當比永昌郡更發達一些。永昌口戶比高到八點一八,而益州口戶比又低於三點八二。這一切使人可以斷定益州與永昌的戶口數目俱錯換位置。糾正以後,一切懷疑之處都可消除。」[23]筆者亦接納此說。另外,朱桂昌利用《晉志》所記逆推而得戶數得出十五萬二千戶。又以永昌郡設郡後不久,在明帝永平十八年(西元75年)全國有五百八十萬戶,到《續志》所記的順帝時全國九百六十多萬戶,增長近一倍。以此比例計算,永昌當初設郡時的七萬戶增至十三四萬戶,人口約為六七十萬。兩數字吻合。朱氏估測可信,值得參考。[24]近王瑰獨排眾見,認為「具體到東漢的哀牢人,卻又不必虛假,因為以當時漢廷主導的國際格局和東西貿易的繁盛,以及永昌的區位優勢、廣闊地域和當時的開發程度來看,接近二十萬人口的規模,並非是不可能的。而且最初向哀牢人宣示漢德,招撫聚攏的首任永昌太守鄭純,品性是完全值得信賴的,沒有必要虛報。」[25]王氏之「二百萬人口」論的理由或可聊備參考。此外,史乘

---

22 葛劍雄以為永昌郡戶口數,超出實際的可能,原因是地方官多報種人或蠻夷、內附、內屬,或數字在傳抄出現錯誤,見葛氏著《中國人口史第一卷導論、先秦至南北朝時期》(上海市:復旦大學出版社,2002年版),頁422-423。張森楷《十七史校勘記》謂「永昌僻郡,而戶口繁庶如此,且以除法計之,每十戶過八十餘口,逾恆率矣,疑口數有偽」,見《後漢書》志第23〈郡國5〉校勘記引,頁3540。

23 見趙文林、謝淑君:《中國人口史》(北京市:人民出版社,1991年版),頁70。

24 朱桂昌〈永昌郡戶口數考辨〉,載氏著《秦漢史考訂文集》(昆明市:雲南出版社,2009年版),頁238-239(原載朱桂昌〈永昌郡戶口數考辨〉載《思想戰線》,1980年第5期,第93卷第17期)。

25 王瑰〈《續漢書‧郡國志》永昌郡人口辨〉載《曲靖師範學院學報》第35卷第4期,2016年7月。

所載僅為編戶人口，永昌郡內還有著許多因商業事宜而衍生出的流動人口。此等流動人口有使節、軍人、宗教、商人及其商隊家眷等；其中包括前引「閩濮、鳩僚、僄越、裸濮、身毒之民」。至於具體數字，則無從稽考。唯一可斷言的是，永昌郡人口比從前有所增加，是與國際商業之開展互為因果。

總的而言，漢代永昌郡之設立在經濟上為該地帶來轉變，為哀牢時期原以漁獵為主導的落後經濟注入商品經濟原素，這都肯定對西南商業發展有積極推動作用。

二　永昌郡的商品性生產

查東漢永昌郡不僅是西南地區商品交易的場所，其本身亦有本土商品生產。在永昌郡境內可考的商品性產業共有六種；它們分別是農業、礦業、冶鐵業、鹽工業、冶金業和紡織業。

先說永昌的農業。〈南中志〉載永昌郡「土地沃腴」和「宜五穀」。[26]除此之外，《南蠻西南夷傳》還提到永昌郡有蠶桑。這反映出永昌地區的農業及農副業經濟是有其發展基礎。[27]以永昌郡蠶桑業為例，便是當地紡織業加工的主要資料；亦是西南地區主要農業領域的商品生產之一。雲南紡織業主要依靠植桑養蠶。手工紡織是需要桑麻農業生產來提供原料。永昌郡所產毛織物、木棉布、火浣布（石棉布）都成為當地主要的商品。

此外，永昌還栽種了許多經濟作物。〈蜀都賦〉有載：「布有橦華」。李善注引張楫說：「其花柔毳，可織為布也，出永昌。」[28]雖然此〈蜀都賦〉之材料較後出，但筆者認為橦華布的栽種於東漢早已存在。據悉古代

26　常璩《華陽國志》卷4〈南中志〉，據劉琳《校注》，頁430。

27　《後漢書》卷86《南蠻西南夷傳》，頁2849。

28　蕭統選、李善注《文選》卷4〈蜀都賦〉（北京市：商務印書館，1978年重印版），頁89。

永昌郡的濮族還有一支擅長植棉和紡織的少數民族叫「木棉濮」。

關於木棉布的問題在史學界曾引起爭議，有學者認為它是在四川織成，而被商人攜往印度販賣。大夏商人又從印度買來。也有人認為木棉從印度傳至永昌郡的哀牢人，再輾轉傳到西蜀，經過蜀人運用中國既有之紡織技術，織成很高級的棉布，其質量竟勝過原產地的印度布，於是棉布又由中國四川倒流至印度，並遠達大夏國。商業中有來有往本屬平常，只要這邊廂有需求，那邊廂便有市場，兩地之技術和商產品便有機會流通。就時間因素來看，四川開始植棉到織棉布的過程可上溯至西元前二世紀或更早。[29]從漢初經濟條件來看，當時最容易接受棉花引種的地區應該是西蜀，就是四川省西部。從地理的角度看，該地距滇西永昌郡最近。[30]中外交通貿易的發展，使蜀地的蠶桑生產技術沿交通線傳往滇西永昌郡。[31]

除上述紡織商品生產外，永昌郡礦業生產亦為西南商業作出貢獻。雲南地區素被稱為「有色金屬王國」，蘊藏豐富礦產資源。在漢代，永昌郡礦產豐富，有鐵、銅、錫、金和銀。

以冶鐵業為例，東漢時永昌郡便是雲南兩個重點冶鐵區之一；另一個是位於滇池。[32]據〈南中志〉載雲南永昌「不韋出鐵」。同書又載：「永昌郡……出銅」、「永昌郡……出錫」。[33]又載：「律高縣，西有石空山，出錫」[34]、又載：「賁古縣，山出錫。」[35]此縣錫礦，今日產量仍居全國第一。

29 有學者詳細考出木棉是「由四川經滇西，通過緬甸的北端而進入印度的阿薩姆。印度阿薩姆一帶正是木本亞洲棉發源地。這種植物品種便被人沿此路線帶入中國境內。最先到達的區域就是雲南緬甸邊境上的『哀牢夷』居住區。」見趙岡、陳鍾毅《中國棉紡織史》（北京市：中國農業出版社，1997年版），頁18。

30 趙岡、陳鍾毅《中國棉紡織史》（北京市：中國農業出版社，1997年版），頁18。

31 黎小龍、徐難于：〈論秦漢時期西南地區域開發的差異與格局〉載於《四川師範大學學報》，1997年第3期，頁19。

32 張增祺《雲南冶金史》（昆明市：雲南美術出版社，2000年版），頁164-165。

33 常璩《華陽國志》卷3《蜀志》，據劉琳《校注》，頁248。

34 常璩《華陽國志》卷4〈南中志〉，據劉琳《校注》，頁458，《注2》。

另，《漢書》《地理志》載產錫地區還有益州郡律高縣石室山、賁古縣的采山、鳥山。[36]有學者認為早在銅器時代，石室山已經有向中原供應錫。[37]

永昌除了產錫外，還有產金。[38]據《後漢書》卷二十三〈郡國志〉載：「永昌郡……博南永平中置……南界出金。」[39]按永平中仍屬東漢初年。汪寧生認為從地下出土材料可知雲南開採和提煉黃金，無論如何不會晚於西漢時期。[40]汪氏估測合情理。又，《華陽國志》卷四〈南中志〉：博南縣「有金沙，以火融之為黃金」[41]又，《論衡》〈驗符篇〉第五十九：「永昌郡中有金焉，纖靡大如黍粟，在水涯沙中，民采得日重五銖之金」。[42]《文選》〈蜀都賦〉劉逵《注》「永昌有水，出金如糠，在沙中」。《太平御覽》卷三五八引〈永昌記〉載：「哀牢王出人射獵，騎馬金銀鞍勒，加翠毛之飾。」《後漢書》卷五十六〈種暠傳〉載：「永昌太守冶鑄黃金為文蛇，以獻梁冀，暠糾發逮捕。」[43]由此可見，漢代永昌郡的金產是普遍存在。

---

35 常璩《華陽國志》卷4〈南中志〉，據劉琳《校注》，頁454。

36 「石室山出錫」，王鳴盛案錫下誤空一格宜連書。見王氏《十七史商榷》卷33《後漢書》
　　5〈郡國集辨證〉（北京市：中國書店，1987年版），頁6。

37 童恩正：〈中國古代青銅器中錫原料的來源——評中原找錫論〉載《南方文明》（成都市：
　　重慶出版社，1998年版），頁291。另，張增祺案漢代律高縣即今雲南通海縣，賁古縣在
　　今蒙自、個舊一帶。張增祺《滇文化》（北京市：文物出版社，2001年版），頁89。汪寧
　　生案律高縣即今通海、河西一帶，賁古縣在今蒙自、個舊、龍武、峨山一帶。汪寧生：
　　〈雲南冶金業的早期歷史〉載《中國西南民族的歷史與文化》（昆明市：雲南民族出版
　　社，1989年版），頁152。

38 張增祺：《雲南冶金史》（昆明市：雲南美術出版社，2000年版），頁232。

39 《後漢書》卷23〈郡國志〉，頁3514。

40 汪寧生據青銅器上廣泛加以鎏金和錯金，必須在當地能夠提煉黃金的條件下才有可能。
　　據此認為，滇池地區至遲在西元前2世紀，滇池地區的居民已完全掌提煉黃金的技術。汪
　　寧生《雲南冶金業的早期歷史》載《中國西南民族的歷史與文化》（昆明市：雲南民族出
　　版社，1989年版），頁159。若汪氏推論正確，則金的來源不是博南，或許另有其地。

41 常璩《華陽國志》卷4〈南中志〉，據劉琳《校注》，頁440。

42 王充：《論衡》〈驗符第59〉。

43 《後漢書》卷56〈種暠傳〉，頁1827。

除了上述礦產業外，永昌地還有製鹽業。《後漢書》八十六〈南蠻西南夷列傳〉云：「鄭純……為永昌太守，純與哀牢夷人約，邑豪歲輸布貫頭衣二領，鹽一斛，以為常賦，夷俗安之。」[44]有日本學者認為「出鹽一斛，以為賦」的賦稅政策，這是西南夷哀牢被編入了漢帝國郡縣統治下而產生的一種特殊措施。[45]對於學者此說無論大家同意與否，有一點可肯定的是，鹽產是當地的特產。加上，《華陽國志》卷四〈南中志〉載：「蜻蛉縣，有鹽官。」[46]按漢朝慣例，置鹽官於當地，即證明永昌的鹽產數量相當。

三 永昌郡境內之國際商人與商道

永昌郡位於西南邊境面向國際的前沿，漸次發展為國際商業樞紐。來自各地商人雲集其中，進行商業活動。前引緬甸驃族商人是其中表表者。緬甸商人大約在西元三世紀左右已開始於永昌郡從事貿易；即東漢時期。有學者說：「不論是來自中國的四川商人從陸路去印度，還是來自印度北方的商人去中國，都要經過驃人區。因此驃人中心便成為一個陸路商業樞紐，這個中心正是毗濕奴（位於今日緬甸中部）。」[47]《華陽國志》卷四〈南中志〉中所載的「僄越」和「身毒」之民便是經商的緬印僑民。[48]

永昌郡地理上與緬甸接壤，郡界曾在緬甸域內。有學者認為永昌郡設置前，蜀身毒道早已開通。林超文根據現在史料證明：蜀身毒道是我國與

---

44 《後漢書》86〈南蠻西南夷列傳〉，頁2851。

45 影山剛：《西漢的鹽專賣制》，載劉俊文主編《日本學者研究中國史論著選譯》第3卷〈上古秦漢〉（北京市：中華書局，1992年版），頁479；李曉岑：《白族的科學與文明》（昆明市：雲南人民出版社，1997年版），頁146。

46 常璩《華陽國志》卷4〈南中志〉，據劉琳《校注》，頁447。

47 申旭：《中國西南對外關係史研究——以西南絲綢之路為中心》（昆明市：雲南美術出版社，1994年版），頁106-107。

48 陳茜認為永昌郡僅今雲南保山地區與汶江所論範圍有別，其文〈川滇緬印古道初考〉載《古代西南絲綢之路研究》（昆明市：四川大學出版社，1990年版），頁142。

印度交往最早的道路。以成都為起點出邛（西昌）、僰（宜賓）、至滇，從滇越（雲南騰沖）出緬甸的孰忍乙（太公城）至曼尼坡入印度。[49]巴蜀及滇的商人不斷往來於蜀滇及東南亞各國。筆者同意這條由蜀——滇——永昌——東南亞的商道早已存在，非常興旺則看似未必。事實上，遠在西元前三一五年至三百年前，印度旃陀笈多王朝考第利著作中就提到：支那產絲馬紐帶，賈人常販至印度。這裡所說的絲應指蜀產黃絲，蓋因當時滇國尚不知繅絲技術，只有巴蜀的繅絲和紡織業比較發達，這些巴蜀所產黃絲和絲織品正是由商人通過「蜀身毒道」運至滇池，經葉榆（大理）、滇越（騰越）運到驃國（緬甸），再轉往身毒國。因此，遠在西元前三百年，蜀身毒道在張騫向漢武帝建議開通之前，就已經成為由巴蜀經滇西販運黃絲、紐帶等物到緬甸，印度等國的一條絲綢古道了。[50]

有學者經過綜合研究考出漢時期的「西南絲綢之路」的大體路線如下：「從四川的成都地區出發經過臨邛（今邛崍縣）到嚴道[51]（今榮經縣境），再翻越邛崍山（今大相嶺），經犛牛夷地（今漢源一帶）過靈關（今甘洛縣境）至孫水（今安寧河）邊，然後順水而下抵邛都（今西昌市），再沿孫水南行出越雟郡後組今洱海而達博南山，翻山後渡瀾滄水（瀾滄

---

49 林超文：〈蜀身毒道淺探〉載《林超文文集》（第2卷）昆明市：雲南出版社，2008年版，頁252-259。

50 參見鄧一清：〈近年南方絲綢之路研究新進展〉載於〈中國史研究動態〉，2014年第4期，頁46-47。楊毓才：《雲南各民族經濟發展史》（昆明市：雲南民族出版社，1989年版），頁164；申旭：《中國西南對外關係史研究——以西南絲綢之路為中心》（昆明市：雲南美術出版社，1994年版），頁95；另可參考王遵仲等譯GF Hudson《歐洲與中國》（"Europe and China"），1995年版，頁27-74；郭一：《可觸摸的歷史——雲南民族文物古跡》（昆明市：雲南教育出版社，2000年版），頁86-87。

51 王子今認為「嚴道是漢代西南交通的重要樞紐之一。……何君尊楗閣的發現對確定嚴道通往西南夷的交通路線具有重要作用。」詳見雅安市文物管理所〈《何君尊楗閣刻石》發現及考釋〉載《四川文物》2004年第6期，轉引自王子今《秦漢交通考古》，2015年版，頁168。

江），經永昌郡治不韋（今保山市境）再穿過永昌郡西境（今緬甸國北部一帶）抵滇越（盤越，今印度阿薩姆地區），最終到達身毒（印度內地），以至大夏（今中亞阿富汗國北部）。」[52]當然有學者認為這條路線的起點是由長安開始，越秦嶺，到成都，再由成都經靈關道、永昌道，從德宏出國境，入緬甸、轉印度和孟加拉國。

　　總之，永昌道屬於「西南絲綢之路」出國之境內最後一段。漢政府為著開發永昌郡，建博南架橋或汛渡瀾滄江時留下歌謠〈通博南歌〉其文曰：「漢德廣，開不賓；渡博南，越蘭津；渡瀾滄，為他人。」[53]從此段歌謠可以明白到雲南的交通開拓如何困難重重。瀾滄江峽谷將絲路分開，蘭津渡是一條民間商道，商人從蘭津渡走向緬甸、印度，當時他們依靠的是簡陋舟筏渡過瀾滄江。無論如何，永昌郡是中國與印度、緬甸的一扇重要對外貿易窗戶。只可惜山道崎嶇遙遠，故商人作長途販運是件非常冒險，估計其販賣的商品應是輕巧而珍貴，如珠寶、玉石、琉璃和絲綢等。

52　羅二虎：〈漢時期的中國「西南絲綢之路」〉，載於《四川大學學報》（哲學社會科學版），2001年第1期，頁90。郝正治對早期滇印詔商業來往有以下看法：「……經雲南到印度的商業文往卻在民間悄悄地進行著，蓋任何事物都有個萌芽、出土成長的過程……。」詳見其《漢族移民入滇史話——南京柳樹彎高石坎》（昆明市：雲南大學出版，1998年版），頁5；趙殿增、李曉鷗、陳顯雙：〈嚴道古城的考古發現與研究〉，載《中國考古學會第五次年會論文集》（北京市：文物出版社，1985年版），頁58-66；羅開玉：〈從考古資料看古代蜀、藏、印的交通聯繫〉載《古代西南絲綢之路研究》（成都市：四川大學出版社，1990年版），頁56-57；汶江：〈滇越考——早期中印關係的探索〉載《古代西南絲綢之路研究》（成都市：四川大學出版社，1990年版），頁64。

53　逯欽立輯校：《先秦漢魏晉南北朝詩》上《漢詩》卷8〈雜歌謠辭〉（北京市：中華書局，1993年版），頁209；王清華：《西南絲綢之路考察記》（昆明市：雲南大學出版社，1999年版），頁92。

四 西南國際商貿圈中永昌郡的定位

　　兩漢時，成都為西南商業心臟，是西南的最大都會，也是一個擁有綜合性經濟職能的城市。簡言之，它是集農業、手工業、商業、交通樞紐和消費市場等「特殊職能」於一身的綜合性城市。由於西南地區幅員遼闊。單靠成都的商業輻射不可能面面俱到。對於地理較接近的商業城市，其經濟輻射因距離短而較為容易。至於偏遠的地區，輻射因著長距離及交通阻隔而鞭長莫及。這時便需要依賴交通線延伸互相聯繫。這樣雙方才能保持密切和穩定的商貿夥伴關係。尤其國內與國境外的貿易，如成都與緬甸和印度的貿易。緬、印兩者交通距離也很遠。基於此，筆者認為東漢永昌郡的設立，政府實有意為成都與印、緬國際商業架起一條延伸線。憑藉永昌郡此一條延伸線，把原本鞭長莫及的邊陲的距離拉近。

　　從西南整體商業角度去看永昌郡，政府在該地區設郡顯明非歷史的偶然。王莽時，確立了成都為西部大都會的地位。未幾，又設立永昌郡，外國商人及其商品在此時開始出現於史乘中。聞名的永昌道段更是西南絲路中最令人觸目的必經之路。永昌郡成立後面向國際，成為西南國際貿易的橋頭堡；成為西南方最早接觸外國商人的基地。政府在苦心經營成都及滇池之後，再設永昌郡，其目的自明。再者，永昌郡的成立除了與成都的關係密切外，還要考慮其與同處雲南東部滇池。設想位於西面之永昌郡與東面之滇池，若在經貿上彼此不能相呼應，則整體雲南與四川之商貿路斷，永昌郡設立的商業意義肯定大打折扣。相反，若把此兩個雲南較先進發展區的輻射範圍連成一氣；則構築起更廣闊的西南商業貿易圈。就東漢時雲南之商貿情狀而言，永昌郡與滇池一西一東，雙翼齊飛，成為雲南兩個商業較發達區。加之，哀牢、越巂次級中心的配合，永昌郡、成都與滇池三地在商業上可相互依存。

五 結語

　　永昌地區作為邊陲要地，是與鄰國印度和緬甸毗連接壤；其設立除了含政治軍事及外交等因素外，絕不能漠視其在國際商貿上的貢獻。誠如本章開首提到永昌郡設立蘊含著商業性動機，不純是狹義的版圖開拓。此商業性動機啟端尚早，可追溯至武帝遣博望侯張騫使大夏問蜀布、邛竹杖所從來，漢政府對西南經濟發展從不未停輟，永昌成立是一脈相承的歷史進程。[54]其設立後，大量外國商人卜居其地；國際商品充斥其中，便是商業所結的果。由四川成都發展至雲南，再由雲南東部滇池發展至西南之極西南永昌郡，在此已到了東漢的版圖盡頭，但卻是永昌郡擔當著邊陲國際貿易的起點。當然，永昌郡擔當著西南邊陲國際貿易角色是重要。可惜，永昌郡的商業發展本身有其局限，使其很難作出突破性發展。就地理而言，永昌郡地處偏遠，而且山路險阻，交通阻塞，是商業的主要障礙。另外，除永昌郡本身商業較發達外，其餘地區仍處在原始社會狀況，與商業貿易發展差一大截。因此，永昌郡之本地市場恐難興旺，其所能發展的僅是私人長途販運。再者，漢代永昌郡在國際貿易上也有競爭對手。僅舉商品中較受外國歡迎的絲綢為例，西南永昌的商業對手還有西北一線的陸路絲商和東南的海上絲商。西南永昌這扇貿易窗口在東漢雖然被打開了，但從往後各史籍之記載及出土文物來看，永昌郡在國際商貿的信息，似不如河西走廊和東南海路般強烈！

　　——原載於2006年《新亞論叢》，第8期，2020年8月增訂。

---

54 《史記》卷116〈西南夷列傳〉，頁2996。

漢代西南區域內外商貿關係述略[*]

一　緒言

　　古時西南交通不便，自秦漢統一中國銳意開拓，當地商業得到長足發展。對於交通開發，漢代政府水、陸兩道雙管齊下。先說西南的水路開拓，漢代西南水道縱橫，流經區內水道有嘉陵江、岷江、大渡河、金沙江、長江、烏江、南盤江、瀾滄江、怒江、紅河等。文獻所載早期西南水道交通可上溯到戰國時代。早在秦時，長江上游已有大舫船運粟的載述。《史記》卷七十〈張儀傳〉載：「秦西有巴蜀，大船積粟，起於汶山，循江而下，至楚三千餘里，舫船載卒，一舫載五十人，與三月之食，下水而浮，一日行三百餘里。里數需多，然而不費牛馬之力。」[1]又，《漢書》卷五十七下〈司馬相如傳〉：「相如為郎數歲，會唐蒙使略通夜郎、僰中，發巴蜀吏卒千人，郡又多為發轉漕萬餘人。」[2]《華陽國志》卷三〈蜀志〉又曰：「司馬錯率巴蜀眾十萬，大船舶萬艘，米六百萬斛，浮江伐楚，取商

---

*　本文所涉時間由西元前二〇六年至西元二二〇年止，合共四二七年。西南區域所指範圍大抵以今日四川全省，雲南大部與貴州西部等地，即雲貴高原和四川盆地。其北以大巴山脈為界，西與西康高原毗連，南達今老撾越南邊疆，東迄今湖北湖南西界。

1　《史記》卷70〈張儀傳〉，頁2290。另，譚宗義案：「汶山，汶江發源於此，汶江即今四川岷江，自汶江轉漕成都平原之粟，浮水而下，入長江東出伐楚，較之自漢中進軍為便。蓋長江水道，運輸量既大，復無後顧之憂，自漢中出則韓窺其後焉。張儀之言，容有誇大，然其後司馬錯伐楚即循此道」，見譚宗義：〈兩漢漕運考〉，《大陸雜誌》，第35卷第7期，頁208；顧祖禹《讀史方輿紀要》卷1〈州域形勢1〉（上海市：上海書店出版社，1998年版），頁17。

2　《漢書》卷57下〈司馬相如傳〉，頁2577。

於之地，為黔中郡。」[3]據此可知，西漢政府早已利用水道轉漕巴蜀糧產[4]。長江水系運輸量大，為漢代西南商貿發展提供一定的背景優勢。

對於陸路開鑿，漢政府更顯得積極。漢初，政府派唐蒙、司馬相如開西南夷「鑿山通道千餘里」。[5]在開發西南夷時「作者數萬人」，利用大量的巴蜀居民「千里負擔餽饟」。[6]交通開鑿工程艱巨，動員成千上萬，足見漢代政府開拓西南的決心。[7]關於漢政府於西南治陸道的具體情形，可從下面幾塊碑刻史料反映一二。按《隸續》卷三〈建平郫縣碑〉載記：「建平五年六月郫五官掾范功平史，石工擊徒要本長廿五丈，賈二萬五千。」洪適案：「……石工之文，而云長二十五丈，必是鑿崖治道……其末記其所費，故云賈二萬五千。」[8]據《漢書》〈地理志〉載郫縣屬蜀郡。建平屬漢哀帝年號。早於秦時代，秦政府在成都平原修建成都、郫、臨邛三座城市，並且不斷往這裡移民。按此碑所提供的數字可知，漢哀帝時石工價平均一丈值一千。另，《隸釋四》〈蜀郡太守何君閣道碑〉載：「蜀郡太守平陵何君遣掾臨邛舒鮪，將徒治道，造尊楗閣，袤五十五丈，用功千一百九十八日。建武中元二年六月就道。」[9]建武與中元二年均屬光武時期，兩年號同時出現，不知何解。若解說成閣道工程需橫跨建武和中元，則與千一百九十八日的時間不合。至於碑文提供的信息是治道工程的進度，「袤五十五丈，用功千一百九十八日」，按此速率計，則每丈工程平均需時約廿

3　常璩《華陽國志》卷3〈蜀志〉，據劉琳《校注》，頁194。

4　譚宗義〈兩漢漕運考〉，《大陸雜誌》，第35卷第7期，頁208。

5　《漢書》卷24下〈食貨志〉，頁1157。

6　王子今：《秦漢交通考古》（北京市：中國社會科學出版社，2015年版），頁101-111。

7　《漢書》卷24下〈食貨志〉，頁1158。

8　洪適：《隸續》（北京市：中華書局出版社，1985年版），頁305。

9　洪適《隸釋》（北京市：中華書局出版社，1985年版），頁48。嚴道古城西距《何君尊楗閣刻石》約十二公里。王子今認為「何君尊楗閣的發現對確定嚴道通往西南夷的交通路線具有重要作用。」詳見雅安市文物管理所〈《何君尊楗閣刻石》發現及考釋〉載《四川文物》2004年第6期，轉引自王子今：《秦漢交通考古》，2015年版，頁159-165。

二日。又，《隸釋》〈青衣尉趙孟麟羊竇道碑〉載：「羊竇道……深谷危駿回遠，百姓患苦。永初六年，青衣尉南安趙孟麟受易由此道……水弱得過，除去危難，行人萬姓，莫不蒙恩……。」[10]永初六年，青衣屬蜀郡西部都尉治地，即今日蘆山，而青衣道是當時通西南夷的咽喉要道。[11]查上述三塊碑文所載年分，分別為西元前二年、西元五十七年和西元一一九年，就工程時間的跨度來看，見到兩漢政府對開拓西南陸路交通從未完全放棄。

二　西南域內的商貿往來

西漢前期「海內為一，開關梁」，商賈們能「周流天下」，能「得其所欲」從一個地區流往另一地區。[12]漢代西南商業在此優勢下萌芽。雖然巴蜀地區的地理條件造成一定程度的封閉，但從它與周圍地區的經濟文化交流，則證明這些條件限制某程度上是可以被克服的。[13]大抵而言，漢代西南貿易的輻射範圍，可以分成為「區域內」、「周邊地區」和「域外」三個方面。

現先談漢代西南「區域內」的商業活動，主要探討四川與雲南、四川與貴州及雲南與貴州之間的商貿往來。

先說四川與雲南的商貿活動。據文獻所載，秦漢時期，巴蜀、夜郎、

10　洪適：《隸釋》（北京市：中華書局出版社，1985年版），頁49。

11　胡開祥：〈秦漢蘆山郡縣建置與文化發展之關係〉，載《四川文物》，2005年第1期，頁40-49。

12　許倬雲說：「看來冶鐵業與地區間貿易、對外貿易是當時獲取巨額財富最常見的途徑……」，可參見Cho-yun Hsu " Han Agriculture —— the Formation of Early Chinese Agarian Economy 206B.C.-A.D.220）"，University of Washington Press, Seatle Land, 1980, p.36-37。另見宋敍五《西漢的商人與商業》〈前言〉，香港新亞研究所，2010年版，頁1。

13　孟祥才：〈論巴蜀在秦漢統一大業中的作用〉載《先秦秦漢史論》（濟南市：山東大學出版社，2001年版），頁240。

滇之間早有路可通。[14]就雲南而言，估計部分鐵農具是由四川輸入。一九三六年在昭通石門坎出土三件東漢鐵鑺，鑄有「蜀郡」、「千萬」字樣；一九五四年在魯甸出土一件東漢鐵鑺，鑄有「蜀郡」、「成都」銘文，都是標準的巴蜀漢式器物，足證雲南鐵農具是由四川直接輸入。[15]從四川宜賓出土「建初四年堂狼造作」洗和「延平元年堂狼造作」洗出土地宜賓南廣鄉，說明漢犍為郡南廣縣境是雲南朱提、堂狼北上四川的通道。[16]筆者以為蜀賈鐵器向滇地銷售通道當不止一條，在今日昭通、魯甸均發現蜀郡鐵器，能證實是從僰道運來。[17]僰道在漢代西南交通位置至關重要。漢政府曾在僰道設治所，並成為漢王朝南向發展的起點站。漢的繒帛、蒟醬和荔枝便是以此為起點向各地轉輸。僰道成為通向西南夷的一條主要商道。

秦漢時期，四川與雲南之間通道主要有東、西兩條，東道稱五尺道，經宜賓、筠連、大關、昭通而至曲靖，西道稱青衣道[18]，又稱犛牛道，經雅安、漢源、西昌、會理，渡金沙江而抵晉寧。涼山地處川滇古道的西道上，早在秦代就已經成為成都平原通往雲南的商賈必經之地。[19]四川與雲

---

14 胡小柳：〈秦漢時期四川對雲南的經濟文化交流〉，載《四川文物》，2003年第5期，頁40。

15 胡小柳：〈秦漢時期四川對雲南的經濟文化交流〉，載《四川文物》，2003年第5期，頁41及周萬利：〈戰國秦漢時期西南鐵農具的傳播與分布〉載於《四川師範大學學報》（人文社會科學版），2000年第26卷第1期，頁47；李昆聲：《雲南文物古跡》（昆明市：雲南人民出版社，1984年版），頁36-38；雲南昭通魯甸出有上刻「蜀郡」、「蜀郡成都」銘文的鐵臿。及江川李家也有出這類銅鐵合制器物48件。該地區鐵器早先是由四川輸入。「蜀郡鐵臿」收藏於中國歷史博物館，華覺明：《中國古代金屬技術——銅和鐵造就的文明》（鄭州市：大象出版社，1999年版），頁312。

16 蔡葵：〈論雲南東周至漢代的商品交換和商品生產〉收錄於其著《考古與古代史》（昆明市：雲南大學出版社，1995年版），頁72-73。

17 劉復生：《僰國與瀘夷——民族遷、衝突與融合》（成都市：巴蜀書社，2000年版），頁40。

18 胡開祥：〈秦漢蘆山郡縣建置與文化發展之關係〉，載《四川文物》，2005年第1期，頁40-49。

19 劉弘〈從川滇古道上的漢墓看漢代郵亭〉載於《四川文物》，1990年，第3期，頁15-18；吳興南：《雲南對外貿易——從傳統到近代化的歷程》（昆明市：雲南民族出版社，1997年版），頁10-11；童恩正：〈略談秦漢時代成都地區的對外貿易〉一文中稱為「南道……由

南交界的地方，由於地形複雜，氣候惡劣。最理想的交通路線，就是利用橫斷山脈南北走向的天然河谷通道。在商業城市貿易的輻射過程中，商業資本一般會向著投資效率高的地區流動。技術由中心城市向周邊地區流動，而雲南便是商品輸出的其中一個目的地。[20]

四川向雲南主要是輸出鐵器，這加促了雲南農業和手工業的發展。據地下鋤頭的發掘報告載，四川省涼山州和雲南省的漢初墓葬遺址中開始較多地發現從巴蜀地區輸入的鐵器。[21] 又，涼山地區漢墓與成都平原漢墓有一致現象。涼山地區漢墓的墓主絕大多數是從成都平原遷徙而來的漢民。[22] 成都居民的遷徙到涼山為該區帶來製鐵農具技術及其使用方法。又，漢初雲南出土鐵器較少，大半為銅鐵合製兵器，僅能加工銅鐵合製器。根據滇貴族所用的銅鐵合製兵器和鐵兵器，使人有理由相信滇國仍依賴從四川輸入鋼鐵料和部分鐵器。[23] 西漢初，卓王孫的鐵產「傾滇蜀之民」[24]、程鄭「冶鑄賈椎髻之民」[25]便是技術由中心城市向周邊地區流動的最好證明。卓氏在臨邛「即鐵山鼓鑄」進行生產，然後把其生產的物品運輸到南面，向當地的少數民族推銷。[26]他的鐵產無論由開採、生產、加工、運輸和市

此有兩道可達越南，一經元江沿紅河下航，是古老的一條水道，另一條則經彌勒、文山出國境，沿明江而達河內地區」，童氏一文載伍加倫、江玉祥主編：《古代西南絲綢之路研究》（成都市：四川大學出版社，1990年版），頁6。見王子今：《秦漢交通考古》（北京市：中國社會科學出版社，2015年版），頁162-165。

20 參考屬以寧：《區域發展新思路》（北京市：經濟日報出版社，2000年版），頁248。

21 羅二虎：〈漢時期的中國西南絲綢之路〉，載於《四川大學學報》（哲學社會科學版），2001年第1期，頁100；華覺明：《中國古代金屬技術——銅和鐵造就的文明》（鄭州市：大象出版社，1999年版），頁312。

22 劉弘：〈從川滇古道上的漢墓看漢代郵亭〉，《四川文物》1990年第3期，頁15-18。

23 蔡葵：〈論滇文代出土的鐵器〉收錄於其著《考古與古代史》（昆明市：雲南大學出版社，1995年版），頁113。

24 《史記》卷129〈貨殖列傳〉，頁3277。

25 《史記》卷129〈貨殖列傳〉，頁3278。

26 宋敍五形容西漢商人「具創業精神」，見氏著《西漢的商人與商業》〈前言〉（香港：新亞研究所，2010年版），頁32。

場推銷都一手包辦。他的生產活動是「工而成之，商而通之」。[27]程鄭的成功亦與卓氏相仿。程氏同樣集工業和商業於一身，他既是工業家「亦冶鑄」，是大鐵商，並把其產品販運到貴州一帶，向「椎髻之民」行銷。產運銷一體化可從上述兩位西南大商人身上得以體現。[28]

西漢中期鐵器在雲南的普遍使用，與四川商賈對雲南的鐵器貿易和漢武帝開發西南夷三者都有密切關係。雖然早在西漢中期，四川與雲南已開始進行鐵商品的貿易。但是最早卻要在東漢時，雲南地區牛耕的使用及鐵農具才得以普及，漢式生活用具才被廣泛使用。東漢時期，南中大姓不僅在經濟上接受中原較高的生產技術，在生活上向中原官僚地方看齊，昭通南中大姓之一孟孝琚的例子便是證明。[29]再者，一九八二年在雲南守望公社白泥井大隊雞窩院子漢墓出土「大泉五十」五十枚，「五銖錢」二二○○枚。雲南有兩漢時的貨幣出土，這些都是四川與雲南區間商貿往來的確鑿證據。[30]

至於，四川與貴州的商業往來。首先，貴州省的一些遺址中發現從巴蜀地區輸入的鐵器。[31]按夜郎地區使用鐵器年代應與整個西南夷地區相近。石寨山滇王墓地相當於戰國西漢初，幾乎都不出鐵器；憑此估計漢初貴州自己仍未出鐵。[32]即使到西漢晚期前後，貴州尚無冶鐵業的記載。然

---

27 《史記》卷129〈貨殖列傳〉，頁3254。

28 常璩《華陽國志》卷3〈蜀志〉，據劉琳《校注》，頁187，〈注〉8。

29 李昆聲：《雲南藝術史》（昆明市：雲南教育出版社，1995年版），頁146-147；魯剛：〈雲南昭通東漢《孟孝琚碑》史料價值舉隅〉《貴州民族研究》（季刊)〉，1998年第3期，頁118-127。張增祺：《雲南冶金史》（昆明市：雲南美術出版社，2000年版），頁152-157、164。

30 胡小柳：〈秦漢時期四川對雲南的經濟文化交流〉，載《四川文物》，2003年第5期，頁42。

31 羅二虎：〈漢時期的中國西南絲綢之路〉，載於《四川大學學報》（哲學社會科學版）2001年第1期，頁100。

32 貴州省博物館、威寧縣文化局：〈威寧中水漢墓〉，載《貴州田野四十年》（貴州市：貴州民族出版社），頁143、152、162，原載《考古》1981年第2期；有關西南夷的銅柄鐵劍，

而「耕田」始終是夜郎國的主要生產方式，人民是很需要利用鐵製工具來提高生產力。再者，西漢時期冶鐵業馳名全國的武陽、臨邛兩縣即距南夷不遠。基於上述各點理由，筆者推估貴州地區鐵農具是依靠四川的輸入。[33]有學者從地望去審度，認為四川向夜郎輸鐵主要銷往貴州近蜀的北部和西北部，應有所據。[34]

按史書記載貴州除了輸入四川鐵器外，還有食鹽。貴州的鹽產相對四川雲南地區確是較少。[35]學者朱俊明說：「巴蜀的井鹽為貴州地區的仰求」[36]，其言可信。查貴州夜郎僅有在萬壽山提及「本有鹽井」，表示出此鹽井現在並沒有投入生產。[37]相反，四川井鹽業分布廣泛，產量亦多。如《華陽國志》卷三〈蜀志〉載：「穿臨邛蒲江鹽井二十所，增置鹽、鐵官。」[38]僅臨邛一地鹽井二十所，其餘可想而知。[39]另，據《漢書》卷九十一〈蜀卓氏傳〉載：「成都羅裒……擅鹽井之利，期年所得自倍，遂殖其貨。」羅裒只是四川從事鹽業眾多例子之一。從上可推斷，成都為鹽商品的主要集散地。古代商貿在通有無；商人進入四川成都購入鹽貨，再到貴州缺鹽地區轉售鹽貨，應有可能。

此外，貴州的手工業產品亦是從四川輸入。根據〈貴州清鎮平壩漢墓

詳見童恩正：〈我國西南地區青銅劍的研究〉載《南方文明》（重慶市：重慶出版社，1998年版），頁377-383及汪寧生：〈古代雲南和內地的經濟文化聯繫〉載《中國西南民族的歷史與文化》（昆明市：雲南民族出版社，1989年版），頁12；杜惠榮：〈略論秦漢時代夜郎設置郡縣的經過〉載貴州省哲學社會科學研究所編《夜郎考——討論文集之一》（貴州市：貴州人民出版社，1979年版），頁252。

33 周萬利：〈戰國秦漢時期西南鐵農具的傳播與分布〉載於《四川師範大學學報》（人文社會科學版），2000年第26卷第1期，頁47。

34 朱俊明：《夜郎史稿》，貴州人民出版社，1990年版，頁148。

35 常璩：《華陽國志》卷4〈南中志〉，據劉琳《校注》，頁378。

36 朱俊明：《夜郎史稿》，貴州人民出版社，1990年版，頁148。

37 常璩：《華陽國志》卷4〈南中志〉，據劉琳《校注》，頁382。

38 常璩：《華陽國志》卷3〈蜀志〉，據劉琳《校注》，頁218。

39 白九江：《巴鹽與鹽巴——三峽古代鹽業》（重慶市：重慶出版社，2007年版），頁42-43。

發掘報告〉說貴州出土之漆器是來自四川，其形制大小與花紋相同，銘文體例一致即可證明。[40]又，〈貴州興義、興仁漢墓〉中出土「銅馬車」，鑄造車馬的原料合金成分，經貴州省冶金設計研究院化驗結果，含銅百分之四十七點三五、鉛百分之三十點七、錫百分之七點六。這種分段鑄造，鑲接成形的馬，在四川曾出土。[41]綜合種種跡象，使人們有理由推斷貴州的銅應從四川商人手中購入。此外，貴州主要商業區夜郎是「無蠶桑、寡畜產」的地方；只是「耕田，有邑聚」。除卻日常食用如稻米、漁獵物、池塘植物及麻布外，其本身可供交換物資不多。不過，由於其處雲南、四川、嶺南、荊州地區之間，便成為商品流通的主要「走廊」。[42]有一點要補充，夜郎統治者「貪漢繪帛」，很渴望得到巴蜀生產的奢侈貨品。商人們看中此點，轉運高檔次商品以饜統治者之慾望，夜郎「邑聚」為他們提供了活動平臺。四川商品輸出到夜郎市場，它們主要包括有鐵器、繒帛、枸醬、邛竹杖和蜀布等。

至於貴州與雲南的商貿活動，其概略如下。漢代雲南以滇池為中心，另以越嶲郡及哀牢地區為副中心，三地物產豐盛，部分奇珍異物受到貴州人士所喜愛。貴州西北部威寧、赫章等地與夜郎有關墓葬出土的一些青銅器，如銅鼓、青銅鋤、青銅錛和銅柄鐵劍，其中兩把具有滇池風格，都是從雲南輸入原料，並仿其形制鑄造。另外，同一地點出土數以萬計的小粒綠松石、百餘件玉管原料，或是哀牢（永昌）地區所產。赫章出土的水晶、綠松石製品，來源也是哀牢區。[43]又，據《太平御覽》卷七九一引

---

40 貴州省博物館：〈貴州清鎮平壩漢墓發掘報告〉，載《貴州田野四十年》（貴州市：貴州民族出版社），頁205，原載《考古學報》1959年1期。

41 貴州省博物館考古組〈貴州興義、興仁漢墓〉，載《貴州田野四十年》（貴州市：貴州民族出版社），頁279，原載《文物》1979年5期。

42 朱俊明：《夜郎史稿》（貴州市：貴州人民出版社，1990年版），頁146-147。另參見唐文元、劉衛國：《夜郎文化尋蹤》（成都市：四川人民出版社，2002年版），頁12-16。

43 朱俊明：《夜郎史稿》（貴州市：貴州人民出版社，1990年版），頁148-150。

〈永昌郡傳〉說，夜郎中的句町一帶居民號鳩民「咸以三尺布角割作兩襜」。[44]赫章可樂墓出土的盛殮人頭骨的麻布殘片等疑即此三尺布。筆者認為其此等紡織品應是進口自雲南等附近地區。又，根據貴州和雲南的含鉛礦樣品，專家進行鉛同位素測試，據光譜分析推斷貴州銅釜並非在本地製造，而是在雲南與夜郎交界製造，並交流到赫章、興仁、興義等地。[45]

三　西南與國境內各區的商貿往來

　　漢代西南地區的商業貿易並不止於區域之內，並與區域外國境內的周邊地區進行較遠程的商業貿易，現就「西南與關中地區」、「西南與兩湖地區」、「西南與西北地區」、「西南與嶺南地區」等幾個範圍逐一考察：

　　　　先談西南與關中商貿的往來。西南地區四川與關中早有商業來往。根據在四川省廣漢縣所出土的玉石器，包括玉斧、玉璋、玉琮、玉釧；說明在西周時代即四川地區已經有了與關中相似的禮器。此證明四川地區與關中悠久的商貿關係。[46]筆者認為四川與關中的交通孔道能保持通暢是西南地區商業發展的關鍵條件。一般而言，四川到長安的基本路線是主要由成都出發，經廣元沿金牛道、褒斜道等棧道到達關中，再經長安而轉運，這條道路是蜀與關中交通常用的一條商道。[47]蜀地與關中距離最近的交通線無疑是穿越秦嶺至關中

44　另見王謨輯：《漢唐地理書鈔》〈永昌郡傳〉，中華書局影映本，1961年版，頁375-377。

45　萬輔彬：〈古夜郎國銅釜的鉛同位素考證〉載《夜郎研究》（貴州市：貴州民族出版社，2000年版），頁116-121。

46　馮漢驥、童恩正：〈記廣漢出土的玉石器〉載於《文物》1979年第2期，頁31；宋治民：《蜀文化及巴文化》（成都市：四川大學出版社，1998年版），頁136-137。

47　童恩正：〈略談秦漢時代成都地區的對外貿易〉，載伍加倫、江玉祥主編：《古代西南絲綢之路研究》（成都市：四川大學出版社，1990年版），頁7。

平原，然後再進入黃河中下游地區。另一條，是順長江而下，至長
江中游後再北上通各黃河中下游。[48]自關西地區翻越秦嶺和米倉
山──大巴山便進入長江上遊的四川盆地。若從長安為中心，則由
京師循褒斜道，經漢中、廣漢以通成都；當中包含「水運與陸運」
輾轉運輸在內。[49]

　　四川的商機固然吸引關中商人到來作商業貿易。文獻是有四川商人到
關中從商的記述。根據《史記》〈西南夷列傳〉載：「建元六年，……令唐
蒙風指曉南越。南越食蒙蜀枸醬，蒙問所從來，……。蒙歸至長安，問蜀
賈人，賈人曰：『獨蜀出枸醬，多持竊出市夜郎。西至同師，然亦不能臣
使也。』……」。[50]按此段文字明載「（唐）蒙歸至長安，問蜀賈人」這條
材料除了帶出蜀商與南越貿易的重要信息外，還透露了蜀商在長安貿易的
史實。若非漢初蜀商在長安經商，豈有「問蜀賈人」之事。又，《漢書》
卷九十一〈貨殖列傳〉載蜀鹽商羅裒在長安經貿，「裒賈京師，隨身數十
百萬」[51]。上述二例便漢代關中蜀商的營商印記。
　　漢代西南巴蜀豐富的自然資源吸引了關中大批「轉販」商人，他們從
這裡採購和販賣皮毛、牲畜、礦產、漆器、蜀布到中原各地，所謂「隙隴
蜀之貨物而多賈」。[52]四川出產的絲綢、中藥材、枸醬、薑、石器、銅鐵
器、竹木製品吸引商人；把之轉輸到關中消費者的手中。[53]至於西南的南

48　葛劍雄：〈關於西南早期文化和交通的幾個問題〉載《葛劍雄自選集》（桂林市：廣西師
　　範大學出版社，1999年版），頁215。

49　袁庭棟：《巴蜀溯源》（瀋陽市：遼寧教育出版，1991年版），頁58。

50　《史記》卷116〈西南夷列傳〉，頁2994。

51　《漢書》卷91〈貨殖列傳〉，頁3690。

52　《史記》卷129〈貨殖列傳〉，頁3261。

53　史蒂文‧F‧塞奇　楊榮新譯：《古代的四川》（續），《四川文物》，2000年，第5期，頁74-
　　80。

部雲南，其和內地的經濟文化交流是以四川為橋樑。[54]古代雲南不生產銅鏡。但從戰國西漢時期起，貴族墓內偶有銅鏡出土，主要是由中原輸入。[55]再者，東漢時，朝廷派官吏往雲南，內地商賈便隨官道攜銅鏡入滇，因此中原內地常見銅鏡亦在雲南有所發現。[56]值得注意的是，漢時人們喜歡銅鏡銘文中祈願吉祥的祝辭，如熹平三年變形四葉獸首鏡，其銘文為：「熹平三年正月丙午，吾造作尚方明竟，廣漢西蜀，合湅白兼，周刻無極，世得光明，買人大富，長子孫，延年益壽，樂未央兮。」銘文中提到銅鏡鑄造地點：「廣漢西蜀」，即今四川地區。東漢靈帝熹平三年為西元一七四年，鏡銘文載有「合湅白兼，周刻無極」，目的用以提高在市場競爭力。祝願吉祥語是吸引買家。銅鏡銘文中的廣告語則是反映商品市場的情態。[57]

至於西南與兩湖地區的商貿往來。根據地理形勢，自四川盆地順長江而下，出三峽後便進入長江中遊的兩湖地區。[58]江陵、長沙和鄂州三個古都呈倒品字型分布在平原大地上。[59]《史記》卷一二九〈貨殖列傳〉載：「江陵故郢都，西通巫、巴。……其民多賈……。」[60]即說明漢武帝時期四川盆地東邊雖然有巫山阻隔，但仍有長江水運交通線的運作。史念海說：「江陵可以西通巫、巴。這是說溯長江而上，經過三峽，可以達到巴蜀各處。……」[61]江陵等南方楚地通過南北交往最大的商業城市宛市與長

54 李昆聲：《雲南牛耕的起源》，載於《考古》1980年第3期，頁270。

55 李昆聲：《雲南藝術史》（昆明市：雲南教育出版社，1995年版），頁170。

56 李昆聲：《雲南藝術史》（昆明市：雲南教育出版社，1995年版），頁171。

57 田旭東：《漢鏡銘文中的廣告語》收載王子今編：《趣味考據》（昆明市：雲南人民出版社，2005年版），頁164-168。

58 考古發現西南佛像及搖錢樹在湖北地區都有著傳承關係，詳見何志國《早期佛像研究》（上海市：華東師範大學，2013年版），頁150-151。

59 吳松弟：《中國古代都城》（臺北市：臺灣商務印書館，1994年版），頁52-55。

60 《史記》卷129〈貨殖列傳〉，頁3267。

61 史念海說：「巴蜀之東為楚國的故土，楚國本來都於江陵，……。江陵西通巫、巴、巫縣今為四川巫山縣，乃在巴蜀之東，……。這條水道經過三峽，雖早已開通，卻非易通

安溝通，成都官府所出漆器便通過這種渠道進入楚地。[62]此外，西元一八
〇八年在長沙出土一件銅洗，高約七寸，口徑約一尺三寸，底徑約九寸，
底部有東漢章帝「章和二年堂狼造」的銘文。[63]長沙馬王堆一號漢墓出土
的漆器製品，有相當部分烙有「成市」、「成市草」、「成市飽」、「成市
素」、「市府」、「市府飽」、「市府草」等戳記。江陵鳳凰山八號墓漆器印有
「北市」等戳記。根據考證，「成市」、「南鄉」、「北市」戳記的性質既
明，便能判斷馬王堆一號墓和鳳凰山八號墓出的漆器，基本上都是成都市
府製造的。[64]四川盆地處在長江上游，由東而西順江水而下。西南地區
土、特產商品能載運長江中，「其民多賈」正好利用江水作物流貨運。

又，談西南與西北地區的商貿往來。有學者說探索古代川滇緬印古道
的同時，應充分注意到古代西藏在這條交通線上的特殊位置。[65]歷史上雲
南與西藏之間的通道，大體上相當於人們通常所說的滇藏「茶馬古道」，
屬於西南絲綢之路的範疇。此道上限可推至新石器時代。[66]考古學家們在
雲貴高原多次發現西方的琉璃、寶石、琥珀、水晶等裝飾品。這些裝飾品

行，特別是逆水上行，是相當艱難，可能較之棧道為尤甚。司馬遷以巴蜀列入山西，著
眼於交通，顯然可見……」，見史念海：〈中國歷史地理學區域經濟地理的創始〉《中國歷
史地理論叢》1996年第3期，頁1-23，人民大學複印本K91《中國地理》，頁90-92。另見黃
今言：《秦漢經濟史論考》（北京市：中國社會科學出版社，2000年版），頁228。

62 黃今言：《秦漢經濟史述略》（北京市：中國社會科學出版社，1999年版），頁229。

63 周春元等《貴州古代史》（貴州市：貴州人民出版社，1982年版），頁70；蔡葵〈論雲南
東周至漢代的商品交換和商品生產〉載其著《考古與古代史》（昆明市：雲南大學出版
社，1995年版），頁72。

64 黃今言：《秦漢經濟史論考》（北京市：中國社會科學出版社，2000年版），頁227。

65 羅開玉：〈從考古資料看古代蜀、藏、印的交通聯繫〉載《古代西南絲綢之路研究》（成
都市：四川大學出版社，1990年版），頁32。

66 申旭：〈歷史上的滇藏交通〉載：「經研究發現，西藏東部及東南部的新石器時代的文
化，與雲南、四川同一時代有著諸多共同之處，如……陶器上見劃紋……建築技術深受
雲南、四川古代民族文化的影響……」；見申旭〈歷史上的滇藏交通〉《中國西南文化研
究》第3期，頁100。

的使用和製造，主要是通過西藏、滇西地區傳入的。[67]雲南用寶石之類作裝飾品比我國北方還早，琉璃、寶石和絲綢一樣，首先是從四川、雲南與緬甸、印度交通路上開始進行商業上的交流。[68]南方絲綢之路線，應該是由蜀郡西部的邛、筰地區，直接穿過西藏到達印度。[69]川、藏、印之間的交通，在地理上大體可分為三組，即由西蜀政治中心成都通往川西高原，由川西高原通往西藏，由西藏通往印度。[70]據四川新都縣首次出土的「駝舞磚」，可視為研究漢代西北與西南關係的實物資料。[71]另外，據考古學者的調查四川武勝家壩出土漢代磚窯；並根據窯的頂部結構及其後壁和平面圖相比較，發現其與甘肅酒泉、西安北郊漢代磚窯的形制頗為類似。上述都是漢初四川地區就與西北、中原地區在經濟文化上相互交往的旁證。[72]

除上述外，漢代四川與河西亦有交往。這在漢簡材料中有所發見。據《敦煌漢簡釋文合校》載：「官屬數十人持校尉印綬三十驢五百匹驅驢士五十人之蜀名曰勞庸部校以下城中莫敢道外事次孫不知將……。」驢是漢代敦煌地區運輸中常用的畜力。在敦煌一帶的民族交往，驢甚至可以作為禮物用來贈送。名曰勞庸，就是遮人耳目。漢簡中的「庸」的含義廣泛，

---

67 羅開玉：〈從考古資料看古代蜀、藏、印的交通聯繫〉載《古代西南絲綢之路研究》（成都市：四川大學出版社，1990年版），頁51。

68 陳茜：〈川滇緬印古道初考〉載《古代西南絲綢之路研究》（成都市：四川大學出版社，1990年版），頁140。

69 羅開玉：〈從考古資料看古代蜀、藏、印的交通聯繫〉載《古代南絲綢之路研究》（成都市：四川大學出版社，1990年版），頁54。

70 羅開玉：〈從考古資料看古代蜀、藏、印的交通聯繫〉載《古代西南絲綢之路研究》（成都市：四川大學出版社，1990年版），頁55。

71 高文：〈淺談四川漢代畫像磚藝術〉載於《四川文物》1987年1月，頁5；王有鵬：〈四川新都縣發現一批畫像磚〉載於《文物》1980年第2期，頁56，見龔廷方等《巴蜀漢代畫像集》（北京市：文物出版社，1998年版），頁1-9。

72 陳麗瓊：〈四川武勝匡家壩漢代磚窯試掘記〉，載於《考古與文物》，1980年第2期，頁63。

在這指的是僱傭。[73]另外,《居延漢簡釋文》載:「出廣漢八稯布十九匹大半寸直四千三百廿給吏秩百一人元鳳三年正月盡六月積六月。」(居90.56,303.30)[74],廣漢是漢代蜀地郡之一。廣漢布即蜀布。王利器案《說文》〈禾部〉:「稯,布八十縷為稯。」《史記》〈孝景帝〉:「今徒隸衣七稯布。」[75]《索隱》:「七稯,蓋今七升布,言其粗,故令衣之者也。」[76]簡文意思是某部門所給屬土吏發放廣漢郡出產的八稯布。以布為俸在河西邊塞是常見現象。王子今認為「廣漢八稯布」所見產品以出產地方作為標識的情形,顯示品牌地位已經確定。[77]此道理與「蜀錦」之名類同。

又,按《甘肅武威漢代醫簡》載:「治干金膏藥之蜀椒四升……。付子廿枚,……蜀椒一升……蜀椒……」[78]蜀椒此藥,應由四川傳入。《華陽國志》卷一〈巴志〉有四川藥材的記述。其文載曰:「其藥物之異者有巴戟、天椒……。」巴戟其根補腎陽、壯筋骨、祛風濕。天淑即花椒,產於巴蜀者稱蜀椒或巴椒。入藥能溫中祛寒、驅蟲。邊塞寒苦,士卒常患各種疾病;蜀椒成為當地的流行草藥。

綜合上述各簡文,反映西漢時河西走廊早已與蜀郡、廣漢郡在內的蜀地有了直接交往,貨物包括有布和藥物。再者,河西地區考古發現有許多

---

73 李永平:《簡牘和考古所見漢代河西與蜀地的交往》載《絲綢之路》,2001年第1期,頁56。

74 謝桂華等:《居延漢簡釋文合校》(北京市:文物出版社,1987年版)。

75 王子今:〈漢代河西的蜀地織品——以廣漢八稯布為標本的絲綢之路史考察〉,載《四川文物》第2017年第3期(總193期),頁38-39。

76 王利器卷第1《本議》注29(北京市:中華書局,1996年版),〈注〉109,頁24。

77 李永平:〈簡牘和考古所見漢代河西與蜀地的交往〉載《絲綢之路》,2001年第1期,頁56。另見王子今:〈漢代河西的蜀地織品——以廣漢八稯布為標本的絲綢之路史考察〉,載《四川文物》第2017年第3期(總193期),頁38。

78 《甘肅武威漢代醫簡》(北京市:文物出版社,1975年版)另詳見張雷編《秦漢簡牘醫方集注》(北京市:中華書局,2018年版),頁113。此外,《文選》〈蜀都賦〉載:「青珠黃環……」《拾遺記》卷八載:「周群妙閒算術讖說,遊岷山採藥。」雖然這兩條資料並未指明是漢代,但也可作為西南地區盛產藥的旁證。

地方與蜀地一致，如河西漢墓、武威雷臺漢墓、酒泉下河清漢墓等出土連
枝燈及殘片，均與四川蘆山、樂山、綿陽、雲南昭通等地出土類似，其他
地區不見；內容上亦與四川等地的搖錢樹有相同地方。[79]又，武威雷臺漢墓
出土的一件外面所扣銅片上鎦金錯銀的夾胎漆尊，經證實為蜀地產品。[80]
凡此種種物產交流，當中必有不少屬商品，仰賴由商人轉販而得。

此外，還有西南與嶺南地區的商貿往來。秦統一嶺南後，大量的漢人
南遷。秦軍南下，商品經濟開始衝擊嶺南地區的原始貿易方式。隨著秦的
統一，嶺南開始進入金屬貨幣時期。貨幣的統一，促進了嶺南商貿交流。
南越國時期是嶺南地區在歷史上第一次大開發時期，整個社會生產和經濟
都取得很大的發展。南越國王趙佗十分重視其與周圍鄰國及漢朝的關係和
商業貿易。[81]

南越國共九十三年歷史中，大部分時間和中原地區以及西南夷、東
越、夜郎等保持著密切的商業貿易關係。從出土資料反映出，南越國銅鑄
錢幣僅見半兩錢一種，這些錢是由中原地區流通到嶺南。南越國商人的貿
易對象便轉向四川地區的秦代「遷虜」──程鄭；並與蜀地、夜郎等地建
立了穩定的貿易聯繫。《史記》〈南越尉佗列傳〉載：「高后時，有司請禁
南越關市鐵器。」關市貿易是漢朝對少數民族實行羈縻政策的重要手段，
即利用少數民族統治者端好漢代先進手工業品的心理。「關市」的管理是
相當嚴格，一方面嚴禁私商出塞交易。另一方面，在交易的商品種類上有
嚴格限制，尤其禁運鐵器出境。[82]南越鐵器全靠由內地輸進；這內地所指

---

79 李永平：〈簡牘和考古所見漢代河西與蜀地的交往〉載《絲綢之路》，2001年第1期，頁56-
　　57。參見何志國：《漢魏搖錢樹初步研究》（北京市：科學出版社，2007年版），頁21-63及
　　見邱登成《西南地區漢代搖錢樹研究》（成都市：巴蜀書社，2011年版），頁3-43。
80 李永平：〈簡牘和考古所見漢代河西與蜀地的交往〉載《絲綢之路》，2001年第1期，頁57。
81 張榮芳、黃淼章：《南越國史》（廣州市：廣東人民出版社，1995年版），頁271。
82 田昌五、漆俠主編：《中國封建經濟史（秦漢部分）》（濟南市：齊魯書社，1996年版），
　　頁428。

的應是四川。[83]

　　另有學者認為南越王墓出土青銅容器中「鎏」應起源於巴蜀，目前發現出鎏的墓，最早應是四川成都戰國早期墓，新都戰國早期蜀國大墓出土有銅鎏。鎏傳入嶺南是秦漢時事，屬南越國時期的兩廣漢墓發現不少鎏。[84] 另有學者認為「釜甑和鎏一樣，是蜀人原先擁有的器物，……戰國晚期秦滅巴蜀，把此類器物帶到其他地方。」[85] 此外，有人認為「蒜頭壺……在秦漢時期流布至河南、山東、兩湖、四川、兩廣等地。……提筒主要分布在兩廣、雲南、越南等地，兩廣共出土銅提筒二十件……我國的發現，以雲呈頂天子廟墓葬出土的最早。……」[86] 更有學者對南越國出土的鐵器進行過考察，認為「秦平百越，隨後南越立國，鐵器突然在嶺南出現，而且一開始就表現出相當高水準的鍛鑄工藝，……決不是當地原始的冶煉技術所能製造出來。」[87] 綜合上述可看出以下幾點。第一，漢代西南與南越地區彼此間的商業貿易是由來已久，而且看來從未間斷。第二，南越國沒有自己的冶鐵業，即使有鐵產，其水平遠不及四川。第三，西南地區的鐵產質素聞名國內，其傳播出番禺的鐵產，應屬於高質素的鐵產品。[88]

　　另外，貴州夜郎與南越彼此間早存有商業貿易。《史記》早有記載，

---

83 黃展岳：《南越國考古學研究》（北京市：中國社會科學出版社，2015年版），頁106-107。

84 李龍章：〈廣州西漢南越王墓出土青銅器研究〉載於《考古》1996年第10期，頁59-60。

85 李龍章：〈廣州西漢南越王墓出土青銅器研究〉載於《考古》1996年第10期，頁60。另見，Gernet, Jacques, "A History Of Chinese Civilization" Eng.Translation, Cambridge University Press, 1982，1996, 2nd edition., p.126-127.

86 李龍章〈廣州西漢南越王墓出土青銅器研究〉載於《考古》1996年第10期，頁60-61。關於銅提筒，見黃展岳《南越國考古學研究》（北京市：中國社會科學出版社，2015年版），頁109-124。

87 黃展岳：〈南越國出土鐵器的初步考察〉載於《考古》1996年第3期，頁60；樊志民：〈中國古代農業區研究〉，《中國農史》，1991年第1期，頁4。黃展岳：《南越國考古學研究》（北京市：中國社會科學出版社，2015年版），頁106-124。

88 高凱：〈秦代謫戍嶺南商人對中原商業經濟意識的傳播〉，載《史學月刊》2000年第4期，頁136。

自古四川與南亞的商品便有貿易往來。據〈西南夷列傳〉載:「博望侯張騫使大夏(今阿富汗)來,言居大夏時見蜀布、邛竹杖,使問所從來,曰『從東南身毒國,可數千里,得蜀賈人市』。」[89]另外,漢武帝時期,貴州夜郎與南越亦存有商業貿易。唐蒙在番禺食到四川出產的枸醬,並從蜀商口中,發現牂柯江這條水道。從此記載可見南越與西南早有貿易往來。漢初西南夷包括夜郎在內,是被閉關蜀徼外;和內地隔絕正常的交往。只有民間商賈從事越界違禁的商品販運。唐蒙在番禺吃到的枸醬,就是蜀地商人竊出越界,偷運夜郎再轉到南越去的。夜郎因臨牂柯江,而「牂柯江廣數里,出番禺城下」又因「江廣百餘步,足以行船」[90],因此,夜郎到南越順江而下十分方便,商人遂利用牂柯江道(今北盤江百層至雙河口可通行河段)[91]貿易。筆者認為枸醬僅是眾商品中的其中一種,經夜郎轉販到南越的商品應有其他,只是枸醬較聞名和普遍而已。[92]

筆者認為夜郎和南越在商業貿易中是有著相互依存的關係。按《史記》〈西南夷列傳〉說:「南越以財物役屬夜郎。」有學者認為邛竹杖和蜀布等奢侈品既可能是蜀商運銷到夜郎,再由夜郎運銷到南越的,亦可能是夜郎從蜀商購得再把它們轉輸給南越。[93]蒙文通〈古代中國南方與交趾間之民族遷徙〉一文便開宗明義說出西南夷與南越的關係。從地理上而言,牂柯郡句町縣,「其地為牂柯南境,與交趾、郁林兩郡相接。」[94]彼此地望

89　《史記》卷116〈西南夷列傳〉,頁2995。

90　《漢書》卷95〈西南夷兩粵朝鮮傳〉,頁3839。昔日漢武帝時唐蒙欲浮船牂柯以制越,武帝遂使馳義侯發夜郎兵下牂柯江會番禺,詳可參考顧祖禹《讀史方輿紀要》卷120〈貴州一〉(北京市:中華書局,2005年版),頁5241。

91　參見翁家烈:〈夜郎研究三題〉,載《貴州民族研究》,2000年1期,頁29-33。

92　有關枸醬,可參考侯紹莊〈枸醬考〉,載《夜郎研究》(貴州市:貴州人民出版社,2000年版),頁294-298。

93　呂昭義:《對西漢時中印交通的一點看法》載《南亞研究》1984年第2期,頁58-67(中國人民大學書報資料社複印報刊資料K21:先秦、秦漢史)。

94　蒙文通:〈古代中國南方與交趾間之民族遷徙〉載《越史叢考》(北京市:人民出版社,

接近進行商貿活動自然方便。據〈貨殖列傳〉載越楚地區曰：「番禺亦其一都之會也，珠璣、犀、玳瑁、果、布之湊。」[95]據此筆者認為番禺之能夠成為商業都會，正由於其地擁有許多來自各地商人帶來貿易的奇珍貨物；再加上南越國人商業意識抬頭，互相交織而促成。[96]

對於漢代西南與域外的商貿往來，史學界最關注的主要是南方絲路境內及境外路段，當中也涉及中、印、緬間貿易等問題。

史學界一般都同意蜀身毒道是西南與印度貿易的古道，儘管仍部分學者質疑蜀身毒道的存在。[97]史學界對於張騫出使西域以前，四川已與印度存在著民間的商業交往，應有共識。[98]如楊毓才認為「永昌郡的設置後，蜀身毒道已經開通，巴蜀及滇的商人不斷往來於蜀滇及東南亞各國，由於歷史文獻缺遺，因而後人很難考證，但絕不能因此而否定歷史上滇蜀與東南亞各國在經濟上的交往。實際上遠在西元前三一五年至三百年前，印度旃陀笈多王朝考第利著作中就提到：『支那產絲馬紐帶，賈人常販至印度』。這裡所說的絲應指蜀產黃絲，因當時滇國尚不知繅絲技術，只有巴蜀的繅絲和紡織業比較發達，這些巴蜀所產黃絲和絲織品正是由商人通過『蜀身毒道』運至滇池，經葉榆（大理）、滇越（騰越）運到驃國（緬

95　《史記》卷129〈貨殖列傳〉，頁3268。

96　趙善德：〈先秦秦漢時期嶺南社會與文化考索——以考古學為視野〉（廣州市：暨南大學出版社，2014年版），頁254-255。

97　呂昭義：〈對西漢時中印交通的一點看法〉載《南亞研究》1984年第2期，頁58-67（中國人民大學書報資料社複印報刊資料K21：先秦、秦漢史）。

98　羅二虎：〈漢時期的中國「西南絲綢之路」〉，載於《四川大學學報》（哲學社會科學版），2001年第1期，頁85。段渝《先秦巴蜀文化研究概述》載於曰：「……以成都為起點，中經雲南至印度、中亞和西亞的『南方絲綢之路』早在商代已初步開闢，表明蜀文化從來是一個開放的體系。其文載於《文史知識》，2001年第7期，頁117；王益謙：〈論周邊地緣關係與西南地區沿邊開放〉，載《南亞研究季刊》，1996年第1期，頁25-32。

1983年版），頁49-50。另，參見禹明先：〈貴州夜郎史研究中需要深入探討的幾個問題〉，載《可樂考古與夜郎文化》（貴州市：貴州民族出版社，2003年版），頁105-113。

甸），再轉往身毒國的。……因此，遠在西元前三百年，蜀身毒道在張騫
向漢武帝建議開通之前，就已經成為由巴蜀經滇西販運黃絲、紐帶等物到
緬甸，印度等國的一條絲綢古道了。」[99]

此外，有的學者認為羅馬人要想取得中國的絲綢，是通過貴霜和西沙
卡統治下的印度。而來自中亞的統治者把印度與中亞聯成一體，於是中國
的絲綢、漆器以及其他精美工藝品得以順利通過中亞到達印度西北部，然
後經印度人轉手賣給羅馬商人。[100]GF Hudson 認為「絲綢是中國所產，但
羅馬人卻幾乎全部是從安息人、貴霜人以及別的中介商那裡買來的。[101]據
梁加農〈賽里斯（Seres）略考〉一文考辨賽里斯地望應在中亞以東，今新
疆一帶，中國內地似不是真正生產絲綢地。[102]印度本身也有絲綢業，據西
方史學記載，印度的蠶絲業是西元前一四○年由中國傳入的。據考證，在
西元前一世紀的貴霜王朝統治時代，生絲便由印度運銷羅馬。」[103]藍勇則

99　楊毓才：《雲南各民族經濟發展史》（昆明市：雲南民族出版社，1989年版），頁164；申
　　旭《中國西南對外關係史研究——以西南絲綢之路為中心》（昆明市：雲南美術出版社，
　　1994年版），頁95；另可參考王遵仲等譯GF Hudson《歐洲與中國》（"Europe and
　　China"），1995年版，頁27-74；郭一：《可觸摸的歷史——雲南民族文物古跡》（昆明
　　市：雲南教育出版社，2000年版），頁86-87。

100　劉欣如：《印度古代社會史》（北京市：中國社會科學出版社，1990年版），頁141-147。

101　王遵仲等譯GF Hudson《歐洲與中國》（"Europe and China"），1995年版，頁74；
　　F.R.Allchin, "The Archaeology of Early Historical South Asia——The Emergence of Cities and
　　States", New York: Cambridge university press, 1st edi.,1995, p.293。

102　梁加農〈賽里斯（Seres）略考〉載朱新予編《中國絲綢史：專論》（北京市：中國紡織
　　出版社，1997年版），頁319-321。

103　張新宇：〈印度絲綢發展及現狀評估〉，載《南亞研究季刊》，2000年第1期，頁18。另
　　外，石田幹之助則認為漢代的絲織是由西北絲路傳入，西南絲路的存在卻沒有討論，見
　　石田幹之助《中西文化之交流》（北京市：商務印書館，1941年，初版），頁16-21。當
　　然，也有學者否定中國西南存有滇緬的貿易交通，如：吳俊才在其著作《印度史》便沒
　　有提及任何有關漢代西南滇緬的貿易，吳氏著《印度史》（臺北市：三民書局初版），頁
　　23-25及頁75-77；田昌五、漆俠主編《中國封建經濟史（秦漢部分）》中亦對西南絲路貿
　　易隻字不提，田氏書（濟南市：齊魯書社，1996年版），頁478-483。另外，王以鑄譯

據《史記》卷一一六〈西南夷列傳〉及《史記》卷一二三〈大宛列傳〉兩則史料看出「從中國西南川西、滇西和滇西南經身毒到大夏有一條民間商道，在乘象國（又叫『騰越』，即今騰衝）設賈市中轉站，貿易品由蜀賈偷偷轉運到騰越，再由身毒或大夏商人轉運到身毒或大夏。當然，當時也可能與蜀商直接到天竺。」[104]按藍氏說可取。

又，印度史學家認為貴霜統治者自從佔領巴克特里亞地區，就從那些城市經手的貿易發了財。在阿富汗西北找到的一個西元初的貴霜王族墓地裡，發掘者在六座墳墓中找到了二〇〇〇多件金器，如來自中國的銅鏡、銀鏡。這裡有來自東西南三個方向的奇珍異寶，有來自西方的青銅藝術品，也有來自中國的漆器。[105]也有學者認為繁榮的貿易在印度北方形成了濃厚的商業氣氛。商人的價值觀念難免影響整個社會的風氣。大乘佛教的經典中產生了一個新的「七寶」概念，七寶指七種具體的珠寶：金、銀、琉璃、水晶、珊瑚、珍珠、瑪瑙或琥珀。這些珠寶正是歐亞大陸長途貿易

（蘇）阿甫基耶夫：《古代東方史》（北京市：生活・讀書・新知三聯出版，1956年版），頁738-739頁及（印）R. 塔帕爾、林太譯《印度古代文明》（臺北縣：淑馨出版社，1994年初版），頁75-113；（法）布爾努瓦著、耿昇譯《絲綢之路》（濟南市：山東畫報出版社，2001年版），頁27-31。

104 「滇越在何處？……學術界仍有分歧，大致說法有四，一是印度阿薩姆地區的古國迦摩縷波，二是孟加拉地區，三是緬甸的大剽國，四是雲南的騰衝」，袁庭棟以為「四者皆是怒江以西之地區，這就是巴蜀先民在西漢以前向南方開闢前進的最遠的一個重要據點」，詳見袁庭棟《巴蜀溯源》（瀋陽市：遼寧教育出版社，1991年版），頁78；見藍勇《南方絲綢之路》（重慶市：重慶大學出版社，1992年版），頁8；鄧廷良說：「騰衝等地發現五銖錢，有可能是蜀地商人帶去的」；詳見鄧廷良《絲路文化──西南卷》（杭州市：浙江人民出版社，1995年版），頁82；汶江〈滇越考──早期中印關係的探索〉載《古代西南絲綢之路研究》（成都市：四川大學出版社，1990年版），頁62-63；饒宗頤：〈蜀布與Cinapatta──論早期中、印、緬之交通〉載伍加倫、江玉祥主編《古代西南絲綢之路研究》（成都市：四川大學出版社，1990年版），頁176-177。

105 劉欣如：《印度古代社會史》（北京市：中國社會科學出版社，1990年版），頁141-147。

中的熱門貨。[106]（法）布爾努瓦說：「琉璃實際上可能出自印度的。有人已將『璧流離』一詞比作梵文詞 Vaidurya 和巴利文 Veluriya，本指一種質地細膩的石頭，天青石或天然大水晶。『璧流離』或『琉璃』一詞後來由另一個詞『玻璃』所取代，它在近代漢詞中仍指我們所說的 verre（玻璃）。」[107]古代雲南不產琉璃，在境內的琉璃應是來自印度的商品。[108]

就商品貿易方面，滇國對外輸出的產品主要有牛、馬等大牲畜、皮毛製品、奇禽異獸、金銀礦產物及僰僮等。從外地輸入的產品有絲綢、銅鏡、弩機、鐵劍及化妝品。還有來自中亞和南亞等地如身彩色琉璃珠、蝕花石髓珠、有翼虎銀帶鉤及金飾片等。滇國墓葬中瑪瑙出土的數量最多，主要集中晉寧石寨山和江川李家山兩大墓地。張增祺據滇池出土瑪瑙的外形特徵及微量元素中含鈦較高特點看晉寧石寨山和江川李家山墓地出土的瑪瑙珠管，其原料很可能就來自滇池區域。總言之，漢代的琉璃是從外地輸入此點則無疑。滇池地區的石寨山、李家山和天子廟，出土的貯貝器便是用來貯藏貝幣和銅錢，貯存這些「外匯」，專用之於對外商業貿易上。《永昌府文徵》中記載五銖錢共千枚，就是中、緬、印通商時商人遺留下來的。[109]有學者研究出古代以海貝為貨幣不是中國獨有，它是一種世界性的現象。印度洋中的馬爾代夫群島即以海貝為貨幣，亞洲許多地方也使用貝幣。鑑於海貝的原產地都在南洋、印度洋一帶，它們必然循著最近的半島和最近的陸地傳入，中國西南是傳播路線的首選。雲南的少數民族一向

---

106 劉欣如：《印度古代社會史》（北京市：中國社會科學出版社，1990年版），頁141-147；（法）布爾努瓦著、耿昇譯《絲綢之路》（濟南市：山東畫報出版社，2001年版），頁267。

107 （法）布爾努瓦著　耿昇譯《絲綢之路》（濟南市：山東畫報出版社，2001年版），頁267。

108 江玉祥〈古代中國西南「絲綢之路」簡論〉載《古代西南絲綢之路研究》（重慶市：四川大學出版社，1990年版），頁37；陳茜〈川滇緬印古道初考〉載《古代西南絲綢之路研究》（重慶市：四川大學出版社，1990年版），頁128。

109 陳茜〈川滇緬印古道初考〉載《古代西南絲綢之路研究》（重慶市：四川大學出版社，1990年版），頁64。

與印度、緬甸居民交換物資。雲南是中國最早輸入海貝的通道和地方,也是最遲退出使用貝幣的地區,遲至元明的時候,雲南還使用貝幣。[110]海貝及貯貝器的出土是雲南與印緬商貿的確證。除了石寨山的海貝外,在四川廣漢三星堆文化遺址中同樣發現大量海貝。據專家考證,這些海貝與雲南晉寧石寨山中大量海貝十分相似。特別是大量產於印緬海岸的「環紋貝」的發現,無疑證明在西元四世紀至三世紀直到西元二世紀中緬印陸路交通路線確實是存在的,巴蜀地區通過滇西地區與東南亞和南亞很早就有了商業交往。[111]

永昌郡是中、緬、印貿易的主要商貿窗口。根據《華陽國志》卷四〈南中志〉載:「(永昌郡)屬縣八,戶六萬,去洛六千九百里,寧州之極西南也。有閩濮、鳩僚、僄越、裸濮、身毒之民。」[112]永昌郡居住了緬甸的僄人和印度人。但有學者質疑身毒之民並非真確。不過,根據昆明羊甫頭的考古發現,身毒之民應該是印度人,這點獲到出土文物的證明。考古學家在羊甫頭發掘了大批滇文化墓葬,其中有不少「林伽」(男根)崇拜

---

110 游修齡:〈「有朋自遠方來」新解〉,收載王子今編:《趣味考據》(昆明市:雲南人民出版社,2005年版),頁158-163。

111 見藍勇:《南方絲綢之路》(重慶市:重慶大學出版社,1992年版),頁11。劉少匆以為「海貝主要是與周邊國家進行貿易交換得來。中原地區應是古蜀的最大貿易伙伴。……國與國之間的貿易,就如今日以美元結算一樣,是用海貝以朋為單位來結算的。……當時蜀國是泱泱大國中的一個小國,不大可能把自己的貨物直接運到中亞,多是通過轉口貿易來進行。多次轉口就把沿海諸國本不很值價的海貝,變成了中國各邦國珍寶的硬通貨……。」詳見劉少匆:《三星堆文化探秘及《山海經》斷想》(北京市:崑崙出版社,2001年版),頁116-119;鄧廷良:《絲路文化──西南卷》(揚州市:浙江人民出版社,1995年版),頁27、80;郭一:《可觸摸的歷史──雲南民族文物古跡》(昆明市:雲南教育出版社,2000年版),頁86-87;羅二虎:〈南方絲路古貝考〉載《古代西南絲綢之路研究》(昆明市:四川大學出版社,1990年版),頁97-98;江玉祥:〈古代中國西南「絲綢之路」簡論〉載《古代西南絲綢之路研究》(成都市:四川大學出版社,1990年版),頁39。

112 常璩《華陽國志》卷3〈蜀志〉,據劉琳《校注》,頁430。

遺物（東漢中期）出土，如有青銅鑘柄即作成男根（銅祖）形狀，更多的是人頭漆木祖或動物頭漆木祖。據謝崇安認為它的突然湧現當質早期印度教的「林伽」崇拜信仰傳入有關。昆明羊甫頭的人頭漆木祖實為古印度「一面濕婆林伽像的變體」，其宗教含義相通可能是印度教濕婆林伽教派信仰傳入中國西南民族地區的最早證物。總之，昆明羊甫頭的考古發現足證前引〈南中志〉載有關身毒移民記載的可靠性。[113]

另外，《大宛列傳》載：「然聞其西（昆明之西）可數千里有乘象國，名曰滇越，而蜀賈奸出物者或至焉。」[114]滇越，應為今東印度阿薩姆地區的迦摩縷波國。饒宗頤指出在印度 Guijarat《諸蕃志》中的胡茶辣國的 Rangpur 出土古物，有八十九個陶器刻符，其中不少同於中國境內發現的越族陶文。此外，在阿薩姆及中部地區都有百越式的有肩石斧、有段石錛出土，加上兩地陶文符號的雷同可見越人早已入居身毒，而 Rangpur 為後世文獻中所記的滇越或僄越之民。[115]又，西元前後，內遷中國西南地區的除了印度移民，還有一部分東南亞土著民，即操南亞孟高棉語的尼格利人種。其典型例子是焦僥種夷的內遷。有學者據《太平御覽》卷七八六引《後漢書》載：「安帝永初中，永昌徼外，焦僥種夷陸類等三千餘口，舉種內附，獻象牙、犀牛。其人長三尺，穴居善游，鳥獸懼焉。」謝崇安認為焦僥種夷當屬熱帶黑人種的尼格利陀人，其黝黑矮小的體質特徵很接近仍留存生活在馬來亞深山叢林中的原始色曼人。而《後漢書》載焦僥種夷所獻之永昌徼外的犀牛，正與雲南可寨山文化和越東北文化青銅藝術品中的犀牛形象相互引證，是印度犀牛由滇緬印古道輸入中國西南和越北各地

---

113 詳見謝崇安：〈略述石寨山文化藝術品中所見之早期中印交通史跡〉，載《四川文物》（成都），2004年第6期，頁28-33。

114 《史記》卷123〈大宛列傳〉，頁3166。

115 饒宗頤：《符號、初文與字母——漢字樹》（上海市：上海書店出版社，2000年版），頁67-74。

的確證。[116]

　　綜合上述出土文物及文獻的相互證明，可知永昌郡乃當時各外國人民集散地，從《華陽國志》卷四〈南中志〉載永昌郡條，永昌為「多銀寶貨」之地。內容包括：「黃金、光珠、琥珀、翡翠、蠶桑、猩猩、貗旄、琉璃[117]、軻蟲、蚌珠」等。[118]《後漢書》卷八十六〈西南夷哀牢傳〉說：「出銅、鐵、鉛、錫、金、銀、光珠、虎魄、水精、琉璃、軻蟲、蚌珠、孔雀、翡翠、犀、象、猩猩、貉獸」[119]當中大部分產物皆非永昌郡特產，是集四方交易而來；是各地外來商人帶來的商品。[120]它們主要來自緬甸、印度、伊朗，甚至有遠自紅海、羅馬轉販而來的商品。

四　結語

　　西南地區在歷史上是我國的戰略後方，是我國對外關係的門戶。其地有近一萬公里的國境線，與南亞和東南亞的巴基斯坦、印度、尼泊爾、不

116　詳見謝崇安：〈略述石寨山文化藝術品中所見之早期中印交通史跡〉，載《四川文物》（成都），2004年第6期，頁28-33。

117　古時雲南地區是不產琉璃，當來自印度。江玉祥：〈古代中國西南「絲綢之路」簡論〉載《古代西南絲綢之路研究》（成都市：四川大學出版社，1990年版），頁37。

118　常璩：《華陽國志》卷3〈蜀志〉，據劉琳《校注》，頁430。

119　《後漢書》卷86〈西南夷哀牢傳〉，頁2849；《太平御覽》卷786引〈九州記〉所說同；永昌郡地處東南亞熱帶地區，土地富饒，物產豐富，所以文獻記載說：「土地沃腴，黃金光珠、虎魄、翡翠、孔雀、犀、象、蠶、綿、絹、采帛、文繡……」等均出產。見楊毓才：《雲南各民族經濟發展史》（昆明市：雲南民族出版社，1989年版），頁163及景振國主編：《中國古籍中有關老撾資料匯編》（鄭州市：中州古籍出版社，1985年版），頁1-11；吳慧：《中國古代商業史》（北京市：中國商業出版社，1982年版），頁161。

120　鄧廷良《絲路文化——西南卷》（北京市：浙江人民出版社，1995年版），頁87；「血珀以緬甸琥珀山產的最為著名，所以雲南發現的琥珀可能來自緬甸。蝕花肉紅寶石產自巴基斯坦、印度、伊朗、伊拉克等地」，詳見郭一：《可觸摸的歷史——雲南民族文物古跡》（昆明市：雲南教育出版社，2000年版），頁87；王清華：《西南絲綢之路考察記》（昆明市：雲南大學出版社，1999年版），頁3。

丹、錫金、緬甸、老撾、越南諸國接壤，與孟加拉、泰國、柬埔寨接近。若果從此一角度去為西南定位，它便是處南亞、東南亞及中國之中心（Central place）位置，成為長安與國際間商業貿易的中轉站。西漢武帝時代以四川為基地，並以僰道為主要中轉站，「自僰道指牂柯江」，向東南及西南兩個方面推進。[121]東南方直指向貴州，以唐蒙作先頭部隊，西南方直指向蜀身毒道，以張騫為馬首是瞻。武帝雄才大略，帶領政府開發西南，開拓交通，設立郡縣，沿途置亭舍，方便商旅。要知商品貿易乃雙方面的，目的在通有無。隨便舉出漢代西南商品作例，如蜀茶、銅鼓、邛竹杖、梧桐琴、漆器家具、陶盛器、陶製葬具明器和鐵農具等，它們無論在構思、設計造型、裝潢包裝、商標外觀款式和消費者習慣等都體現了西南地區的文化觀念和知識。更重要的是透過商業貿易，商人的轉販中介角色與及商品本身流通等，產生物質文化的傳播，物質的交流，最終造成中亞各地文化的碰撞與融和。

總括而言，漢代西南與境內、外各地商貿關係能得到長足發展，實與兩漢政府約四百年持續推動有莫大關係。武帝銳意開發西南夷是重大轉折點。武帝把原來巴、蜀經濟區，由四川範圍擴展至雲南、貴州等地，由成都推展至青衣、僰、滇池、夜郎等地，自始川、雲、貴三地的商業命脈漸次打通；形成一個比從前更大的西南商貿圈。至於國際貿易方面，西南絲路成為主要商貿焦點，沿線交通匯點成為國際商品集散市場。東漢設立永昌郡，目的為成都在國際貿易基礎上增添副手，中、緬、印間國際商貿至此得以確立和鞏固。[122]

——原載於2005年《新亞論叢》第7期，2020年8月5日增訂。

---

121 《史記》卷116〈西南夷列傳〉，頁2994。

122 詳見拙作〈東漢永昌郡之設立與西南地區的商業發展〉，載《新亞論叢》2005年第1期，頁64-74。

論東漢巴郡物產與劉璋分三巴

一 緒言

　　古代「巴蜀」二字多被學者連稱，但是焦點總放在「蜀」而忽略「巴」。有學者曾用「以偏概全」來批評這「重蜀輕巴」的傾向。[1]有見及此，本文以「巴」為研究對象，補其不足。[2]至於本文研究時段定於東漢，原因是東漢政府中業以後曾對巴地政區作過連串分郡行動，尤以東漢末劉璋政權分巴行動至為急激，短短時間三次分巴。劉璋在此三次分巴中曾扮演著關鍵角色，表現出領導者的政治智慧。

　　近年論劉璋的文章已不再停留於「成王敗寇」之巢臼或囿於「闇弱性格」之桎梏，如高茂兵與周建敏合著〈益州土著士人與劉璋、劉備集團〉、劉華〈論東州流民與劉焉劉璋的關係〉、安劍華〈「東州士」與蜀漢政權〉、李兆成〈蜀漢政權與益州士族〉、馬寧等〈劉璋「闇弱」辨〉、羅開玉〈關於《建安四年北江塴碑》的幾點認識〉、曠天全〈劉璋論略〉

1　張澤咸云：「……人們通常以西蜀成都平原代表整個四川，那是以偏概全。」參見張澤咸：〈六朝隋唐間川東地區的經濟發展〉一文，載於中國社會科學院科研局組織編選《張澤咸集》（北京市：中國社會科學出版社，2007年版），頁245-256。

2　秦統一全國後，在西南方設置巴郡。西漢時期，將黔中郡西部，大致相當於今黔江、西陽、秀山、武隆四縣納入巴郡，自此巴郡政區格局大抵不變。顧祖禹：《讀史方輿紀要》云：「《禹貢》荊、梁二州之域，春秋為庸國地，後屬巴國，戰國時屬楚，秦屬巴郡，漢因之。……」見顧祖禹撰，賀次君、施和金點校《讀史方輿紀要》卷69〈四川四〉〈夔州府〉（北京市：中華書局，2005年版），頁3246。巴郡範圍與《華陽國志》所載古巴國範圍基本相同，即「東至魚腹，西至僰道，北接漢中，南極黔、涪」。

等。[3]馬寧、曠天全文章對諸葛亮評劉璋的功過提出反駁。[4]曠天全之文條分縷析,論據中肯。上述文章從巴郡主客集團及不同人士的利益衝突點切入,對劉氏所面對的幾股勢力作了深入剖析,把從前僅以劉璋性格為焦點的狹隘視角大大拓寬。可惜,利用「分三巴」為劉璋「闇弱」作辯的文章鳳毛麟角,似乎大家都忽略了劉璋在此方面的才能。故此,作者撰寫本文除研究東漢巴郡的產業外,還為劉璋「三次分巴」的歷史評價作一點新的補白。

二 劉焉留給璋的「物質及非物質」遺產

　　劉璋,生卒日子不詳。字季玉,東漢末劉焉之子。焉有三子,兄劉範及劉誕均死於政治漩渦中。[5]後來劉焉死,劉璋被趙韙(穎)推擁承繼父親為益州刺史,同時也接收父親遺下來的歷史包袱。[6]

　　劉焉留給其子劉璋的遺產,作者粗略把其分成兩類──(1)非物質

3　參見高茂兵、周建敏:〈益州土著士人與劉璋、劉備集團〉載《樂山師範學院學報》,2004年8月,卷19第8期,頁88-91。劉華:〈論東州流民與劉焉劉璋的關係〉載《昭通師範高等專科學校學報》,2007年2月,卷29第1期,頁49-52;安劍華:〈「東州士」與蜀漢政權〉載《成都大學學報(社科版)》,2010年第6期,頁18-25;李兆成:〈蜀漢政權與益州士族〉載《四川文物》2002年第6期,頁7-15;段少京、陳金鳳:〈劉璋失益州新論〉載《南昌航空二業學院(社會科學學版)》2004年1月卷6第1期,頁27-30;馬寧等:〈劉璋「闇弱」辨〉載《傳承》2008年,第2期,頁94-95;羅開玉:〈關於《建安四年北江堋碑》的幾點認識〉載《四川文物》,2011年第3期,頁56-60;曠天全:〈劉璋論略〉載《西華師範大學學報(哲社版)》,2004年第3期,頁114-121。

4　《三國志》〈蜀書·諸葛亮傳第五〉(北京市:中華書局,1982年2版),頁913。

5　劉焉三子分別是劉範為左中郎將、劉誕治書御史、劉璋為奉車都尉,見《三國志》〈蜀書·劉二牧傳第一〉(北京市:中華書局,1982年版),頁867。

6　趙穎即趙韙,「趙穎」《三國志》作「趙韙」,參見錢大昕《廿二史考異》卷14〈續漢書〉二(上海市:上海古籍出版社,2004年版),頁266。另,《三國志》〈蜀書·劉二牧傳第一〉裝〈注〉4,頁868。

性、（2）物質性。[7]非物質性者，意思是指由劉焉時代遺下的各勢力間的矛盾及禍根，而物質性者專指巴郡的物產資料。不過，在未探討劉焉所留給璋的遺產之先，須對劉焉據益州及後事情作出交代，以了解整件事的來龍去脈。

靈帝時，劉焉任太常職。當時政治衰缺，王室多故。劉焉感到時局波譎雲詭，如履薄冰。據〈蜀書・劉二牧傳第一〉載：「焉內求交趾牧，欲避世難」，反映出劉焉意興闌珊的心情。[8]未幾，劉焉又因為聽了董扶的一番話後，改寫了他及其子劉璋的命運。

〈蜀書・劉二牧傳第一〉載：

> ……侍中廣漢董扶私謂焉曰：「京師將亂，益州分野有天子氣」焉因扶言，意（更）在益州。[9]

由劉焉「欲避世難」至「焉因扶言，意更在益州」之三百六十度轉變，前後各走極端，一言退一言進，無不教人感到疑惑。也許，劉焉「欲避世難」並非出自真心，而「意在益州」才是他一直心底所渴求。因此受到董扶用「京師將亂，益州分野有天子氣」的激發，劉焉便欣然走上益州天子夢的路。[10]又，陳壽《三國志》〈蜀書・劉二牧傳第一〉云「意更在益

---

7 王夫之在其《讀通鑑論》中對於劉璋繼承劉焉父業，絕不苟同，其曰：「……劉焉之牧益州，漢命之；命之以牧，未嘗命之以世。焉死，璋偷立乎其位，益州豈焉所可傳子，而璋有宗社之責哉？」，見舒士彥點教、王夫之《讀通鑑論》卷9〈獻帝32〉（北京市：中華書局，1975年版），頁257。另參考柯美成、匯校通釋：《漢晉春秋通釋》（北京市：人民出版社，2015年版），頁128。

8 《三國志》〈蜀書・劉二牧傳第一〉，頁865。「內求州牧，以避世難」並無「交趾」二字，見《華陽國志》卷5〈公孫述劉二牧志〉，據劉琳《校注》，頁485。

9 《三國志》〈蜀書・劉二牧傳第一〉，頁865。

10 陳壽評曰：「……劉焉聞董扶之辭則心存益土……。」見《三國志》〈蜀書・劉二牧傳第一〉，頁870。

州」,「更」字是關鍵,表明劉焉本來的野心。漢室亂,正是劉焉割據稱雄的黃金機會。不過《華陽國志》卻無「更」字,未知孰是孰非。但有一點可以肯定的是,後來的歷史告訴我們,「益州」就是劉焉及劉璋兩代人的精神寄託。

據史書所載,劉焉能當上益州牧,有點戲劇化。據《華陽國志》卷五〈公孫述劉二牧志〉云:

> ……會刺史河南郤儉賦斂繁擾,流言遠聞,而并州殺刺史張壹,涼州殺刺史耿鄙,焉議得行。漢帝將征儉加刑,以焉為監軍使,尋領益州牧。蜀扶亦求為蜀(西部)〔郡屬國〕都尉。太倉令趙韙(穎)去官,從焉來西。[11]

文中提及此位太倉令趙韙(穎),即後來向上推舉劉璋,及第一次促成分巴郡的重要政治人物。值得留意的是第一次分巴之事前,劉焉身上發生了三件大事,其更衍生出其他問題,這都由其接班人劉璋一力承繼。

首先,劉焉到益州,時間得宜,恰巧避開黃巾馬相一劫。[12]刺史儉、縣令李升、巴太守趙部均被黃巾所殺。幸得州從事賈龍以家兵破滅,州界回復清淨。劉焉來,只負責善後工作,「撫納離叛,務行小惠」,「時南陽、三輔民數萬家避地入蜀,焉恣饒之,引為黨與,號『東州士』」。南陽、三輔民入蜀,造成將來益州主客集團間的相互矛盾和衝突。主客矛盾是劉璋承繼了父親給他的第一件「非物質遺產」和挑戰。

劉焉的第二件遺產給劉璋是「遣張魯斷北道」。[13]劉焉以「……魯為督

---

11 見《華陽國志》卷5〈公孫述劉二牧志〉,據劉琳《校注》,頁485-486。

12 關於馬相,任乃強論之甚詳,參見常璩《華陽國志》卷5〈公孫述劉二牧志〉,據任乃強《校補圖注》(上海市:上海古籍出版社,1987年版),頁342,注6。

13 「……在處理和張魯政權的關係上,劉璋則犯了大錯。張魯在劉焉死後,就不大把劉璋看在眼裡。故而劉璋大怒,處死了張魯的母親和弟弟,並派人討伐,後又遭致失敗。可

義司馬，與別部司馬張修（衡）將兵擊漢中太守蘇固，魯遂襲修殺之，奪其眾」[14]，造成日後尾大不掉的局面。張魯在漢中的統治方式是「以鬼道教民」，自號「師君」。[15]其來學道者，初皆名「鬼卒」。受本道已信，號「祭酒」。各領部眾，多者為治頭大祭酒。用樸素的宗教思想管理民眾。[16]在這一個「戶出十萬，財富土沃，四面險固」的小範圍裡，一片昇平。與張魯集團對立氣氛是劉焉留給劉璋之第二件「非物質性遺產」。

劉焉具政治野心。〈公孫述劉二牧志〉云：「謀襲長安……謀泄，範、誕受誅」。與此差不多同時「天火燒焉南車乘蕩盡，延及民家」，一連串事件，令人懷疑天火不是巧合。興平元年，劉焉徙治成都，「既痛二子，又感祆災，疽發背卒」。至此，劉氏家破人亡，僅剩季子璋存活。[17]漢獻帝初

以說劉璋是輕視了這股盤踞於漢中地區的勢力。認為只要自己的軍隊一出，必然凱旋而歸，所以毅然殺死人質。漢中的政權從此也不再投鼠忌器」，見馬甯、石超、李金鑫：〈劉璋「暗弱」辨〉載《傳承》2008年第4期，頁94。

14 《三國志》卷8〈魏書·二公孫陶四張傳第八〉，頁263及另同卷，裴松之〈注〉：「張修應是張衡，非《典略》之失，則傳寫之誤，頁264。」另參見高敏〈漢末張魯政權史實考辨〉收載於氏著《秦漢史論稿》〈第十二章〉（臺北市：五南圖書出版公司，2002年版），頁365-392。

15 《三國志》〈張魯傳〉云：「『自號』師君。以祭酒領部眾，多者為治頭大祭酒。其弟衛敗於陽平關，魯奔入巴中，太祖遣人慰諭，魯盡將家出。」是天師之名，由師君得之。《水經》〈沔水注〉云：「水南徑張魯治東。其西有張天師堂，於今民事之。」所謂天師者，指道陵。見（清）俞正燮《癸巳存稿》卷13〈張天師舊事〉條（瀋陽市：遼寧教育出版社，2003年版），頁381。另參考錢穆〈蜀中道教先聲〉收錄於《錢穆先生全集》（新校本）《讀史隨劄》（北京市：九州出版社，2011年），頁18-19及〈張道陵與黃巾〉收錄於《錢穆先生全集》（新校本）《讀史隨劄》（北京市：九州出版社，2011年），頁20-29。另可參見梁章鉅《三國志旁證》卷19，楊耀坤校訂本，（福州市：福建人民出版社，2000年版），頁498。

16 高敏在其〈漢末張魯政權史實考辨〉一文中討論到「張魯到漢中以後，由於形勢的變化，他立即建立了具有獨立性的政權。並沒有繼續忠於劉焉父子和聽從他們的擺布；特別是他並沒有拋棄五斗米道的傳統」，高氏行文同情張魯，詳見其文收載於氏著《秦漢史論稿》〈第十二章〉（臺北市：五南圖書出版公司，2002年版），頁365-392。

17 《華陽國志》卷5〈公孫述劉二牧志〉，據劉琳《校注》，頁488-489。

平四年是其劉氏家族最悲慘的一年，悲劇的發生是劉焉「乃造乘輿車服千餘，僭擬至尊」與及「和征西將軍馬騰通姦」所招致的。劉焉死，誰繼承他呢？〈蜀書‧劉二牧傳第一〉載：「州大吏趙韙（穎）等貪璋溫仁，共上璋為益州刺史，詔書因以為監軍使者，領益州牧，以韙為征東中郎將，率眾擊劉表。」[18]此處提到首次分巴的主角之一即上面提及之前太倉令——趙韙（穎）。趙韙（穎）對於劉璋來說是父摯輩。上載：「貪璋溫仁，共上璋為益州刺史」，「貪」字表明趙韙（穎）居心叵測。這禍端亦是劉璋所承繼的第三件「非物質性遺產」。

三 巴三分後各郡縣城所擁有之物產分配

至於「物質遺產」方面，劉璋則承繼了巴郡豐富的物產資源。

要知巴郡的經濟，有必要從先秦時期說起。就〈巴志〉中所載得物產大概如下：「……土植五穀，牲具六畜。桑、蠶、麻、紵、魚、鹽、銅、鐵、丹、漆、茶、蜜、靈龜、巨犀、山雞、白雉、黃潤、鮮粉，皆納貢之。其果實之珍者：樹有荔枝，蔓有辛蒟，園有芳蒻、香茗、給客橙、葵。其藥物之異者有巴戟、天淑；竹木之瑰者有桃枝、靈壽。……」。[19]上述各類物質性遺產到漢代仍然存在，部分重要物產如鹽和鐵，更得到政府積極的開發。

《華陽國志》〈巴志〉云：「獻帝興平二年，征東中郎將安漢趙韙（穎）建議分巴為二郡。[20]韙欲得巴舊名，故曰益州牧劉璋，以墊江以上為巴郡，（江）南龐羲為太守，治安漢；以江州至臨江為永寧郡，朐忍至

---

18 《三國志》〈蜀書‧劉二牧傳第一〉，頁867。

19 常璩《華陽國志》卷1〈巴志〉，據劉琳《校注》，頁25。

20 分巴為二郡，是從巴郡再分出二郡，合共三郡。有關趙韙分巴時間亦有商榷，詳見本文第（四）節〈劉璋的三次分巴郡〉的討論。

魚復為固陵郡。巴遂分矣。（見圖1）」[21]三郡地區分後，各地繼承有不同區域的各種各類物資遺產，這些都成為日後爭權奪利的硬實力，不容輕忽。

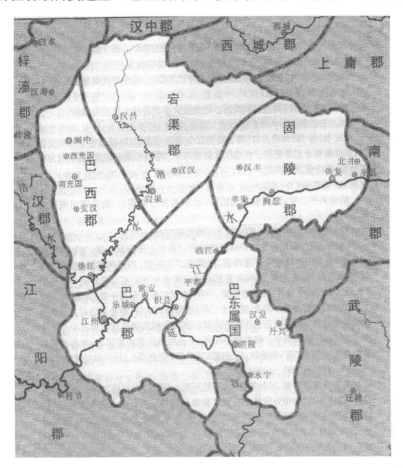

圖一　漢獻帝興平二年巴郡、永寧郡、固陵郡各自領域示意圖[22]

21　本文巴郡首次分為三之年份乃據李曉傑所定於興平二年。參考李曉傑〈漢末巴郡沿革表〉載於李氏《東漢政區地理》（濟南市：山東教育出版社，1999年版），頁177。另分三巴內容，可詳見周振鶴、李曉傑、張莉：《中國行政區劃通史——秦漢卷（下）》（上海市：復旦大學出版社，2017年版），頁911-920。

22　此圖採自周振鶴、李曉傑、張莉：《中國行政區劃通史——秦漢卷（下）》（上海市：復旦大學出版社，2017年版），頁915。

為了清楚東漢首次分巴後三地經濟物產的分配情狀，現就巴分三郡，即（一）巴郡、（二）永寧郡、（三）固陵郡，所分屬地物產詳述如下：

（一）巴郡

興平二年，巴郡共八縣。有1. 安漢、2. 墊江、3. 閬中、4. 西充國、5. 南充國、6. 宕渠、7. 宣漢、8. 漢昌。州牧劉璋「以墊江以上為巴郡」。按譚其驤主編《中國歷史地圖集》〈益州刺史部北部〉所記墊江以上，沿水路主要分西北及東北兩線。[23]前五縣1. 安漢、2. 墊江、3. 閬中、4. 西充國、5. 南充國，墊江之西北方向沿「西漢水」兩岸分布。後三縣6. 宕渠、7. 宣漢、8. 漢昌，墊江之東北方向沿「灊水」[24]及「不曹水」兩岸分布。

1. 安漢

巴郡太守但望分郡疏載：「謹按〈巴郡圖經〉，南北四千，東西五千，周萬餘里，屬縣十四。鹽鐵五官，各有丞史。戶四十六萬四千七百八十，口百八十七萬五千五百三十五。……敢欲分為二郡，一治臨江，一治安漢，各有桑麻、丹漆、布帛、魚池、鹽鐵，足相供給，兩近京師。」[25]但望「一治安漢」的構想要到東漢末趙韙（穎）分巴才得以實現。〈郡國志〉注引譙周《巴記》曰：「……趙韙（穎）分巴為二郡，欲得巴舊名，

---

23 譚其驤主編《中國歷史地圖集》（北京市：地圖出版社，1982年版），頁53-54。

24 《札樸》卷第7匡謬〈潛水〉條云：「水經：『潛水出巴郡宕渠縣，又南入於江』酈注：『潛水，蓋漢水枝分潛出，故受其稱耳。』馥案：宕渠者，說文作灊水，經典借「潛」字。書：『沱潛既道』。漢志作『灊』。又借『涔』字，夏本紀「沱涔已道」是也。酈注以為潛水，失之。」詳見桂馥《札樸》（北京市：中華書局，1992年版），頁260。

25 任乃強《華陽國志校補圖注》卷一〈巴志〉（上海市：上海古籍出版社，1987年版），頁20。另見清嚴可均輯《全後漢文》卷66〈請分郡疏〉（北京市：商務印書館，1999年版），頁675-676。

故郡以墊江為治，安漢以下為永寧郡」[26]按《華陽國志》〈巴志〉云：「以墊江以上為巴郡，（江）南龐羲為太守，治安漢，江州至臨江為永寧郡」。令人費解的是安漢、墊江同在巴郡內，而安漢且為郡治。錢大昕以為趙韙（穎）為安漢人，故欲移巴郡之名於安漢也，錢氏有其道理，譙周《巴記》此文似有誤。[27]至於巴名的價值如何，文後再有討論。

另外，任乃強對「一治臨江，一治安漢，各有桑麻、丹漆、布帛、魚池、鹽鐵」此句中「各有」一詞理解為「兩地農產相當」，作者同意此點。這段文字反映出漢時川東山區已墾闢為田疇，農產品及漁產品除「自給自足」外，更有「向外輸出」和「供應」的情況，文中「足相供給」四字便是生產剩餘的證明，同時反映兩地互通有無及互相依存的商貿關係。但是，作者對此句中後段之任氏標點則有異議之處。

查任氏《校補圖注本》標點與劉琳《校本》相異。劉琳〈校本〉標點如下[28]：「……各有桑麻、丹漆、布帛、魚池、鹽鐵，足相供給，兩近京師。……」任氏本標點為：「……各有桑麻丹漆，布帛魚池。鹽鐵足相供給。兩近京師。……」任氏標點本有其解釋，其釋文曰：「鹽鐵則巴東豐富，巴西缺乏，但水道供給便近，故曰『足相供給』。」[29]揆之史料，巴東臨江縣「食鹽官在鹽、塗二溪，一郡所在處，其豪門亦家有鹽井」[30]。《隸續》卷十一〈嚴舉碑陰〉載：「鹽官有秩，安漢任□字立中。」[31]巴西安漢

---

26 《後漢書》志卷23〈郡國志五〉，頁3507。

27 王文才、王炎據：《華陽國志》教訂譙周《巴記》此段，詳見二王氏合著《蜀志類鈔》譙周《三巴記》（成都市：巴蜀書社，2010年版），頁16。另，參見錢大昕《廿二史考異》卷14〈續漢書〉二（上海市：上海古籍出版社，2004年版），頁266。

28 常璩《華陽國志》卷1〈巴志〉，據劉琳《校注》，頁49。

29 見任乃強《華陽國志校補圖注》卷1〈巴志〉七，注19（上海市：上海古籍出版社，1987年版），頁24。

30 劉琳《華陽國志校注》〈巴志〉，頁67。

31 見洪適《隸續》卷11〈嚴舉碑陰〉（北京市：中華書局，1985年版），頁394。另見嚴耕望先生《中國地方行政制度史》甲部〈秦漢地方行政制度史〉（臺北市：中央研究院史語所專刊之45B，1990年第3版），頁197。

地區實非如任氏所言之「缺乏」，故不存在任氏所言之「足相供給」的情況。再者，就以位處巴西面的南充國縣，和帝時置，後地名雖屢改，《華陽國志》亦記其地「有鹽井」，此井一直維持到現代未變。[32]正正反駁任氏言巴西地方缺乏鹽產。至於巴的鐵產分布，《後漢書‧郡國五》載：「宕渠有鐵」。整個巴西郡僅此產鐵。所以關於鐵資源方面，應該巴西供巴東。至於鹽資源方面，任氏是在相對情況下提出，言下之意或可解讀為巴西鹽產不及巴東豐富。

2. 墊江

墊江，治今重慶合川市。[33]原巴國別都，秦當已置縣。西漢為縣，東漢、蜀、晉因。原屬巴郡，獻帝興平元年劉璋分三巴，屬巴郡，建安六年巴郡改名巴西，縣仍屬。《漢書》〈地理志〉墊江條注引孟康曰：「音重疊之疊。」[34]段玉裁云：「墊江縣為嘉陵江、渠江、涪江會合之地，水如衣之重複，故曰褺江。」[35]墊江地處交通要衝，一點三向，透過水路輻射面廣，是政治、經濟及軍事理想基地。早於巴子時代便有「……雖都江州，或治墊江，或治平都，後治閬中」。[36]墊江於歷史時期曾被選址為治所，足

---

32 巴西充國縣有鹽井數十，至近現代南閬鹽場產量僅次於自貢、犍為、樂山，詳見劉琳《華陽國志校注》〈巴志〉〈南充國縣〉條注2，頁95。

33 周振鶴編：《漢書地理志匯釋》〈地理志上三〉〈巴郡條〉（合肥市：安徽教育出版社，2006年版），頁335。另參考錢林書編：《續漢書郡國志匯釋》〈益州巴郡〉〈墊江〉條（合肥市：安徽教育出版社，2007年版），頁296。

34 《漢書》卷28上〈地理志〉，中華書局，頁1064，注4。東漢許慎《說文解字》載：「墊，下也，從土執聲。」，詳見段《注》13篇下〈土部〉（上海市：上海古籍出版社，1981年版），頁689。另見王子今〈張家山漢簡《二年律令秩律》所見巴蜀縣道設置〉載氏著《秦漢文通考古》（北京市：中國社會科學出版社，2015年版），頁238。

35 轉引自周振鶴編：《漢書地理志匯釋》〈地理志上三〉〈巴郡〉條（合肥市：安徽教育出版社，2006年版），頁335。

36 常璩《華陽國志》卷1〈巴志〉，據劉琳《校注》，頁65。

見其領先地位。到東漢末，征東中郎將安漢趙韙（穎）建議「……以墊江以上為巴郡……」，就是看重「墊江」的水路交通的優勢，以墊江為分郡基底，許慎釋墊字為「下底」之意或與此有關。[37]

《華陽國志》〈巴志〉載曰：「墊江縣，郡西北（中）水。四百里，有桑蠶牛馬。漢時，龔榮以俊才為荊州刺史。後有龔楊、趙敏，以令德為巴郡太守。淳于長寧。雅有美貌，黎、夏、杜，皆大姓也。」[38]在沮附近墊江縣有牛馬畜牧情形。巴西地處今嘉陵江流域中部和渠江，位於四川盆地山丘區的東部，養畜業發達是盛產黃牛及水牛的理想地方。

3. 閬中

〈巴志〉曰：「巴子時……後治閬中。」[39]其特殊地位早已顯明。又，班固《漢書》卷二十八上《地理志》云：「巴郡閬中縣，彭道將池在南，彭道魚池在西南。」《地理志》中閬中縣，故城在今四川閬中縣西。《華陽國志》卷一〈巴志〉記：「閬中縣，郡治。有彭池大澤，名山靈臺，見文緯書讖……。」[40]閬水迂曲遶其三面，縣居其中，取以為名。[41]〈三巴記〉曰：「閬中有渝水，賨民（左右居），銳氣喜舞。高祖樂其猛銳，數觀其

---

37 東漢許慎《說文解字》載：「墊，下也，從土執聲。」詳見段《注》13篇下〈土部〉（上海市：上海古籍出版社，1981年版），頁689。

38 巴西地處今嘉陵江流域中部和渠江，位於四川盆地山丘區東部。任乃強認為川北為農業區，自此以南無桑蠶牛馬，是昔人已劃分巴地為農業區和工商業區。詳見任乃強《華陽國志校補圖注》，注14（上海市：上海古籍出版社，1987年版），頁33。另，可參考郭聲波：《四川歷史農業地理》（成都市：四川人民出版社，1993年1版），頁314-317。

39 常璩《華陽國志》卷1〈巴志〉，據劉琳《校注》，頁65。參考錢林書編：《續漢書郡國志匯釋》〈益州巴郡〉〈閬中〉條（合肥市：安徽教育出版社，2007年版），頁294。

40 常璩《華陽國志》卷1〈巴志〉，據劉琳《校注》，頁92-93。

41 樂史撰　王文楚等點校《太平寰宇記》卷之86〈劍南東道五〉〈閬州〉（北京市：中華書局，2007年版），頁1715。

舞，使樂人習之，故名《巴渝舞》」。[42]渝水即西漢水（嘉陵江）在巴境內之別稱。

　　上引《地理志》云：「巴郡閬中縣，彭道將池在南，彭道魚池在西南。」閬中有「魚池」，可惜言焉不詳，所記有限。對於閬中魚池規模大小、產量多寡或是否有相關商品貿易活動記載，皆付闕如。又，前文〈地理志〉載「彭道將池在南」。王先謙《補注》引《方輿勝覽》「南池在今閬州高祖廟旁，即彭道將池也。……」又《一統志》：「池在閬中縣南。自漢以來，堰大斗、小斗水溉田，里人賴之。唐時堰壞，漸成平陸。」不過，《一統志》距漢代遠，不可深信，僅可存疑。[43]附帶一說，有學者云：「漢代三國巴蜀內地以產牛馬聞名的地區主要有：巴郡墊江、閬中……」。前引墊江有「……桑蠶牛馬」，足證此話不錯。但論到閬中，作者遍查《地理志》、《郡國志》及《華陽國志》均未見閬中有產牛馬史料，未知學者之所據是何典籍，疑此中有誤。[44]

4. 西充國

　　西充縣地望，有西充山，西充之名或與此山有關。《華陽國志》卷1〈巴志〉載：「獻帝初平四年又分充國置南充國縣。……分南充國後，充國在西，故後稱西充國。」其地無記載任何物產，或仰賴南充國而生活，基本上在未分郡時兩縣皆屬充國地，大家資源共享，不足為奇。[45]

42　《藝文類聚》43樂部舞類、《太平御覽》574樂部、又167閬州，轉引王文才、王炎《蜀志類鈔》譙周《三巴記》（成都市：巴蜀書社，2010年版），頁14。

43　上海師範大學古籍整理研究所《漢書補注》〈地理志〉第八上（上海市：上海古籍出版社，2008年版），頁2624。

44　羅開玉《四川通史》第2冊（成都市：四川大學出版社，1993年版），頁260-261。

45　參考錢林書編《續漢書郡國志匯釋》〈益州巴郡〉〈充國〉條（合肥市：安徽教育出版社，2007年版），頁296。

5. 南充國

〈巴志〉曰：「和帝時置。有鹽井。大姓侯、譙氏。」[46]劉琳〈校注〉曰：「（南充國縣）原為閬中縣地，西漢置充國縣，見《漢書》〈地理志〉。東漢初，省入閬。漢和帝永元二年復置。獻帝初平四年又分充國置南充國縣。……分南充國後，充國在西，故後稱西充國。蜀漢至晉，皆有西、南二充國。」[47]

東漢時期南充國已「有鹽井」，而鹽井運作更一直延續到唐代不斷，而且愈來愈興旺。[48]《益州記》云：「南充國縣西六十里有大昆井，即古之鹽井。」[49]至唐代南充國地鹽井有進一步發展，朝廷特意建置新井縣，便是因為南充國縣界「頗有鹽井，因斯立名」。[50]

6. 宕渠

巴郡宕渠乃今四川渠縣。[51]《後漢書》第二十三〈郡國五〉載：「宕渠有鐵」。但望《分巴郡疏》載：「謹按《巴郡圖經》境界，南北四千，東西五千，周萬餘里。屬縣十四，鹽、鐵五官各有丞、史。……」按東漢制「凡郡縣出鹽多者置鹽官，主鹽稅。出鐵多者置鐵官，主鼓鑄。」[52]劉琳《校注》曰：「這裡說桓帝時有鹽鐵五官，說明東漢巴郡鹽、鐵又有了發

---

46 常璩《華陽國志》卷1〈巴志〉，據劉琳《校注》，頁94。

47 常璩《華陽國志》卷1〈巴志〉，據劉琳《校注》，頁94，注1。

48 參考盧華語《唐代西南經濟研究》第9章〈製鹽業〉（北京市：科學出版社，2010年版），頁204-249。

49 樂史撰、王文楚等點校：《太平寰宇記》卷之86〈劍南東道五〉〈閬州〉（北京市：中華書局，2007年版），頁1710。

50 樂史撰、王文楚等點校：《太平寰宇記》卷之86〈劍南東道五〉〈閬州〉（北京市：中華書局，2007年版），頁1715。

51 「渠縣地處四川盆地東部，達州市西南部，與廣安、南充、巴中山水相連。……」參見顧恆一等：《輿地志輯注》（上海市：上海古籍出版社，2011年），頁85。

52 《後漢書》志第28〈百官五〉（北京市：中華書局版），頁3625。

展。五處當是：朐忍（鹽）、臨江（鹽）、涪陵（鹽）、充國（鹽）、宕渠（鐵）。」[53] 羅二虎提到東漢新設五官，即在巴郡宕渠（四川渠縣）、巴郡臨江（重慶忠縣）、巴郡朐忍（重慶雲陽）、巴郡涪陵（重慶彭水）、巴郡充國（四川閬中一帶）。[54] 鹽鐵五官，明確記載者有朐忍、臨江、宕渠，而羅氏據劉琳補涪陵、充國二處。

對於鹽鐵五官，在未討論五官是何五處地區前，先要問大家如何理解「鹽鐵五官」一詞？根據任乃強說：「鹽鐵五官，謂漢制，郡縣綜治民、刑、賦、役之外，更設有管理生產之專官，稱為『五官』。全稱為管理五行生產之官。（官為衙署之義，後世乃轉為官員之義）金官治銅鐵礦冶，木官治山林果樹，水官治水利漁罟，火官治陶鑄燒煉，土官主土木繕造。初皆合為一署，故曰『五行之官』。郡有五官掾，縣有五官丞，其下屬為史。鹽官、鐵官、橘官、錦官、工官之署，又係因各縣特產，至從五官分出特設之專官。不必每縣皆有。《漢志》各縣對於此種特設之專官則記之，於五官則不記。小縣亦或不設五官。若巴郡十四縣，每縣皆在三萬戶十萬口左右，則無不有五官丞史矣。鹽鐵五官丞，秩位亞於縣令。……」[55] 任氏認為此段鹽鐵五官乃「衙署之義」。不過，學者劉琳、羅二虎等則認為五官乃「官員之義」，五官者是說明有五處地方，惜無詳解。

任氏標點「鹽鐵五官」，鹽鐵中並沒有標點符號，他視之為一組名詞。劉琳《校注》則標點如下「鹽、鐵五官」，二字當中有一頓（、）號，可看作成兩個項目。任本、劉本雖然只差一個標點，但其背後說明二人在詮釋此四字上是有分別。究竟孰是孰非？作者則傾向「官員之義」說，所持理由有如下：

（一）任氏《注》中所說「鹽鐵五官」，視為一專有名詞，史書罕

---

53 常璩：《華陽國志》卷1〈巴志〉，據劉琳《校注》，頁50。
54 見羅二虎《秦漢時代的中國西南》（香港：天地出版社，2000年版），頁133。
55 常璩《華陽國志》卷1〈巴志〉，據任乃強《校補圖注》頁22，注6。

見。但望《分巴疏》中「……屬縣十四，鹽、鐵五官各有丞、史」。作者認為其中決定誰的標點較合理，則以文後「各有丞、史」的「各」字至為關鍵。若如任氏所釋「鹽鐵五官」乃一組專詞，其文後則不必有「各」字，而是「鹽鐵五官有丞史」，此處「各」字變成衍字。

（二）漢官制中涉及「五官」之名很多，例如五官中郎將、五官掾、五官侍郎、五官郎中……等等，「五官」名基本置於前。按任氏標點「鹽鐵五官」，五官一詞置於後，漢代官名中實未多見。[56]

（三）若如任氏說「金官治銅鐵礦冶」，但正史及《華陽國志》〈巴志〉不見有金官之名。

基於上述幾點看法，作者傾向同意劉琳《校注》本之「鹽、鐵五官」。至於「鹽、鐵五官」的五處地方，學者們亦有分歧，此點會在文後再討論。

7. 宣漢

《後漢書》〈郡國志〉劉昭注引《巴漢記》云：「和帝分宕渠之東置。」與漢昌同時置。故城即今達縣治。其他不詳。

8. 漢昌

漢昌縣故城，即今四川巴中市洽。[57]〈巴志〉云：「和帝時置……」其他亦不詳。

---

56 據《文淵閣四庫全書》（上海市：上海人民出版社）電子版統計「鹽鐵五官」僅出現了三次。而第一次是《華陽國志》〈巴志〉，另二次出現都是抄自〈巴志〉且都是漢以後的典籍：它們有《蜀中名勝記》和《東漢文記》，所涉內容全出自〈巴志〉，故可視為一次僅見。

57 參考錢林書編《續漢書郡國志匯釋》〈益州巴郡〉〈漢昌〉條（合肥市：安徽教育出版社，2007年版），頁297。

（二）永寧郡

此郡包括1.江州、2.枳、3.平都、4.涪陵、5.永寧、6.臨江等六縣。

1. 江州

江州縣，原巴國都，地處長江和嘉陵江的交匯之處。秦置縣，為巴郡治。兩漢至南朝因之。治今重慶老城區，大約轄今重慶市區、巴縣、江北、綦江、南川、璧山、永川等縣地；是漢代西南地區商業的「副核心」。《華陽國志》寫：「又立市龜亭北岸，今新市里是也。」《水經注》〈江水〉云：「江水又東，左逕新市里南。常璩曰：巴舊立市於江上，今新市里是也」。有學者考證其地為今天重慶的小車海，都城江州附近已設有官市。從出土的巴蜀「橋形幣」，可約略看出巴國都城江州早已具有組織地區商業貿易的經濟功能。

江州的發展關鍵時刻應在秦朝時候「儀城江州」，即張儀築建江州城；江州城在今重慶市區。[58]大概轄有今日重慶市區、巴縣、江北、綦江、南川、璧山、永川等縣地。[59]到了漢代，江州無論在軍事和經濟方面都有重要的發展。

就軍事方面而言，據顧祖禹《讀史方輿紀要》卷六十九〈四川四〉〈重慶府〉載：「公孫述之據蜀也，遣將從閬中下江州，東據扞關。光武使岑彭討述，自江州而進。先主初入蜀，亦自江州而北。蓋由江州道涪江，自合州上綿州者，謂之內水，由江州道大江，秃瀘、戎上蜀郡者，謂之外水，內、外二水，府扼其衝。從來由江道伐蜀者，未嘗不急圖江州，江州咽喉

---

58 王褒〈僮約〉注26〈江州條〉曰：「章樵注：『漢中郡有江州縣。蜀都眾水至此會合。見〈蜀都賦〉。』按：江州縣，西漢巴郡治，章注不確。」張傳璽主編《中國歷代契約匯編考釋》卷2〈兩漢〉〈西漢神爵三年資中縣王褒僮約〉，注26〈江州〉條（北京市：北京大學出版社，1995年版），頁37。

59 劉琳《校注》本，頁65，〈注〉1。

重地也。」[60]由此可見，江州地望在軍事戰略上實扮演重要角色。

　　江州於經濟方面，無論在農業、工業和商業都各有均衡的發展。

　　農業方面，漢代江州在主糧稻作業和農副產業上都取得不俗的成績。就稻米的生產，江州縣北「有稻田」。其所生產的稻米也非一般普通貨色，而是品質極佳的貢品；故有「出御米」之載譽。[61]除上述外，江州出產墮林粉、甘橘、荔枝、蒲葤蘭席等經濟作物更遠近馳名，成為江州商業區中的最具土、特產色彩的商品。據〈巴志〉載：「江州縣，郡治。……縣下有清水穴，巴人以此水為粉，則膏暉鮮芳，貢粉京師，因名粉水；故世謂江州墮林粉也。」[62]又，《華陽國志》卷〈巴志〉載：「漢世，郡治江州巴水北，有甘橘官。」[63]酈氏《水經注》卷三十三〈江水篇〉王先謙《注》云：「漢世郡治江州，巴水北，北底城是也……，縣有一橘官，荔枝園，夏至則熟，二千石常設廚膳，命士大夫共會樹下食之。」[64]劉琳注《華陽國志》〈巴志〉曰：「荔枝產於江州（今重慶）、墊江（今合川）、枳縣（今涪陵）等地，質量較瀘州、宜賓所產者稍次。」[65]又，《華陽國志》〈巴志〉載：「（江州）縣北……陂池出蒲葤蘭席。」[66]

　　綜前所述，江州的土、特產商品特別多；尤以墮林粉、御米更成為上繳京師的貢品；也成為地方官員的日常嗜好果物。這無疑對西南地區農業商品化帶來刺激作來。江州與安漢「足相供給」可見其流通情況。江州商

---

60 見顧祖禹撰，賀次君、施和金點校《讀史方輿紀要》卷69〈四川四〉〈重慶府〉注（北京市：中華書局，2005年版），頁3270-3271。

61 劉琳《校注》本，頁65。

62 「粉用敷面，有鉛粉、有米粉」，見常璩《華陽國志》卷1〈巴志〉，據劉琳《校注》，頁65、66，注4。

63 常璩《華陽國志》卷1〈巴志〉，據劉琳《校注》，頁61。

64 楊、熊二氏《水經注疏》下卷33（揚州市：江蘇古籍出版社，1989年版），頁2795及劉琳《校注》，頁65。

65 常璩《華陽國志》卷1〈巴志〉，據劉琳《校注》，頁26，注3。

66 常璩《華陽國志》卷1〈巴志〉，據劉琳《校注》，頁65。

品主要來自農業領域；上述墮林粉、甘橘、荔枝、御米和蒲蔪蘭席便是主
要特產商品。總言之，江州的農產商品一部分是滿足區內市場消費，至於
外銷方面則以土、特產為主。如以江州名土、特產荔枝為例。〈巴志〉載：
「荔枝產於江州（今重慶）、墊江（今合川）、枳縣（今涪陵）等地。」查
三地荔枝產品都各占市場，若三地荔枝質量相若，以荔枝須見新鮮享嗜及
保鮮期限的特性，估計其產品主要是針對區內短距離的本地市場。[67]

　　工業方面，江州水運方面無疑是促進其工業的有利條件。據《華陽國
志》〈巴志〉載但望上疏分郡云：「……治江州，敢欲分為二郡，一治臨
江，一治安漢，各有……鹽足相供給。」[68]由巴郡而西，到達另一區位巴
西郡南充國。[69]「南充國縣，（和帝）時置，有鹽井。」據此看到巴西以南
充國、安漢及江州三鹽區從今嘉陵江聯成一線直貫巴地西部，形成直線三
鹽區；成為東漢川東煮鹽工業的主要重鎮。鹽商品可利用水路運銷外地。

　　商業方面，〈巴志〉載：「江州以東，……一治臨江，一治安漢，各有
桑麻、丹漆、布帛、魚池……足相供給，兩近京師。」[70]從文中「足相供
給，兩近京師」可反映到當時江州東部——臨江與安漢已有商品貿易活
動，與京師也有商業上的往來。當時的貿易商品主要是包括上述的桑麻、
丹漆、布帛、漁產等。又，王褒〈僮約〉有一段描寫四川境內農村城市間

67　白居易《荔枝圖序》（《全唐文》675）云：「荔枝生巴峽間，……如離本枝，一日而變
　　色，二日而香變，三日而味變，四五日外色香味盡去矣」，另詳見嚴耕望《唐代交通圖
　　考》篇27《天寶荔枝道》，中央研究院歷史語言研究所專刊83，1986年版，頁1及陳元朋
　　〈荔枝的歷史〉載《新史學》，2003年（第14卷第2期），頁111-176。
68　常璩《華陽國志》卷1〈巴志〉，據劉琳《校注》，頁49。
69　鄧少琴引《益州記》曰：「南充縣西六十裡，布大昆井，即古之鹽井。」見鄧少琴《梁李
　　膺《益州記》輯存》載《鄧少琴西南民族史地論集——下冊》（成都市：巴蜀書社，2001
　　年版），頁592。
70　劉琳《校注》本，頁49。

的貿易當中有涉及與江州貿易活動。[71]其文云：「舍後有樹，當裁作船，上至溮主、下至江州，主為府掾求用錢。……」[72]由此得見，東漢前江州至溮主已有一條私人商貿幹線運作進行中。[73]至於江州至溮主途中主要交通，是陸路抑或水路。宇都宮清吉認為溮主之水運河體系，有利物資往運。[74]作者同意當地交通運輸是依靠水路為主，「舍後有樹，當裁作舟」即為旁證。

2. 枳

《漢書》〈地理志〉第八注引如淳云：「（枳）音徒，或音抵。師古曰：『音之爾反』。」[75]《華陽國志》卷一〈巴志〉載：「枳縣郡東四百里，治涪陵水會。土地确瘠。……」[76]又，劉琳《校注》注三〈荔枝〉曰：荔枝產於江州（今重慶）、墊江（今合川）、枳縣（今涪陵）等地，質量較瀘州、宜賓所產者稍次。[77]又，《華陽國志》〈巴志〉云：「巴子時……其先王

---

71 官德祥：〈從王褒〈僮約〉探析漢代中葉田莊商品經濟〉，載《中國農史》2010年（第29卷第4期）。

72 《全漢文》卷42〈王褒〉（北京市：中華書局，1958年版），頁359。

73 根據《初學記》「上至江州、下至溮主」宜改為「下至江州、上至溮主」。然而，宇都宮清吉氏在其〈僮約校勘記〉透過「押韻」的審視，認為「上至江州，此句當下句之下。州與舟協韻」。又「下至溮主，此句當上句之上。主與樹協韻」參見宇都宮清吉《漢代社會經濟研究》，弘文堂書房出版，昭和42年（1967年）增訂版，頁269。全句應為「舍後有樹，當裁作舟，上至溮主，下至江州」。宇都宮清吉氏持之有據，言之成理。作者對押韻沒有深究。不過，如從地望方位考慮，無論以成都或資中作為中心點看，溮主都是位處西北上方，而江州則在東南下方。基於以上原因，作者同意接受宇都宮清吉氏「上至溮主，下至江州」的校勘成果。

74 詳見宇都宮清吉《漢代社會經濟研究》，弘文堂書房出版，昭和42年（1967年）增訂版，頁355、363。

75 《漢書》〈地理志〉第8上，頁1603。

76 常璩《華陽國志》卷1〈巴志〉，據劉琳《校注》，頁66。

77 常璩《華陽國志》卷1〈巴志〉，據劉琳《校注》，頁26，注3。參考錢林書編：《續漢書郡國志匯釋》〈益州巴郡〉〈枳〉條（揚州市：安徽教育出版社，2007年版），頁295。

陵墓多在枳，其畜牧在沮，今東突峽下畜沮是也。又立市於龜亭北岸，今新市里是也。」[78]

3. 平都

秦、西漢屬枳縣地，東漢和帝時置縣。故城今豐都縣治，《後漢書》〈郡國志〉五劉昭〈注〉引《巴記》曰：「和帝分枳置」可見其地由來，其他不詳。巴子時代便有「……雖都江州，或治墊江，或治平都，後治閬中」。[79]《水經注》云：「巴子雖都江州，又治平都，即此處也。有平都縣，為巴郡之隸邑。縣有天師治，兼建佛寺，其清靈。縣有市肆，四日一會。」「縣有市肆」反映平都是當地貿易市場之一。就其地望可見，其應是枳與臨江兩縣城間貿易往來的主要平臺。「四日一會」表示出此平臺貿易並不算高度頻繁。[80]

4. 涪陵

《後漢書》卷二十三〈郡國五〉記：「涪陵出丹。」[81]劉昭〈注〉引《巴記》曰：「靈帝分涪陵置永寧縣。」《漢志》曰：「涪陵，巴郡次南鄙，從枳南入折丹涪水，本與楚商於之地接。漢時赤（田）甲軍常取其民。」[82]《鹽鐵論》《本議》載：「隴、蜀之丹漆旄羽……待商而通」[83]涪陵出丹，有丹

---

78 常璩《華陽國志》卷1〈巴志〉，據劉琳《校注》，頁58。

79 常璩《華陽國志》卷1〈巴志〉，據劉琳《校注》，頁65。參考錢林書編《續漢書郡國志匯釋》〈益州巴郡〉〈平都〉條（杭州市：安徽教育出版社，2007年版），頁296。

80 作者估計四日一會，或是買賣市場與供應地的距離。若四天為估算，以平都為中軸，外圈或可作為一個半徑二天來會（共四天）的貿易圈。

81 《漢書》〈貨殖列傳〉載：「自元、成迄王莽，京師富人杜陵樊，茂陵摯網，平陵如氏、苴氏，長安丹王君房，豉樊少翁、王孫大卿，為天下高訾。」師古〈注〉：「王君房賣丹，樊少翁及王孫大卿賣豉，亦致高訾。」《漢書》卷91〈貨殖列傳〉，頁3694。

82 《後漢書》卷23〈郡國五〉，頁3507。

83 《鹽鐵論》〈本議〉，馬非百注釋《鹽鐵論簡注》（北京市：中華書局，1984年版），頁7。

砂於市場出售。[84]劉琳注《華陽國志》〈巴志〉：「丹、漆、茶、蜜主要產於涪陵郡……」，其乃據〈巴志〉載：「涪陵郡……惟出茶、丹、漆、蜜、蠟……」。[85]《後漢書》卷二十三〈郡國五〉記：「涪陵出丹」，並無載涪陵出漆，究竟是〈郡國五〉失載抑或漢以後才裁培漆，則暫不得而知。[86]

此外，靈壽杖主要產於涪陵縣，左思〈蜀都賦〉云：「靈壽出涪陵縣。」李衎《竹譜》卷六載曰：「《安南物記》曰：『靈壽木，其節竹，又曰木竹，中實，注云漢賜三老靈壽杖，即此竹。靈壽即木竹異名也』。」靈壽杖漸成身分的象徵，不少人以擁有靈壽木造的杖為榮，自然容易成為西南竹木市場中有錢人士所追捧對象。雖然史書缺載，作者估測此靈壽杖應是西南地區珍貴的土特商產品。西南手工匠生產「竹木之貴」靈壽杖以滿足高檔次市場的需要。

5. 永寧

前引劉昭〈注〉〈郡國志〉引《巴記》曰：「靈帝分涪陵置永寧縣。」其他不詳。

6. 臨江

臨江，縣名。[87]西漢置。因臨江得名。治所在今四川忠縣。[88]《華陽國

---

84 常璩《華陽國志》〈巴志〉，據劉琳《校注》，頁88。

85 劉琳《華陽國志校注》卷1〈巴志〉（成都市：巴蜀書社，1984年版），頁53。

86 《後漢書》卷23〈郡國五〉，頁3507。另見，錢林書編《續漢書郡國志匯釋》（杭州市：安徽教育出版社，2007年版），頁295。

87 任乃強云：臨江，莽曰：監江。本以製鹽成邑。古鹽字與臨字監字常混用。如《漢地理志》越巂郡姑復縣臨池澤，《續漢郡國志》作鹽池澤。此縣在巴與秦，本曰鹽江。漢作臨江，非因其臨江岸。凡巴之邑，無不臨江。此邑雖亦在江岸，不得專臨江之稱也。巴國鹽泉，皆去江岸遠，惟此縣二溪鹽泉去江岸近而旺盛，巴人當發現甚早，兼以水旺面闊，利亞於巫泉，故早得鹽江之稱。枳東四百里，正是今忠縣位置。特言接朐忍者，謂朐忍屬巴東郡，地界鄰接，亦產鹽，而朐忍鹽與臨江鹽皆上行，銷巴黔地區，故連及之。見任乃強：《華陽國志校補圖注》（上海市：上海古籍出版社，1987年版），頁32。

志》〈巴志〉載:「臨江縣,積東四百里,接朐忍,有鹽官,在監、塗二溪,一郡所仰。其豪門亦家有鹽井。」[89]周振鶴《漢書地理志匯釋》臨江條,莽曰:監江。按治今重慶忠縣。其他語焉不詳。[90]學者認為東漢時鹽產區有所擴大,從鹽官增置反映這一趨勢,尤以井鹽區更顯著。[91]可是,學界對於鹽鐵工官的地理分布、數目等問題一直未有共識。

早在上世紀七十年代末,楊遠〈西漢鹽、鐵、工官的地理分布〉一文考補出西漢還有越巂郡定莋,巴郡臨江兩處。[92]其地在今四川鹽源,重慶忠縣。王子今於一篇討論早期井鹽史料及相關問題文章中都引用楊遠成果。[93]不過,作者認為楊氏考補還是有值得商榷餘地。

先談與本文相涉之臨江是否有鹽官的問題。楊遠提出的史料有《華陽國志》、《水經注》、《一統志》、《四川通志》、唐《地理志》。基本上,綜合比較各書實以常璩《華陽國志》為最接近西漢時代較可信。嚴耕望據《華陽國志》考臨江縣有鹽官,惟「疑為東漢置」。此方面與劉琳〈校注〉意見相類,劉《校注》云:「西漢臨江縣無鹽官,蓋東漢始設。」[94]楊遠憑巴郡人口、繁榮程度及「一郡所仰」,推論出「西漢時也當產鹽」。值得商榷是,某縣有鹽產並不代表政府必會在當地設鹽官,置鹽官要取決該縣鹽產規模大小條件。又或者附近已設置有鹽官,可一併處理兩地區鹽產,朐忍和臨江地理相近,兩者設有鹽官同時管理兩地不是無可能。另外,作者以

88 張舜徽《三國志辭典》〈臨江條〉(濟南市:山東教育出版社,1992年版),頁658。

89 劉琳《華陽國志校注》〈巴志〉,頁49、67。另見顧祖禹撰、賀次君、施和金點校:《讀史方輿紀要》卷69〈四川四〉〈塗山條〉注(北京市:中華書局,2005年版),頁3291。

90 周振鶴編:《漢書地理志匯釋》〈地理志上三〉〈巴郡條〉(合肥市:安徽教育出版社,2006年版),頁335。

91 郭正忠編:《中國鹽業史——古代篇》(北京市:人民出版社,1997年版),頁35。

92 楊遠:〈西漢鹽、鐵、工官的地理分布〉,《中國文化研究所學報》第9卷上冊,1979年,頁220、224。

93 王子今:〈張家山漢簡《金布律》中的早期井鹽史料及相關問題〉載《鹽業史研究》2003年第2期(另載於《張家山漢簡〈二年律令〉研究文集》。

94 常璩:《華陽國志》〈巴志〉,據劉琳,頁68,注3。

為楊遠強調上文「一郡所仰」，但下文「其豪門亦家有鹽井」一句則被忽略。揣摩這句背後訊息，透露出私鹽業的活躍情狀。政府能容忍大量私鹽業的存在，這看來是屬東漢政策下的產物，而非西漢時產物。總之，《華陽國志》載「有鹽官」，時間不明確。在沒有確鑿實據時，楊氏之說應存疑。

（三）固陵郡

分郡後，固陵郡有兩縣，朐忍和魚復。

1. 朐忍

《漢書》卷二十八〈地理志〉本注云：「（朐忍）容毋水所出，南入江，有橘官、鹽官。」[95]由此可見，此地方的農副業及煮鹽業均有發展，而且應有相當規模。

先談煮鹽工業，《華陽國志》〈巴志〉載：「朐忍縣……有鹽井……湯溪鹽井，粒大者方寸。」[96]按上引〈地理志〉載：「……朐忍有鹽官。」[97]據漢制凡有鹽官之地必產鹽。兩書記載吻合，亦表明朐忍當地鹽井自西漢起一直進行著開採。今人李小波說：「固陵郡，屬縣六，均為鹽產地。朐忍是川東最大的鹽產地，鹽井多，產量大。」[98]

《水經注》卷三十三〈江水篇〉曰：「朐忍縣有鹽官，自縣北入鹽井溪，有鹽井，營戶溪水沿注江。」[99]《荊州記》云：「朐忍縣北岸有陽溪，

95　《漢書》卷28上〈地理志〉第8上，（北京市：中華書局），頁1603。又章懷注：雲安西萬戶故城，即漢之朐忍縣，詳見梁章鉅《三國志旁證》卷19，楊耀坤校訂本（福州市：福建人民出版社，2000年版），頁499。

96　劉琳：《華陽國志校注》〈巴志〉，頁78。

97　《漢書》卷28上〈地理志〉，頁1603。

98　李小波：〈川東古代鹽業開發對行政區劃和城市分布的影響〉載於《鹽業史研究》2000年第9卷第3期，頁310。

99　楊守敬、熊會貞：《水經注疏》卷33〈江水〉（杭州市：江蘇古籍出版，1989年版），頁2801。

溪內有鹽井百二十所，巴峽一川悉資此鹽。」[100]顧祖禹《讀史方輿紀要》卷六十九〈四川四〉載〈雲安鹽城條〉〈注〉引劉昫曰：「雲安多有鹽利，自漢以來皆置官司之」。[101]章懷太子賢曰：「雲安西萬戶故城即漢之朐忍縣」。[102]鄧少琴據《周禮》載之『形鹽』及根據長江水庫開縣的二馬井訪查發現，得出以下結論：「⋯⋯朐忍區內開鑿鹽泉，時間確實很早。」[103]

又，嚴耕望引《隸續》〈孝子嚴舉碑陰〉載「鹽官有秩，安漢任□字立中。」嚴氏並把之歸入巴郡條。[104]據碑的內容提到延熹七年五月孝子嚴舉為父行喪服制。延熹七年是東漢桓帝第六個年號，時間是西元一六四年。按東漢制，有鹽官地方，是有鹽產。東漢桓帝時能符合此條件者除了朐忍縣外，應還有臨江縣。因此，單憑「鹽官有秩，安漢任□字立中」是不能確知此鹽官是屬哪一縣。事實上，朐忍或臨江皆有機會。根據廖伯源云：「有秩在縣稱官有秩，在鄉稱鄉有秩；有秩為郡所署，則有秩無論在郡、在縣、在鄉，皆為郡屬吏。有秩既為郡辟，當不限在本縣，為本郡人即可⋯⋯有秩無論在郡、在縣、在鄉，皆是郡所辟置，皆為郡屬吏，此當為兩漢通制。⋯⋯。」[105]因此之故，僅憑「鹽官有秩」或「安漢任□字立

---

100 虞世南《北堂書鈔》卷146〈酒食5〉〈鹽條〉注引（北京市：中國書店，1989年版），頁616。

101 顧祖禹撰、賀次君、施和金點校：《讀史方輿紀要》卷69〈四川四〉（北京市：中華書局，2005年版），頁3258。

102 顧祖禹撰、賀次君、施和金點校：《讀史方輿紀要》卷69〈四川四〉（北京市：中華書局，2005年版），頁3258。

103 趙逵說：「產鹽古鎮歷史較長。許多起源於人類活動早期，目前存留較多的主要集中在四川自貢和渝東長江沿線，如現在仍保存有大量遺跡的魚復東岩磧壩鹽泉、朐忍（雲陽）鹵泉⋯⋯」，詳見趙逵〈鹽業經濟與古代城鎮的發展演變──以四川古鹽業為例〉載《鹽文化研究論叢》第5輯，2011年（成都市：巴蜀書社），頁101-106。另，參考鄧少琴：《巴蜀史跡探索》（成都市：四川人民出版社，1983年版），頁31。

104 見嚴耕望先生《中國地方行政制度史》甲部〈秦漢地方行政制度史〉，中央研究院史語所專刊之45B，1990年第3版，頁197。

105 廖伯源先生根據〈東海郡下轄長吏名籍〉例子得出結論，詳見廖伯源：《簡牘與制度──尹灣漢墓簡牘官文書考證》（臺北市：文津出版社，1998年版），頁82-83。

中」要確認其鹽官的縣屬是資料不足，唯一可作肯定的是「鹽官有秩」是巴郡辟。總而言之，巴郡鹽官有二，一在朐忍，另一則未能確知。

由朐忍西南沿長江而上達至第一個鹽區為臨江縣鹽區。臨江縣「接朐忍，有鹽官。在監、塗二溪，一郡所仰。」[106]巴國鹽泉，皆去江岸遠，惟此縣二溪鹽泉去江岸近而旺盛，巴人當發現甚早，兼以水旺面闊，利亞於巫泉，故早得鹽江之稱。「接朐忍」者謂朐忍屬巴東郡，地界鄰接，亦產鹽，而朐忍鹽與臨江鹽皆上行，銷巴黔地區，故連及之。朐忍便是因「產鹽而興的古鎮」。根據趙達分析，其特點就是「分布在四川盆地東部（巴）的長江邊上或長江支流附近，……由於水運的便利條件使人們更多地聚集到這些產鹽地。」[107]

另外，《漢書》卷二十八〈地理志〉本注云：「（朐忍）……有橘官。」[108]橘官負責向京師上貢水果。《輿程記》：「自巴陽驛至五峰驛水道凡九十里，五峰驛南有橘官堂故址。《漢志》朐忍有橘官，《元和志》雲安縣有橘官，此即其治所也。」[109]

2. 魚復

《漢書》卷二十八上〈地理志〉注云：「江關，都尉治。有橘官。」[110]《華陽國志》卷一〈巴志〉載：「郡治。公孫述更名白帝，章武二年改曰永安，咸熙初復。有橘官……。」[111]劉琳〈校注〉云：「……至唐代，夔

---

106 常璩：《華陽國志》卷1〈巴志〉，據劉琳《校注》，頁49、67。

107 詳見趙達〈鹽業經濟與古代城鎮的發展演變——以四川古鹽業為例〉載《鹽文化研究論叢》第5輯（成都市：巴蜀書社，2011年），頁103。

108 《漢書》〈地理志〉，頁1603。另見周振鶴編：《漢書地理志匯釋》〈地理志上三〉〈巴郡條〉（合肥市：安徽教育出版社，2006年版），頁335-336。

109 顧祖禹撰、賀次君、施和金點校：《讀史方輿紀要》卷69〈四川四〉（北京市：中華書局，2005年版），頁3259。

110 《漢書》卷28上〈地理志〉第8上，（北京市：中華書局），頁1603。

111 常璩：《華陽國志》卷1〈巴志〉，據劉琳《校注》，頁77。

州柑橘列為貢品。今奉節一帶仍為柑橘產區。」[112]《後漢書》志第二十三〈郡國五〉云：「魚復，扞水有扞（扜）關。」扞關即江關，是戰國時楚地的西界，也是巴東界。《後漢書》〈公孫述傳〉云：「東守巴郡，拒扞關之口。」「將軍任滿從閬中下江州，東據扞關，於是盡有益州之地。」扞關是巴蜀的東部關防。[113]作者認為東漢〈郡國志〉〈魚復〉條雖然沒有記載任何物產，但從其地望推估皮漢末其地仍有種果業。當然，此地作為軍事戰略上的重要性遠於其產業經濟之上，則殆無異議。

從上可見，巴郡財富土沃，農林副業分布廣泛，鹽鐵產業林立。這一切都是亂世野心家們所覬覦的目標。劉璋及其集團想要在亂世中保守其資產，尤當自下而上分巴聲甚囂塵上，當中難度極高！

四　劉璋的三次分巴郡

漢代最早提出分巴郡的時間是永興二年（西元154年），三月甲午。主人翁是巴郡太守但望，其分郡疏內容如下：「謹按〈巴郡圖經〉，南北四千，東西五千，周萬餘里，屬縣十四。鹽鐵五官，各有丞史。戶四十六萬四千七百八十，口百八十七萬五千五百三十五。……敢欲分為二郡，一治臨江，一治安漢，各有桑麻、丹漆、布帛、魚池、鹽鐵，足相供給，兩近京師。……臣雖貪大郡以自優假，不忍小民顒顒蔽隔，謹具以聞。」此次但望分巴建議，不為朝廷所納。作者按但望分巴的動機是單純。其「為民

112　常璩：《華陽國志》卷1〈巴志〉，據劉琳《校注》，頁78，注3。另見，參考盧華語《唐代西南經濟研究》第1章〈表1.1　唐代西南地區貢賦表〉（北京市：科學出版社，2010年版），頁13-15。

113　王子今、劉華祝：〈說張家山漢簡《二年律令·津關令》所見五關〉載於《張家山漢簡〈二年津令〉研究文集》（桂林市：廣西師範大學出版社，2007年版），頁365-366。另見王子今〈張家山漢簡《二年律令、津關令》所見五關〉載氏著《秦漢文通考古》（北京市：中國社會科學出版社，2015年版），頁224-225。

庶請命救患」，又「不忍小民顒顒蔽隔」，均以巴郡民生福祉為依歸。[114]細
深一想，但望分巴郡，無論分配結果如何，分出的巴地，仍歸漢室所有！然
而，劉璋分巴情況卻大不同。

漢末群雄並起，各股勢力風起雲湧。與劉璋相涉的「分巴郡」舉措共
三次。三次分郡，劉璋是應屬下要求進行，屬於被動。不過，劉氏卻能由
「被動」轉成「主動」，反「客」為「主」，足反映他頭腦並不「闇」。[115]

據《華陽國志》〈巴志〉載：

> 獻帝初平〔元〕六年[116]，征東中郎將安漢趙韙（穎）建議分巴二
> 郡。韙欲得巴舊名，故白益州牧劉璋，以墊江以上為巴郡，江南龐
> 羲為太守，治安漢。璋更以江州至臨江為永寧郡，朐忍至魚復為固

114 常璩：《華陽國志》卷1〈巴志〉，據劉琳《校注》，頁47。

115 見曠天全〈劉璋論略〉載《西華師範大學學報（哲社版）》，第2004年第3期，頁114-
121。又，「東漢末年，戰禍不斷。中原一帶已經成為刀兵戰場，而成都一帶還算安泰。
比較平靜和緩的社會條件無疑成為人們躲避戰亂的樂土。劉璋的暗弱之名恐怕也未必使
人反感，畢竟一名性格溫和的統治者要比殘暴戾虐的上司好得多，即使他沒有開疆拓土
的宏圖大志，但保境安民的主旨思想還是應該符合一部分苦於戰亂，想要過安定生活的
人士的心願的」，見馬宵、石超、李金鑫：〈劉璋「暗弱」辨〉載《傳承》2008年第4期，
頁95。

116 孔祥軍檢《華陽國志》以為獻帝無初平六年，當作元年，並因此推出益州牧劉璋（當作
劉焉），惜語焉不詳，見氏著《晉書地理志校注》，注2（北京市：新世界出版社，2012年
版），頁110。反之，任乃強《華陽國志校補圖注》云：「舊本皆作『初平元年』。劉昭
〈郡國志注〉注引譙周《巴記》作『初平四年』。茲據改。初平元年劉焉入蜀。五年，焉
卒，子璋為牧，乃得分郡。初平五年改元興平。淺人以為初平無六年，妄以為是元字之
訛而改之也。蓋蜀亂道閉，頒朔不至，蜀人猶奉初平年號。六年，即興平二年也。」任
氏說有理較孔氏可取，詳見任乃強《華陽國志校補圖注》（上海市：上海古籍出版社，
1987年版），頁26。另，參考李吉甫：《元和郡縣圖志》卷33〈校勘記〉（北京市：中華書
局，1983年版），頁876，注79。趙一清認為「劉璋嗣位以趙韙為征東，乃興平元年正分
巴之歲也，……」，參見梁章鉅：《三國志旁證》卷19，楊耀坤校訂本（福州市：福建人
民出版社，2000年版），頁499。

陵郡，巴遂分矣。⋯⋯[117]

征東中郎將安漢趙韙（穎）建議分巴二郡，分巴二郡意思是從巴郡再分出二郡。[118]

又，上文載趙韙（穎）提出「欲得巴舊名」。為何他有此要求？他提出此要求的背後又有什麼政治目的？劉璋對於趙氏所提出的要求，又作出何種反應和行動呢？

誠於前文交代，劉璋承繼了父親的遺產，其中之一項就是趙韙（穎）問題。趙韙（穎）自去太倉令官，「並從（劉）焉來西（益州）」[119]到「貪璋溫仁，共上（劉）璋為益州刺史」[120]，一步一步露出其政治野心。趙韙（穎）之有恃無恐向劉璋提出分巴，表面藉口是「欲得巴舊名」，實際是想與劉璋瓜分巴郡。劉璋絕非愚昧到看不穿趙韙（穎）的動機。劉璋有其「巧妙」安排。他把巴郡分成三份，但巴郡這心臟區則不交給趙韙（穎），而是另有其人龐羲。[121]

至於趙韙（穎），原本《英雄記》載「⋯⋯璋使趙韙（穎）進攻荊州，屯朐忍」。[122]朐忍屬固陵郡，劉璋刻意留他在三郡中最細小固陵郡，而且此地物產相比其他兩處相對地少（詳見下表）。

117　常璩：《華陽國志》卷1〈巴志〉，據劉琳《校注》，頁55。

118　常璩：《華陽國志》卷1〈巴志〉，據劉琳《校注》，頁55，注1。

119　常璩：《華陽國志》卷5〈公孫述劉二牧志〉，據劉琳《校注》，頁485-486。

120　《三國志》〈蜀書‧劉二牧傳第一〉，頁867及裴〈注〉4，頁868。

121　《英雄記》曰：「龐羲與璋有舊，又免璋諸子於難，故璋厚德羲，以羲為巴西太守，遂專權勢」，詳見《三國志》〈蜀書‧劉二牧傳第一〉，裴〈注〉1，頁869。又，據田餘慶云：「龐羲望出河南，東漢議郎，劉焉通家，曾將劉範、劉誕諸子入蜀，為劉璋姻親，在劉備營壘中足以代表劉璋舊屬，起承前啟後作用。」田餘慶《田餘慶卷》（臺北市：萬卷樓出版公司，2011年版），頁161。

122　《後漢書》卷75〈劉焉袁術呂布列傳第65〉，頁2433。

〈東漢巴分三郡下經濟作物的分布簡表〉

巴分三郡	主要物產名稱
巴郡	桑、蠶、麻、丹、漆、布帛、魚、鹽、鐵、牛馬
永寧郡	稻、墮林粉、甘橘、荔枝、蒲葑蘭席、鹽、丹、漆、茶、蜜、蠟
固陵郡	鹽、橘、靈壽木、靈龜

至於〈巴志〉云：「……以墊江以上為巴郡，江南龐羲為太守，治安漢……。」[123]趙氏乃安漢縣之本地大姓，據〈巴志〉云：「安漢縣，號出人士。大姓陳、范、閻、趙」。[124]現以龐羲為太守治安漢，目的就是派龐羲去切斷趙氏在地方上的勢力紐帶，上述各舉措都說明劉璋是經過深思熟慮而作出的。

建安五年（西元200年），《後漢書》、《三國志》和《華陽國志》均有載趙韙（穎）叛反的事。不過，三書所載字眼仍互有出入。

《三國志》卷三十一〈蜀書·劉二牧傳第一〉載：

「……（龐）義與馬通家，乃募將焉諸孫入蜀。」[125]
「……（龐）義與璋情好攜隙，趙韙（穎）稱兵內向，眾散見殺，皆由璋明斷少而外言入故也……。」[126]

《華陽國志》〈公孫述劉二牧志〉載：

---

123 墊江以上指今合川以北嘉陵江、渠江流域，見常璩《華陽國志》卷1〈巴志〉，據劉琳《校注》，頁55，注2。

124 常璩：《華陽國志》卷1〈巴志〉，據劉琳《校注》，頁95。

125 《三國志》卷31〈蜀書·劉二牧傳第一〉，頁867。

126 《三國志》卷31〈蜀書·劉二牧傳第一〉，頁868。

……或構義於璋，璋與之情好攜隙。趙韙（穎）數進諫，不從，亦恚恨也。[127]

《後漢書》〈劉焉傳〉云：

趙韙（穎）之在巴中，甚得眾心，璋委之以權。韙因人情不輯（和），乃陰結州中大姓。建安五年（西元200年），還共擊璋，蜀郡、廣漢、犍為皆反應。[128]

根據上引各史料，《三國志》把趙韙（穎）起兵歸咎於劉璋的性格和處事手法，而《華陽國志》則焦點放在龐羲與趙韙（穎）二人之爭。作者以為陳壽《三國志》云：「……明斷少而外言入故……」的論斷過於主觀。根據作者前引分巴的歷史發展來看，趙韙（穎）叛反，事出有因。趙韙（穎）應在「欲得巴舊名」不得逞下，懷恨於心。據《華陽國志》〈公孫述劉二牧志〉載：「起兵數萬，將以攻璋，璋逆擊之。明年，韙破敗。」[129]此時距興平二年（西元195年）三分巴郡已有五、六年光景。趙韙（穎）起兵絕非一時衝動。早前劉璋把龐羲安排在安漢，使他壓抑趙韙（穎），令他不能發作。若把三書史料與前引的歷史發展結合來看，趙韙（穎）謀反，肯定與劉璋不肯就範有關。作者認為縱使劉璋性格變得決斷，處事方式靈活。又，龐羲沒有「情好攜隙」，趙韙（穎）仍會叛反。這點又可從下引《英雄記》中得到進一步引證。

裴松之〈注〉引《英雄記》中一段史料說明劉璋與趙韙（穎）之間的關係，同時說明趙韙（穎）是早有預謀。其文如下：

---

127 常璩：《華陽國志》卷5〈公孫述劉二牧志〉，據劉琳《校注》，頁491。

128 《後漢書》卷75〈劉焉袁術呂布列傳第65〉，頁2433。

129 常璩《華陽國志》卷5〈公孫述劉二牧志〉，據劉琳《校注》，頁491。

先是，南陽、三輔人流入益州數萬家，收以為兵，名曰東州兵。[130] 璋性寬柔，無威略，東州人侵暴舊民，璋不能禁，政令多闕，益州頗怨。趙韙（穎）素得人心，璋委任之。韙因民怨謀叛，乃厚賂荊州請和，陰結州中大姓，與俱起兵，還擊璋。蜀郡、廣漢、犍為皆應韙。璋馳入成都城守，東州人畏韙，咸同心拼力助璋，皆殊死戰，遂破反者，進攻韙於江州。韙將龐樂、李異反殺韙軍，斬韙。[131]

裴松之引《英雄記》此段話，簡要說出劉璋與趙韙（穎）關係惡化的始末，是一條重要線索。它不單止透露出趙韙（穎）實力雄厚，獲得許多益州人民及州中大姓的支持。同時記載了趙韙（穎）所作出的兩面部署：「乃厚賂荊州請和」和「陰結州中大姓」。至於東州兵的介入，令問題變得複雜，使劉璋與趙韙（穎）之爭升級成「主、客」之爭，主是趙韙（穎）及本地大姓人民，客是劉璋自身及來自南陽、三輔的外來移民。[132] 結果，以劉璋為首的聯合東州兵險勝。隨著趙韙（穎）被其手下所殺，劉璋的第一次政治危機暫得到化解。為何說「暫得」？因為趙韙（穎）死後，魚復塞胤白璋又爭巴名。

---

130 安劍華〈「東州士」與蜀漢政權〉載《成都大學學報（社科版）》，2010年第6期，頁18-25。及劉華〈論東州流民與劉焉劉璋的關係〉載《昭通師範高等專科學校學報》，2007年2月，第29卷1期，頁49-52。

131 《三國志》卷31〈蜀書‧劉二牧傳第一〉，頁869。

132 劉華〈論東州流民與劉焉劉璋的關係〉載《昭通師範高等專科學校學報》，2007年2月，第29卷1期，頁49-52。又，羅開玉認為劉璋以外來統治管理有問題，顯示並無能，其云：「碑文中不見州牧劉璋、也不見蜀郡守的名字，卻始終都在歌頌職位甚低的「太守守史」郭擇、趙汜。可見以劉璋為代表的外來統治者，其統治是浮在面上的，實際上控制益州的卻是入仕的當地土著豪族。此碑形象地再現了當時「蜀土人士，專權自恣，君臣之道，漸以陵替」。以劉璋為代表的州政府連北江堋這樣關係著蜀地國計民生的大堰都不直接管理，劉璋連此次大修都不去視察一下，既是不重視經濟建設，也是懦弱無能的表現」，詳見羅開玉〈關於《建安四年北江堋碑》的幾點認識〉載《四川文物》，第2011年第3期，頁56-60。

　　建安六年，趙韙（穎）起兵反劉璋被殺。魚復塞胤建議重新改三巴的名稱。劉璋乃改永寧為巴郡，以固陵為巴東。其實是將墊江以上之巴郡改名為巴西，龐羲改為巴西太守，而江州至臨江仍稱巴郡，胸忍至魚復稱巴東，正式稱為「三巴」。《華陽國志》對於第二次的爭巴名，語焉不詳。作者按當時形勢局面，嘗試估測劉璋第二次分巴的背後目的。

　　劉璋重冠巴郡地名，絕不會無的放矢。審度時局，劉氏此舉很可能是希望利用巴名來促進域內居民的「向心力」，培育出巴人一家團結精神。劉氏的最終極目標是以此精神來修繕巴郡內主、客間之嫌隙。巴郡在未改名前，分別名巴郡、固陵郡和永寧郡，改名後全巴郡都冠有「巴」字，它們包括巴郡、巴西郡和巴東郡。事實上，無論是巴郡的主或客都不會喜歡長期過著干戈戎馬的生涯。趙韙（穎）一役使彼此痛定思痛。大家都想過和平安寧的日子。客人身分的劉璋對於主客矛盾不會不察。劉璋愛和平的性格，使他不願用武力去處理主客問題。

　　劉璋割據益州，巴郡出任何亂子都會影響大局。他明白內憂治不好，外患擋不住的硬道理。總之，他很想維持益州穩定，人民能享受太平日子。他的和平思想及愛民思想，在投降劉備時即有所反映。據《三國志》裴松之〈注〉云：「吳書曰：璋以米二十萬斛，騎千匹，車千乘，繒絮錦帛，以資送劉備。」[133]後劉璋言：「父子在州二十餘年，無恩德以加百姓。百姓攻戰三年，肌膚草野者，以璋故也，何心能安！」遂開城出降，群下莫不流涕。」[134]劉璋用大量的財富以乞和，目的是避免大動干戈。「百姓攻戰三年，肌膚草野者，以璋故也，何心能安！」一句足見劉璋的著眼處。當然，從另一角度又有人會把「熱愛和平」的劉璋看成為「闇弱無能」的庸才。

133　《三國志》〈蜀書・劉二牧傳第一〉裴〈注〉5，頁865。
134　《三國志》〈蜀書・劉二牧傳第一〉，頁869。

　　至於第三次分巴，是由涪陵縣謝本向劉璋提出。〈巴志〉云：「涪陵謝本白璋，求分置丹興、漢髮二縣，以涪陵為郡。璋初以為巴東屬國。後遂為涪陵郡。」[135]任乃強釋云：「巴郡舊有涪陵縣，王莽改曰巴亭。後漢復舊。縣境遼闊，包有烏江流域。東接巴東。此時礦業大興，民戶增盛，故謝本請分置二縣合涪陵為郡。漢制：邊遠夷落地區，雖已置縣，而內地移民猶少，賦稅不足以養官者，但置屬國都尉領縣，不置太守。涪陵舊與巫、魚復皆秦黔中郡地。漢時猶徵其夷兵戍守魚復之赤甲城。故劉璋以為巴東屬國。然中原人避亂來居此僻地者日多，故未幾時即已析置五縣，為涪陵郡矣。」[136]作者贊成任氏的看法，隨著中原動亂釋出大量移民竄入巴東地區，令「民戶增盛」，地方政區有必要擴大以配合發展。

　　《華陽國志》〈巴志〉載：「涪陵郡，巴之南鄙。……少文學，無蠶桑，惟出茶、丹、漆、蜜、蠟。……」又，《後漢書》卷二十三〈郡國五〉記：「涪陵出丹。」[137]《華陽國志》〈巴志〉載：「漢髮（葭）縣，有鹽井」[138]涪陵豐富的物產資源，吸引外來移民。加上涪陵郡地僻遠，政局相對較安定，這無疑是避難者理想容身之所。因此，涪陵郡人口愈來愈多，結果促成謝本的「分置二縣合涪陵為郡」的構想。若從整個川東經濟發展趨勢看，地處東面邊陲巴東屬國的設立，可看成為三巴勢力向東面進一步延伸的標誌。這延伸的速度是很快，未幾，巴東屬國又改名為涪陵郡。及後至先主入蜀，以朐忍、魚復、漢豐、羊渠、及宜都之巫、北井六縣為固陵郡，是朐忍、魚復又失巴名，故章武元年，魚復蹇機、朐忍徐惠

---

135 常璩《華陽國志》卷1〈巴志〉，據劉琳《校注》，頁55。

136 常璩《華陽國志》卷1〈巴志〉，據任乃強《校補圖注》，頁27，注4。

137 《漢書》〈貨殖列傳〉載：「自元、成迄王莽，京師富人杜陵樊嘉，茂陵摯網，平陵如氏、苴氏，長安丹王君房，豉樊少翁、王孫大卿，為天下高訾。」師古《注》：「王君房賣丹，樊少翁及王孫大卿賣豉，亦致高訾。」《漢書》卷91〈貨殖列傳〉，頁3694。

138 常璩《華陽國志》卷1〈巴志〉，據劉琳《校注》，頁89。

之爭，先主乃復以為巴東郡，此分巴之始末也。[139]先主入蜀後分巴之事已
非本文範圍，茲不在此贅述。

五　結語

　　陳壽《三國志》中載諸葛亮答劉備曰：「……劉璋闇弱，張魯在北，
民殷國富而不知存恤，智能之士思得明君……。」[140]又，《英雄記》曰：
「……璋性寬柔無威略。」[141]〈蜀書〉載：「……璋明斷少，而外言入故
也。」[142]《華陽國志》載：「州帳下司馬趙韙，治中從事王商等貪璋溫
仁，共表代父。」[143]「璋字季玉，既襲位，懦弱少斷。」[144]「（法）正既宣
旨，陰獻策曰：『以明將軍之英才，乘劉牧之懦弱』」[145]「龐統說曰：
『……璋既不武，又無素豫，一舉而定，此上計也。』」[146]據此「闇弱」、
「懦弱少斷」漸漸演成為劉璋性格特徵的「代名詞」，對於此「闇弱標
籤」一直延續至今日史學界。不過，劉璋當政時真的完全「不知存恤」，
而在「民殷國富」方面他真的毫無建樹乎！劉璋的「溫仁」卻會怒殺張魯
母、弟，他「不武」卻又能擊敗趙韙數萬大軍，他「無威略」卻懂不斷派
使節與劉備、孫權及曹操作外交聯繫。上述連串問題，令人不無疑問。

---

139 楊、熊二氏《水經注疏》下卷33（杭州市：江蘇古籍出版社，1989年版），頁2793。

140 《三國志》〈蜀書·諸葛亮傳〉，頁912。（清）王夫之《讀通鑑論》中載曰：「……論者
　　曰：『劉璋暗弱』。弱者弱於彊爭，暗者暗於變詐……。」見舒士彥點教、王夫之《讀通
　　鑑論》卷9〈獻帝32〉（北京市：中華書局，1975年版），頁258。

141 盧弼：《三國志集解》卷31（北京市：中華書局，1982年版），頁718。

142 《三國志》〈蜀書·劉二牧傳第一〉，頁868。

143 「貪璋溫仁」另見《三國志》〈蜀書·劉二牧傳第一〉，頁867。

144 常璩《華陽國志》卷5〈公孫述劉二牧志〉，據劉琳《校注》，頁490。

145 常璩《華陽國志》卷5〈公孫述劉二牧志〉，據劉琳《校注》，頁494。

146 常璩《華陽國志》卷5〈公孫述劉二牧志〉，據劉琳《校注》，頁496。「無素豫」文理不
　　通。《蜀志》〈龐統傳〉作「素無預備」。

此外，在《後漢記》及《資治通鑑》載諸葛亮對劉璋的另一段評價，相當具體和詳細，文字如下：

> （建安）十九年，……夏五月，劉備克成都，遂有益州。諸葛亮為股肱，乃峻刑法，自君子小人咸懷怨歎。法正諫曰：「昔高祖入關，約法三章，秦民知德。今君假借威力，跨有一州，初有其國，未垂惠撫；且客主之義，宜相降下，願緩弛禁，以慰其望。」亮曰：「君知其一，未知其二。秦以無道，政苛民怨，一夫掉臂，天下土崩，高祖因之，以成帝業。劉璋暗弱，自焉以來。有累世之恩，文法羈縻，互相承奉，德政不舉，威刑不肅。蜀土人士，專權自恣，君臣之道，漸以陵替。寵之以位，位極則賤；順之以恩，恩竭則慢。所以致敝，實由此也……。」[147]

此評價顯然過偏，劉璋被形容成「一無是處」的領導。但想深一層，諸葛亮「一面倒」評劉璋，不難理解。作者解讀此為諸葛亮「一石二鳥」的政治手段。所謂「一石二鳥」，一是在「後劉璋時代」治蜀時，他能把自己「尚嚴峻，人多怨歎」的政策合理化，二可「矮化」劉璋抬高其主劉備。不過，千多年後學者似乎無需泥守正統論，也不必背負「各為其主」的包袱。

奇怪的是，今人羅開玉等仍然「一面倒」貶低劉璋，評價主觀，難以令人信服。羅氏寫道：「劉璋政令多闕，勢不能制，力不能禁。益州各地，民心鼎沸，怨聲四起」[148]羅氏總結出：「在劉璋執政間，政令多闕，法治不嚴，豪族自恣，綱紀不肅，禮制不嚴，臣吏相媚，互相奉承，德政

---

147 見《兩漢紀》下袁宏〈後漢記〉張烈〈點教本〉〈孝獻皇帝紀〉卷30（北京市：中華書局），頁585。同見《資治通鑑》卷67〈漢紀59〉，頁2132。除一二字相異外，此段的意思內容一體一致。

148 羅開玉《四川通史》卷2〈秦漢三國〉（成都市：四川人民出版社，2010年版），頁123。

不舉，人心背離。」[149]羅氏對於劉璋是極端負面，其論調幾乎完全承襲諸葛孔明，千八百年未變。他更進一步引用考古發現加強其說。他在〈建安四年正月中旬故監北江堋太守守史郭擇、趙汜碑〉一文中，論證劉璋暗弱。[150]羅氏認為碑中不見州牧劉彰的名字，也不見蜀郡守的名字，卻始終都在歌頌職位甚低的「太守守史」郭擇、趙汜，據此推論「劉璋為代表的州政府連北江堋這樣關係著蜀地國計民生的大堰都不直接管理，既是不重視經濟建設，也是懦弱無能的表現。」[151]以碑作旁證劉璋勢弱確實有心思，但劉璋弱勢是否全歸咎於其「懦弱無能」值得商榷。

反而，古人評劉璋更比今人中肯。《三國志》〈劉二牧傳〉陳壽評曰：「……璋才非人雄，而據土亂世，負乘致寇，自然之理，其見奪取，非不幸也。」[152]陳壽嘗試從劉璋的才能及時代背景去分析劉璋成敗，尚算多角度。而裴松之〈注〉引張璠曰：「劉璋愚弱而守善言，斯亦宋襄公、徐偃王之徒，未為無道之主也。……」[153]張氏之評價如「愚弱」、「守善言」及「未為無道之主」等，亦是褒貶並存，手法平衡。一般人說劉璋闇弱，闇者蒙昧不明。作者認為「闇」乃自己問題，而「弱」則由自己或由他者造成，兩者實有分別。

從中平五年（西元188年）劉焉入蜀，到建安十九年（西元214年）夏劉璋出降，他們父子共割據益州二十六年。劉備遷劉璋於南郡公安縣，把他過去的所有財物和振威將軍的印授也一道送了去。後來孫吳殺了關羽後，劉璋又當上了東吳的益州牧，駐秭歸。劉璋二子：長子劉循，後仕蜀漢，任奉車中郎將；次子劉闡，為東吳的益州刺史。上述可見劉璋本人於

---

149 羅開玉《四川通史》卷2〈秦漢三國〉（成都市：四川人民出版社，2010年版），頁124。

150 羅開玉《四川通史》卷2〈秦漢三國〉（成都市：四川人民出版社，2010年版），頁124。

151 羅開玉《四川通史》卷2〈秦漢三國〉（成都市：四川人民出版社，2010年版），頁125。

152 《三國志》〈蜀書・劉二牧傳第一〉，頁870。

153 《三國志》〈蜀書・劉二牧傳第一〉裴〈注〉2，頁870。同見盧弼《三國志集解》卷31（北京市：中華書局，1982年版），頁720。

當地乃具相當「號召力」，其本人及後人仍能作益州「精神領袖」，在政治上還具有利用價值。如果劉璋是「人心背離」或「惡名昭彰」的昏主，怎樣會有人願意接收這種「負資產」來拖累自己。更重要是對劉璋評價卻遺漏了他在「分三巴」的歷史，實有欠公允。東漢末政治波譎雲詭，政局動盪，分巴聲急，各股勢力風起雲湧，與劉璋相涉「分巴郡」的舉措共三。三次分郡，實質上是分割劉璋地盤，劉氏雖處被動。但他卻能妥善處理，此等政治危機，暫緩其集團有即時瓦解之虞。劉氏更「反客為主」，由被動轉化成主動，此足反映他頭腦非單不「闇」，處於「弱」勢中仍能憑藉其智慧，化險為夷。劉璋「分三巴」，正說明「闇弱少斷」之詞，並不足以概括其一生。

——原載於2016年10月「嚴耕望先生百齡紀念學術研討會」宣讀，2020年8月5日作修改增訂。

漢代紡織業

——以四川紡織業「夜作」現象作個案研究

一 前言

漢代紡織業發達，官營有織室服官，私營則農桑並舉。[1]漢代紡織業以陳留郡襄邑及齊郡臨淄為全國兩大重心。〈為焦仲卿妻作〉載曰：「……雞鳴入機織，夜夜不得息……」即反映漢朝人士熱情投入紡織生產。與此同時，西南地區冒起另一紡織業重心——四川。四川紡織業憑有利的主客觀條件，直追襄邑及齊郡，成鼎足勢態。當中以成都日入而不息出現「夜作」經濟生產現象，體現該地區紡織業之發達。[2]筆者根據「夜作」的線索追尋，發現地方郡太守乃促進成都紡織「夜作」的關鍵人物，其對當地紡織業的貢獻史蹟，能填補漢代紡織業史若干空白地方，極值得深入研究。[3]

為了讓讀者清楚漢代四川紡織業的來龍去脈，本文先從宏觀角度即漢代整體紡織業的興盛及其發展作交代。然後，再進入四川成都作微觀分

---

1 《漢書》載「織室所以奉宗廟衣服，……」。顏師古〈注〉2曰：「織作之室。」見《漢書》卷廿七上〈五行志第七上〉（北京市：中華書局版），頁1331。

2 參見李根蟠〈對戰國秦漢小農耕織結合程度的估計〉，載《中國社會經濟史研究》1996年第4期，頁1-8。又，《墨子》〈非樂〉上第23：「農夫蚤出暮入，耕稼樹藝，多聚叔粟，此其分事也；納婦人夙興夜寐，紡績織紝，多治麻絲葛緒綑布縿，此其分事也。」見孫詒讓《墨子閒詁》上冊〈非樂〉上第23（北京市：中華書局，1986年版），頁235。

3 顧麗華在《漢代婦女生活情態》第3章〈漢代經濟的女姓生活考察〉中有討論到「夜作」問題，但獨欠對四川成都夜作的探討；詳見顧麗華：《漢代婦女生活情態》（上海市：社會科學文獻出版社，2012年版），頁156-157。另見王強：〈從漢畫自婦女在漢代社會的作用與貢獻〉載《四川文物》2011年第2期，頁49。

析。筆者非紡織史專家，撰文旨在拋磚引玉，冀各方家不吝賜教。

二　漢代紡織業興盛原因

　　漢代紡織業之興盛，究其原因有兩大方面：（一）政府大力鼓勵、（二）紡織技術革新及生產工具的發明。

　　先說政府的大力鼓勵。檢西漢各帝紀中「農桑並提」的內容，反映出西漢歷朝皇帝對桑種的重視。茲舉其中例子如下：

> 一、（文帝）「及孝文即位，躬脩玄默，勸趣農桑，減省租賦。」
> 　　（漢23／1096）
>
> 二、（景帝元年）詔曰：「⋯⋯郡國⋯⋯無所農桑⋯⋯。」（漢5／
> 　　139）
>
> 三、（景帝後元二年）詔曰：「⋯⋯朕親耕，後親桑⋯⋯欲天下務
> 　　農蠶。」（漢5／151）
>
> 四、（昭帝元平元年）詔曰：「天下農桑為本。⋯⋯耕桑者益
> 　　眾⋯⋯。」（漢7／232）
>
> 五、（建昭五年）又曰：「⋯⋯方春農桑興，百姓戮力自盡之時
> 　　也。」（漢9／296）
>
> 六、（成帝陽朔四年）詔曰：「⋯⋯其令二千石勉勸農桑，⋯⋯。」
> 　　（漢10／314）
>
> 七、（平帝元始元年）「⋯⋯大司農部丞十三人，人部一州，勸農
> 　　桑。」（漢12／351）

由上得見，西漢朝皇帝對農桑並舉不遺餘力，文帝以減省租賦作利誘，景帝親耕收上行下效之功。成、平二帝亦派中央官員到處勉勸農桑。種桑目

的明顯是用來養蠶，養蠶就是為繅絲作紡。漢政府大力鼓勵種桑，其目的就在此。

關於養蠶繅絲，傳世文字及地下出土均有反映。談到傳世文字不得不提《四民月令》。《四民月令》精扼簡要地按月記載養蠶紡絲的資料，現介紹其內容如下：

「正月⋯⋯命女工趣織布⋯⋯」。[4]
「三月⋯⋯清明節命蠶妾治蠶室」。[5]
「四月，⋯⋯繭既入簇，趣繅，剖線，具機杼，敬經絡⋯⋯」。[6]
「六月⋯⋯命女工織縑。絹及紗縠之屬。可燒灰，染青紺雜色⋯⋯」。[7]
「八月⋯⋯風戒寒，染彩色。拓染色黃赤，人君所貴⋯⋯」。[8]

可見漢代人早有利用「蠶妾」從事蠶業生產，蠶事內容還包括養蠶、繅絲、紡織、印染等一系列工序，如把這工序與以下考古發現一起結合來看，對漢代紡織生產鏈有更深刻認識。[9]

在一九七二年嘉峪關市東二十公里的戈壁灘上，東漢晚期磚墓內，發

4　嚴可均輯：《全後漢文》卷47〈崔寔（三）《四民月令》〉（北京市：商務印書館，1999年版），頁474。
5　嚴可均輯：《全後漢文》卷47〈崔寔（三）《四民月令》〉（北京市：商務印書館，1999年版），頁475。
6　嚴可均輯：《全後漢文》卷47〈崔寔（三）《四民月令》〉（北京市：商務印書館，1999年版），頁476。
7　嚴可均輯：《全後漢文》卷47〈崔寔（三）《四民月令》〉（北京市：商務印書館，1999年版），頁477。
8　嚴可均輯：《全後漢文》卷47〈崔寔（三）《四民月令》〉（北京市：商務印書館，1999年版），頁478。
9　嚴可均輯：《全後漢文》卷47〈崔寔（三）《四民月令》〉（北京市：商務印書館，1999年版），頁475。

現了大量反映有關蠶桑、絲絹的彩繪壁畫和畫像磚。中有採桑女在樹下採桑，有童子在桑園外揚杆驅趕飛落桑樹的烏鴉，還有絹帛、置有蠶繭的高足盤、絲束和有關生產工具的畫面。這一方面印證了當時的河西走廊正是絲綢之路的必經之地，也同時反映出該地是農桑繁盛、生產絲綢的地區。這點與《四民月令》所描述絲織情況有類同的地方。[10]

另外，東海尹灣漢墓出土有關西漢末東海郡〈集簿〉載「春種樹」。學者發現東海郡上計〈集簿〉之年「春種樹」共六十五萬六千七百九十四畝多，比往年多種四萬六千三百廿畝，分析其為種經濟植物——桑樹。[11]儘管有學者反對「春種樹」的樹不僅指桑樹，還包括其他種類。[12]無論如何，「農桑並舉」乃漢代農業經濟「主調」，這點應無異議。

漢代紡織業興起，除了上述得到漢朝政府鼓勵外，紡織技術之改良及生產工具的發明也對其發展有著深遠的影響。

漢代紡織主要是絲紡織和麻紡織。[13]紡織大抵利用紡墜紡紗時，先把絲、麻纖維撚一段纏在拈杆上，一手提繫紗線，一手轉動或用手指搓動紡輪，紡輪飛快地旋轉，帶動拈杆給絲、麻纖維加捻。將加過捻的紗纏繞到拈杆上，繼續添加纖維並牽伸拉長，再加撚，再纏繞，直到繞滿拈杆。一

---

10 張家升：〈漢代絲織業發展的考古學觀察〉載《東南大學學報（哲學社會科學版）》，2009年6月第11卷，頁167。

11 詳見高偉：《從尹灣簡牘「春種樹」面積資料談西漢東海郡的蠶桑、紡織業》，載連雲港博物館、中國文物研究所編：《尹灣漢墓簡牘綜論》（北京市：科學出版社，1999年版），頁158-161。持桑樹說之學者有張顯成、周群麗：《尹灣漢墓簡牘校理》上編〈尹灣漢墓簡牘校釋〉注1（天津市：天津古籍出版社，2011年），頁6及高恆：〈漢代上計制度論考——兼評尹灣漢墓木牘《集簿》〉，《尹灣漢墓簡牘綜論》（北京市：科學出版社，1999年版），頁128-137。

12 見邢義田：〈從尹灣出土簡牘看漢代的「種樹」與「養老」〉收載於氏著《天下一家——皇帝、官僚與社會》（北京市：中華書局，2011年版），頁540-564。

13 當然還有毛織和棉織，但在兩漢時期來說前者應不及麻、絲般普遍。「汶山郡，……有旄、班罽、青頓、毞」，見劉琳《華陽國志校注》，卷3〈蜀志〉，頁296。旄乃毛織制之衣物。班罽有花紋的毛織布。

般較大的紡輪用於紡製麻線，小型的紡輪用於紡制絲紗。[14]紡輪攜帶方便，可以隨時取出捻紗，甚至連走路、聊天時也可以操作懸吊的紡輪。這種紡紗的方法，不但技術要求低，又不需專門的場地，專門的時間，對於生產規模不大的個體農家，一直就是非常適用的紡紗方式。紡織史專家認為兩漢個體戶多以此方法進行紡紗。[15]

漢代使用的紡織工具既有傳統的紡輪，也有先進的紡車，既有原始的絲篗，又有靈便的絡車。紡車適於紡棉、紡麻，特別是紡棉，邊抽絮邊加捻，工作效率高，紗線質量好。漢代尚無草棉，只是紡絲、紡麻。蠶絲很細，雖經集緒，用紡車加捻，如操作技術不高就不容易掌控力度。貴州清鎮、湖南長沙及資興等地漢墓中出土陶紡輪，有的還保存原來的鐵軸杆。[16]不同的生產規模和織品類型，對調絲、紡紗工具有不同的要求。漢代紡紗工具的呈多樣性，正好說明漢代社會紡織生產蓬勃的一面。[17]

另外，漢代織機用腳踩躡提綜是一項重大的發明。[18]江蘇銅山縣青山泉紡織機具畫像石中，左刻一織機，一人坐在織機前，右刻一紡車和紡者，旁邊有一人躬身而立，正為紡者遞傳物件，圖中沒有反映調絲的畫面，只刻一紡一織。紡機的構造，與洪樓、留城畫像石圖中的紡機基本相同，為腳踏提綜斜織機。這種簡單的織機，應為一般家庭用的小型織機。

漢代畫像石常載記有關紡織的訊息，著名的《慈母投杼圖》，圖上有

---

14 詳見劉興林：〈漢代的紡紗和繞線工具〉載《四川文物》2008年第4期，頁90。另參見趙麗〈漢畫像紡織圖的圖像意義闡釋〉載《文教資料》2009年2月號中旬刊，頁55-56。

15 徐州銅山洪樓的紡織畫像石上的紡織場面，都有高大的房屋，有多人出現，甚至有兩部織機，這些都不是以普遍個體農家的紡織生產為藍本的。直到現在，紡輪仍在少數鄉間被用於蠶絲的加捻，其中定有其方便使用的原因存在。詳見劉興林〈漢代的紡紗和繞線工具〉載《四川文物》2008年第4期，頁93。

16 見孫機：《漢代物質文化資料圖說》（上海市：上海古籍出版社，2008年版），頁66。

17 詳見劉興林：〈漢代的紡紗和繞線工具〉載《四川文物》2008年第4期，頁94。

18 孫機認為「歐洲要到六世紀才出現這種裝置」，詳見孫機《漢代物質文化資料圖說》（上海市：上海古籍出版社，2008年版），頁67。

斜織機。織機的基本形制是在一個長方木架的機座亢上，前端設有機座板，後端斜置一個機架，機架後端豎有兩根支柱。機架與水平機座大多成五十到六十度的斜角。這種結構便於操作者觀察織面情況。[19]操作的人既可坐著織造，又可一目了然的看到開口後經面上的經線張力是否均勻，經線有無斷頭。更重要的是雙腳代替了手提綜的繁重勞動。另外，梭子的利用更大大提高了織造的速度。畫像石反映出漢代紡織機具的基本情況。山東滕縣、嘉祥、肥城，江蘇沛縣、銅山同樣發現繪有織機的漢代畫像石。

除發明先進的紡織機外，印染花紋技術亦有所提升。

漢代紡織品身上都加插動物紋樣、文字，增加其可觀性及吸引力。《說文解字》記載織物組織分類有十九種、按色彩命名多達三十五種。動物紋樣以龍鳳辟邪、珍禽怪獸、虎豹玄鳥為主，同時配以縹緲的雲氣，表現出人神交融的世界。植物紋以各種花草作幾何紋的襯托。上世紀六十年代，在新疆民豐縣出土了漢錦和紋羅。在新疆古樓蘭地區也出土了一批東漢絲織品。有「延年益壽」「大宜子孫」文字錦、「長壽光明」文字錦、「長樂光明」文字錦，以及瑞獸紋錦、瑞禽紋錦、波紋錦。近年來在山東日照海曲漢墓、湖北荊州馬山漢墓、甘肅武威東漢墓、北京石景山區老山西漢王室貴族墓等都發現了漢代的絲織品。[20]總之，漢代絲織業不僅在經濟文化發達的地區獲得發展，而且在經濟相對落後的邊疆地區也得到普及。[21]

---

19 劉克祥：《蠶桑絲綢史話》（上海市：社會科學文獻出版社，2011年版），頁47-48。另見武利華《徐州漢畫像石通論》（北京市：文化藝術出版社，2017年版），頁207。

20 張家升：〈漢代絲織業發展的考古學觀察〉載《東南大學學報（哲學社會科學版）》，2009年6月第11卷，頁165。另，劉克祥：《蠶桑絲綢史話》（上海市：社會科學文獻出版社，2011年版），頁56。另參考《絲綢文化與產品》編寫組〈絲綢面料的織造（2）：絲綢面料的古法織造〉載《現代絲綢科學與技術》，2017年（第32卷）第6期，頁27-28。

21 一九八三年十月，廣州象牙山南越王墓也出土了大量的絲織衣物和車馬帷帳，其精美程度也可以與長沙馬王堆一號漢墓出土的絲織物一爭高下，同時漢代的印花紋版在廣州南越王墓曾有出土，印花凸版，青銅質地，這都說明當時南越國絲綢業相當發達。詳見鄭巨欣《中國傳統紡織品印花研究》〈前言〉及其注54至59（杭州市：中國美術學院出版社，2008年版），頁5。

三　漢代紡織業的發展概況

漢代紡織業的興盛原因業已交代如上，現就其發展概況簡述如下：

漢代紡織業大致可分為官營及私營兩類。就官營方面，據《漢書》
卷十八〈百官公卿表〉載西漢少府有東織、西織。應劭曰：「舊時
有東西織室，織作文繡郊廟之服」即指此部門。[22]西漢末，成帝河
平元年省東織更名西織為織室。到了東漢，省織室令，置丞。[23]另
外，西漢陳留郡襄邑[24]及齊郡臨淄皆有服官[25]。又，〈貢禹列傳〉
載：「方今齊三服官各作工數千人，一歲費鉅萬。三工官官費五千
萬，東西織室亦然」[26]，官營紡織業規模之大由此見其中梗概。

至於私營方面，規模或比不上前者，但估計其總體產量應相當可觀。
私營者又可以因其規模之大小，分成兩種。一種是家庭式小本經營，指的
是一般四五口之家，男耕女織。漢代文學作品對此有所描述，藉此可窺見
其一麟半爪。

《古詩源》載幾則漢詩對家庭式紡織業有所描述，其內容如下：

22　王先謙：《漢書補注》卷18〈百官公卿表〉載：「東西織室，見貢禹傳。東織令史見宣
　　紀」，頁301及《漢書》卷8〈宣帝紀〉注1，中華書局版（以下從略），頁252。王偉認
　　為：「秦封泥的『左右織』在漢初張家山漢簡中已經改稱東織和西織，可見〈百官公卿
　　表〉所記『東西織』是漢代的情況。」詳見王偉《秦璽印封泥職官地理研究》（北京市：
　　中國社會科學出版社，2014年版），頁169。

23　詳見王先謙《漢書補注》卷18〈百官公卿表〉，頁302。

24　《漢書》卷28上〈地理志〉，頁1558。

25　《漢書》卷28上〈地理志〉，頁1583。

26　《漢書》卷72〈貢禹列傳〉，頁3070。

〈陌上桑〉：

「日出東南隅，照我秦氏樓。秦氏有好女，自名為羅敷。羅敷善蠶桑，採桑城南隅，青絲為籠係，桂枝為籠鈎……緗綺為下裙，紫綺為上襦」。[27]

〈相逢行〉：

「……大婦織羅綺，中婦織流黃，小婦無所為。挾瑟上高堂，丈人且安坐，調絲方中央」。[28]

〈古詩為焦仲卿妻作〉：

「十三能織素，十四學裁衣……雞鳴入機織，夜夜不得息。三日斷五匹……事事四五通，足下躡絲履。……左手持刀尺，右手執綾羅。朝成繡裌裙，晚成單羅衫」。[29]

由此可知，漢時婦女十三、四歲便開始參與紡織工作。製成品有裙和襦，反映出「自給自足」的狀況。紡織品則以織綺最為普及，製成品包括有羅綺、緗綺及紫綺。另外，上文又載述不同年齡經驗的大婦、中婦，其所負責織物亦有所不同，而丈人則在中央位置負責調絲工序。又，記載婦女紡織實際情形：她們四肢需要不停運動，手腳並用。婦女的平均體質一般比男生弱，「雞鳴入機織，夜夜不得息」，辛勞程度絕不亞於田中農夫。

　　另一種是規模較大的私營紡織工作坊，他們能利用先進機械來幫助生

27　沈德潛選《古詩源》卷3〈陌上桑〉（北京市：中華書局，1963年版），頁72。

28　沈德潛選《古詩源》卷3〈相逢行〉（北京市：中華書局，中華書局，1963年版），頁74-75。

29　沈德潛選《古詩源》卷4〈古詩為焦仲卿妻作〉（北京市：中華書局，中華書局，1963年版），頁82-87。

產。[30]例子《西京雜記》卷三，其文曰：「霍光妻遺淳于衍蒲桃錦二十四匹，散花綾二十五匹。綾出鉅鹿陳寶光家。寶光妻傳其法，霍顯召切其第，使作之。機用一百二十鑷，六十日成一匹。匹直萬錢」。[31]綾是從前齊人稱布帛細者之名稱。霍氏要用機來織綾，六十日才得一匹，一年即六匹，其價格如此高昂，原因正由於此。[32]

此外，《漢書》卷五十九〈張湯傳〉載：「（安世）夫人自紡織，家童七百人，皆有手技作業，內治產業，累積纖微，是以能殖其貨，富於大將軍光」。[33]雖然，憑此話不能確知家童七百中有多少投入紡織產業，但應有相當部分從事紡織。要知，紡織品是漢代時人重視的商品，以綾一匹「直萬錢」計，其利潤極其可觀。張氏投放更多人力於紡織商品性生產，歸根究柢是高利潤誘因所使然。

又，《四民月令》中描述田莊主無論在農業、手工業、商業都表現得相當活躍。農業的種植範圍相當廣泛，其中包括釀酒、作醬、紡紗、織布、取絲、染色等等；一年之中有八個月進行商業活動，買賣交換都是些如麥、豆、粟、布帛等生活的必須品。其經營方式主要是囤積居奇和賤買貴賣。[34]綜合上述「霍光妻」、「陳寶光妻」、「安世夫人」及田莊諸例子，均說明私營紡織業非僅為自給之用，而是進行著商品性的生產。

---

30 學者認為陳寶光妻子是經長期摸索，才能把原來的綜束和操作加以簡化，由於圖案複雜，綜束數量仍然很大，多的上千束，操作十分艱鉅，詳見劉克祥：《蠶桑絲綢史話》（上海市：社會科學文獻出版社，2011年版），頁48。

31 《太平御覽》卷816〈布帛部〉三〈綾〉，中華書局影印，頁3628。

32 丁邦友、魏曉明編《秦漢物價史料匯釋》（北京市：中國社會科學出版社，2016年版），頁207。

33 《漢書》卷59〈張湯傳〉，頁2652。

34 嚴可均輯：《全後漢文》卷47〈崔寔（三）《四民月令》〉（北京市：商務印書館，1999年版），頁473-480。另見馬良懷：〈漢晉之際莊園經濟的發展與士大夫生存狀態之關係〉收載於《中國社會經濟史研究》，1997年第4期，頁9。而《四民月令》田莊中的各種農產品和手工業產品均可上市出售，商業活動多在農閒時進行，見田昌五等編：《中國歷代經濟史》〈先秦兩漢卷〉，1998年1版（臺北市：文津出版社），頁509。

　　漢代紡織業發展成重要經濟產業之一，更可從當世文字學者的著作中得到進一步佐證。文字學者如劉熙在其著《釋名》中〈釋采帛〉第十四〉便保存了許多有關漢代紡織業材料。就〈釋采帛〉一節，筆者可歸納出以下三個與紡織業生產有密切關係的地方——（1）漢代紡織品的色彩（2）不同類型紡織成品的名稱（3）紡織生產過程的載述。

　　（1）關於漢代紡織品的色彩種類，劉熙於〈釋采帛〉中記載了十多種布帛顏色。當中有「青色、赤色、黃色、白色、黑色、絳色、紫色、紅色、緗色、綠色、縹色、緇色、皁色、紺色……。」[35]由此可見，漢代紡織成品色彩是很多元。筆者估計不同顏色的成品，應該是為了滿足不同口味和不同身分的人，令他們在紡織品市場有更多的選擇。

　　（2）〈釋采帛〉還載記了各類品質不同的布料，如「布、絹、縑、綈、錦、綺、綾、繡、羅、纙、紈、……」等，林林總總紡織成品，令人聯想到漢代各階層人士的衣著品味和其背後各款服式的文化。[36]

　　（3）劉熙還在其《釋名》中記述了若干關於紡織製作過程。

　　　　布，布也，布列眾縷為經，以緯橫成之也。又太古衣皮，女工之始，始如是，施布其法，使民盡用之也。疏者，言其經緯疏也。……[37]

　　「練，爛也，煮委爛也」。畢沅《疏證》轉引自《華嚴經音義》中

35　王先謙：《釋名疏證補》卷第4〈釋采帛〉第14（北京市：中華書局，2008年版），頁148。另見王國珍：《「釋名」語源疏證》〈釋采帛〉第14（上海市：上海辭書出版社，2009年版），頁151-153。

36　王先謙：《釋名疏證補》卷第4〈釋采帛〉第14（北京市：中華書局，2008年版），頁147-154。

37　王先謙：《釋名疏證補》卷第4〈釋采帛〉第14（北京市：中華書局，2008年版），頁149。八十縷為一稯，七稯布為布中最粗劣者，八十縷為一稯。漢代以八十縷為一稯，即幅寬二尺五寸，有五百六十縷經綫載於《中國簡牘集成》11，頁18，轉引自沈剛：《居延漢簡語詞匯釋》（北京市：科學出版社，2008年版），頁2。

《珠叢》云：「煮絲令熟曰練」。[38]今人王國珍《「釋名」語源疏證》認為「練」字無論是作名詞還是作動詞，都含有義素練治、加工。[39]

「筨辟，經絲貫杼，一閒并，一閒疏，疏者筨筨然，并者歷辟而密也」。[40]「疏」是一種用粗絲織成的稀疏的布。它是用四升麻織成的布。比它細的大功布、小功布分別是九升、十二升。「升」是古代區別布的粗細所用的單位，相當於今天計算紗線的支。[41]

「紡麤絲織之曰疏。疏，寥也，寥寥然也」。[42]織疏用的麻縷少，其經緯線稀疏。[43]

「煮繭曰莫。莫，幕也，貧者著衣，可以幕絡絮也。或謂化牽離，煮熟爛牽引，使離散如縣然也」。[44]

「紬，抽也，抽引絲端，出細緒也。又謂之絓。絓，挂也，挂於杖端，振舉之也」。[45]「紬」是因其製作工藝──抽取──而得名。[46]

東漢劉熙《釋名》透露了漢代一些紡織成品名稱、款色及製作過程等訊息，值得重視。至於，比其早出東漢許慎，在其《說文解字》〈糸部〉中早亦提出許多有關紡織過程的字如：「紡」「織」、「繼」「續」、「經」「緯」、「絓」「礙」、「紓」「緩」、「紊」「亂」、「締」「結」、「纏」「繞」、「束」「縛」等。[47]上述「糸」字部的字其演生成流行語，皆反映出漢代紡

---

38 王先謙《釋名疏證補》卷第4〈釋采帛〉第14，〈注〉（北京市：中華書局，2008年版），頁149-150。

39 王國珍：《「釋名」語源疏證》（上海市：上海辭書出版社，2009年版），頁154。

40 王先謙：《釋名疏證補》卷第4〈釋采帛〉第14，中華書局，2008年版，頁152。

41 王國珍《「釋名」語源疏證》（上海市：上海辭書出版社，2009年版），頁155。

42 王先謙：《釋名疏證補》卷第4〈釋采帛〉第14（北京市：中華書局，2008年版），頁152。

43 王國珍：《「釋名」語源疏證》（上海市：上海辭書出版社，2009年版），頁156。

44 王先謙：《釋名疏證補》卷第4〈釋采帛〉第14（北京市：中華書局，2008年版），頁153。

45 王先謙：《釋名疏證補》卷第4〈釋采帛〉第14（北京市：中華書局，2008年版），頁153。

46 王國珍：《「釋名」語源疏證》（上海市：上海辭書出版社，2009年版），頁157。

47 見段玉裁：《說文解字注》十三篇上〈糸部〉（上海市：上海古籍出版社，1981年版），頁645-650。

織活動的普遍性，並成為行內人士所共用的專有名詞。筆者認為此等字及合成詞，可看成為漢代紡織業趨向生產專業化的指標。

基本上，劉熙所載有關紡織事情都沒超出《說文解字》〈糸部〉的範圍。[48]許慎所釋的字更細緻。若以紡織品所舉色彩多寡來計算，許與劉二氏所記內容則大致相若，只是彼此側重點不同。許氏《說文解字》除了指陳出各種類紡織品色彩外，還羅列了許多專有名稱，例如：綠、縹、絑、緹、緇、纁、緄、繻、紫、紅、緦、綪、緹、纁、紬、縉等。[49]不同色彩的紡織品和細分的專名，與劉熙所釋相配合，反映出漢代流行紡織品之種類繁多。

總而言之，文字材料上所提及絲織品的名稱，當時已有紈、綺、縑、綈、紬、素、練、綾、絹、縞，以及錦、繡、紗、羅、緞等花色品種。[50]一九七二年長沙馬王堆1號漢墓出土絲織品有絲綢四十六卷、服裝五十八件。僅袍子就有素絹綿袍、綉花絹綿袍、素羅絹綿袍、素綾羅袍、朱紅羅綺綿袍、黃綉花袍、泥金銀彩繪羅綺綿袍、泥銀黃地紗袍、彩繪朱紅紗袍、紅菱紋羅綉花袍等上十種。品種有素絹、素紗、綺、羅、錦、綉繪等，琳瑯滿目。[51]

48　〈糸部〉糸字細絲也，段玉裁注「絲者，蠶所吐也，細者，微也。細絲曰糸……。」見段玉裁《說文解字注》十三篇上〈糸部〉（上海市：上海古籍出版社，1981年版），頁643。

49　見段玉裁《說文解字注》十三篇上〈糸部〉（上海市：上海古籍出版社，1981年版），頁649-650。

50　1972年長沙馬王堆漢墓出土了平紋的絹、紗，素色提花的綺和羅綺，以及彩色提花的錦。其中不乏精美者，出土保存較好的絹，其經密最小值為每平方釐米55-57根，緯密為經密的1/2-1/3左右。而出土的羅紗經緯比較均勻，經密每平方釐米58-64根，緯密每平方釐米40-58根。出土絲的單絲投影寬度平均值為6.15-9.25微米，而現代家蠶絲為6-18微米；單絲截面積為77.46-120平方微米，而現代家蠶絲為168平方微米，無不透露出其在某些方面甚至超過了今天的水平。詳見張家升〈漢代絲織業發展的考古學觀察〉載《東南大學學報（哲學社會科學版）》，2009年6月第11卷，頁165。

51　侯良編著：《西漢文明之光——長沙馬王堆漢墓》（長沙市：湖南人民出版社，2008年版），頁153-162。見劉克祥《蠶桑絲綢史話》（上海市：社會科學文獻出版社，2011年

　　另外，《尹灣漢墓簡牘》出土有題目〈君兄衣物疏〉所載衣物清單中「繡被、閒中單、閒青復襦、……霜丸復衣、練小綺、青綺復襦……」。[52]就以馬王堆一號漢墓及尹灣漢墓所出土紡織成品，琳瑯滿目，這一切都是表現出漢代紡織業高度發展。無論從地上傳世的文字及地下的考古發現，漢代紡織產業正朝向著商品市場化的道路邁進，愈來愈多漢人投入紡織生產。

　　漢代紡織業的基本概況在上面已作簡單介紹。以下筆者想就幾個與相關的問題作一些討論。

　　首先，前文引述漢代官府紡織業在齊有服官。尹灣漢墓簡牘載東海郡縣丞（海西丞）「輸錢齊服官」的珍貴記錄，反映出漢代官府紡織業，耗資國庫不菲，此點在簡牘中得到證實。[53]然而，漢代官營紡織業生產，除了滿足宮廷實際消費外，是否存有其他方面的支出呢？

　　關於漢代紡織業，筆者根據史書所載，認為從下列三方面去思考：（1）漢皇帝以紡織品「作賞賜物」、（2）官府把紡織品「作支付官俸用」、（3）利用布帛「充當貨幣功能」。

　　關於皇帝利用紡織品作賞賜物，筆者抄下《漢書》各朝帝紀，詳見下列簡表：

版），頁50。部分實物圖可見中國國家博物館編《文物秦漢史》（北京市：中華書局，2009年版），頁159-163。又，「隨著漢代種桑養蠶和紡織業的發展，絲織品成為這時期的主要輸出品。由於兩漢版圖擴張到今東南亞等地區，政府加強了海上絲綢之路沿海港市的管理，例如在今徐聞置左右候官，在縣南七里，積貨物於此，備其所求，與交易。在漢帝國的南部地區出現了一些比較重要的商業城市，例如番禺、徐聞、合浦、龍編（今越南河內）、和桂林（今桂林）等」，見張家升〈漢代絲織業發展的考古學觀察〉載《東南大學學報（哲學社會科學版）》，2009年6月第11卷，頁167。

52　張顯成、周群麗：《尹灣漢墓簡牘校理》上編〈尹灣漢墓簡牘校釋〉（天津市：天津古籍出版社，2011年），頁103-109。

53　張顯成、周群麗：《尹灣漢墓簡牘校理》上編〈尹灣漢墓簡牘校釋〉（天津市：天津古籍出版社，2011年），頁11-12。

《西漢皇室賞賜官民織物簡表》

時間	內容	出處（卷數／頁數）
文帝元年	曰：「……今歲首，不時使人存問長老，又無布帛酒肉之賜，將何以佐天下子孫孝養其親？……有司論令縣道，……其九十已上，又賜帛人二疋，絮三斤。……」	漢書（4/113）
文帝十二年	又曰：「……其遣謁者勞賜三老、孝者帛人五匹，悌者、力田二匹，廉吏二百石以上率百石者三匹。……」	漢書（4/124）
武帝元狩元年	「……存問致賜曰：『皇帝使謁者賜縣三老、孝者帛，人五匹；鄉三老、弟者、力田帛，人三匹；年九十以上及鰥寡孤獨帛，人二匹，絮三斤……。』……」	漢書（6/174）
武帝元狩六年	「六年冬十月，賜……千石以下至乘從者帛，蠻夷錦各有差。」	漢書（6/179）
武帝元封六年	詔曰：「……賜天下貧民布帛，人一匹。……」	漢書（6/198）
昭帝元鳳元年	「三月，賜郡國選有行義者涿郡韓福等三人帛，人五十匹，遣歸。……」	漢書（7/22）
昭帝元鳳元年	詔曰：「……有不幸者賜衣一襲……」	漢書（7/225）
昭帝元鳳二年	「夏四月，……賜郎從官帛，及宗室子錢，人二十萬。吏民獻牛酒者賜帛，人一匹。……」	漢書（7/228）
宣帝地節三年	又曰：「……其加賜鰥寡孤獨高年帛。……」	漢書（8/248）
宣帝元康元年	「……加賜鰥寡孤獨、三老、孝弟力田帛。……」	漢書（8/254）
宣帝元康二年	「三月，……賜……鰥寡孤獨高年帛……」	漢書（8/255）

時間	內容	出處（卷數／頁數）
宣帝元康三年	「賜……鰥寡孤獨高年帛……」	漢書（8/257）
宣帝元康四年	「……加賜三老、孝弟力田，人二匹，鰥寡孤獨各一匹……」	漢書（8/259）
宣帝神爵元年	詔曰：「……賜……鰥寡孤獨高年帛……」	漢書（8/259）
宣帝神爵四年	詔曰：「……賜……鰥寡孤獨高年帛……」	漢書（8/263）
宣帝神爵四年	「夏四月，賜……貞婦順女帛……」	漢書（8/264）
宣帝五鳳元年	「皇太后賜丞相、將軍、列侯、中二千石帛，人百匹，大夫人八十匹，（夫人六十匹）……」	漢書（8/265）
宣帝五鳳三年	詔曰：「……加賜鰥寡孤獨高年帛……」	漢書（8/267）
宣帝甘露元年	詔曰：「……賜……，鰥寡孤獨高年帛……」	漢書（8/269）
宣帝甘露三年	詔曰：「……其賜汝南太守帛百匹，新蔡長吏、三老、孝弟力田、鰥寡孤獨各有差……」	漢書（8/272）
元帝初元元年	又曰：「賜……三老、孝者帛五匹，弟者、力田三匹，鰥寡孤獨二匹……」	漢書（9/279）
元帝初元五年	詔曰：「……賜……三老、孝者帛，人五匹，弟者、力田三匹，鰥寡孤獨二匹……」	漢書（9/285）
元帝永光元年	「春正月，……賜……高年帛。」	漢書（9/287）
元帝永光元年	「三月，……賜……鰥寡孤獨高年帛。」	漢書（9/287）
元帝永光二年	春二月，詔曰：「賜……鰥寡孤獨高年、三老、孝弟力田帛。」	漢書（9/288）
元帝建昭五年	詔曰：「賜……三老、孝弟力田帛。」	漢書（9/296）
成帝建始元年	「賜……三老、孝弟力田、鰥寡孤獨錢帛。」	漢書（10/303）
成帝鴻嘉元年	詔曰：「……加賜鰥寡孤獨高年帛。」	漢書（10/315）

時間	內容	出處（卷數／頁數）
成帝綏和元年	詔曰：「賜……三老、孝弟力田帛，各有差。」	漢書（10/328）
成帝綏和二年	「成帝崩，太子即皇帝位，賜……三老、孝弟力田鰥寡孤獨帛。」	漢書（10/334）
平帝元始四年	「賜……鰥寡孤獨高年帛。」	漢書（12/357）
平帝元始五年	「五年春正月，……禮畢，皆益戶，賜爵及金帛，……」 「……常以歲正月賜宗師帛各十匹。」	漢書（12/358）

綜合上表，西漢各朝皇帝賞賜之紡織品主要以布、帛、絮三種為主。從皇帝賞賜對象而言，可歸納出主要兩類人：官員及老百姓。關於官員的賞賜，涉及官員有丞相、將軍、列侯、中二千石、太守、廉吏、郎從官、吏獻牛酒者、長吏及三老等。由此得見，漢皇帝的賞賜官員面很寬，上至丞相，下至長吏三老等。至於老百姓，則以高齡老人、孝弟力田、蠻夷、行義者、不幸者、鰥寡孤獨、貞婦順女等。至於東漢皇室情況相若，故不贅言。

　　除了上述皇帝賞賜開支對紡織品構成有需求外，而漢代另一紡織品支出便是與「匈奴和親政策」有關。[54]

　　西漢政府為了與匈奴和親，向匈奴大量賜贈紡織品。若把西漢時期皇室織物賞賜額與贈匈奴額比，後者所支出則更遠非前者所能比擬。[55]要知，匈奴乃西漢政府大敵。對付匈奴，一是用兵，一是和親。西漢武帝喜對匈奴用兵，大大打擊西漢的經濟。武帝晚年追悔莫及，遂有〈西域傳〉

54　參考廖伯源論漢廷與匈奴關係之財務問題，見氏著《秦漢史論叢續編》（北京市：中華書局，2018年版），頁35-50。

55　查〈景帝紀〉並無賜衣物的載記，不過有「賜諸侯王列侯馬二駟，吏二千石黃金二斤，吏民戶百錢……」的記錄。

中「輪臺詔」之恨。[56]漢朝官員亦意識到征戰，不及「和親」划算，故傾
向後者多。漢朝特產織物便成為交換和平的重要「外交媒介」。現以西漢
一朝為例，筆者舉出幾條相關史料，見下表：

〈西漢皇帝贈匈奴織物簡表〉

時間	內容	出處（卷數／頁數）
漢高帝初年	「……歲奉匈奴絮繒酒食物各有數，約為兄弟以和親。」	漢書（94上／3754）
孝文前六年	遺匈奴書曰：「……服繡袷綺衣、長襦、錦袍各一，比疏一，黃金飾具帶一，黃金犀毗一，繡十匹，錦二十匹，赤綈、綠繒各四十匹，使中大夫意、謁者令肩遺單于。」 「……漢歲致金絮采繒以奉之。……」	漢書（94上／3758） 漢書（48／2240）
孝文後二年	「……故詔吏遺單于秫糵金帛綿絮它物歲有數……。」	漢書（94上／3763）
漢武帝初年	單于曰：「……漢常遣翁主，給繒絮食物有品，以和親……」	漢書（94上／3773）
漢武帝年間	單于遣使遺漢書云：「……歲給遺我糵酒萬石，稷米五千斛，雜繒萬匹，它如故約，則邊不相盜矣。」	漢書（94上／3780）
宣帝甘露二年	「單于呼韓邪于正月朝天子于甘泉宮……賜以冠帶衣裳，……衣被七十七襲，錦繡綺縠雜帛八千匹，絮六千斤。」	漢書（94下／3798）
宣帝甘露三年	「匈奴呼韓邪單于稽侯狦來朝，……賜以璽綬、冠帶、衣裳、安車、駟馬、黃金、錦繡、繒絮。」	漢書（8／271）

---

56 《漢書》卷96下〈西域傳〉，頁3929。

時間	內容	出處（卷數／頁數）
宣帝甘露四年	「呼韓邪單于復入朝，禮賜如切，加衣百一十襲，錦帛九千匹，絮八千斤，……。」	漢書卷（94下/3798-3799）
元帝竟寧元年	「單于復入朝，禮賜如初，加衣服錦帛絮……。」	漢書（94下/3803）
成帝河平四年	「正月，……加賜錦繡鐕帛二萬匹，絮二萬斤。」	漢書（94下/3808）
哀帝元壽二年	「單于來朝……加賜衣三百七十襲，錦繡繒帛三萬匹，絮三萬斤。……」	漢書（94下/3817）

上表清楚顯示漢室把大量紡織品賞賜給匈奴，如成帝河平四年及哀帝元壽二年所加賜錦繡鐕帛由二萬至三萬匹，而絮則二萬斤至三萬斤。此應是西漢政府對匈奴賞賜數額最多的兩朝。儘管不是每一條史料都載著具體數額，但據已有數字看，鐕帛賞賜每次平均約萬多匹，絮亦萬多斤，這表示出皇室對紡織品的需求甚為殷切。[57]

　　至於漢代政府利用紡織品「作支付官俸」及「充當貨幣功能」，經濟史家全漢昇先生有以下論斷：「到了漢代，貨幣經濟雖已經抬頭，但它的發展程度究竟有限，所以『王莽亂後，貨幣雜用布帛金粟』；直至後漢光武帝建武十六年，始行五銖錢。官俸的一半，雖用錢支付，但其餘一半，還須以穀發放。至於田租，……亦均以穀發放」。[58]全氏認為此屬自然經濟與貨幣經濟雙軌並行的顯例，他當中提及布帛替代錢幣作交易，這點從漢簡中也得到佐證。根據《居延漢簡釋文》（頁359）載曰：「出河內廿兩帛

57　此處或會產生疑問，究竟對匈奴大量賞賜的紡織產物是來自哪裡？其來自官營織室、三服官抑或其他途徑，還是三者皆是。筆者估測賞賜官員和百姓的數量有限，即以織室或三服官能應付裕餘。不過，按上表所載賞賜匈奴織物數額非常巨大，應付不下時，不排除政府會利用私營紡織品充數，可惜此點欠有力的文字證據。

58　全漢昇：《中國經濟史研究一》（北京市：中華書局，2011年版），頁5。

八匹一丈三尺四寸大半寸直二千九百七十八給佐史一人」。[59]又，據永田英正《博羅松治簡》補記「吏受奉名籍」載：「……正月祿帛一匹，二月癸巳自取」（394.1，圖124）[60]、「絓絮二斤八兩直四百　給始元四年三月四月奉……」（308.7，圖391甲1617）[61]。總的而言，漢政府以帛作奉之漢簡例子應不少，僅舉上述幾條漢簡材料，已見到絮、帛等織物誠如全氏所言與錢幣交替互用。

此外，傳世史書亦載有漢代時人以布帛作錢的交易情況，茲舉其中三則例證如下：

(1)《太平御覽》引張璠《漢記》曰：「朱巂少孤，母以販繒綵為事，同郡周起負官債百萬，縣催責之，巂竊母帛為起解債」。[62]此例說明百萬官債能以一定數量的帛代替支付。

(2)（桓帝）永興二年三月甲午，（但）望上疏曰：「……敢欲分（巴郡）為二郡，一治臨江，一治安漢，各有桑麻、……布帛……足相供給，兩近京師。榮等自欲義出財帛，造立府寺，不費縣官，得百姓歡心……」。[63]此例東漢中期見到，四川人士有用「帛」來支付府寺的建築費用。

---

59 陳直認為：「邊遠地區，錢幣運輸異常困難，故形成上述情況。」詳見陳直，《居延漢簡研究》（北京市：中華書局，2009年版），頁23、609。不過，筆者認為布帛比錢更難運輸，陳氏說有可議的地方。

60 （日）永田英正、張學鋒譯：《居延漢簡研究》（上）（桂林市：廣西師範大學出版社，2007年版），頁201。

61 （日）永田英正、張學鋒譯：《居延漢簡研究》（上）（桂林市：廣西師範大學出版社，2007年版），頁202。

62 《太平御覽》第4冊，卷814〈布帛部一〉，中華書局影印版，頁3619。《張家山漢簡》〈算數書〉載有「繒幅」算題，計算其買賣價，詳見張家山二四七號漢墓竹簡整理小經組、張家山漢墓竹簡（釋文修訂本）〔二四七號墓〕（北京市：文物出版社，2006年版），頁140。。

63 劉琳《華陽國志校注》，卷1〈巴志〉，頁49。

(3) 漢末建武十二年，「(公孫) 述乃大發金帛，開門募兵，得五千
餘人，以配 (延) 牙。……牙因放奇兵擊漢，大破之……」。[64]
漢末非常時期，金與帛替代貨幣成為普遍人士信任的交換媒介。

上示三則例「朱儁竊母帛為起解債」、「巴郡義出財帛造立府寺」及「公孫
述發金帛募兵」，若與漢簡所載結合起來看，足證紡織品曾替代貨幣作過
交易用途。

四 漢代四川紡織業的歷史發展

探討漢代四川紡織業的歷史發展，必須從長時段的角度去觀察。現由
先秦說起，古巴蜀之地，大概為今天四川一帶。「蜀之為國……其地東接
於巴，……其寶則有……錦、繡、罽……桑、……麻、紵之饒……。」[65]
由此可見，先秦時期四川地區早已擁有紡織生產要素。兼且，桑麻被蜀國
當地人視之為寶，可見當地人對紡織業是十分重視。

至秦惠王時，欲謀楚，群臣議曰：「夫蜀，西僻之國，戎狄為鄰，不
如伐楚」。司馬錯、中尉田真黃曰：「蜀有桀、紂之亂，其國富饒，得其布
帛金銀，足給軍用。……得蜀則得楚，楚亡則天下并矣」。[66]「然秦惠文、
始皇克定六國，輒徙其豪俠於蜀，資我豐土……豪族服王侯美衣……」。[67]

---

64 劉琳《華陽國志校注》，卷5〈公孫述劉二牧志〉，頁480。

65 劉琳《華陽國志校注》，卷3〈蜀志〉，頁175。今日四川省簡稱蜀，蜀字早在商代甲骨文
已存在，(漢) 許慎《說文》對蜀字有以下解說：「蜀，葵中蠶也。」蜀之古義，蠶之形。
不過，有學者認為上目象蜀頭形之蜀字很可能是馬字之誤。推測出商代出現了馬頭蠶神
之人像。而西王母是遠古傳說中的一位紡織女神，因此西至母與桑蠶紡織之間關係密
切。出土畫像磚中的馬頭神即蠶神的形象。牛天偉〈漢晉畫像石、磚中的《蠶馬神像》
考〉載《中國漢畫研究》第1卷 (桂林市：廣西師範大學出版社，2005年版)，頁92-97。

66 劉琳《華陽國志校注》，卷3〈蜀志〉，頁191。

67 劉琳《華陽國志校注》，卷3〈蜀志〉，頁225。

由此得知，早期四川歷史的發展中，紡織產品在富國強兵上是「主角」之一。

漢代四川紡織業在考古上的發現不少，對了解當地種桑、養蠶、紡織技術都有很大幫助。

例如：一九七六年成都交通巷出土西周銅戈上有蠶形圖，又戰國時期巴蜀銅器上的蠶紋或蠶紋變體，這些都表明了漢以前成都一帶已是桑蠶產地。[68]根據四川漢墓出土的畫像磚，內容有不少是描繪桑園的情形。如四川成都平原是我國古代長江上游地區最發達的桑蠶紡織業基地。成都百花潭出土的嵌錯宴樂水陸攻戰紋壺上就有女子採桑的圖像，漢以後無論文字及畫像均表明四川成都平原是古代桑蠶紡織業生產地之一。[69]

最新發現，成都市天回鎮老官山漢墓，推測是漢景帝、武帝時期。出土織工俑 M2：200、織機四件，部分織機還保存有紡線。此四部織機模型是前所未見的蜀錦提花樋模型。[70]另外，四川德陽黃滸鎮出土的東漢「桑圃」畫像磚，表現整齊成排的魯桑幼株。其狀況像山東嘉祥武氏祠畫石中「秋胡妻」一節出現的桑樹。[71]畫中桑樹與秋胡的身體等高，有學者認為此顯然是人工精心栽培的地桑，這種桑產於魯地，所以史書中稱「魯桑」。[72]故此，種桑普遍化和園田化的趨勢，實有利於四川巴蜀絲織業的發展。

---

68 另參考牛天偉：〈漢晉畫像石、磚中的《蠶馬神像》考〉載《中國漢畫研究》第1卷（桂林市：廣西師範大學出版社，2005年版），頁98。另參見盛磊〈四川漢代畫像題材類型問題研究〉載《中國漢畫研究》第1卷（桂林市：廣西師範大學出版社，2005年版），頁150，注3。

69 袁庭棟：《巴蜀文化志》（成都市：巴蜀書社，2009年版），頁108。

70 成都文物考古研究所、荊州文物保護中心：〈成都市天回鎮老官山漢墓〉，載《考古》2014年第7期，頁59-70。另見馮永德：〈談談成都市天回鎮老官山漢墓出土蜀錦織機〉，載《四川蠶業》，2013年第4期，頁55-56。

71 見孫機：《漢代秒質文化資料圖說》（上海市：上海古籍出版社，2008年版），頁64。

72 牛天偉：〈漢晉畫像石、磚中的《蠶馬神像》考〉載《中國漢畫研究》第1卷（桂林市：廣西師範大學出版社，2005年版），頁97。

又，四川出土的紡輪及畫像石，其內容能反映到絲織製作的過程。根據四川寶興隴東東漢墓群出土「紡輪」共八件，「算珠形，飾弦紋或素面，多有鐵軸，軸上粗下細，細端有一小鉤」。另有，石紡輪七件。餅形，磨製，輪盉薄，多有鐵軸。[73]此八件「紡輪」的出土對研究西南地區紡織業史極具價值。再者，漢代畫像石上有「織機」的圖像，圖中的機械都是簡單的織機，沒有複雜的提花機。七〇年代，夏鼐研究漢代錦、綺、文羅等實物，推測當時已有了提花機。[74]不過，未幾，夏氏在一九八三年於日本的講演《漢唐絲綢和絲綢之路》中便修改前說：「漢代提花織物可能是普通織機上使用挑花棒織成花紋的。真正的提花機的出現稍晚。」[75]據夏氏說，提花機的現世應晚於漢代。近年出土的漢代錦、綺、紋羅等這些品種多樣、紋飾複雜、絢麗多彩的織品。若要完成這麼複雜的工藝，必須使用提花機。而提花機卻在畫像石上沒有見到。[76]不過，此問題約於三十年後有著突破性的解決。

成都市文物考古工作隊於二〇一二至二〇一三年在中發掘了四座西漢時期土坑木椁墓時，出土了四部織機模型。它們位於成都市金牛區天回鎮土門社區衛生站東側，當地俗稱「老官山」，中心坐標為東經104°6′41.96″，北緯30°44′56.65″。二〇一二年七月，成都地鐵三號綫施工時發現，確認為漢代墓葬，共有四座。其 M1-M3集中分布在南北向的一條直綫上，以 M1中心坐標點，M2位於 M1北側約三十米，M3位於 M2北側約五米，M4位於 M1的東南方約四二〇米處。此些織機出於 M2北一底箱。其

---

73 四川省文物管理委員會：〈四川寶興隴東東漢墓群〉載於《文物》1987年第10期，頁40、47。

74 夏鼐：〈我國古代蠶、桑、絲、綢的歷史〉，載夏鼐《考古學和科技史》（北京市：科學出版社，1979年版），頁115。

75 夏鼐：《考古學論文集》（外一種）上，王世民〈前言〉注1（石家莊市：河北教育出版社，2000年版），頁11。

76 劉克祥：《蠶桑絲綢史話》（上海市：社會科學文獻出版社，2011年版），頁46。

中三件織機大小、結構一致，一件稍大，結構不同。竹木結構，部分織機上還保有紡線。M2：191，長0.66、寬0.42、高0.21米。M2：186，長0.82、寬0.28、高0.48米。據成都文物考古研究所撰寫的考古報告記曰：此四部織機模型「應是前所未見的蜀錦提花機模型」。夏氏上世紀問題和疑慮於此次考古發現得到進一步的解決。[77]

最後，值得一提的是，四川錦陽東郊永興漢墓出土的絲織品，其所用的蠶絲為桑蠶絲，在顯微鏡下觀察，無論其縱面投影，還是截面切片投影，均與現代蠶絲纖維投影相符。根據電鏡照片中絲纖中間部位發暗的情況，說明絲腔是中空，因此可以推定其絲纖是經過精練的，即經特別處理的熟絲。此織物結構為平紋組織，從其織造的細密程度可以認定為絲絹。經密110根/cm，緯密56根/cm。經緯密度比為二分之一。[78]據此考古發現可知，漢代蜀郡於絲織商品的製造，早已具備相當技術和設備。

上舉各考古發現，在文字上同樣得到證明。

關於漢代四川紡織業相關文字記載，不得不提揚雄〈蜀都賦〉、王褒〈僮約〉和常璩《華陽國志》。不過，筆者為行文安排，把（西漢）揚雄放於王褒及常璩之後。

常璩《華陽國志》〈巴志〉載有四川桑蠶業的地理分布，其文曰：

> 「墊江縣，郡西北中水四百里（今重慶至合川水路僅二百三十里），有桑蠶……」。[79]

又，「巴西郡，屬縣七，去洛二千八百一十五里。東接巴郡，南接

---

77 詳見成都文物考古研究所等：〈成都市天回鎮老官山漢墓〉，載於《考古》2014年第7期，頁59-70。

78 見朱冰等：〈四川永興漢墓出土染色絹分析〉，載《中國科技史料》（2003年）第24卷第2期，頁150-154。

79 劉琳：《華陽國志校注》，卷1〈巴志〉，頁69。

（廣漢），西接梓橦，北接（漢中）、西城。土地山原多平，有……桑蠶」。[80]

劉琳《校注》曰：「巴西郡地處嘉陵江流域中部和渠江流域，位於四川盆地方山丘陵區的東部，海拔僅二五〇至七〇〇米，地面相對高度只五十米左右，谷地寬淺，梯田廣布，故曰『山原多平』。渠江流域為四川省苧麻的主要產區，嘉陵江中游為蠶絲的主要產區，至今西充、南充、南部、閬、蒼溪等縣蠶絲產量幾占全省之半」。[81]

　　另外，《華陽國志》〈巴志〉記載其特產，居於首位的就是「桑蠶」。在談到巴郡將分為二郡時，二郡物產中占首位也是桑。[82]四川紡織業發達與種桑業關係密切，於此得見。又，王襃〈僮約〉載：「植種……柘桑，三丈一樹，八赤為行，果類相從，縱橫相當。」[83]四川田莊有栽培柘、桑活動，而且種植極為井然。[84]

　　至於，西漢揚雄（漢宣帝至王莽時代人）世世以農桑為業，其〈蜀都賦〉載：「爾乃其人自造奇錦，紃緵緁縐緜緣盧中。發文揚采，轉代無窮。其布則細絺（《古文苑》作「都」字）弱折，綿繭成袵，阿麗纖靡，避晏與陰。蜘蛛作絲，不可見風。箭中黃潤，一端數金……」。[85]東漢蜀郡

80　劉琳：《華陽國志校注》，卷1〈巴志〉，頁90。

81　劉琳《華陽國志校注》，卷1〈巴志〉，注3，頁91。

82　見袁庭棟《巴蜀文化志》（成都市：巴蜀書社，2009年版），頁108及參考官德祥：〈從王襃〈僮約〉探析漢代中葉田莊商品經濟〉，載《中國農史》2010年第29卷第4期及官德祥：〈論漢末益州牧劉璋與分三巴〉載《新亞論叢》2011年總12期，頁82-87。

83　《全漢文》卷42王襃〈僮約〉（北京市：中華書局，1958年版），頁359。

84　佐藤武敏：〈漢代絲織品的生產形態〉載《日本學者研究中國史論著選譯》第3卷〈上古秦漢〉（北京市：中華書局，1993年版），頁508。另見，官德祥：〈從王襃〈僮約〉探析漢代中葉田莊商品經濟〉，載《中國農史》2010年第29卷第4期。

85　鄭文著：《揚雄文集箋注》〈蜀都賦〉（成都市：巴蜀書社，2000年版），頁319；藍勇：《南方絲綢之路》（重慶市：重慶大學出版社，1992年版），頁3-4。又見黃贊雄〈南方少

太守廉范未當郡太守前，曾經婉拒當時蜀郡太守所贈的蜀布，疑即此「黃潤細布」。[86]據《文選》卷四《蜀都賦》載：「黃潤比筒，贏金所過」。黃潤細布屬高檔次商品，以它作禮物具體面。除了絲織品外，成都古來盛產大麻。黃潤細布，細麻布，亦稱為「蜀布」。有學者認為西漢武帝時張騫在大夏見有身毒商人販去的「蜀布」即與此同類。[87]

漢代四川紡織品中除了以黃金相比擬的「黃潤細布」外，另外還有著名的「蜀錦」。〈蜀志〉載：「文翁立文學精舍、講堂，作石室，一作玉室，在城南。……郡更於夷里橋南岸道東邊起文學，……其道西城，故錦官也。錦工織錦濯其江中則鮮明，濯他江則不好，故命曰『錦里』也……」。[88]錦是用彩色絲線織出各種圖案花紋的絲織品。成都有錦江，織錦洗濯其中，其色澤鮮明，稱錦里，所產錦名聞遐邇。蜀漢置錦官督造，行銷全國。蜀錦成為蜀漢政權的主要財政來源。[89]

不過，學者對於漢代四川織錦發展曾抱懷疑態度。藍勇對「奇錦」有以下看法：「據《漢書》載漢代成都設有工官，但以冶金銀器為主，仍無錦官之設……」。藍氏推論合情理。筆者以為漢代四川織錦還處於初生階段，織錦業在漢代是有存在，但並不普及。反而，蜀布才是當時所流行的

數民族絲綢史略〉，載朱新予編：《中國絲綢史：專論》（北京市：中國紡織出版社，1997年版），頁330-336。

86 據〈廉范列傳〉載：「范父遭喪亂，客死於蜀漢。……年十五，辭母西迎父喪。蜀郡太守張穆，丹（廉范祖父）之故吏，乃重資送范，范無所受……。穆聞，復馳遣使持前資物追范，范又固辭……」。《後漢書》卷31〈廉范列傳〉，頁1101。《後漢書》並沒有具體指明「持前資物追范」是什麼東西。不過，王先謙〈集解〉則引惠棟曰：「《東觀記》穆持筒中布數篋，與范，范曰：石生堅，蘭生香，前後相違，不忍行也。遂不受……」，詳見吳樹平《東觀漢記校注》卷十四〈廉范傳〉（鄭州市：中州古籍出版社），頁575，及後注4。由於版本不同，字句略有出入，不必深究。最重要的是「布」，指的是蜀地生產的蜀布，黃潤細布為蜀地織造業中的名貴商品。應是時人流行送禮首選。

87 劉琳：《華陽國志校注》，卷3〈蜀志〉注3，頁243。

88 劉琳：《華陽國志校注》，卷3〈蜀志〉，頁235。

89 劉琳：《華陽國志校注》，卷3〈蜀志〉注4，頁236。

四川紡織商品。[90]

關於「蜀布」問題，言人人殊。究竟蜀布是絲織品、麻織品抑或是棉織品？傾向認為蜀布是麻織品的代表學者有鄧少琴[91]、任乃強[92]、藍勇[93]、江玉祥[94]、吳興南[95]、劉琳[96]，至於認為蜀布是絲織品的學者有李曉岑。[97]不過，前述學者有一點共識，他們大都認為蜀布不是棉織品。

不過，學者趙岡和陳鍾毅分析說：「張騫使用特殊名詞『蜀布』，可見不是絲綢一類。《史記正義》在蜀布一詞下注『土蘆布也』，這正是 tula 的音譯。它是在四川織成而被商人攜往印度販賣。大夏商人從印度買來。我們可以想像到，當時中國紡織技術早已凌駕印度之上。木棉從印度傳至永昌郡的哀牢人再傳到西蜀，經過蜀人運用中國既有之紡織技術，織成很高

90 見孫機：《漢代物質文化資料圖說》（上海市上海古籍出版社，2008年版），頁75。

91 鄧少琴說：「麻紵之目，是為家庭婦女生產之工藝品……而遠銷大夏諸邦……。」詳見鄧少琴〈巴蜀史稿〉載《鄧少琴西南民族史地論集》上冊（成都市：巴蜀書社，2001年版），頁255-256；趙毅：〈試論張若治蜀〉，載於《西南師範大學學報》（人文社會科學版），2000年5月，第26卷第3期，頁52。

92 蜀布最早在蜀地馳名原因，在於印緬等熱帶、亞熱帶人苦熱。苧麻布色最白，不畏水濕，汗漬不汙，疏能散熱。故行銷苧布特早。詳見任乃強：〈中西陸上古商道——蜀布之路〉上篇，載《古代西南絲綢之路研究》（成都市：四川大學出版社，1990年版），頁107。

93 王鳴盛：《十七史商榷》卷48〈筒巾細布條〉（北京市：中國書店，1987年版），頁5；見藍勇《南方絲綢之路》（重慶市：重慶大學出版社，1992年版），頁8。

94 見江玉祥：《古代中國西南「絲綢之路」簡論》載伍加倫、江玉祥主編《古代西南絲綢之路研究》（成都市：四川大學出版社，1990年版），頁34。

95 吳興南：《雲南對外貿易——從傳統到近代化的歷程》（昆明市：雲南民族出版社，1997年版），頁31。

96 劉琳：《華陽國志校注》，卷3〈蜀志〉，注3，頁243。

97 李曉岑則認為「雲南的歷史學者紛紛著文認為張騫在大夏見到的『蜀布』是雲南木棉布，即所謂『桐華布』。……草棉的纖維比木棉長，用以織布質量更佳，因此大夏沒有必要通過印度從雲南進口木棉布。……大夏帝國從四川進口的『蜀布』應為絲綢布。……結論是『蜀布』決不是雲南的『桐華布』，而是絲綢。」李曉岑：《白族的科學與文明》（昆明市：雲南人民出版社，1997年版），頁142-143。

級的棉布，其質量竟勝過原產地的印度布，於是棉布又由中國四川倒流至印度，並遠達大夏國。從時間上來看，四川開始植棉並織棉布可以上溯至西元前二世紀或更早」。[98]趙岡等堅持蜀布乃棉織品。筆者以為趙岡等的「棉紡織倒流說」深富想像力，惜欠證據。[99]反之，堅持蜀布為麻織品的眾學者們都有其較可靠的論據。故此，筆者傾向麻織說。

另外，饒宗頤認為「巴地的嶓布、賨布[100]、氐人之紕，蜀細布……都是漢代四川的出產……所謂蜀布乃是極廣泛的名詞。」[101]饒宗頤之說或可解釋得到上述學者們對蜀布持不同看法的因由。正由於蜀布是一廣泛之詞，以至不同時空情境下，絲質、麻質、棉質的「蜀布」令人混淆。筆者傾向漢代蜀布主以麻織物為主。不過，從漢代四川普遍種桑種麻的歷史發展看，絲織與麻織並不存在排斥，而且應該呈雙線發展。

筆者估計「蜀布」的發展歷程，乃由黃潤細布先打響名堂，及後「蜀布」建起自己品牌。其他不同原材料的紡織品遂以「蜀布」名牌作招徠。「蜀錦」便是後起之秀，且在東漢至三國紡織品市場上大放異彩。打個譬如，「蜀布」儼如今天某名牌轎車的商標，在此商標下有許多不同型號產品，它們有屬高、中、低檔次。蜀錦便是蜀布中最高檔的品牌。

至於漢代蜀布暢銷國際，交通孔道所起的作用很大。由於蜀布的流

98　見趙岡、陳鍾毅：《中國棉紡織史》（北京市：中國農業出版社，1997年版），頁18。

99　石聲漢：〈明末以前棉及棉織品輸入的史蹟〉，載《石聲漢農史論文集》（北京市：中華書局，2008年版），頁206-209。

100　《文選》〈魏都賦〉注載：「槃瓠之後，輸布一匹二丈，是謂賨布。廩君之巴氏，出嶓布八丈」，詳見嚴可均《全後漢文》上卷38〈應劭六〉（北京市：商務印書館，1999年版），頁394；黃今言：〈秦漢少數民族地區的賦稅和貢輸問題〉載《秦漢經濟史論考》（北京市：中國社會科學出版社，2000年版），頁286。賨布是土著少數居民的產物，洪適《隸釋》卷第7〈車騎將軍馮緄碑〉載道：「……將軍南征五溪蠻夷，……斬首萬級，沒溺以千數，降者十萬人，收逋賨布卅萬匹……。」

101　饒宗頤：〈蜀布與Cinapatta——論早期中印緬之交通〉載伍加倫、江玉祥主編：《古代西南絲綢之路研究》（成都市：四川大學出版社，1990年版），頁2。

通，一條經四川、雲南、緬甸、印度、巴基斯坦，到達阿富汗的商道，乘時而興，任乃強稱之為「蜀布之路」。任氏認為從四川到北緬甸一段是「蜀商運售蜀布量最大的區域」。[102]筆者認為若以成都為同心圓的中心一點四向看，南至印度、巴基斯坦，西達中東等地，北至西藏，東至中國沿岸。成都便成為整個中國與西亞、南亞、中東商貿網絡的中心點。成都為二千年以上不衰的城市，與此不無關係。

五　日入而不息──四川紡織「夜作」現象探析

西漢政府鼓勵老百姓農桑並舉，早已為全國（包括四川）紡織產業提供了堅實的基石，紡織業亦因此得以初步商品化。到了東漢，紡織業再進一步，婦女們積極參與紡織業生產。四川紡織業在此宏觀氣候下遂快速起飛，並以「蜀錦」為重要商品。東漢末至三國時蜀錦受歡迎程度，有增無減。[103]此時，四川紡織業商品化程度與從前「自給自足」已不可同日語。漢代成都已躍身為全國成衣商品的龍頭重鎮。「夜作」現象亦就此背景下應運而生。

《後漢書》卷三十一〈廉范列傳〉載曰：

> 成都民物豐盛，邑宇逼側，舊制禁民夜作，以防火災，而更相隱蔽，燒者日屬。范乃毀削先令，但嚴使儲水而已。百姓為便，乃歌之

---

102 任乃強：〈中西陸上古商道──蜀布之路〉下篇，載《古代西南絲綢之路研究》（成都市：四川大學出版社，1990年版），頁108。

103 蜀錦比臨淄錦、襄邑錦知名稍晚。到東漢末，蜀錦已與臨淄、襄邑的產品並駕齊驅，甚至有後來居上之勢。至於蜀布的產地則以西蜀為上等，《鹽鐵論》〈本議篇〉：「齊阿之縑，蜀漢之布」。西南益州郡、永昌郡所產毛織物、木錦布、火浣布（石棉布）都是在從桑蠶基礎上發展出來。

曰：「廉叔度，來何暮？不禁火，民安作，平生無襦今五袴」。[104]

　　四川乃天府之地，其首府成都更是漢代西南最大都會，是一個擁有「綜合性經濟職能」的城市。所謂「綜合性經濟職能」指的是，一個集農業、手工業、商業、交通樞紐和消費市場等「特殊職能」於一身的綜合性城市，吸引著許多人口集中居住。[105]范曄以「民物豐盛，邑宇逼側」形容成都的居住環境，文筆生動貼切，同時也意味著一個重大的成衣製作及銷售市場在背後蠢蠢欲動。

　　上文中又提到「舊制禁民夜作」。「舊制」者說明漢朝政府一向以來都有法則規定，嚴禁人民在晚上進行紡織活動。如何知道「禁民夜作」之「夜作」專指紡織業呢？這可從後文「……民安作，平生無襦今五袴」便有所明示。至於禁夜作的原因，就是為消防安全問題。

　　紡織品是易燃物品，一旦失火，在邑宇逼側的環境下造成的人命財物損失必然很大，故有「防火災」之語，指的就是防紡織品所引起的火災。此句話的另一癥結在於其後之「更相隱蔽，燒者日屬」一語[106]。為什麼老百姓甘冒火險，左閃右避官員隱蔽夜作呢？蜀郡太守廉范出現，又如何改變這兩難局面，既避免火災，又能迎合「夜作」的大趨勢？

　　由於蜀郡太守廉范對東漢四川紡織業貢獻很大，在未討論夜作之先，必須對其人的生平背景、性格及行事作風作一分析，以助明白其處理「禁民夜作」的內在理路。

　　《後漢書》〈廉范列傳〉載廉范字叔度，京兆杜陵人，生卒年不詳。

104　《後漢書》卷31〈廉范列傳〉，頁1101-1104。

105　見官德祥：〈漢代西南特殊職能地區與商業〉，載2010年《新亞論叢》第11期，頁77-84。

106　「燒者日屬」，《後漢書》對此並無注解。另《資治通鑑》卷46〈漢紀〉三十八胡三省《注》曰：屬，之欲翻；聯也，聯日有火也。及查《東觀漢記》其與《後漢書》有一字之差，其文：「燒者日日屬」，於此其意思才得顯明。按此筆者疑《後漢書》脫一「日」字。

筆者綜合《後漢書》及《東觀漢記》所載廉范相關之生平事跡，推斷其出生年約為東漢光武帝建武中晚期，死亡時間約為東漢章帝崩（西元88年）後數年。總言之，廉范當高官的時間正值東漢「明章之治」時期。東漢章帝建初六年（西元81年），廉范遷為蜀郡太守。[107]在此之前，他曾到京師受業，「事博士薛漢」。其後，京兆太守曾想招攬他，但他沒答應。永平初，隴西太守鄧融準備了厚禮以聘其為功曹，亦遭他拒絕。他當蜀郡太守前曾當過雲中、武威、武都三郡太守，因此對於郡守的權力、職掌及行政程度理應瞭若指掌。據其本傳所記：「在蜀數年，坐法免歸鄉里……」，此後史乘再沒有任何有關其當官記錄，據此可知，蜀郡太守一職應是他為漢朝政府效力的終點站。

廉范的曾祖父是廉褒，在成、哀二帝期間曾當右將軍。祖父廉丹，在王莽時為十大司馬庸部牧，根據《後漢書》其本傳〈注〉載：王莽改益州為庸部。及後，廉范父親因為政局紛亂，客死蜀漢，其本傳載曰：「范父遭喪亂，客死於蜀漢。……年十五，辭母西迎父喪。」廉氏自「辭母西迎父喪」始，命運步步逼近四川。最後，他流寓西州，西州即巴、蜀地區，被朝廷安排為蜀郡太守。[108]

根據史書所載，廉范當蜀郡太守前發生了三件事，它們能反映出廉范的特殊個性。而這個性有助我們了解他當蜀郡太守時，為何不依舊法，「不按本子辦事」，膽敢「毀削先令」。

第一件事：前提及廉范父親在蜀遇到亂事，不幸客死於蜀漢。廉范向母親辭行，便趕快「西迎父喪」。廉范在負喪歸途中，其乘坐的船於葭萌觸石破沒。他在極度危難的情況下，竟妄顧自身安全，「抱持棺柩」，結果

---

107 《後漢書》與《東觀漢記》沒有明言載建初中，究竟是指那一年。查司馬光《通鑑》卷46載：廉范遷蜀郡太守那年應為建初六年，即西元81年，見《資治通鑑》（北京市：中華書局版），頁1488。

108 《後漢書》卷31〈廉范列傳〉，注2，頁1102。

他與棺柩一起沈溺水中，幸好「鉤求得之，療救僅免於死」，最終他獲救。時人以其行為極「義」。[109]以一個年僅十五歲的少年，身陷險境，仍不忘捨生取義，此見其為人。

第二件事：據《後漢書》廉范本傳載：「薛漢坐楚王事誅，故人門生莫敢視，范獨往收斂之」。前提廉范年輕時，曾身赴京師受業「事博士薛漢」。范是有情有義的人，明知此舉定觸怒當今主上，他仍無所畏縮，甚具膽識和義氣。結果，明帝急召廉范入宮對其詰責。史載當明帝得悉廉范是廉頗後人，廉褒是其曾祖父，廉丹是其祖父後，便赦免了他的罪。《後漢書》引述了明帝當時的話曰：「帝曰：『怪卿志膽敢爾！』因貰之。由是顯名」。[110]從這句話，我們可以看到皇帝亦認同廉氏家族膽敢過人和重情義的遺傳基因。只要廉范認為是對的事，他不怕觸怒任何人包括當今皇帝。

第三件事：廉范剛上任雲中太守，便不幸遇到匈奴大舉入侵，形勢極其不妙。〈廉范列傳〉載述當時狀況曰：「會匈奴大入塞，烽火日通。故事，虜入過五千人，移書傍郡。吏欲傳檄求救，范不聽，自率士卒拒之。……會日暮，令士各交縛兩炬，……虜望火多，謂漢兵救至，大驚。……」由此可見，廉范是一個有勇有謀的郡太守。他不甘泥守傳統，對「虜入過五千人，移書傍郡」的做法置之不理。後面一句「范不聽，自率士卒拒之」足以反映其自信和果斷的性格。

綜合上述三事，筆者得出以下結論：廉范膽敢過人，早有「不與朝廷同心」的前科。另外，他處事決斷，不畏強權，並有謀略。當他當了蜀郡太守，他勇於破舊，事出絕非偶然。

漢代郡太守雖是一郡之首，但不代表其可任意妄為。郡太守乃朝廷命官，是要向中央負責，一舉一動備受中央監視。太守如有任何破舊立新的政治動作，都要謹慎行事；偶有差池，輕則烏紗不保，流開荒野，重則入

109　《後漢書》卷31〈廉范列傳〉，頁1101。

110　《後漢書》卷31〈廉范列傳〉，頁1102。

獄甚或丟命。廉范如此得百姓稱許的太守，也在當蜀郡太守幾年後，「坐法免歸故里」。史書沒交代其犯了什麼罪，僅從此點足反映為官者如履薄冰。[111]

另外，廉范「毀削先令」，不是只懂破壞不建設。他做事是有計有謀。他了解成都民居密集問題，「夜作」紡織的布料極其易燃，火災無可避免。政府不想見到火災頻生，制令不准夜作。這削足適履的方法當然不合情理和消極。因此，他下令家家戶戶「嚴使儲水」，以積極態度面對。

此外，廉范是個極重情義的人，「好周人窮急」。別人需要幫忙，他義不容辭。尤對老百姓，他視為同族已親，因禁火而不能夜作，令百姓蒙受經濟損失，為人父母官，他對此深表同情，最後「放令夜作」。《東觀記》云：「百姓皆喜，家得其願。時生子，皆以廉名者千數」。廉氏受百姓高度愛戴，就在於其能體恤民情。[112]

六　漢紡織「夜作」現象及其生產量

農忙除有季節之分外，每一天有農忙、農閒時段。日間是農忙時段，居民從事翻田耘土的耕稼工作。晚上是農閒時段，較多生產力從正業耕稼工作中釋放出來，直接或間接參與副業「夜作」生產。[113]〈廉范傳〉中的「夜作」便是漢代紡織業於較發達地區的特色現象。其實，「夜作」現象，早在西漢時已出現。班固《漢書》〈食貨志〉載：「婦人同巷，相從夜

---

111 《後漢書》卷31〈廉范列傳〉，頁1103。史書語焉不詳，筆者估測廉范「坐法」實與其在蜀「毀削先令」一事有關。

112 王先謙《後漢書集解》注引《東觀記》，見《集解》卷31〈廉范列傳〉，頁389。

113 就此或有人會提出男女分工的問題，過去有不少專家學者為此作討論。但筆者認為男耕女織的分工，並不完全符合夜作的現實環境，筆者對於男耕女織的絕對分工，不表贊同。我們不能排除男女共織的現象，一如我們不能完全排除女姓參與農事般。

績」。[114]另外，據漢詩〈為焦仲卿妻作〉載：「……十三能織素，十四學裁衣……雞鳴入機織，夜夜不得息」。[115]與及《後漢書》卷八十四〈列女傳〉載曰：「廣漢姜詩妻者，同郡龐盛之女也。詩事母至孝，妻奉順尤篤。母好飲江水，水去舍六七里，妻常泝流而汲。後值風，不時而還，母渴，詩責而遣之。妻乃寄上鄰舍，晝夜紡績，市形珍羞，使鄰母以意自遺其姑……」。[116]綜合〈為焦仲卿妻作〉的「夜夜不得息」、〈列女傳〉的「晝夜紡績」及〈廉范傳〉的「夜作」等都反映漢代紡織產業興盛的一面。

由於史料所限，有些地方仍不大清楚。如「婦人同巷，相從夜績」一句便引起連串問題。首先，「婦人同巷，相從夜績」是否屬集體生產？又，「相從夜績」當中又有沒有「協作」成分？而「集體生產」令人聯想到兩件事情，第一是由什麼人領導「集體生產」？若是自發性，沒有主導者，當中有沒有所謂「協作」成分。所謂「協作」，可以理解成從事同樣工作的人，聚集在同一場所從事勞動。大家共用同一批工具與原料，也無須移動或運輸，可省下運輸費等費用。又，「相從者」是否指從事有系統的生產，「相從者」是向大地主及莊園主等人負責，抑或是各自獨立無組織下一起工作？如獨立從「婦人同巷」四字看，僅表明她們只是毗鄰居住，相約一起夜作。上述問題，《漢書》語焉不詳。

筆者推測「婦人同巷，相從夜績」，理由有四。

一、「相從者」同時同地工作或可激發她們彼此的競爭心，以刺激起生產量。

---

114 《漢書》卷24上〈食貨志〉，頁1121。另外，顧麗華認為〈食貨志〉「相從夜績」指的是「鄉村婦女農閒時相聚織布」。筆者認為有兩處地方值得商榷。第一，〈食貨志〉並無確指夜績的具體地方，「婦女同巷」一語反令筆者認為較似在城內發生。第二，「夜績」顧名思義在晚間舉行，農業是「日出而作，日入而息」，又何需分農忙與農閒，詳見顧麗華《漢代婦女生活情態》（上海市：社會科學文獻出版社，2012年版），頁156。

115 沈德潛選《古詩源》卷4〈為焦仲卿妻作〉（北京市：中華書局，1963年版），頁82。

116 《後漢書》卷84〈列女傳〉，頁2783。

二、同巷生產，具協同效應，可以共省燈油，資源並享。

三、半夜屋內紡織，多少造成噪音，影響家人安睡。

四、婦女晚上集體往巷外生產，不逗留在屋內生產以防火災直接波及家園。

另一問題，究竟漢代紡織業的生產量有多大？雖無具體的數據可資參考，不過筆者又以下估算。

前引〈食貨志〉載「冬，民既入，婦人同巷，相從夜績，女工一月得四十五日」的民間紡織業。[117]服虔《注》曰：「一月之中，又得夜半為十五日，凡四十五日也」。在此引發另一問題，就是家庭式紡織是不是「自給自足」呢？筆者認為此慣常性夜作趕工，應屬私營商品生產。蜀首府成都既是國際商業大都會，居住人口眾多，對成衣的需求很大，這裡還未把外銷的紡織商品計算於內。假若四川成都家庭式紡織只為「自給」，成都百姓無須趕緊「日日夜作」。在朝廷禁制下，百姓「更相隱蔽，燒者日屬」情形也不會出現。

據《太平御覽》卷八一四〈有帛部一〉記：「古詩曰新人能織縑，故人工織素，織縑曰一疋，織素五丈餘，以縑特比素，新人不如故。」[118]又，《張家山漢簡〈算數書〉》[119]及《九章算術》〈衰分〉談女子織布的五天增長應用算題，記載了女子一天織布可達二點五八尺。筆者據此可推估熟練婦女每天織布三尺以上應無問題；此還未把夜作產量計算在內。[120]若

---

117 《漢書》卷24上〈食貨志〉，頁1121。

118 《太平御覽》卷814〈布帛部一〉，中華書局影印本，頁3618。白縑（EPT8：25）雙絲織成的細絹載《中國簡牘集成》6，頁117，轉引自沈剛：《居延漢簡語詞匯釋》（北京市：科學出版社，2008年版），頁2、273。

119 見彭浩《張家山漢簡〈算數書〉註釋》（北京市：科學出版社，2001年版），頁56-57。此外，〈算數書〉之〈婦織〉、〈繒幅〉、〈絲練〉等篇，均反映漢初的紡織生產情形，頁64、66、74。

120 參考郭書春譯注《九章算術》第3卷（瀋陽市：遼寧教育出版社，1998年版），頁82。至

據此推算一女年織三百天，則成布九百尺。九百尺即二十二點五匹。若以漢代縫製一套成人男衣大致需用布一匹的標準推算，五口之家，按每年做衣兩套，其計算如下：[121]

漢代小農家庭紡織產量估算

一女年織估算　　　　　　　　　　　300天×3尺　　＝22.5匹（約20匹）

一女年織（包含夜作）　　　　　　　300天×3尺×1.5＝33.75匹（約30匹）

五口之家（成年人用布約1匹，每年2套計）1匹×2×5＝（10匹）

得出結論：

小農家庭每年有10/20匹　　　　　＝約50%的剩餘

夜作的小農家庭每年有20/30匹＝約65%的剩餘

小農家庭平均一年（假設300天）需要用布十匹上下，尚可節餘約十匹。即每年約有百分之五十的紡織品可以剩餘出來，而按上計算夜作則有百分六十五的剩餘。小農家庭會把剩餘的紡織產品拿到市場販賣，據此可反駁家庭紡織業僅為「自給之用」說。[122]於此需要強調，上面估算並非絕對數值，只想指出小農紡織有剩餘並超過自足水平。漢代政府經常鼓勵農桑並舉外，紡織業的勞動所創造的價值遠高於一般農業勞動所創造，故家

於，〈漢詩〉〈為焦仲卿妻作〉載：「夜夜不得息，三日斷五匹」，如以一匹約四十尺計，三日斷五匹即有二百尺，一日約六十七尺，與《張家山漢簡《算數書》》載一日織布三尺，相差達二十多倍，即使考慮了科技進步等因素，三日斷五匹似乎仍有所誇張，見沈德潛選《古詩源》卷4（北京市：中華書局，1963年版），頁82。

121 史載戰國初，李悝為魏文侯作「盡地力之教」，曾算過「有田百畝」、「五口之家」的一年收支，在支出項目中包括了衣服開支。即：「衣，人率用錢三百，五人終歲用千五百。」他說的「千五百」衣物錢，無疑是五口之家的最低衣物費用。「人率用錢三百」，三百錢可能正是一匹布的價格。戰國與漢代的一匹布的規格相同，均是長四丈，闊二尺二寸，正好為成人一身的衣料。

122 李恆全等：〈漢代私營手工業的商品生產述論〉，載《學海》，2002年第2期，頁126。

庭式紡織業的利潤很容易吸引到小農們的投入生產。

六 結語

綜觀漢代紡織業的整體歷史發展，乃上繼春秋戰國經濟昌盛之大勢，成於西漢，興於東漢三國，此態勢迄今仍庚續未綴。春秋戰國時期，各諸侯國間收取關稅，國與國存有關卡，窒礙經濟交通。至秦漢國家政歸一統，對商人、商品的通行極其有利。[123]加上漢代內陸交通系統漸次建成，區域與區域間之交易暢通無阻，促使各類商品包括紡織商品得以流布天下。西漢末，四川紡織業已聞名全國，史載曰：「蜀地沃野千里……，女工之業，覆衣天下」，這是西漢紡織業及交通網絡二百餘年長足發展所結下的果實。[124]

踵繼西漢紡織業發展之盛，到東漢進一步發展，蜀郡太守廉范扮演著促進者的角色。他理解到成都居民「夜作」的行為乃經濟發展的必然結果，不能強禁。因此，他沒有使用任何行政手段去窒礙「夜作」，而且還把原來惡法除去，令四川居民能安心「夜作」。他的貢獻更可以「智」、「仁」、「勇」三字概括。「嚴使儲水」見其智；「體恤民生」見其仁；「毀削先令」見其勇。由此可見，蜀郡太守廉范於四川紡織業的發展之功實不可沒。

關於漢代四川紡織業，有學者認為以家庭式紡績業覆蓋面最廣。據上文探討的「夜作」應屬此類，「相從夜績」宜看成個體戶生產，而非集體式生產。當然筆者不排除莊園豪強一條龍式自養蠶桑，生產絲綢。[125]除此

---

123 許倬雲：《中國古代社會史論——春秋戰國時期的社會流動》（桂林市：廣西師範大學出版社，2006年版），頁139-145。另見宋敘五《西漢的商人與商業》〈前言〉（香港：新亞研究所，2010年版），頁1。

124 《後漢書》卷13〈公孫述列傳〉，頁535。

125 林甘泉：《秦漢的自然經濟與商品經濟》，載中國秦漢史研究會編《秦漢史論叢》第7輯（北京市：中國社會科學出版社，1998年版），頁159。

之外，巨大的市場需求是拉動家庭作坊業發展的原動力。雖然史籍無載家庭式紡織業的生產量的具體數目，但以一家一戶為生產單位，以「夜績」所得之「倍半」增產量計，對紡織品生產的剩餘比率絕不可輕視。[126]

廣義的西漢蜀布在商品市場得到買家青睞，發展到東漢蜀錦出現，爭奇鬥艷，成四川時令流行絲織商品。[127]川蜀織錦的精湛技術，漢初已具規模，三國時大有發展，凡綾錦類高級織物，幾乎全為川蜀所壟斷。[128]三國蜀地設有錦官官廳，便是以產錦出名。《後漢書》卷八十二下〈方術列傳〉載：「（操）因曰：『吾前遣人到蜀買錦，可過敕使者，增市二端。』語頃，即得薑還，並獲操使報命。後操使蜀反，驗問增錦之狀及時日早晚，若符契焉。」[129]這段話記錄了曹操遣人到蜀地買錦一事。事件發生在曹操為司徒時，儘管左慈方術看似荒誕，不過此條史料透露出東漢末蜀地錦衣市場能吸引外地人購買的線索。[130]至漢末，曹操創行租調制。此制是

---

126 李恆全等：〈漢代私營手工業的商品生產述論〉，載《學海》，2002年2期，頁125-126。

127 《初學記》卷27〈錦〉第6載曰：「劉熙《釋名》曰：錦金也。作之用功重，其價如金，故月制字帛金與金也。丹陽記曰：歷代尚未有錦，而成都獨稱妙，故三國時，魏則市於蜀，吳亦資西蜀，至是始乃有之。《益州記》曰：錦城在益州南笮橋東流江南岸，蜀時故錦官也。其處號錦裏，城墉猶在。」《鄴中記》載曰：「錦有大登高、小登高、大明光、小明光、大博山、小博山、大茱萸、小茱萸、大交龍、小交龍、蒲桃文錦、班文錦、鳳皇朱雀錦、文錦、桃文錦或青綈或白綈或黃綈或綠綈或紫綈或蜀綈，工巧百數，不可盡名。」

128 余濤：〈中國織錦探討〉一文載朱新予編《中國絲綢史：專論》（北京市：中國紡織出版社，1997年版），頁289；另見夏鼐：〈我國古代蠶、桑、絲、綢的歷史〉，載夏鼐：《考古學和科技史》（北京市：科學出版社，1979年版），頁109-110。又，史游《急就篇》載曰：「綾，今之雜小綾也。」（漢）史游、曾仲珊校點《急就篇》（長沙市：岳麓書社，1989年版），頁121。又見孫機《漢代物質文化資料圖說》（上海市：上海古籍出版社，2008年版），頁78。

129 《後漢書》卷82下〈方術列傳〉，頁2747。

130 見（日）佐藤武敏：〈漢代絲織品的生產形態〉載《日本學者研究中國史論著選譯》第3卷〈上古秦漢〉（北京市：中華書局，1993年版），頁521。另，方行〈中國封建賦稅與商品經濟〉載《中國社會經濟史研究》，2002年第1期，頁54。

農桑並重、耕織結合的生產體制。老百姓以絹帛絲綿和穀物向政府納稅，若欠漢代農業及紡織業的背景作後盾，租調制是沒充分條件推行。

　　——原載於廖伯源主編：《邦計貨殖——中國經濟的結構與變遷　全漢昇先生百歲誕辰紀念論文集》，萬卷樓圖書公司，2013年版，頁1-36。2020年8月8日再增訂。

漢文化中「狗」的角色*

一 序言

　　人雖是萬物之靈，但不應輕忽地球上其他生物。我國祖先對各種生物都予以重視，這都在古書中有所反映。本文擬研究漢代文化中「狗」的角色，其背後動機便是在「萬物平等」思想下萌生的。狗是「六畜」之一。在古代以牛、馬繫軍國，祭祀上多用牛、豬、雞或羊。至於「狗」或「犬」既非如牛馬般受重用於農耕征戰之事，故此很多時被輕忽。雖然如此，仍有學者對「狗」予以一定關注，並作出研究。例如：張震撰〈漫談中國古代的狗〉，把古代的狗與人類歷史作基本回顧。[1]另外，考古學者周艷濤撰〈陝西涇陽發現西周三七六座古墓——車馬坑中現狗和牛〉專門從宗教祭祀的視角切入。[2]還有，中國社會科學院研究生院考古系的武莊其〈先秦時期家犬研究的現狀與展望〉，聚焦先秦時期家犬的總體研究。[3]作

---

* 「犬即狗也……」見（清）趙翼《陔餘叢考》卷22〈犬〉條（北京市：中華書局，1963年版），頁444。今人視狗和犬為一物異名，為免行文雜亂，本文一律用「狗」字代「犬」字，引文中的「犬」字則不作變改。

1 見張震：《漫談中國古代的狗》發布時間：2010年12月20日，文章出處：《中國文物信息網》，參見中國社科院考古研究所。網址：http://www.kaogu.cn/cn/xueshudongtai/xueshudongtai/xueshudongtai/2013/1025/35618.html

2 周艷濤：《陝西涇陽發現西周三七六座古墓——車馬坑中現狗和牛》，發布時間2015年2月5日。文章出處：新華網《科技日報》見中國社科院考古研究所網址：http://www.kaogu.cn/cn/xccz/20150205/49185.html

3 武莊（中國社會科學院研究生院考古系）〈先秦時期家犬研究的現狀與展望〉載《南方文物》，2014年1月，頁65-73。（網址：http://www.kaogu.cn/uploads/soft/2014/20140617quan.

者不謂淺陋，在上述學者的基礎上，嘗試探究漢代文化中「狗」的角色。

二　先漢的「狗」文化

　　在探討漢代「狗」之前，有必要交代一下漢以前人與狗的關係發展，以助了解當中的來龍去脈。根據古生物的考古發現，新石器時候狗率先以「食用」姿態面世。[4] 自殷商以降，狗呈現出各種不同角色和形象出現在史籍中。《逸周書》記載了商湯時期，命大臣伊尹四出求獻，當中便有提及一件特別的物品：一隻身材短小的狗。

　　《逸周書》卷七〈王會解〉曰：

> 伊尹受（湯）命，於是為四方令曰：「臣請……令以珠璣、瑇瑁、象齒、文犀、翠羽、菌、鶴、短狗為獻」……。[5]

《史記》卷三〈殷本紀〉載：

---

pdf）。另，見王進鋒著：《殷商——從神話中走來》（香港：中華書局，2017年版），頁168-171。

4　據周本雄〈河北武安磁山遺址的動物骨骸〉載：「食用犬可上溯至新石器時期。距今七千多年前的河北武安磁山遺址出土了被人食用過的狗骨殘骸。」根據故宮博物院張震說：「從目前的資料來看，家犬的遺骨最早見於新石器時代的中期約西元前七五〇〇至前五〇〇〇年，並且主要發現於中原地區。在新石器時代中期，發現狗骨的遺址主要有：河南舞陽賈湖、新鄭裴李崗、河北武安磁山等。這表明家狗的飼養在中原地區已得到發展，但用狗殉葬的現象似乎才剛剛開始。完整的狗骨架隨葬僅見於賈湖墓地，用狗骨隨葬的墓也只有賈湖的M341，且只發現有一小塊狗骨。」周本雄〈河北武安磁山遺址的動物骨骸〉載《考古學報》1981年第3期。另外，許進雄說：「……豬有八千七百年以上的豢養歷史，故狗應在未有農耕以前，至少西元前七千、八千年就被豢養了。」許進雄《古事雜談》（臺北市：臺灣商務印書館，2013年版），頁72。

5　《逸周書》卷7採自《文淵閣四庫全書電子版》（上海人民出版社及迪志文化出版，1999年版）。

帝紂⋯⋯好酒淫樂，嬖於婦人。愛妲己之言是從。⋯⋯益收狗馬奇
物，充仞宮室。[6]

據此兩條材料，可略知商代皇室視狗為宮廷寵物，文獻遂有「伊尹朝獻短
狗」及「帝紂益收狗馬」之記載。

在商狗除了得到皇室成員寵愛有加外，還經常用來進行祭祀。卜辭中
有「侑父丁犬百」、「⋯⋯致百犬」、「⋯⋯三百犬」等，鄭州商城便發現有
八個埋犬坑，共計埋葬犬九十二隻。用百犬祭祀父丁，狗在商朝的祭祀角
色在卜辭中相當顯明。[7]綜上可見，商朝狗的角色大略有三方面：外交禮
物、寵物及祭祀牲品。

到周代，〈周書・旅獒〉載，周武王「西旅獻獒」。獒犬是一種大型凶
猛的牧羊犬。[8]說明周人喜利用猛犬牧羊。但要注意周朝猛狗牧羊的角色，
遠不及牠在宗教神壇上之地位。

周代重禮祭活動，盛行用狗祭祀和喪葬的風俗，其以動物供祭就是使
用動物協助「通民神、通天地、通上下的一種具體方式」。[9]《禮記・曲禮
下》云：「凡祭宗廟之禮，犬曰『羹獻』。」《說文》：「獻，宗廟犬名羹獻，

6　《史記》卷3〈殷本紀〉（北京市：中華書局，1982年2版），頁105。（本文所引《史記》
　　版本皆同）

7　參見張光直：《青銅揮塵》（上海市：上海文藝出版社，2000年版），頁189及王進鋒著：
　　《殷商——從神話中走來》（香港：中華書局，2017年版），頁168-171。

8　時墨莊《文物與生物》（北京市：東方出版社，1999年版），頁109。另外，章太炎有一篇
　　關於〈周狗〉文章，值得一提。文章討論到〈周狗〉曰：「《公羊》宣六年《傳》：『靈公
　　有周狗，謂之獒。』⋯⋯『周』、『鷙』之通，猶『輖』、『輕』、『摯』、『墊』之周聲也，
　　鷙狗謂猛鷙之狗也。若《爾雅》〈釋畜〉注作『害狗』，則『周狗』之誤，『害狗』不
　　詞。」見《章太炎全集》〈膏蘭室札記〉轉引自章太炎著、王小紅選編《章太炎儒學論
　　集》下冊（成都市：四川大學出版社，2011年版），頁860-861。

9　張光直：《青銅揮塵》（上海市：上海文藝出版社，2000年版），頁189。

犬肥者以獻。」還有前引《逸周書》提到「短狗為獻」。[10]段玉裁案:「羹之言良也;獻本祭祀奉犬牲之稱。」[11]可能周人認為肥狗肉做的羹很美,便奉以祭祀神靈或祖先。有一點要補充,關於文獻中周人的「犬牲」,張震認為「家狗的飼養至遲在新石器時代中期已經開始,殉狗的現象也在這一時期出現……。」[12]張氏認為周人把狗作為祭祀對象是沿自新石器時代中期的「殉狗」現象。這點有助解釋周人「設犬人」及「奉犬牲」的原因。[13]總言之,周朝重祭禮,「大祭祀,奉犬牲」,把狗推向神靈世界,特殊職掌負責「奉犬牲」的「神聖任務」。

到了春秋戰國時期,史料所載狗作為「犬牲」的角色轉輕,狗作為「食用」和「田獵」的角色則趨重。以下有兩條關於「食用角色」的材料,簡析如下:

《左傳》記昭公二十三年曰:「吏人之與叔孫居于箕者,請其吠狗,弗與。及將歸,殺而與之食之。」[14]殺犬而食之,應是當時平

---

10 《逸周書》卷7採自《文淵閣四庫全書電子版》(上海人民出版社及迪志文化出版,1999年版)。

11 (五代)馬縞撰《中華古今注》卷下〈狗〉條曰:「一名黃耳,犬曰羹獻。」見載《蘇氏演義》(外三種)(北京市:中華書局,2012年版),頁127。

12 張震曰:「我國最早的家狗遺遺骨發現於河北武安磁山山的古它老遺址內。計有九個不同個體,十八件殘骨,後來又在糧窖底部發現了完整的奇狗骨架,經過鑒定,被認作已馴化的家狗。」見氏著《漫談中國古代的狗》,發布時間:2010年12月20日,文章出處:《中國文物信息網》,參見中國社科院考古研究所。網址:http://www.kaogu.cn/cn/xueshudongtai/ xueshudongtai/xueshudongtai/2013/1025/35618.html。另,參考時墨莊《文物與生物》(北京市:東方出版社,1999年版),頁108。

13 考古人員在涇陽縣發現了西周古墓群,該古墓群有三七六座古墓還有六座車馬坑,十分罕見。除了在一個車馬坑裡面發現一隻狗外,還有一個車馬坑裡出土了一頭牛。車馬坑內為何會出現這些動物呢?專家推測,這可能帶有祭祀性質。周艷濤《陝西涇陽發現西周三七六座古墓——車馬坑中現狗和牛》,發布時間2015年2月5日。文章出處:新華網/科技日報參看中國社科院考古研究所網址:http://www.kaogu.cn/cn/xccz/20150205/49185.html

14 洪亮吉撰、李解民點校:《春秋左傳詁》(北京市:中華書局,1987年版),頁758。

常之事。又，孫機據《孟子》進一步說明食狗肉的習俗。其據《孟子》〈梁惠王篇〉曰：「雞、豚狗、彘之畜，無失其時，七十者可以食肉矣。」孫氏認為此時「已將狗列為提供肉食的家畜。」[15]根據《睡虎地秦簡》及《放馬灘秦簡》載有「不可食六畜」的相沖諱忌的簡文。狗屬六畜之一，在某時某日或某情況下不宜食，即反映秦人平時必有食狗的情況。

《睡虎地秦簡》〈日書甲種〉載：「卯（昴），遯（獵）、賈市，吉。不可食六畜。」（85正壹）[16]

《睡虎地秦簡》〈日書甲種〉載：「畢，以遯（獵）置罔（網）及為門，吉。以死，必二人。取（娶）妻，必二妻。不可食六畜。……」（86正壹）[17]

《放馬灘秦簡》〈日書乙種〉〈日衝〉：「殺日，勿以殺六畜，不可出女、取（娶）妻、祠祀、出財。」（102壹）[18]

上引三支簡中有「不可食六畜」及「勿以殺六畜」等字眼，說明不可殺害牲畜的時間忌諱，需要秦人遵守，這反映秦人在其飲食文化中確有食狗及其餘五畜的習慣。

春秋時期，狗除被人食用外，還提到牠助人類進行田獵。田犬的勇猛形象常見於史冊。例如：

---

15 孫機：《漢代物質文化資料圖說》（增訂本）（上海市：上海古籍出版社，2008年版），頁248-249。

16 參見《睡虎地秦簡》〈日書甲種〉釋文收載張顯成主編：《秦簡逐字索引之一》（附原文及校釋）（增訂本）（成都市：四川大學出版社，2014年版），頁810。

17 參見《睡虎地秦簡》〈日書甲種〉釋文收載張顯成主編：《秦簡逐字索引之一》（附原文及校釋）（增訂本）（成都市：四川大學出版社，2014年版），頁810。

18 見《放馬灘秦簡》〈日書乙種〉釋文收載張顯成主編：《秦簡逐字索引之二》（附原文及校釋）（增訂本）（成都市：四川大學出版社，2014年版），頁1120。

《國語》卷十五〈晉語九〉載：

> 趙簡子田於婁。史黯聞之，以犬待於門。簡子見之，曰：「何為？」曰：「有所得犬，欲試之茲囿。」

犬指的是田犬。門是君囿門。[19]史黯，時為趙簡子史，以犬守待於君囿門，考驗田犬守獵的能力。[20]另，按《史記》卷三十九〈晉世家〉載曰：「（趙）盾既去，靈公伏士未會，先縱嚙狗名獒。明為盾搏殺狗。盾曰：『弃人用狗，雖猛何為？』」[21]《集解》引何休曰：「犬四尺曰獒。」[22]

此兩則史料反映出田犬的體能不止用於田獵，還可用於戰鬥中，靈公縱放「猛犬咬人」便是其中經典例證。[23]魏張揖所作《廣雅》載：「殷虞、晉獒、楚黃、韓獹、……。」[24]由此可見，先秦時期中國養狗之風盛，不少地方還以出產品種優良的狗聞名於世。其中韓獹以強健體格見稱於世，家傳戶曉。《博物志》〈物名考〉載：晉靈公有周狗名獒。韓國有黑犬名盧。祝鴻傑注曰：「盧：良犬名，黑色。」古時「盧」有「黑」的意思。因產於春秋時韓國，故又稱「韓盧」。呂忱《字林》曰：「獹，韓良犬也。」

---

19 徐元誥：《國語集解》（修訂本）（北京市：中華書局，2002年版），頁451。

20 毛《傳》：「田犬也，長喙曰獫，短喙曰猲獢。」鄭《箋》云：「載，始也，始田犬者，謂達其搏噬始成之也」，詳見（晉）郭璞注、（宋）邢昺疏《爾雅注疏》（上海市：上海古籍出版社，2010年版），頁594-595。

21 《史記》卷39〈晉世家〉，頁1674。

22 《史記》卷39〈晉世家〉，頁1675。

23 有學者認為甲骨文字中的「獸」字，是反映狗的狩獵性格。許進雄說：「甲骨文的『犬』字主要特徵是尾巴上翹。……甲骨文的『獸』字，作一把打獵用的田網及一隻犬以會意；兩者都是打獵時需要的工具，故以之表達狩獵的意義，後來才擴充其意義至被捕獵的對象野獸。而『臭字』，其本義即後來的『嗅』字，以犬及其鼻子表意；反映人們完全了解在所知的動物，犬的嗅覺最為敏銳，故取以表達辨別味道的嗅覺感官。」許進雄：《古事雜談》（臺北市：臺灣商務印書館，2013年版），頁73-74。

24 見王念孫：《廣雅疏證》卷10下〈釋獸〉（北京市：中華書局，1983年版），頁391-392。

[25] 《戰國策》〈秦策三〉：「以秦卒之勇，車騎之多，以當諸侯，譬若放韓盧而逐蹇兔也。」[26]飼養壯犬最大目的，多是用作攻擊敵人、田獵和守護主人之用。關於狗的形象在地處西南方的滇國出土的青銅器亦有反映，其品種分成兩類。[27]一種狗的體型較大，高與人肩齊平，尖耳豎立，尾上翹，四肢修長，顯得非常健壯有力，如戰國時代石寨山出土狩獵圖中的獵犬。前一種主要用於看守門戶或牧羊，後一種多用於狩獵活動中追逐野獸。[28]

至於秦朝，史料反映秦室和其下朝臣對養狗非常重視。《史記》卷五十五〈留侯世家〉曰：「沛公入秦宮，宮室帷帳狗馬重寶婦女以千數，意欲留居之。……」[29]又，《睡虎地秦墓竹簡》〈秦律十八種〉竹簡編號四至七：「百姓犬入禁苑中而不追獸及捕獸者，勿敢殺；其追獸及捕獸者，殺

---

25 （宋）李昉：《太平御覽》卷904〈獸部〉16〈狗上〉（北京市：中華書局，1960年版），頁4008。

26 張華著、祝鴻傑譯注：《博物志新譯》（上海市：上海大學出版社，2010年版），頁168。韓盧乃良犬，後世有「韓盧逐塊」之譏，盧誤認土塊為食物，以喻人之智慧被障蔽。

27 狗是人們最早馴化的動物，也是滇人飼養的主要家畜之一。出土遺物中沒有關於狗的飼養情況的內容，但卻展示了狗的用途。M3：64屋宇扣飾，在其樓右的走廊上的人群中有一蹲犬。M6：22屋宇扣飾，在其樓上的正面窗下的銅鼓旁，臥一犬。M13：259圖雕扣飾，在樓下正面也有一隻犬。這三件器物中的狗均在房屋前，說明狗的用途之一是用來作看守。M12：26貯貝器蓋上，在所飾圓雕祭祀場面中，圓柱旁也有一隻臥犬。M12：2貯貝器蓋上，在腰部所飾出巡圖，其中三條犬與人相隨，犬張口伸舌，跟在人後。M20：1貯貝器，蓋上飾圓雕祭祀場面，在一扛鋤的人後也有一犬相隨。M1出土的貯貝器，在其蓋上所飾紡織場面中，在人群旁也有犬一隻。這三件器物表明，犬的用途之二是隨其主人，必要時可作幫手。M12：1貯貝器，在其下層蓋上所飾牧畜圖中，飾三人趕六羊，前有三犬。此器物表明，狗的用途之三是用來幫助人們放牧。M17：14扣飾，表現的是六人持矛刺一虎，兩人被虎踐地，有兩犬嚙虎背。M3：69B扣飾表現的是一人三犬獵鹿的場面。M13：191扣飾，表現的是一人騎馬追獵一豬，豬於馬前狂逃，騎士及一犬緊追其後。這幾件扣飾說明，狗用途之四是用來進行狩獵。肖明華：《滇池河畔的青銅文明——滇王及其貴族墓》（天津市：天津古籍出版社，2008年版），頁135。

28 張增祺：《滇文化》（北京市：文物出版社，2001年版），頁47。

29 《史記》卷55〈留侯世家〉，頁2037。

之。河（呵）禁所殺犬，皆完入公；其他禁苑殺者，食其肉而入皮。」[30]

又，《史記》卷八十七〈李斯列傳〉載：「二世二年七月，具（李）斯五刑，論腰斬咸陽市。斯出獄，與其中子俱執，顧謂其子曰：『吾欲與若復牽黃犬俱出上蔡東門逐狡兔，豈可得乎？』遂父子相哭，而夷三族。」[31]

由此可見，秦朝皇室成員、官員和百姓上下皆愛狗。劉邦「入秦宮」被狗吸引，乃至法律訂出關於「百姓犬入禁苑」的規定及高級官員「牽黃犬逐兔」的閒暇娛樂，皆能見到秦時狗的身影。

另外，秦室養狗除供食用、狩獵、玩賞外，還一點特別的功能，就是助人「驅鬼辟邪」，這都在出土的秦簡中有所記述。

《睡虎地秦簡》載：

「大神，其所不胥（過）也，善害人，以犬矢（屎）為完（丸）。操以胥（過）之，見其神以投之，不害人矣。」[32]
「丘鬼。取故丘之土，以為偽人犬，置蘠（牆）上，五步一人一犬，睘（環）其宮，鬼來陽（揚）灰毄（擊）箕以枲（譟），則止。」[33]

又，《放馬灘秦簡》〈日書甲種〉載：

---

30 趙久湘：《秦漢簡牘法律用語研究》（北京市：人民出版社，2017年版），頁15。

31 《史記》卷87〈李斯列傳〉，頁2562。

32 參見《睡虎地秦簡》〈日書甲種〉釋文收載張顯成主編《秦簡逐字索引之一》（附原文及校釋）（增訂本）（成都市：四川大學出版社，2014年版），頁827。

33 參見《睡虎地秦簡》〈日書甲種〉釋文收載張顯成主編《秦簡逐字索引之一》（附原文及校釋）（增訂本）（成都市：四川大學出版社，2014年版），頁826。

「犬忌：癸未、酉，庚申、戌、己，燔園中犬矢（屎），犬弗
居。」居，一說釋「尼（昵）」。[34]

從上可見，秦人認為「犬矢（屎）」可以對付害人的大神，使之由害人變
成不再害人。另外，以故丘土作為偽人犬，可以驅趕丘鬼來襲擊。秦人時
刻講究「犬忌」的時辰以作法「燔園中犬矢（屎）」。時人認為犬能見鬼，
遂能辟鬼。

除上述外，秦代的狗還有「禦蠱」的功用。《史記》卷五〈秦本紀〉
載：「（秦德公）二年，初伏，以狗禦蠱。」[35]裴駰《集解》引徐廣曰：「年
表云初作伏，祠社，磔狗邑四門也。」唐人張守節《正義》：「蠱者，熱毒
惡氣為傷害人，故磔狗以禦之。年表云『初作伏，祠社，磔狗邑四門。』
按：磔，禳也。狗，陽畜也。以狗張磔於郭四門，禳卻熱毒氣也。」《左
傳》云：皿蟲為蠱。顧野王云：穀久積變為飛蟲也。

綜合觀之，經過商周、春秋戰國至秦朝千多年，狗在社會風俗上扮演
過「祭祀」、「辟邪」、「玩賞」、「狩獵」及「食用」等不同角色，祖先們和
牠的關係，一點一滴的滲入祖國文化骨髓當中。至漢朝，國家歸一，文景
休養生息，經濟發達，漢人生活日趨奢華。在此大氣候下，漢代的狗除保
留前代角色和形象外，還開拓出新的角色。

三　漢代文化中的狗

漢朝統一全國，無論在政治、經濟、社會和思想各方面都有長足發
展，最後匯聚形成漢的文化。而漢代文化中「狗」是其中一環。漢代的狗

34　參見《放馬灘秦簡》〈日書甲種〉釋文收載張顯成主編《秦簡逐字索引之二》（附原文及
　　校釋）（增訂本）（成都市：四川大學出版社，2014年版），頁1104。

35　《史記》卷5〈秦本紀〉，頁184。

文化傳承著先朝的風俗習尚，進入漢朝後，牠的多面角色又起著新的變化。現就此詳述如下：

有學者認為漢代的狗基本只有兩種型，一為肥胖，一為瘦長，都帶有項圈，主要為看守門戶及玩伴。[36]許進雄的歸納，估計是根據各地出土的狗模型而來（圖一、圖二及圖三）。

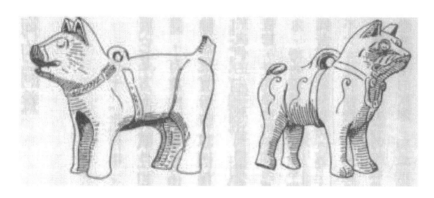

圖一　東漢灰陶帶項圈的狗俑（屬肥胖型）[37]

---

36 許進雄：《古事雜談》（臺北市：臺灣商務印書館，2013年版），頁71。另外，重慶、成都出土的陶狗高達一點五米左右。陳麗琼對漢陶狗的形態有以下各種活靈活現的描繪：「陶狗中有的蹲坐昂首，兩耳後伏，畫像兇惡，有的昂首正立，雙耳高豎，尾根卷曲，矯健有力，四足平齊，閉口不吠，佇立靜聽，若有所待；有的體形倭小，昂首豎耳，張口狂吠，筋骨凸起。作奔跑狀，無不神氣活現，……」陳麗琼：《四川古代陶瓷》（重慶市：重慶出版社，1987年版），頁25。另外，湖南長沙望城坡西漢漁陽墓：「狗，三件。泥質灰陶。標本WC3：60，長十三點六釐米，寬三點六釐米。」長沙市文物考古研究所：〈湖南長沙望城坡西漢漁陽墓發掘簡報〉載《西漢長沙王陵出土漆器輯錄》，2016年版，頁213。

37 二〇一八年三月四日華西都市報關於一則〈八千年人狗情未了〉報導：「……武侯祠博物館的講解員介紹說，『此次展覽展出的南陽漢代陶狗是手工雕塑的作品，有的以模製為主，有的以雕塑為主，有的為二者相結合。它們都是由專門的製陶作坊燒造而成的，有的是灰陶，有的施紅釉，有的施紅綠釉，大都刻畫得十分精細。漢代的雕塑大師們在長期的生活實踐中，通過對狗的仔細觀察，把狗刻畫得栩栩如生……』。」參考網址：（日期：2018年3月18日）http://www.chinanews.com/sh/2018/03-04/8459198.shtml

圖二　河南輝縣東漢墓出土的陶狗俑（瘦長型）

圖三　遼陽東漢墓室上的看門狗（瘦長型）

許氏對漢代狗的簡單和直接分類，基本上是符合歷史事實。不過，我們還從《說文》及《爾雅》等書，對漢代的狗形象作更立體的研究。

（一）《說文》及《爾雅》中漢代的狗形象

許慎《說文》中便載錄了關於漢狗的外貌體態及吠聲，這是其他書所找不到。《說文》反映出祖先們對漢代狗的體態分類，更趨精細。此外，《爾雅》及一些相關文獻中亦有關於漢代狗的訊息，現一併臚列於下：

1 古代犬與狗在字面上的分別

《說文》載「犬，狗之有縣（懸）蹏者也。」[38]段注：「有縣（懸）蹏謂之犬，叩氣吠謂之狗，皆於音得義。此與後蹄廢謂之彘、三毛聚居謂之豬、竭尾謂之豕，同明一物異名之所由也。又，《說文》載：「孔子曰：『視犬之字，如畫狗也。』」又載：「孔子曰：『狗，叩也。叩氣吠巳

38　（漢）許慎撰、（清）段玉裁注《說文解字注》十篇上〈犬部〉（上海市：上海古籍出版社，1981年版），頁473-475。

守。』」。不過,《莊子》曰:『狗非犬。』司馬彪曰:『同實異名,夫異名必由實異,君子必貴游藝也。』」。

2　漢代狗吠聲

眾所周知,狗能吠叫以警示敵人。吠聲以喚起狗主人的注意。段《注》引《鴻範》〈五行傳〉曰:「犬,畜之以口吠守者也,屬言。」又曰「狗,叩也。叩氣吠以守也。」[39]

據《華陽國志》卷一〈巴志〉:「孝桓帝時,河南李盛仲和為郡守,貪財重賦。國人刺之曰:『狗吠何喧喧,有吏來在門。披衣出門應,府記欲得錢。……錢錢何難得,令的獨憔悴。』」[40]狗吠何喧喧,《說文》中便載有許多不同的狗吠聲字,如「猎」、「猩」、「獧」、「猴」、「獟」、「猥」、「狠」、「獝」及「狋」等,每一字都含不同音,以描繪狗吠的不同心理狀況。[41]

> 猎,竇中犬聲。犬鳴竇中聲猎猎然也。
>
> 猩,猩猩,犬吠聲。遠聞犬吠聲猩猩然也。
>
> 獧,犬吠不止也。
>
> 猴,小犬吠。
>
> 獟,犬獟獟咳吠也。
>
> 猥,犬吠聲。
>
> 狠,犬鬥聲。
>
> 獝,犬鬥聲。
>
> 狋,犬吠聲。

39　(宋)李昉《太平御覽》卷904〈獸部〉16〈狗上〉(北京市:中華書局,1960年版),頁4008。

40　常璩:《華陽國志》卷1〈巴志〉,據劉琳《校注》,頁43。

41　(漢)許慎撰、(清)段玉裁注《說文解字注》十篇上〈犬部〉(上海市:上海古籍出版社,1981年版),頁474。

據此反映漢人對狗的吠聲，有一定程度的熟悉和了解。他們憑藉不同的吠叫模式，辨識出狗在不同情況下的獨特反應。此方面的專門動物學知識，肯定是人類長期與狗相處，經細心觀察而獲得的。[42]

3 漢代狗的外型及身體特徵

《廣志》曰：狗有懸蹄短尾之號。[43]又，《爾雅》曰：「犬生三，獳；二，師；一，玀。未成毫，狗。長喙，獫。短喙，猲獢。絕有力，狣。尨，狗也。」[44]邢昺疏：「釋曰：此別狗屬也。」根據《說文》內容，漢代狗最少有以下幾點外貌特徵：

> 豣，胡地野狗。《廣韻》釋：「豣，似狐而小，黑喙。」[45]
>
> 獫，長喙犬也。一曰黑犬黃頭。
>
> 狤，黃犬黑頭。
>
> 尨，犬之多毛者。
>
> 獰，犬惡毛也。[46]

---

42 古希臘哲學家亞里斯多德撰《動物志》，它是關於西方生物學的一部奠基性著作。其中談狗與比中國古籍《說文》所採視角同中有異。相同的是大家都對狗有細緻的科學性觀察和研究。亞里士多德從生物解剖的角度集中記述狗的外型、器官、牙齒、交配生育及病理等範疇（參見（古希臘）亞里士多德《動物志》〔臺北市：臺灣商務印書館，2010年版〕，頁31、57、65、81、85、96、197、198、298、299、312、314、385。）《說文》在狗外型上的記錄則比《動物志》仔細；但側重在記錄狗的吠聲、毛色及動態上。至於狗的牙齒、交配生育及病理則被忽略，反而《動物志》則有詳論。就此點或反映東西方學者對動物的研究各有焦點。

43 （宋）李昉《太平御覽》卷904〈獸部〉16〈狗上〉（北京市：中華書局，1960年版），頁4008。

44 （晉）郭璞注、（宋）邢昺疏：《爾雅注疏》（上海市：上海古籍出版社，2010年版），頁594-595。

45 參見（漢）楊孚撰、吳永章輯佚校注：《異物志輯佚校注》（廣州市：廣東人民出版社，2010年版），頁50。

　　狴，短脛犬。

　　狡，少犬也。……匈奴地有狡犬，巨口而黑身。[47]

西域罽賓國傳罽賓國出大狗。（晉）郭義恭《廣志》云：「罽賓大狗大如驢赤色數里搖以鞭以呼之。」[48]由上得知，漢代的狗大抵分有「長喙」和「短喙」兩類型。當時流行的狗毛色，主要是黑色和黃色，但無白色。作者認為不是沒有白色毛的狗，只是《說文》無載，關於白狗文後再有討論。[49]

　　此外，漢狗的品種類屬，除以狗吠聲分類外，還有其他方面，例如狗的體型、體毛及其狗脛。狗有分大小，狗毛有分長短；至於狗脛亦分長脛或短脛。《說文》對漢狗的不同外貌和特徵分類，按當時人的知識水平，尚算深入。

4 〈犬部〉所訓古字

　　漢代許慎早能利用文字對狗的若干心理及生理狀態，作出恰當的描繪。「狦，惡健犬也。」又，「狠，犬怒兒。」《漢書》卷六十五〈東方朔傳〉中記曰：「狠吤牙者，兩犬爭也」。[50]「猲，怒犬兒」、「狂，犬性忕

---

46 段《注》引《爾雅》：「旄，毛。郭云：『獶長也。』

47 （漢）許慎撰、（清）段玉裁注：《說文解字注》十篇上〈犬部〉（上海市：上海古籍出版社，1981年版），頁473。

48 見蔣廷錫等編纂《古今圖書集成》〈博物彙〉編《禽蟲典》第115卷〈犬部〉（上海市：上海文藝出版社，1998年版），第524冊之36頁。

49 《昌邑王髆傳》：髆子賀。即位二十七日，大將軍霍廢賀，賀歸故國。國除，為山陽郡。初賀在國時，數有怪。嘗見白犬，高三尺，無頭，其頸以下似人，而冠方山冠。後見熊，左右皆莫見。另，《五行志》：昌邑王賀為王時，又見大白狗冠方山冠而無尾，此服妖，亦犬旤也。賀以問郎中令龔遂，遂曰：此天戒，言在仄者盡冠狗也。去之則存，不去則亡矣。賀既廢數年，宣帝封之為列侯，復有皁，死不得置後，又犬旤無尾之效也。京房易傳曰：行不順，厥咎人奴冠，天下亂，辟無適，妾子拜。又曰：君不正，臣欲篡，妖狗冠出朝門。

50 《漢書》卷65〈東方朔傳〉，頁2844-2845。

也」、「猛，健犬也」、「犺，健犬也」、「狟，犬行也」。

5 漢代名狗與狗名

《爾雅》〈釋畜〉：「狗四尺為獒。」[51]獒是狗的一種，身體大，尾聲長，四肢粗短，黃褐色毛，凶猛善鬥，可作獵狗。我國現有藏獒，產於青藏高原。[52]「南越名犬獿獀也。」獿獀疊韻字，南越人名犬如是，今江浙尚有此語。

另外，在《西京雜記》中還有一條材料值得在此提出。此材料記述西漢茂陵一個名為李亨的少年給其鷹犬命以美名的故事。

《西京雜記》卷四〈鷹犬起名〉：

> 茂陵少年李亨，好馳駿狗，逐狡獸，或以鷹鷂逐雉兔，皆為之佳名。狗則有脩毫、釐睫、白望、青曹之名。鷹則有青翅、黃睜、青冥、金距之屬，鷂則有從風鷂、孤飛鷂。楊萬年有猛犬，名青駮，買之百金。[53]

由此可見，西漢人養禽獸之風盛，並有為禽獸取美名的風俗，脩毫、釐睫、白望、青曹之名的確醒目。而楊萬年的青駮值百金，這在漢朝屬於一個不少的數目。

---

51 （宋）李昉《太平御覽》卷904〈獸部〉16〈狗上〉（北京市：中華書局，1960年版），頁4008。

52 張華著、祝鴻傑譯注：《博物志新譯》（上海市：上海大學出版社，2010年版），頁169。

53 曹海東注譯、李振興校閱《新譯西京雜記》卷4（臺北市：三民書局印行，2012年2版），頁108頁及參考（宋）李昉《太平御覽》卷904〈獸部〉16〈狗上〉（北京市：中華書局，1960年版），頁4011。

（二）「狗」與漢代宗教、祭祀思想

商周早有犬祭之禮，至漢仍沿襲。林富士〈殺狗四篇〉中說：「前漢時人殺狗以禳除各種災禍……。」[54]以今人的眼光看，尤其是愛護動物者，當會認為殺狗來祭祀是錯事。如何評價這種行為，根據林氏認為「殺狗與不殺狗，其實決定於信仰與習俗，無所謂是非對錯。」[55]關於「殺狗」此問題，人類學家凌純聲有更寬闊的視野。凌氏指出「殺狗」是太平洋文化區的重要文化特質之一。[56]

前文述及秦國早有「殺狗禦災」的風俗。漢代仍流行此俗，應劭之殺白犬祭祖，便是證明。

《風俗通義》卷八曰：

> 《太史公記》：「秦德公始殺狗磔邑四門，以禦蠱菑。」今人殺白犬以血題門戶，正月白犬血辟除不詳，取法於此也。[57]

《四民月令》又載：

> 收白犬。可及肝血，可以合法藥。[58]

---

54 林富士：〈殺狗四篇〉收載氏著《小歷史——歷史的邊陲》（臺北市：三民書局，2000年版），頁93。

55 林富士：〈殺狗四篇〉收載氏著《小歷史——歷史的邊陲》（臺北市：三民書局，2000年版），頁92-96。

56 林富士：〈殺狗四篇〉收載氏著《小歷史——歷史的邊陲》（臺北市：三民書局，2000年版），頁94。

57 《史記》28/1360：「磔狗邑四門以禦蠱菑」《索隱》案：左傳云：皿蟲為蠱，梟磔之鬼亦為蠱。故月令云：「大儺，旁磔」，注云「磔，禳也。屬鬼為蠱，將出害人，旁磔於四方之門」。故此亦磔狗邑四門也。《風俗通》云：「殺犬磔禳也。」見應劭撰、王利器校注：《風俗通義校注》卷8〈祀典〉（北京市：中華書局，1981年版），頁378。

58 石聲漢校注、（漢）崔寔撰：《四民月令》（北京市：中華書局，2013年2版），頁18。

《四民月令》載：當時的宗族十一月便要「買白犬養之，以供祖禰」，正月則「收白犬骨及肝血」。石聲漢〈注〉：「這節中，『收白犬』一句，沒有可懷疑之處。和下面十一月對勘：『買白犬養之，以供祖禰』，可以理解當時白犬是供祭祀用的『食犬』。『肝血可以合法藥』，《本草綱目》（卷五十）有許多資料，說明「入藥」用時，白狗血和肉比較更合用，因此『法藥』要用白狗血和肝，也好理解。中間『可及』兩字，望文生義，固然不難解釋：『收白犬時，可兼及肝血』，不是講不通；但如果將『可』換成『兼』或『骨』『腦』『膽』『頭』等字，似乎文義更連貫，而且不與下句的『可』字重出。」[59] 由此可知，漢人治襲前代「殺狗」可「防蠱災」、「辟不祥」，唯一有異於前代者是「今人殺白狗」，今人者漢時人，專門挑選「白狗」收養。到祭祀時，便殺白狗，用白狗血「辟除不詳」。[60]

有一點值得提出，漢代的墓葬中都有許多木狗、陶狗的出土，說明漢代人認為狗可以「辟不祥」、作伴或守墓之用。從不同地區大量的出土木狗、陶狗可反映，漢時人不以活狗殉葬，大量木狗與陶狗的陪葬物才應運而生。漢代家畜家禽模型，有陶質、木質兩種，以陶質為多。江陵鳳凰山漢墓，墓八、墓九共出木狗四件。鳳凰山一六七號，出木狗二件，鳳凰山一六八號，出木狗一件。宜昌前坪西漢墓，出陶狗二件。臨沂銀雀山西漢墓，墓四出陶狗一件。[61] 有學者統計，漢代農區間（今十四個省區）出土陶家畜家禽模型的一一五座漢墓中，出土頻率最高的是豬，其次是狗和雞……，認為當時一個農家的家畜家禽飼養結構是「一兩隻豬、三兩隻雞、再加一條狗」。另，有學者統計四川和重慶地區出土陶家畜家禽模型

---

59 石聲漢校注、（漢）崔寔撰《四民月令》（北京市：中華書局，2013年2版），頁18，注1。

60 關於白狗，有一則田琰之妻被白狗姦淫的故事，詳見林富士〈人間之魅——漢唐之間「精魅」故事析論〉，載《中央研究院歷史語言研究所集刊》第78本第1分，2007年3月，頁128。

61 詳見李如森：《漢代喪葬禮俗》（瀋陽市：瀋陽出版社，2003年版），頁149-152。

的九十九座漢墓中,最為常見的是雞,然後依次是狗、豬、馬、鴨、牛、羊、鵝,而陝西、河南、河北、北京、江蘇、湖北、湖南和廣東等地的五十七座漢墓,最為常見的是狗……。」[62]總言之,在漢墓葬中,狗是以「木狗」、「陶狗」的角色現身於歷史舞臺上。[63]

除上述外,漢代流行五行思想,狗角色亦被牽涉其中。作者綜合漢代與狗有關涉的災異詞語如下:1.「犬禍」、2.「妖狗生角」、3.「祥雲如狗」

1 「犬禍」

《漢書》九十七上〈外戚傳〉曰:

> 太后持天下八年,病犬禍而崩,語在〈五行志〉。病因,以趙王祿為上將軍居北軍,梁王產為相國居南軍,戒產、祿曰:「高祖與大臣約,非劉氏王者天下共擊之,今王呂氏,大臣不平。我即崩,恐其為變,必據兵衛宮,慎毋送喪,為人所制。」……[64]

---

62 《中國考古學‧秦漢卷》(北京市:中國社會科學出版社,2010年版),頁604-605。

63 二○○○年前有關的陶狗出土有以下各墓地,如廣州漢墓(墓3019)出陶狗二件。鄭州南關一五九號出陶狗一件。濟源泗澗溝漢墓八出陶狗一件,墓24出陶狗二件。東漢洛陽燒溝漢墓,墓120、墓1020、墓146、墓148、1027、墓1007、墓1008、墓1037、墓19、鞋7037等出陶狗。陝縣劉家渠漢墓,墓3、墓11出陶狗。靈寶張灣漢墓,墓2、墓3、墓5出陶狗。潼關吊橋漢代楊氏墓,出陶狗。西安西效大土門村漢墓,出陶狗。勉縣老道寺漢墓墓1出陶狗。武威磨咀子漢墓,墓23出木狗、墓49出木狗。新津堡子山崖墓出陶狗。彭明常山村崖墓墓9、墓15出陶狗。成都天迴山崖墓出陶狗。宜賓翠屏村漢墓出陶狗。樂山漢代崖墓,出陶狗。廣州漢墓4006、墓5052、墓5070、墓5057出陶狗。長沙東屯渡漢墓出陶狗。宜昌前坪東漢墓,墓18出陶狗。滕縣柴胡店漢墓墓41出陶狗。山東東平王陵山漢墓出陶狗。石家莊市北宋村漢墓墓1、墓2出陶狗。李如森認為大量家畜、家禽和牲畜圈等成套模型的出土,標誌著莊園經濟的加強。轉引自李如森《漢代喪葬禮俗》(瀋陽市:瀋陽出版社,2003年版),頁149。

64 《漢書》卷97上〈外戚傳〉,頁3939。

有學者認為「犬禍」多帶兵象。班氏依循《春秋》災異記事慣例，附見「犬禍」之例，以切合當時的時代背景。[65]

〈五行志〉所列「犬禍」多為狗之異變與異行。[66]其例子有：

> 「景帝三年二月，邯鄲狗與彘交，悖亂之氣，近犬豕之禍也。」[67]
>
> 「成帝河平元年，長安男子石良、劉迫相與同居，有如人狀在其室中，擊之，為狗，走出。去後有數人被甲持兵弩至良家，良等格擊，或死或傷，皆狗也。自二月至六月乃止。」[68]
>
> 「鴻家中，右狗與彘交。」[69]

另，「（昌邑王）賀為王時，又見大白狗冠方山冠而無尾，此服妖，亦犬既也。賀以問郎中令龔遂，遂曰：『此天戒，言在仄者盡冠狗也。去之則存，不去則亡矣。』賀既廢數年，宣帝封之為列侯，復有皋，死不得置後，又犬既無尾之效也。京房易傳曰：「行不順，厥內咎人奴冠，天下亂，辟無道，妾子拜。」又曰：「君不正，臣欲篡，厥妖狗冠出朝門。」[70]在此狗被妖魔化，成眾害之禍首。

2 「妖狗生角」

《漢書・五行志》二十七中之上曰：

65　蘇德昌：《漢書五行志研究》（臺北市：臺大出版社，2013年版），頁248。

66　蘇德昌：《漢書五行志研究》（臺北市：臺大出版社，2013年版），頁244。

67　《漢書・五行志》27中之上/1398。另參見蔣廷錫等編纂《古今圖書集成》〈博物彙〉編《禽蟲典》第115卷〈犬部〉（上海市：上海文藝出版社，1998年版），第524冊之36頁。

68　《漢書》卷27中之上〈五行志〉，頁1399。

69　《漢書》卷27中之上〈五行志〉，頁1399。

70　《漢書》卷27中之上〈五行志〉，頁1367。

文帝後五年六月，齊雍城門外有狗生角。先是帝兄齊悼惠王亡後，帝分齊地，立其庶子七人皆為王。兄弟並彊，有炕陽心，故犬禍見也。犬守御，角兵象，在前面上鄉者也。犬不當生角，猶諸侯不當舉兵鄉京師也。……會漢破吳、楚，因誅四王。故天狗下梁而吳、楚攻梁，狗生角於齊而三國圍齊。漢卒破吳、楚於梁，誅四王於齊。京房易傳曰：「執政失，下將害之，厥妖狗生角。君子苟免，小人陷之，厥妖狗生角。」[71]

關於「角」於災異學之象徵意義，〈五行志〉中之上言「犬守御，角兵象，在前面上鄉者也」。有學者認為其中「獸以角鬥，故取角為兵象。郊牛為大畜，為祭天尊物，故為君象；犬未若郊牛尊貴，又不當生角，因以為臣象。」〈五行志〉乃以「犬不當生角，猶諸侯不當舉兵鄉京師也」。[72]總言之，「妖狗生角」破壞狗「守御」的正面形象。狗成為引起兵戎之「代罪羔羊」角色。

3 「祥雲如狗」

「狗」為禍端的故事，昌邑王賀的例子可作參考。

《漢書》卷二十六〈天文志〉曰：

（元平元年）二月，……乙酉，祥雲如狗，赤色，長尾三枚，夾漢西行。……占曰：「太白散為天狗，為卒起。卒起見，禍無時，臣運柄。祥雲為亂君。」到其四月，昌邑王賀行淫辟，立二十七日，大將軍霍光白皇太后廢賀。[73]

---

71 《漢書》卷27中之上〈五行志〉，頁1397-1398。
72 蘇德昌：《漢書五行志研究》（臺北市：臺灣大學出版社，2013年版），頁245。
73 《漢書》卷26〈天文志〉，頁1307-1308。

「羣雲為亂君」，而亂君的「羣雲」如狗，「狗」形象在此被妖魔化了。「狗」對於昌邑王劉賀來說變成「不吉祥的預兆」。辛德勇認為「早在昭帝去世兩個月之前的元平元年二月，似乎就「顯現了預示劉賀命運的天象」，便是指此事件。[74]

　　總言之，狗在漢朝宗教、祭祀儀式中曾擔當過角色。在漢代社會上，牠以「辟不祥」、「防蠱災」的面貌示人。這角色有別於商周時期，與秦代則類近。又，在漢代五行思想影響下，知識份子把牠與災異現象關聯一起，產生「犬禍」、「妖狗」、「狗生角」及「羣雲如狗」等迷信現象，狗的角色又大別於先漢時候。

（三）漢代狗的飼養及其不同功能

　　狗的經濟價值當然不可以與牛馬相比，但狗在漢代仍有一定的市場價值，尤其在食用方面。

1 狗的飼養

　　《禮記》〈樂記〉〈鄭注〉：「以穀食犬、豕曰豢。」《說文》〈豕部〉：「豢，以穀圈養豕也。」食肉用犬為了育肥，須加圈養。在圈養方面，肉用犬和豬同樣對待。[75]

　　《史記》卷一二五〈佞幸列傳〉：

> 李延年，中山人也。父母及身兄弟及女，皆故倡也。延年坐法腐，給事狗中。

---

74 辛德勇：《海昏侯劉賀》（北京市：生活・讀書・新知三聯書店，2016年版），頁125。

75 孫機：《漢代物質文化資料圖說》（增訂本）（上海市：上海古籍出版社，2008年版），頁250。

〈集解〉載徐廣曰：「主獵犬也。」〈索隱〉或犬監也。[76]此是官方養狗的證明。

至於軍事邊地也有關於養狗的記載，在居延漢簡中與養狗有關的簡文抄錄如下：

一、狗籠（EPT50：53）──蓄養軍犬之所應為土木搭建的小窩棚《集成》十（頁31）。[77]

二、狗湛（267.22）（一）疑為狗糞之轉音。（陳直：1986A，328）（二）湛，疑讀作糂，同糝。《說文》：「糂，以米和羹也。」狗堪即狗食（李天虹：2003年，頁135）。[78]

三、狗糞。（黃今言993，頁311）[79]

四、狗藏（214.5）《合校》作狗籠，應是養狗的地方。[80]

陝縣劉家渠東漢中還出陶「狗圈」（54-3）。[81]

---

76 《史記》卷125〈佞幸列傳〉，頁3195。

77 沈剛：《居延漢簡語詞匯釋》（北京市：科學出版社，2008年版），頁145。另見永田英正著張學鋒譯《居延漢簡研究》（上）（桂林市：廣西師範大學出版社，2007年版），頁100。又見裘錫圭〈漢簡零拾〉：「狗龐（籠）二」，收載於《裘錫圭學術文集》2〈簡牘帛書卷〉（上海市：復旦大學出版社，2015年版），頁84。「狗籠」都列在莫當燧：〈守禦器簿〉，薛英群：《居延漢簡通論》（蘭州市：甘肅出版社，1991年版），頁397。

78 沈剛：《居延漢簡語詞匯釋》（北京市：科學出版社，2008年版），頁145。

79 沈剛：《居延漢簡語詞匯釋》（北京市：科學出版社，2008年版），頁145。

80 沈剛：《居延漢簡語詞匯釋》（北京市：科學出版社，2008年版），頁145。

81 狗舍一件（M1：1）：泥質灰陶，平面呈長方形，直壁，底內凹，一側有較寬的缺口，內底一角有一個凹窩。長零點一、寬七點五、高六點六釐米。吉林大學邊疆考古研究中心、河北省文物局〈河北臨城縣解村東遺址東漢墓葬〉載《考古》2017年第4期，頁46-47（總406-407）。

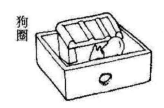

狗圈

2 狗的食用功能

長沙馬王堆出土狗骨骼有多種。侯良在其編的書中載：「犬為哺乳綱食肉目犬科犬屬。是一種多用途的家畜。……馬王堆一號漢墓出土的狗骨骼有多種，如三二四號竹笥內有狗肋骨六十三條、胸骨二十餘塊等。……家犬具有左右成對的二十六條肋骨。出土的六十五條（此與前者63條有出入，未知孰是孰非）肋骨至少為三隻家犬。其全部肋骨的長、寬度相類似，故推斷三隻家犬形體大小相當，估計約為一齡以下，體重四至五千克。」[82]三二四號竹笥以數條狗肋骨為一層排列，在每一層間皆雜有細竹籤，這是支撐肋骨條加工煮食時用的。[83]

馬王堆「狗肋骨煮食」所反映出漢人的「食狗」文化，在其他地區的漢墓壁畫中同樣得到體現。魯、豫、冀、蘇、陝、川出土的漢墓壁畫、畫像石中，凡庖廚圖均有屠狗殺豬景象。[84]南方各地有食狗肉的習俗，從馬王堆漢墓出土狗肋骨數量之多、大小相似、所用狗個體大小看，均符合當地食用標準，可見這些狗當時是以食用而飼養的。[85]

---

82 侯良編：《西漢文明之光——長沙馬王堆漢墓》（長沙市：湖南人民出版社，2008年版），頁129。

83 侯良編：《西漢文明之光——長沙馬王堆漢墓》（長沙市：湖南人民出版社，2008年版），頁129。

84 侯良編：《西漢文明之光——長沙馬王堆漢墓》（長沙市：湖南人民出版社，2008年版），頁212。

85 侯良編：《西漢文明之光——長沙馬王堆漢墓》（長沙市：湖南人民出版社，2008年版），頁129。

3 狗的狩獵和放牧功能

《史記》卷一二五〈佞幸列傳〉：「李延年，中山人也。父母及身兄弟及女，皆故倡也。延年坐法腐，給事狗中。」〈集解〉載徐廣曰：「主獵犬也。」〈索隱〉或犬監也。狗的嗅覺靈敏，動作矯捷，是放牧狩獵高手。《漢書》卷五十一〈賈鄒枚路傳〉曰：「從行至甘泉、雍、河東，東巡狩，封泰山，塞決河宣房，游觀三輔離宮館，臨山澤，弋獵射馭狗馬蹵鞠刻鏤。……」[86]文中所提應是經皇宮專門人士訓練有素的狗。漢代畫像磚便有「狗狩獵」和「狗助牧畜」的題材，如「獵犬逐兔圖」[87]、「犬隨行棚車旁」[88]、「守犬御凶」[89]及「縱犬執弓逐獵」[90]等。又，《九章算術》載曰：「今有兔先走一百步，犬追之二百五十步，不及三十而止。問犬不止，復行幾何步及之？」應是根據實際狩獵時擬出的算數題，[91]還有其他於此不贅。

有謂「上行下效」，皇室嗜好，民間便效法。《西京雜記》中便有一則關於培養獵狗的故事，其文曰：

> 楊萬年有獵狗，名青骹，賣直百金。又曰：茂陵少年李亭，好馳駿狗逐獸，或以鷹鷂兔，皆以為佳名狗，則有脩毫釐睫白望青曹之名。[92]

86 《漢書》卷51〈賈鄒枚路傳〉，頁2367。

87 鄭州市博物館：〈鄭州新通橋漢代畫象空心磚墓〉，載黃雅峰主編：《漢畫像磚發掘報告》第2卷（揚州市：浙江大學出版社，2012年版），頁26-29。又，郭聲波說：「川東養狗可能較早，相較上古時代川東、湘、鄂一帶的槃瓠蠻即是狗為圖騰。」郭聲波：《四川歷史農業地理》（成都市：四川人民出版社，1993年版），頁333。另，羅開玉說：「狗在川西高原和盆地中皆普遍飼養，唯高原上為長毛狗；被廣泛用於看守院、放牧狩獵。」羅開玉：《四川通史》第2冊（成都市：四川大學出版社，1993年版），頁263。

88 高文編：《四川漢代畫像磚》（上海市：上海人民美術出版社，1987年版），圖88。

89 羅二虎：《漢代畫像石棺》（上海市：巴蜀書社，2002年版），頁214。

90 信立祥：《漢代畫像石綜合研究》（北京市：文物出版社，2000年版），頁139。

91 李繼閔：《九章算術校證》（西安市：陝西科學技術出版社，1993年版），頁346。

92 （宋）李昉：《太平御覽》卷904〈獸部〉16〈狗上〉（北京市：中華書局，1960年版），頁4011。

又，《論衡》曰：

> 亡獵犬於山林，大呼犬名，其犬則鳴號而應其主人，犬異類，聞呼而應者，識其主也。[93]

又，王褒〈僮約〉有「牽犬販鵝」[94]之事，可見民間養狗情況。當時蜀人養犬為的是打獵、放牧。

不過，養狗並非百利而無一害，它還有犯官非的風險。若所養的狗傷人畜產，造成別人的損失，是需要作出金錢上的賠償。漢初便有以下二則關涉狗的法律：

《二年律令》〈奏讞書〉中載：

> 「犬殺傷人畜產，犬主賞（償）之，它□。」（50）[95]
> 「賊疲殺傷人畜產，與盜同法。畜產為人牧而殺傷□。」

由此反映漢初時人養狗蔚然成風，漢政府或應實際需要，不得不訂立法律，去處理因狗所引起的糾紛。

4 守衛

漢時人喜把狗擺放於門前作守衛。以下兩則例子，可見其概略。據

---

93 宋李昉《太平御覽》卷904〈獸部〉16〈狗下〉（北京市：中華書局，1960年版），頁4012。

94 《全漢文》卷42〈王褒〉（北京市：中華書局，1958年版），頁359。

95 〈校釋〉：「湖南省文物考古研究所等：張家界古人堤簡牘漢律目錄有「犬殺傷人」條目（二九號簡正面六欄）」，見彭浩、陳偉、工藤元男：《二年律令與奏讞書——張家山二四七號漢墓出土法律文獻釋讀》（上海市：上海古籍出版社），頁109。另見張家山二四七號漢墓竹簡整理小經組、張家山漢墓竹簡（釋文修訂本）二四七號墓（北京市：文物出版社，2006年版），頁15。

《華陽國志》卷一〈巴志〉:「孝桓帝時,河南李盛仲和為郡守,貪財重賦。國人刺之曰:『狗吠何喧喧,有吏來在門。披衣出門應,府記欲得錢。……錢錢何難得,令的獨憔悴。』」[96]此狗在門前作看守,吏來到門前便高聲吠,以作警示。

又,據《流沙墜簡稟給類》二十七載:「西部候長治所謹移九月卒徒及守狗當粟者人名各如。」又,《居延漢簡》載:「守御器簿。……狗廳二,狗三……。」(372頁,14至15行,373頁,1至4行)。陳直《居延漢簡研究》談到居延物價時,把胡狗列入「守御器類」——「燧長胡狗六百」(314B)。[97]陳槃案:「『守狗』,古人恆辭。《穆天子傳》四:『文山之人獻……守狗九十』;《禮記》〈檀弓〉:『孔子之守狗死』;《呂氏春秋》〈聽言〉:『其室培濕,守狗死,其勢可穴也。』……案守城固用狗,野戰守壘亦用狗。《洪範》〈五行傳〉:『七國之兵戰于梁地,故天狗先降梁壘,見以其象也。狗者守禦之類,所降以惑守禦也』……《國語》〈晉語〉八:『候遮扞衛不行』解:『晝則候遮,夜則扞衛,謂羅闉狗也。張羅闉,去壘五十步而陳,周軍之前後左右,彊弩注矢以誰何,謂之羅闉。又二十人為曹輩,去壘三百步,畜犬並共中,或視前後左右,謂之狗附。……候遮二十人,居狗附處以視聽候望。……共言守狗之用,舊籍中此為最為詳備矣。』」[98]

(四)狗的經濟價值及其他

1 狗的市場價格

丁邦友認為一條狗值五百錢。一條狗值一石五斗糧食(敦煌漢簡

---

96 常璩:《華陽國志》卷1〈巴志〉,據劉琳《校注》,頁43。

97 陳直:《居延漢簡綜論》(北京市:中華書局,2009年版),頁107及薛英群:《居延漢簡通論》,1991年版,頁397。

98 陳槃:《漢晉遺簡識小七種》(上海市:上海古籍出版社,2009年版),頁144-145。

1847）[99]如果按勞榦、朱楠先生所釋，則一條狗值六百錢。[100]兩者相差一百錢，若以五百錢一條狗作基數計，兩者差距為百分之二十。不算太多，因為邊區商人所出售的狗，至少含有著產地、品種、年齡及精神狀態等差異，故售價由五百錢至六百錢是合乎常理。至於內地則便宜得多，其價可以是邊地的五份一，狗的價格下參考以下幾支漢簡。

（1）從□一狗直石五斗……。（《敦煌漢簡》1847）[101]

（2）狗一，直賈五百。褒今年十月廿八日□府君狗□。（《居延漢簡》163.6）[102]

（3）狗一直賈五百廖今年十月付書佐光。《居延漢簡》163.6）[103]

又，《西京雜記》曰：「楊萬年有猛犬名青駿，買之百金。」[104]百金一隻犬，因是「猛犬」，故貴。一般的犬價乃低下。如《九章算術》〈方程〉：「犬價一百二十一」。同書《盈不足》：「犬價一百。」《九章算術》內的數字雖然是虛構，但仍以時價作參考設立，與真實數字相差並不太遠。《居延漢簡》：「狗一，直賈五百」。（163.6）邊郡犬價較高，是由於犬廣泛用於邊防守禦。[105]是知一隻犬的價格，其波動幅度是一百錢至五百錢左右。[106]

99　丁邦友：《漢代物價新探》（北京市：中國社會科學出版社，2009年版），頁249。

100　丁邦友：《漢代物價新探》（北京市：中國社會科學出版社，2009年版），頁247。

101　甘肅省文物考古研究所編《敦煌漢簡》，頁291，轉引自丁邦友：《漢代物價新探》（北京市：中國社會科學出版社，2009年版），頁247。

102　謝桂華、李均明、朱國炤：《居延漢簡釋文合校》上冊，頁267，轉引自丁邦友：《漢代物價新探》（北京市：中國社會科學出版社，2009年版），頁247、249。

103　勞榦：《居延漢簡——考釋之部》，中央研究所歷史語言研究所專刊之四十（臺北市：中央研究所歷史語言研究所，1986年版），頁40。

104　曹海東注譯、李振興校閱：《新譯西京雜記》卷4（臺北市：三民書局印行，2012年2版），頁108。

105　「狗」及「狗籠」都列在莫當燧《守禦器簿》，薛英群《居延漢簡通論》（蘭州市：甘肅出版社，1991年版），頁397。

106　黃今言：《秦漢商品經濟研究》（北京市：人民出版社，2005年版），頁245。

2 漢代有關狗的稅收

狗雖然不是貴價物，但狗皮仍有其市場價值，故此在出關時仍被徵收稅款。

犬皮　《史記》卷四十六〈田敬仲完世家〉載：「淳于髡曰：『狐裘雖敝，不可補以黃狗之皮。」[107]換另一角度，狗皮雖然質劣，不及狐裘，但仍有人退而求共次採用之。[108]

《張家山漢簡》〈算書書〉題名〈狐出關〉中載：「狐、貍、犬出關，租百一十一錢。犬謂貍、（貍）謂狐：而（爾）皮倍我，出租當倍（裁）。問出各幾何。得曰：犬出十五錢七分六，貍出卅（三十）一錢分五，狐出六十三錢分三。术（術）曰：令各相倍也，并之七為法，以租各乘之為實，（實）如法得一。」犬出十五錢七分六，即為關稅。

漢代犬皮屬商品，在過關時需納關稅。《張家山漢簡〈算數書〉》中載犬皮出租數如下：[109]

$$111 \times \frac{1}{1+2+4} = \frac{111}{7} = 15\frac{6}{7} \text{（錢）}$$

彭浩注「犬出十五錢七分六」，曰：「依文例，「七分」後脫「錢」字。此題設定犬、貍、狐皮的相互倍史，即犬皮一：貍皮二：狐皮四，把它們合併（相加）得七，作為除數。以所出租，過關時所納之稅（111錢），各乘以比率作被除數。

又，狐皮，狐皮卅（三十）五（裁）、貍皮廿（二十）五（裁）、犬皮

107　《史記》卷46〈田敬仲完世家〉，頁1890。

108　吉光裘最為名貴。武帝時，西域獻吉光裘，見曹海東注譯《新譯西京雜記》（臺北市：三民書店，1995年版），頁9。

109　見彭浩：《張家山漢簡《算數書》註釋》（北京市：科學出版社，2001年版），頁53，注（10）。

十二（裁）偕出關，（關）并租廿（二十）五錢，問各出幾何。得曰：狐出十二（七十）二分十一，貍出八分廿廿（四十）九，犬出四分十二。术（術）：并買為法，以租各乘買為實。[110]

據彭浩計算，「犬出四」後脫「錢七十二」。依文例，「分十二」之「分」後脫「錢」字。[111]裁指裁製的皮料，每件稱作一裁。并，合。并租，指狐皮、貍皮、犬皮共同交納的關稅。[112]彭浩依計算犬皮應出之租如下：[113]

$$\frac{25 \times 12}{35 + 25 + 15} = \frac{300}{72} = 4\frac{12}{72}（錢）$$

犬襪　除狗皮之外，狗的產品還有狗皮襪。

1. 犬絑（EPT58：115）據敦煌簡考為即狗布絑，當為地方特產性布匹。（陳直：1986B，頁81），

2. 絑即襪，犬絑即用犬皮所作的襪子。（《集成》11，頁113）

〈居延漢簡〉載：「戍卒被兵簿」：「犬襪二兩資錢五百」（85.7圖588）[114]。

《釋文》：「犬絑二兩為錢五百」（頁412）[115]

110　見彭浩：《張家山漢簡《算數書》註釋》（北京市：科學出版社，2001年版），頁53。

111　見彭浩：《張家山漢簡《算數書》註釋》（北京市：科學出版社，2001年版），頁54，注5。同見張家山二四七號漢墓竹簡整理小組編著《張家山漢墓竹簡》二四七號墓（釋文修訂本）（北京市：文物出版社，2006年版），頁137，注2。

112　見彭浩：《張家山漢簡《算數書》註釋》（北京市：科學出版社，2001年版），頁53，注1及注2。

113　見彭浩：《張家山漢簡《算數書》註釋》（北京市：科學出版社，2001年版），頁54，注8。

114　永田英正著、張學鋒譯：《居延漢簡研究》（上）（桂林市：廣西師範大學出版社，2007年版），頁102。

115　陳直把之歸入衣服類，見陳直《居延漢簡研究》（北京市：中華書局，2009年版），頁106。

裘錫圭〈居延漢簡甲乙編釋文商榷〉解：犬（襪）即狗皮（襪）。[116]

1. 犬絑（19.40；303.34）《合校》均作「犬絑」

2. 狗皮襪。官府所發之物，以別於自有之物私襪。（《集成》7,230）[117]

（五）漢皇室娛樂生活中的狗

漢代皇帝對於養狗玩狗甚講究，並為狗建設專門宮殿以供其娛樂之大用。

《漢書》卷四十五〈江充傳〉曰：

初充（被武帝）召見犬臺宮。[118]

晉灼注引《黃圖》曰：「上林有犬臺宮，外有走狗觀也。」[119]「上林苑中有六池、市郭、宮殿、魚臺、犬臺、獸圈」。[120]犬臺宮、走狗觀，顧名思義，應為漢帝養犬之所，以備游獵。又，漢代始設訓營狗官職叫「狗監」。《漢書》卷五十七上〈司馬相如傳〉：「楊得意為狗監」師古曰：「主天子田獵犬也。」[121]漢武帝甚至為狗建了「犬臺宮」。《三輔黃圖》載：「犬臺宮，在上林苑中，長安城西二十八里」。[122]漢靈帝很愛狗，史稱他於「西園弄狗，著進賢冠，帶綬」，「王之左右皆狗而冠」。給狗戴冠繫綬，使狗成名副其實的衣冠禽獸。

---

116 見裘錫圭：〈居延漢簡甲乙編釋文商榷〉，收載於《裘錫圭學術文集》2〈簡牘帛書卷〉（上海市：復旦大學出版社，2015年版），頁142。

117 沈剛：《居延漢簡語詞匯釋》（北京市：科學出版社，2008年版），頁27-28。

118 《漢書》卷45〈江充傳〉，頁2176。

119 《漢書》卷45〈江充傳〉注（1），頁2176。

120 見何清谷校注：《三輔黃圖校注》卷4〈苑囿〉（西安市：三秦出版社，1995年版），頁223。

121 《漢書》卷55〈司馬相如傳〉，頁2533。

122 見何清谷校注：《三輔黃圖校注》卷3〈甘泉宮〉（西安市：三秦出版社），頁182。

　　秦漢時期，皇室流行賽狗，成宮廷時尚娛樂，蔚為其風。除了「走狗」外，當然還有走馬、鬥雞、戈獵及六博蹋鞠等。秦始王早在長樂宮中便有鬥雞臺和走狗臺，此高級玩意發展至漢大盛。[123]

　　漢初，皇室貴冑為了滿足其娛樂需要，並想得到隨時行樂的保證，必須養殖一批狗馬以供娛樂之用，皇室設苑養狗馬便是證明，茲說明如下：

　　《史記》卷三十〈平準書〉曰：

　　　「其沒入奴婢，分諸苑養狗馬禽獸，及與諸官。」[124]

　　又，《漢書》卷五十三〈景十三王傳〉曰：

　　　「魯恭王餘以孝景前二年立為淮陽王。吳楚反破後，以孝景前三年徙王魯。好治宮室圍狗馬，……。」[125]

　　走狗玩意得到皇室鍾愛，雖然能大行其道。但與此同時，來自四方八面的批評之聲，亦不絕於耳。下面列舉出幾條例子說明一下：

　　《史記》卷三十〈平準書〉曰：

　　　所忠言：「世家子弟，富人或鬥雞走狗馬，戈獵博戲，亂齊民。」……。[126]

123　陳直曰：「《長安志》引《三輔故事》「桂宮有走狗臺，與本文在長樂宮不同。」詳見何清谷校注：《三輔黃圖校注》卷5〈臺榭〉（西安市：三秦出版社），頁275，注2。

124　《史記》卷30〈平準書〉，頁1436。

125　《漢書》卷53〈景十三王傳〉，頁2413。

126　《史記》卷30〈平準書〉，頁1437。「走狗」早在春秋時代皇室成員的時尚玩意，時人在道德上都有批判「走狗」誤國，如皇上走狗臣子應從旁力諫。《晏子春秋》卷二〈內篇諫下〉第二便有以下一則記載：「景公走狗死，公令外共之棺，內給之祭。晏子聞之諫。」王貴民、楊志清編著：《春秋會要》（北京市：中華書局，2009年版），頁630-631。

又，《史記》卷六十九〈蘇秦列傳〉曰：

「臨菑甚富而實，其民……鬭雞走狗，六博蹹鞠者。」[127]

又，《漢書》卷四十九〈爰盎鼂錯傳〉載：

「（爰）盎病免家局，與閭里浮湛，相隨行鬭雞走狗。」[128]

又，《漢書》卷五十二〈竇田灌韓傳〉載：

「諸奏珍物狗馬玩，不可勝數。」師古曰：「奏，進也。」[129]
「（田）蚡曰：『天下幸而安樂無事，蚡得為〔肺〕附，所好音樂狗馬田宅……』。」[130]

又，《漢書》卷六十五〈東方朔傳〉載：

「……郡國狗馬蹵鞠劍客輻湊董氏。常從游戲北宮，馳逐平樂，觀雞鞠之會，角狗馬之足，上大歡樂之。」[131]
「……盡狗馬之樂，極耳目之欲，行邪枉之道徑淫辟之路，是乃國家之大賊，人主之大蜮。……」[132]

---

127 《史記》卷69〈蘇秦列傳〉，頁2257。
128 《漢書》卷49〈爰盎鼂錯傳〉，頁2275。
129 《漢書》卷52〈竇田灌韓傳〉，頁2380。
130 《漢書》卷52〈竇田灌韓傳〉，頁2389。
131 《漢書》卷65〈東方朔傳〉，頁2855。
132 《漢書》卷65〈東方朔傳〉，頁2856。

批評狗馬之聲，聲聲入耳，令到皇室不得不順應民情。在適當的時候「減諸服御狗馬」，以息民怨。茲舉例說明如下：

《史記》卷十〈孝文本紀〉載：

> 「天下旱，蝗。帝加惠，令諸侯毋入貢，弛山澤，減諸服御狗馬，捐郎吏員，發倉庾，以振貧民，民得賣爵。」[133]
> 「孝文帝從代來，即位二十三年，宮室苑囿狗馬服御無所增益，有不便，輒弛以利民。」[134]

又，《漢書》卷六十五〈東方朔傳〉載：

> 「（東方）朔對曰：『……今陛下以城中為小，圖起建章，左鳳闕，加神明，號稱千門萬戶；木土衣綺繡，狗馬被繢罽……上為淫侈如此，而欲使民獨不奢侈失農，事之難者也。』」[135]

除上述外，漢時人除了好真狗之外，孩童們亦愛模仿成年人。漢朝的小童好玩泥車、瓦狗、馬騎、倡俳等專為孩童而設計的玩具。

《潛夫論》〈浮侈第十二〉載：

> 或作泥車、瓦狗、馬騎、倡排，諸戲弄限兒之具以巧詐。[136]

133　《史記》卷10〈孝文本紀〉，頁432。

134　《史記》卷10〈孝文本紀〉，頁443。

135　《漢書》卷65〈東方朔傳〉，頁2858。

136　王符著、汪繼培箋、彭鐸校正：《潛夫論箋校正》（北京市：中華書局，1985年版），頁123。

彭鐸按:「泥車、瓦狗、馬騎、倡俳,漢墓中多有之。」[137]另,《後漢書》卷四十九〈王充王符仲長統列傳〉載:「〈浮侈篇〉:『……今人奢衣服,侈飲食……或作泥車瓦狗諸戲弄之具,以巧詐小兒,此皆無益。』」[138]王子今以為「諸戲弄小兒之具……又說明這類器物原本只是兒童玩具。而針對兒童這一特殊社會層次的市場需求能夠影響生產導向……。」[139]

由上可知,漢代皇室貴族沉迷狗馬,被標籤為「損民利」的浮侈行為,其來有自。漢末,曹操年少喜歡「走狗」,即被看成為不正當行徑,《三國志》〈武帝紀〉注云:「太祖少好飛鷹走狗,游蕩無度……。」[140]足見兩漢時期,尤以「走狗」是被定性為「亂齊民」,乃「國家之大賊」,而曹操的例子,說明西漢至東漢末「走狗」之歪風,一直興旺未息!無怪乎,《漢書》卷四十四〈淮南衡山濟北王傳〉載:「淮南王安為人好書,鼓琴,不喜獵狗馬馳騁,亦欲以行陰德拊循百姓,流名譽。」[141]淮南王本人不喜狗馬便視為「行陰德」和「流名譽」,被標榜成「出污泥而不染」的例外。

(六)政府潮語中的「狗」

漢代集權中央,君臣關係成為史家關注的焦點。此時「狗」有透過臣子「用語」呈現在現實政治生活上。如《漢書》卷五十〈汲黯列傳〉,利用「狗」作比喻,以呈現君臣間之互動關係。

其文如下:

---

137 王符著、汪繼培箋、彭鐸校正:《潛夫論箋校正》注(15)(北京市:中華書局,1985年版),頁125。

138 《後漢書》卷49〈王充王符仲長統列傳〉,頁1634。

139 參見王子今《秦漢名物叢考》(北京市:東方出版社,2016年),頁344-345。

140 《三國志》卷1〈武帝紀〉〈裴注1〉引〈曹瞞傳〉(北京市:中華書局,1982年2版),頁2。

141 《漢書》卷44〈淮南衡山濟北王傳〉,頁2145。

黯泣曰：「臣常有狗馬之心，今病，力不能任郡事。臣願為中郎，出入禁闥，補過拾遺，臣之願也。」……[142]

〈注三〉顏師古曰：「思報效。」[143]此條資料明示「狗馬」常存著對主子報效的心。此心在當時就是「忠於君」。而「思報效」的心，令臣子表現出忠心耿耿，以其一生報效國君。此例還說明除用「狗」字外，還會與另一動物「馬」連綴成語，形成「狗馬之心」一詞，這或許是漢代語言由簡到繁的例子。

對於君臣關係，史家除實錄「狗馬之心」之詞外，還有運用另一種比較含蓄的表現手法。茲援引數例如下：

《漢書》卷六十九〈趙充國傳〉曰：

（趙充國）臣得蒙天子厚恩，父子俱為顯列。臣位至上卿，爵為列侯，犬馬之齒七十六，為明詔填溝壑，死骨不朽，亡所顧念。……[144]

《漢書》卷七十二〈王貢兩龔鮑傳〉曰：

臣（貢）禹犬馬之齒八十一，血氣衰竭，耳目不聰明，非復能有補益，所謂素餐尸祿洿朝之臣也。[145]

《後漢書》卷二十五〈卓魯魏劉傳〉曰：

142 《漢書》卷50〈張馮汲鄭傳〉，頁2321。
143 《漢書》卷50〈張馮汲鄭傳〉，頁2322。
144 《漢書》卷69〈趙充國辛慶忌傳〉，頁2982。
145 《漢書》卷72〈王貢兩龔鮑傳〉，頁3073。

（魯）丕因上疏：「臣以愚頑，顯備大位，犬馬氣衰，猥得進見，……」[146]

《後漢書》卷三十五〈張曹鄭列傳〉曰：

（張）奮在家上疏……又曰：「臣犬馬齒盡，誠冀先死見禮樂之定。」……。[147]

《後漢書》卷四十七〈班梁列傳〉曰：

（班）超年最長，今且七十。衰老被病，頭髮無黑，兩手不仁，耳目不聰明，扶杖乃能行，雖欲竭盡其力，以報塞天恩，迫於歲暮，犬馬齒索。……[148]

《後漢書》卷二十六〈伏侯宋蔡馮趙牟韋列傳〉曰：

（韋）豹曰：「犬馬齒衰，旅力已劣，仰慕崇恩，故未能自割……。」[149]

《後漢書》卷三十五〈張曹鄭列傳〉曰：

---

146 《後漢書》卷25〈卓魯魏劉傳〉（北京市：中華書局，1965年版），頁884。（本文所引《後漢書》版本皆同）

147 《後漢書》卷35〈張曹鄭列傳〉，頁1199。

148 《後漢書》卷47〈班梁列傳〉，頁1584。

149 《後漢書》卷26〈伏侯宋蔡馮趙牟韋列傳〉，頁920。

　　（張）奮……在家上疏曰：「……臣犬馬齒衰，誠冀先死見禮樂之
　　定。」[150]

　　由上可見，臣子會在特定的情境下用「犬馬齒衰」、「犬馬齒索」、「犬馬氣衰」、「犬馬齒盡」等用語，以表示漢朝臣子對當朝君上的謙稱。犬馬云云一般釋作：臣子牙齒都沒有了，年老體衰，是臣子對君主表示謙虛的用語。但作者認為「犬馬齒衰」背後另有含意。「犬馬齒衰」等用語，均流露出漢家臣子那份對君主鞠躬盡瘁的態度，尤如「死罪」「叩首」等常用話語，而非單單像詞語上見到「年老體弱」的間接表達手法。[151]兩《漢書》把動物有關的用語載入史書，並借之引申君臣之義，成為兩漢政府的流行「潮語」。

　　此外，還有其他與「狗」有關用語：如：「狗盜」、「聲色犬馬」。《漢書》卷九十二〈游俠列傳〉載：「雞鳴狗盜」[152]〈注四〉師古曰：「謂孟嘗君用雞鳴而得亡出關，因狗盜而取狐白裘也。」[153]又，《漢書》載道：「（叔孫）通前曰：『此特群盜鼠竊狗盜，何足置齒牙間哉？』〈注七〉師古曰：「如鼠之竊，如狗之盜。」[154]《後漢書》載曰：「（北海敬王）睦曰：『……大夫其對以孤襲爵以來，志意衰惰。聲色是娛，犬馬是好。』……。」[155]上引各詞如「鼠竊狗盜」、「雞鳴狗盜」及「聲色犬馬」仍通行於今日。

150　《後漢書》卷35〈張曹鄭列傳〉，頁1199。
151　陳槃《漢晉遺簡識小七種》（上海市：上海古籍出版社，2009年版），頁27。
152　《漢書》卷92〈游俠列傳〉，頁3697。
153　《漢書》卷92〈游俠列傳〉注（4），頁3698。
154　《漢書》卷43〈酈陸朱劉叔孫傳〉注（7），頁2124。
155　《後漢書》卷14〈宗室四王三侯列傳〉，頁556-557。

四　結語

　　綜上，狗在人類社會所扮演的角色隨時代思想要求不同，有著不同焦點。如商周時期，牠曾扮演狩獵、看守、肉食及祭物等角色；其中牲品之「通天地」角色則較突出。迄春秋戰國至秦，狗經長期培育，在六畜中品種愈益複雜，不同國家生產不同品種的名狗，並訓練成猛犬，成為軍事的利器。到秦代，牠從商周「通天地」的祭祀角色，漸漸轉換為辟邪之工具。漢代時期，狗殉漸漸息微，喪葬禮儀由木狗和陶狗明器替代，這反映漢朝人在狗殉風俗的思想轉向。漢代經濟愈益蓬勃，人民物質生活奢靡，皇室貴冑嗜好走狗跑馬，上至高官下至孩童皆好玩狗。漢狗在娛樂方面的角色，大受歡迎。兩漢政府官員流行含狗字的「潮語」，以昭其對漢室日月之心。以上種種，令我們見到漢人如何與狗所扮演的多重角色，進行著各種密切的互動。漢代狗扮演的眾多角色中，「走狗」的娛樂角色明顯偏重。如從商周至秦漢採長時期歷史的角度來觀察，則狗的「食用」角色一直貫穿至今天未綴。

　　　　　　　　——原載於《中國農史》2018年5期，2020年8月8日增訂。

漢代動物皮製品雜論

一　前言

　　漢代絲綢生產名聞古今，商人為此絡繹於途。人們焦點很自然放在此名貴品身上，但是卻忽略了另一重要物產——動物皮製品，它比絲綢歷史悠久。無論是在上層及下層社會，從人首到腳部，都能見到它的蹤跡。皮製品用途多元，用者廣泛，至今天仍流行未衰。

　　我國皮革生產早於周代已臻成熟，北方的馬牛羊和南方的犀兕等皮，都是皮革手工業優良原料。春秋戰國爭霸，各國利用動物皮為材，製造不同類別的軍事裝備。凡此種種皆為秦漢皮革業發展打下堅實基礎。[1]就作者粗略搜集資料所得，有關漢代皮製品超過廿種，皮料來自不同類別的動物有十五種之多。作者利用這些材料共撰成文章三篇，一篇暫名為《漢代的皮裘》，另一篇為《漢代皮製軍需用品》[2]。本文則是第三篇——雜談幾種日常動物皮製品：（一）皮鞋、（二）皮襪、（三）皮弁、（四）皮軒、（五）皮席和（六）皮帶。希望透過上述六種皮製用品，能一窺動物皮於漢代社會生活中所作出的貢獻。

二　漢代皮鞋——草鞮與韋鞮

　　在未詳談漢代皮鞋以前，先就漢代前的皮鞋使用歷史作一簡述，以見

1　蔡鋒：《中國手工業經濟通史》（福州市：福建人民出版社，2005年版），頁340、662。

2　官德祥：《漢代的皮裘》及《漢代皮製軍需用品》，待刊稿。

其源流。

　　早於商代便有皮造鞋的地下考古發現。河南柘城孟莊商代遺址便發現一隻商代鞋底的中段，形狀與現在草鞋相類。[3]商代履制大致分為四個層面：第一層面為高級權貴或武士，所穿為皮革制高幫平式「翹頭靴」。第四層面屬下層社會，所穿「粗屨」是用草、麻、樹皮製之，類似今日民間之草鞋，式樣簡單，僅做一鞋底，其上用繩紐繫於腳上，可稱為扉，也可稱為履。[4]《世本》云：「于則作扉履。」宋衷注：「于則，黃帝臣，草履曰扉，麻皮曰履。」《字書》說：「草曰扉，麻曰屨，皮曰履，黃帝臣于則造。」商代履製構形初具。[5]又，《儀禮》〈士冠禮〉載：「夏用葛，冬皮屨可也。」由此看來，古代鞋的質料，履有用麻、皮革、絲帛製作。屨有麻、葛、皮革作之者，扉有草、麻作之者。履的製工較精細，扉無疑粗糙。[6]

　　另外，《周禮》卷八載：「屨人掌王及后之服屨。為赤舃、黑舃……葛屨。」注引〈士喪禮〉曰：「夏葛屨，冬皮屨，皆繶緇純。」[7]從「冬皮屨」，可見屨有用皮材料製作。有學者認為《周禮》中的復底鞋最典型，其鞋幫或皮或緞，其鞋底為雙層，上層納製底，下層木製底。此鞋稱作「舃」。舃是古代貴族男女參加祭祀、朝會所穿的禮鞋。[8]學者認為參加者在清晨或雨雪之日站於泥地，時間一長，晨露及雨雪浸潤的泥地難免會將鞋底弄濕，為解決此一問題，特在舃下加上一個木製的托底。這說法也有

3　「……據北京造紙研究所檢測，……其纖維較粗，視野中無禾草類雜細胞，均為纖維狀纖維，鑒定為韌皮類纖維，屬樹皮的可能性較大。這只寬約九點四釐米的粗屨，尺幅與成人腳寬相一致，是目前所見唯一商代鞋的實物。」見宋鎮豪《夏商社會生活史》下冊（北京市：中國社會科學院出版社，1994年版），頁597。

4　宋鎮豪：《夏商社會生活史》下冊（北京市：中國社會科學院出版社，1994年版），頁598。

5　宋鎮豪：《夏商社會生活史》下冊（北京市：中國社會科學院出版社，1994年版），頁596。

6　宋鎮豪：《夏商社會生活史》下冊（北京市：中國社會科學院出版社，1994年版），頁595。

7　李學勤主編：《周禮注疏》上冊（北京市：北京大學出版社，1999年版），頁215。

8　履，禮也，飾足所以為禮也。舃，複其下曰舃。舃，臘也，行禮久乾臘也。參見原田淑人《增補漢六朝の服飾》插圖39，《東洋文庫論叢》，第49期，1967年版，頁148-149。

其道理。[9]總之，皮製的鞋主要用於貴族禮祭儀式中。

關於皮製的鞋，值得一提，趙武靈王的胡皮靴。春秋戰國時期，趙武靈王胡服騎射。根據《史記》記載，趙武靈「吾欲胡服」到「於是遂胡服矣」。[10]而與胡服一起引入便是胡人鞋式──胡靴。此胡靴可追源溯始到樓蘭皮靴。[11]鋤頭下考古發現樓蘭一雙靴面和靴底被縫緔為一體的皮靴，見證皮靴起源傳說中的「裹腳皮」。[12]

以上是簡略交代先漢前的皮鞋發展。

到了西漢，皮鞋則被稱為「鞮」，凡經過鞣製生革所製成的稱之為「草鞮」，經過熟皮鞣製而成的鞋履則稱之為「韋鞮」。此時期的皮鞋一般為老百姓所能負擔，與周朝集中於貴族禮制所專用，有所分別。[13]漢代豐富的皮革資源，讓「鞮」成為百姓容易負擔的手工業製成品。

至於在漢代官方正式場合中，士人都是穿「皮履」。[14]《急就篇》卷四

9　高春明：《中國服飾名物考》（上海市：上海文化出版社，2001年版），頁749。

10　《史記》卷43〈趙世家第13〉（北京市：中華書局，1982年2版），頁1807。

11　「樓蘭皮靴出土時穿在一具女乾屍腳上，靴飾基本完好，羊皮呈灰白色，靴內微黃的羊毛依稀可辨。從線跡來看，手工極為精巧，且針身頗細並以筋線縫之。靴統高二十餘釐米，前部開叉，還用二釐米寬的皮條製成搭攀，整雙靴子由靴統和靴底兩大部件組合而成。它已完全脫離了用整塊獸皮裹在腳上的原始鞋狀態，基本上符合今天幫底分件的要求。可見，四千年前還處於原始社會的西域婦女就已經懂得選用不同牢度的獸皮分別製作幫和底了。這也是摩擦原理運用於制鞋的最早實例。」見駱崇騏：〈中國皮鞋史話〉，載《皮鞋科技》18卷第2期（1989年），頁27。

12　「這雙穿在一具女屍足下的樓蘭皮靴，雖有殘損但仍能依稀看出它由棕色單層毛皮縫合而成，其整體結構分為前幫、後幫、靴底三個獨立體。經科學測定，此靴距今已約有四千年的漫長歲月。這是迄今世界上年代最久遠、結構最完整、唯一看得見摸得著的皮靴實物。更有價值的是，樓蘭皮靴見證了古靴針線縫製工藝、鞋幫拼接工藝、幫底分件工藝的發明和應用。幫底分件工藝，是鞋幫與鞋底各自成件，分別製作，組合成鞋的工藝。」見全岳：〈中國鞋史系列篇之──皮鞋工藝結構演變簡史〉，載《西部皮革》，2019年第41卷，第5期，頁144-145。

13　絲綢所做的絲履，由於昂貴材料，工藝複雜，則是皇室貴族所推崇。

14　孫機：《漢代物質文化資料圖說》（增訂本）（上海市：上海古籍出版社，2008年版），頁295。

曰：「皮給履。……皮可以給履舄之用也。」[15]皮履是漢代士人時尚用品。關於漢代士人穿履的例子，還有以下幾條材料可茲參考：

> （1）《史記》卷五十五〈留侯世家〉：「（張）良嘗閒從容步游下邳圯上，有一老父，衣褐，至良所，直墮其履圯下，顧謂良曰：『孺子，下取履！』良鄂然，欲毆之。為其老，彊忍，下取履。父曰：『履我！』良業為取履，因長跪履之。父以足受，笑而去。良殊大驚，隨目之。父去里所，復還，曰：『孺子可教矣。後五日平明，與我會此。』……」
>
> （2）《太平御覽》（第3冊）卷六九七〈服章部14〉〈履〉條引《漢書》：「王莽好高冠厚履。」[16]
>
> （3）《風俗通》曰：「孝文身履革舄而衣弋綈」[17]

又，漢元帝時期史游《急就篇》卷二曰：「鞜，生革之履。」東漢許慎《說文》曰：「鞮，革生鞮也。」[18]今俗作鞋。[19]其實物曾在長沙楚墓出土。山西陽高漢墓所出者式樣稍有變化。《急就章》又載：「靸鞮……靸謂

---

15 見張傳官撰：《急就篇校理》（北京市：中華書局，2017年版），頁378。

16 （宋）李昉等《太平御覽》（第3冊）卷697〈服章部14〉〈履〉條（北京市：中華書局，1960年版），頁3109。今本《漢書》不見載。

17 （宋）李昉等《太平御覽》（第3冊）卷697〈服章部14〉〈履〉條（北京市：中華書局，1960年版），頁3112。今本《風俗通》則未見。

18 「鞮鞻，革履履也」，（漢）許慎撰（清）段玉裁注《說文解字注》三篇下〈革部〉（上海市：上海古籍出版社，1981年版），頁108。《〈周禮〉釋文》云：「許慎曰：『鞮，履也。』呂忱曰：『鞮，革履也。』」與今本異；徐堅、玄應引與今本同。《曲禮》「鞮屨」注：「無絢之菲也。」《周禮》「鞮鞻氏」注：「鞮鞻，四夷舞者所屝也。」《王制》「西方曰狄鞮」注：「鞮之為言知也。」

19 見張傳官撰：《急就篇校理》（北京市：中華書局，2017年版），頁180。

韋履頭深而兌底者也，今俗呼謂之跣子。鞮，薄革小履。」[20]張傳官〈補曰〉：「熟曰韋，生曰革。」。履與鞮的分別在哪？揚雄《方言》載：「履，禪者謂之鞮，粗者謂之履。」由此可知，漢代鞋履之名目形制繁多。

若僅以質料而論，有用皮革製成的「革鞜」。《漢書》卷八十七下〈揚雄傳〉載：「革鞜不穿。」[21]。又有冬季穿的「韋鞮」。[22]據崔寔《四民月令》載道：「八月製韋履，十月作白履。」[23]雖然石聲漢認為「暑小退……及韋履賤好，豫買，以備隆冬栗烈之寒」，其內容與「四民」和「月令」都很難黏上，但也不能一口否定《四民月令》並無此事。[24]總之，「八月製韋履」是熟皮鞣製而成的鞋履。至於十月作「白履」。石氏認為白履的「白」字，解作「帛」或作為「最樸素」的履。[25]此其說值得參考。另外，《一棵樹烽隧所出漢代簡牘》載：「一姓王氏，年卅五，為人黃色，中壯……衣皂布單衣，白綺□□。履弋韋沓，冠小冠，帶刀劍，乘革色車，勿蓋，駕騮牡馬，載黑弩二，熊皮服，箭槖各一，箭百七十枚，中仲子穉載。」《居延舊簡》262.28「弋韋沓，一兩，直八百五十」。弋，黑色也。「履弋韋沓」即穿黑皮鞋。[26]

關於漢代皮製革履的記載，《居延漢簡》及《居延新簡》還有以下記述，透露出革履的不同形制：

---

20 「鞮鞻，小兒履也。」（漢）許慎撰（清）段玉裁注《說文解字注》三篇下〈革部〉（上海市：上海古籍出版社，1981年版），頁108。《急就篇》有鞮。《釋名》曰：「鞮，韋履深頭者之名也。」見張傳官撰《急就篇校理》（北京市：中華書局，2017年版），頁183。另見陳溫菊《詩經器物戶釋》（臺北市：文津出版社，2001年版），頁128。

21 《漢書》卷87下〈揚雄傳〉（北京市：中華書局，1962年版），頁3560。

22 高春明：《中國服飾名物考》（上海市：上海文化出版社，2001年版），頁748。

23 夏劍欽、王巽齋校點：《太平御覽》卷697〈服章部〉14（石家莊市：河北教育出版社，1994年版），頁467。

24 石聲漢：《四民月令校注》（北京市：中華書局，2013年2版），頁61。

25 石聲漢：《四民月令校注》（北京市：中華書局，2013年2版），頁69。

26 白軍鵬：《敦煌漢簡校釋》（上海市：上海古籍出版社，2018年版），頁361。

一、「戍卒濟陰郡定陶池上里史國。縣官帛□袍一□□三斤，縣官
　　枲屨二兩，縣官帛布二兩一領，縣官□□二兩，縣官帛布絝一
　　兩七斤，縣官革屨二兩不閣，縣官裘一領不閣。」[27]

二、〈戍卒被兵簿〉載：
　　縣官革屨二兩不閣
　　縣官裘一領不閣（509‧26圖81甲2049）[28]

三、革屨（268‧38）
　　皮鞋（《集成》七，P156）[29]

四、《居延新簡》「白革屨一兩。」（EN.14）[30]

據上可見，漢代不同皮鞋形制如有「二兩」及「一兩」之別。漢代除了用
動物皮製鞋外，漢人還有利用動物皮來製「襪」。根據作者搜集材料所及
見，漢代的皮襪主要以狗皮為主。[31]

三　見載於漢代竹簡的「狗」皮襪

　　漢代襪有布帛製，亦有以皮革製成的。東漢許慎《說文》〈韋部〉中

---

27 陳直認為「本簡衣履有九種名稱，較一般三四種者不同，且有裘服，尤為僅見，或定陶
　　所發，較他縣為優。……本簡閣字與絡字相通，革屨用絮絡底，裘衣用絮絡裡也。」陳
　　直：〈居延漢簡解要〉載《居延漢簡研究》（北京市：中華書局，2009年版），頁390。陳
　　直：〈居延漢簡解要〉載《居延漢簡研究》（北京市：中華書局，2009年版），頁389。

28 永田英正：《居延漢簡研究》（上）（桂林市：廣西師範大學出版社，2007年版），頁229-
　　231。

29 沈剛：《居延漢簡語詞匯釋》（北京市：科學出版社，2008年版），頁165。

30 葛紅麗：《居延新簡詞語文字研究》（北京市：人民出版社，2018年版），頁28。

31 官德祥：〈漢文化中的狗角色〉載《中國農史》2018年5期，頁87-104及〈漢代文獻含
　　「狗」或「犬」之詞的歷史分析〉載《新亞論叢》，2017年第18期，頁131-140。

有明確解釋：「韤，足衣也。」[32]主要用狗皮革製成的稱狗皮韤、狗布絑或犬絑。[33]在出土漢簡中亦有記載，茲舉例子如下：

一、犬絑（EPT58:115）據敦煌簡考為即狗布絑，當為地方特產性布匹。（陳直:1986B，頁81）陳直把狗布絑釋為布匹未準確，狗布絑即是用狗皮製造的襪。

二、絑即襪，犬絑即用犬皮所作的襪子。（《集成》11，頁113）
〈居延漢簡〉載：「戍卒被兵簿」：「犬襪二兩資錢五百」（85.7圖588）[34]。
《釋文》：「犬絑二兩為錢五百」。（頁412）[35]
裘錫圭〈居延漢簡甲乙編釋文商榷〉解：犬（襪）即狗皮（襪）。[36]

三、犬絑（19.40；303.34）《合校》均作「犬絑」。

四、狗皮襪。官府所發之物，以別於自有之物私襪。（《集成》7,230）[37]

五、犬絑一兩73EJT25:66[38]。（《肩水金關漢簡》）

---

32 （東漢）許慎撰、（清）段玉裁注《說文解字注》五篇下〈韋部〉（上海市：上海古籍出版社，1981年版），頁236。

33 張未元編著：《漢朝服飾裝圖樣資料》（香港：太平書局，1963年版），頁25。

34 永田英正著、張學鋒譯：《居延漢簡研究》（上）（桂林市：廣西師範大學出版社，2007年版），頁102。

35 陳直把之歸入衣服類，見陳直：《居延漢簡研究》（北京市：中華書局，2009年版），頁106。

36 見裘錫圭：〈居延漢簡甲乙編釋文商榷〉，收載於《裘錫圭學術文集》2〈簡牘帛書卷〉（上海市：復旦大學出版社，2015年版），頁142。

37 沈剛：《居延漢簡語詞匯釋》（北京市：科學出版社，2008年版），頁27-28。

38 甘肅簡牘保護研究中心、甘肅省文物考古研究所、甘肅省博物館、中國文代遺產研究院古文獻研究中心、中國社會科學院簡帛研究中心《肩水金關漢簡（叁）》下冊（上海市：中西書局，2013年版），頁35。

六、狗皮袜二兩一出（148）[39]。（《疏勒河流域出土漢簡》）

綜合上述幾枚簡文，大致反映出邊地主要有用狗皮製襪，並記錄了每兩的價格。至於除了狗皮製襪外，有否使用其他材料製襪，從作者所涉獵出土的漢簡中暫未得見。

四　漢代頂頭禮冠──「鹿」皮弁

古代禮書中講的玄冠、緇布冠、皮弁、爵弁、冠卷、頍、巾幘等七種等級制冠式，大體均能追溯到夏商時期。[40]皮弁，以皮革為冠衣。與委貌同制，似覆杯，前高廣，後卑銳。是說皮弁前高後卑，形制與用皂絹製作的委貌冠接近。[41]弁的外形又如何？弁如兩手相合抃時也。以爵韋為之，謂之爵弁；以鹿皮為之，謂之皮弁；以韎韋為之，謂之韋弁也。[42]

另外，周禮弁師掌王之皮弁。弁為爵頭色（赤而微黑色。爵通雀）之革或布製成。[43]《三禮冠弁圖》云：「皮弁以鹿皮淺毛黃白色者為之。」《左傳》僖公二十八年：「楚子玉自為瓊弁玉纓。」杜注：「弁以鹿子皮為之。」《五經通義》云：「皮弁冠前後玉飾。」知皮弁冠上當有玉飾品。《釋名》載：「弁以鹿皮為之，謂之皮弁。」畢沅曰：鄭注士冠禮云：「皮弁者，以白鹿皮為冠。」成蓉鏡曰：「以鹿皮。」[44]《初學記》卷二十六

39　林梅村、李均明編：《疏勒河流域出土漢簡》（北京市：文物出版社，1984年版），頁41。

40　宋鎮豪：《夏商社會生活史》下冊（北京市：中國社會科學院出版社，1994年版），頁588。

41　宋鎮豪：《夏商社會生活史》下冊（北京市：中國社會科學院出版社，1994年版），頁589。

42　王國珍：《《釋名》語源疏證》（上海市：上海辭書出版社，2009年版），頁160及陳溫菊：《詩經器物戶釋》（臺北市：文津出版社，2001年版），頁126。另見周錫保：《中國古代服飾史》（臺北市：南天書局，1989年版），頁85。

43　陳衍撰、潘林校注：《周禮疑義辨證》（北京市：華夏出版社，2011年版），頁107，注3。

44　（東漢）劉熙撰；（清）畢沅疏證、王先謙補：《釋名疏證補》（北京市：中華書局，2008年版），頁157。

〈冠第一〉：「鹿皮為之謂之皮弁。以靺韋為之。謂之韋弁。」[45]行大射禮於辟雍，執事者冠皮弁應是當時實況。總言之，皮弁主要是以鹿皮製成，行禮儀時所採用。鹿皮為製弁之材料，一直沿用到兩漢。

西漢皮弁仍流行於傳統禮制儀式中。如《史記》卷二十八〈封禪書〉載：「乙卯，令侍中儒者皮弁薦紳，射牛行事。封泰山下東方，如郊祠太一之禮。」[46]又，《漢書》卷七十六〈趙尹韓張兩王傳〉：「延壽於是令文學校官諸生皮弁執俎豆，為吏民行喪嫁娶禮。」[47]即為明證。閻步克曰：「秦漢統治者著手整飾冠服。《後漢書》〈輿服志〉所敘東漢冠服，就是戰國秦漢的服制變遷的一個結集。那個冠服體制施行於東漢，但其中所反映的分等分類觀念，我們認為是可以代表整個秦漢的。」[48]

東漢人劉熙《釋名》〈釋首飾〉云：「弁如兩手相合抃時也；以爵韋為之，謂之爵弁；鹿皮為之，謂之皮弁。」[49]《後漢書》〈志30〉〈輿服下〉：「委貌冠，皮弁冠同制，長七寸，高四寸，……委貌以皁絹之，皮弁以鹿皮為之。行大射禮於辟雍，……。執事者冠皮弁，衣緇麻衣，……所謂皮弁素積者也。」[50]皮弁，質也。石渠論玄冠朝服。[51]這反映由上古至東漢用鹿皮製皮弁的傳統，一直未有變更。遂有唐杜佑《通典》載：「皮弁服，以白鹿皮為冠，象上古也」之說。[52]

東漢末，王莽納女為后，曾賜贈皮弁予官員，此事並不見於傳世《漢

45 見（唐）徐堅《初學記》卷26〈弁第2〉（北京市：中華書局，1962年版），頁623。

46 《史記》卷28〈封禪書〉，頁1398。同見《漢書》卷25上〈郊祀志〉，頁1235。

47 《漢書》卷76〈趙尹韓張兩王傳〉，頁3210。

48 閻步克：《官階與服等》（北京市：生活・讀書・新知三聯書店，2008年版），頁162。

49 （東漢）劉熙撰；（清）畢沅疏證、王先謙補《釋名疏證補》（北京市：中華書局，2008年版），頁157。

50 《後漢書》〈志第30〉〈輿服下〉（北京市：中華書局，1965年版），頁3665。

51 《後漢書》〈志第30〉〈輿服下〉注2，頁3665。

52 （唐）杜佑、王文錦點校《通典》二冊卷56〈禮16〉〈沿革16〉〈嘉禮1〉（北京市：中華書局，1992年版），頁1581。

書》，而《通典》則有載，茲摘錄如下：「平帝立，王莽納女為后以固權。
遣宗正劉宏、尚書令平晏納采，太師孔光、大司徒馬宮等四十九人，賜皮
弁素積。」王文錦〈注〉曰：「皮弁，鹿皮為冠也。素積，以十五升布為
衣，積素以為裳。」[53]總括而言，兩漢距古未遠，時人仍繼承此傳統，喜
在禮儀（行大射禮）上穿戴白鹿製的皮弁。除此之外，上位者還把皮弁當
作名貴禮物，賜贈下屬。

五　漢代馬車尊貴裝飾——「虎」皮軒

　　虎豹的毛皮常被認為是高貴稀有之物。呂思勉認為：「皮以虎為貴，
豹次之，鹿為下」，其言甚是。[54]虎豹常被禮儀制度借用，以示勇猛，同時
標榜尊貴的身分等級。《史記》卷四十〈楚世家〉「若使澤中之糜蒙虎之
皮，人之攻之必萬於虎矣。」[55]虎帶有辟邪驅鬼，百獸之長。《風俗通義》
〈祀典〉〈畫虎〉載：「虎者、陽物，百獸之長也，能執搏挫銳，噬食鬼
魅。今人卒得惡遇，燒悟，虎皮飲之，擊其爪，亦能辟惡，此其驗也。」
一般人不能帶著虎到處走。用虎皮製物，帶著此物以收虎能「辟邪驅鬼」
之效。[56]

　　《獨斷》載曰：「尚書御史乘之，最後一車懸豹尾，以前皆皮軒虎皮為
之也。」[57]《漢官六種》載：「馬有廐，車有府。皮軒，以虎皮為軒。」[58]

53　（唐）杜佑王文錦點校《通典》二冊卷58〈禮18〉〈沿革18〉〈嘉禮3〉（北京市：中華書
　　局，1992年版），頁1634。
54　呂思勉：《呂思勉讀書札記》中冊（上海市：上海古籍出版社，2005年版），頁592-593。
55　《史記》卷40〈楚世家〉，頁1734。
56　潘攀：《漢代神獸圖像研究》（北京市：文物出版社，2019年版），頁134。
57　潘攀：《漢代神獸圖像研究》（北京市：文物出版社，2019年版），頁140。
58　見（清）孫星衍等輯、周天游點校《漢官六種》（北京市：中華書局，1990年版），頁14。

唐杜佑《通典》載：「漢制，皮軒車，以虎皮為軒。」[59]據此「虎皮為軒」為漢時實況，殆無異議。《漢書》二十五下〈郊祀志〉：「時，南郡獲白虎，獻其皮牙爪，上為立祠。」[60]如果用白虎皮為軒，應該相當奪目。

另外，《漢書》五十七上〈司馬相如傳〉載曰：「……前皮軒，後道游；……。」[61]文穎曰：「皮軒，以虎皮飾車。天子出，道車五乘，游車九乘，在乘輿車前，賦頌為偶辭耳。」師古曰：「文說非也。言皮軒最居前，而道游次皮軒之後耳，非謂在乘輿之後也。皮軒之上以赤皮為重蓋，今此制尚存，又非猛獸之皮用飾車也。道讀曰導。」[62]顏氏說反映「以虎皮為軒」至唐代才起變化。[63]再者，朱一清等〈司馬相如校注〉中曰：「前皮軒，用虎皮裝飾的車為前驅。」[64]作者認為皮軒用虎皮飾車，史書屢有載記，合乎事實。至於顏氏說「皮軒」位置在前，作者同意其看法。

最後，關於皮軒還有一件事，很值得一提。當了廿七天皇帝的昌邑王賀，因淫亂被廢，其中一罪狀或與「皮軒」有關。《漢書》卷八十九〈循吏傳〉曰：

> 會昭帝崩，亡子，昌邑王賀嗣立，官屬皆徵入。王相安樂遷長樂衛尉，（龔）遂見安樂，流涕謂曰：「王立為天子，日益驕溢，諫之不復聽，今哀痛未盡，日與近臣飲食作樂，鬥虎豹，召皮軒，車九流，驅馳東西，所為誖道。……」王即位廿七日，卒以淫亂

59 （唐）杜佑、王文錦點校《通典》二冊卷64〈禮24〉〈沿革24〉〈嘉禮9〉（北京市：中華書局，1992年版），頁1802。

60 《漢書》卷25下〈郊祀志〉，頁1249。

61 《漢書》57上〈司馬相如傳〉，頁2563。

62 《漢書》57上〈司馬相如傳〉注5，頁2564。

63 關於秦漢時期虎的研究，可參見王子今《秦漢時期生態環境研究》（北京市：北京大學出版社，2007年版），頁197-216。

64 朱一清：《司馬相如校注》（北京市：人民文學出版社，1996年版），頁54。

廢……。[65]

昌邑王賀的被廢，「召皮軒」也許是就眾多「淫亂」控罪之一。作者同意王子今的評價：昌邑王乃飆車一族。[66]至於飆車是否犯「淫亂」，則見仁見智。

六　東漢刺史羊皮席[67]

根據傳世的文獻所記載，漢代皮席用料主要來源自以下幾種動物——羊[68]、貂。《後漢書》卷五十一〈李陳龐陳橋列傳〉載：

65　《漢書》卷89〈循吏傳〉，頁3638。另見辛德勇：《海昏侯劉賀》（北京市：生活・讀書・新知三聯書店，2016年版），頁119-147。

66　《南昌新聞網訊》載在中國秦漢史研究會第十五屆年會暨海昏歷史文化國際學術研討會上，中國人民大學國學院專家王子今以《劉賀昌邑——長安行程考》為題，發布了他對於劉賀歷史的最新研究成果。劉賀即位前獲乘七乘傳在王子今看來，當時劉賀即位，獲得了朝廷給出的為史籍所見規格最高的交通等級。參見網址 https://kknews.cc/zh-hk/history/gb6xnbm.html（2017年7月14日）另外，昌邑王賀召皮軒，車九流，驅馳東西，說明其生前有喜歡「馳逐」競技的特點，又，《漢書》卷68〈霍光金日磾傳〉：「……駕法駕，皮軒鸞旗，……。」《漢書》卷68〈霍光金日磾傳〉，頁2940。師古曰：「皮軒鸞旗皆法駕所陳也。北宮、桂宮並在未央宮北。」參見《漢書》卷68〈霍光金日磾傳〉注（46），頁2944。《後漢書》〈志29〉〈輿服上〉：「……皮軒鸞旗，皆大夫載。」《後漢書》〈志第29〉〈輿服上〉，頁3649。

67　《釋名》曰：「席，釋也，可卷可釋也。」見（東漢）劉熙撰；（清）畢沅疏證、王先謙補《釋名疏證補》（北京市：中華書局，2008年版），頁196。

68　羊的繁殖力和適應力最強，可以減低自然災害中的損失和保證損失後迅速恢復；而馬和牛的繁殖力及其對環境的適應力遠不如羊，……而羊可以啃食馬吃過的草根；牛則能在較短的時間內獲得所需草食……有研究表明，在今天的內蒙古地區，一個普通的牧人一般可以放牧一五○至二○○隻羊，如果他騎在馬上就能控制約五○○隻羊，若兩個騎馬的牧人就可以管理大約二○○○隻羊。馬利清《原匈奴、匈奴——歷史與文化的考古學探索》（包頭市：內蒙古大學出版社，2005年版），頁391。

……拜兗州刺史。以清約率下，常席羊皮，服布被。遷張掖太守，有威重名。[69]

此條載羊皮席的材料並不常見，說明東漢地方刺史喜用羊皮為席。漢碑每以「吉羊」為「吉祥」。鄭玄〈注〉：「羊者，善也。」[70]刺史用羊為席應有取其「吉祥」及「善」之心。

至於《居延漢簡》亦發現有關「羊皮席」的記載：

羊韋（EPT40：6B）韋，去毛熟制的皮革。羊韋，或當羊皮製作的衣物。（《中國簡牘集成》九，P204）[71]

另外，《長沙東牌樓東漢簡牘》七〈雜帳〉[72]記：「皮席一枚……皮二席一枚。」雖然沒有明言皮席是否用羊皮製，但估計普通皮席多以羊皮製作的。

據漢代材料載，除了羊皮席外，還有用貂皮造席。若只從就價格相比，羊皮席當然沒有「貂皮席」那麼珍貴。基本上，貂皮主要是來自外國，是名貴貢品之一。東漢時期作品《釋名》卷六〈釋牀帳第十八〉便載有：「貂席，連貂皮以為席也。」葉德炯曰：「《西京雜記》：『昭陽殿設綠熊皮席，毛皆長一尺餘。』此亦貂席之屬。」[73]又，《太平御覽》〈獸部〉二

69　《後漢書》卷51〈李陳龐陳橋列傳〉，頁1683。

70　（東漢）劉熙撰；（清）畢沅疏證、王先謙補：《釋名疏證補》（北京市：中華書局，2008年版），頁249。

71　沈剛：《居延漢簡語詞匯釋》（北京市：科學出版社，2008年版），頁95。

72　長沙市文物考古研事所、中國文物研事所編：《長沙東牌樓東漢簡牘》（北京市：文物出版社，2006年版），頁116。另詳見王子今：〈蔣席‧皮席‧蘧席——長沙東牌樓簡牘研讀札記〉載氏著《長沙簡牘研究》（北京市：中國社會科學出版社，2017年版），頁66-67。

73　（東漢）劉熙撰；（清）畢沅疏證、王先謙補《釋名疏證補》（北京市：中華書局，2008年版），頁197。

十四引《東觀漢記》曰:「建武二十五年,烏桓國詣闕朝賀,獻貂皮。」與今本《東觀漢記》卷一〈世祖光武皇帝〉載:「(建武)二十五年,烏桓獻貂豹皮,詣闕朝賀」相若。[74]可見貂皮是烏桓國的高檔賀禮價值不菲。

七 漢代馬車用具皮製帶子

這裡談論的皮帶不是繫在人腰上,而是用於馬和馬車上的皮製帶子。二〇一九年深圳博物館展出之〈劉賀墓園車馬坑〉出土的「銅鎏金當盧」。當盧置馬面額前的裝飾物,因位於馬頭顱正中,「盧」通「顱」,故稱當盧,使用方法為用「皮帶」將其繫連在馬絡頭上。另外,獨輈車馬頭上有「鞁具」,馬與車之間亦有皮製的「靷」作牽引,《說文解字》三篇下〈革部〉載:「靷,所以引軸者也。」[75]《居延漢簡》記載有「皮繩(《集成》十一,P108)」字樣,「皮繩」之應用功能,應與皮帶相同而異名。[76]

另外,《鹽鐵論》〈散不足二十九〉載:「古者椎車無柔……,大夫士則單榜木具,盤韋柔革。……今庶人富者……中者錯鑣塗采,珥靳飛軨。」「今者」指漢朝,說明漢朝上層有錢人愛用「珥靳」,而「珥靳」就是「用珠玉裝飾服馬當胸的皮帶」。[77]除此之外,皮帶上還可裝飾黃金,為漢代富人時尚奢侈用品。[78]

最後,作者要介紹「皮帶靯」。《玉篇》〈革部〉曰:「靯,皮帶靯。鞓同靯。」《字彙》〈革部〉:「鞓,皮帶。」王子今於其一篇論文〈額濟納漢

---

74 (東漢)劉珍等撰、吳樹平校注《東觀漢記校注》上冊(鄭州市:中州古籍出版社,1987年版),頁11。

75 (東漢)許慎撰、(清)段玉裁注《說文解字注》三篇下〈革部〉(上海市:上海古籍出版社,1981年版),頁109。

76 沈剛:《居延漢簡語詞匯釋》(北京市:科學出版社,2008年版),頁165。

77 王利器校注:《鹽鐵論校注》(北京市:中華書局,1996年版),頁226。

78 蔡鋒:《中國手工業經濟通史》(福州市:福建人民出版社,2005年版),頁663。

簡膠鞋及相關問題〉中引《額濟納漢簡》釋文：

> 「第九隧膠二鞋重十三兩（2000ES9SF3：23A）」
>
> 少一錢少錢（2000ES9SF3:23B）

王氏在論文中提出「煮膠」的問題很有意思，這是皮用品製作的關鍵程序。[79]誠如王子今說「因革煮製的膠曰『鞋』，是我們得到的新知識」。[80]這「鞋」確實令我們更加深了解皮革製作的重要發現。

八　結語

兩漢時期，皮製用品大行其道，不讓絲綢錦繡專美。無論從人首及腰至腳都有它的份兒。皮製品除在日常穿戴衣飾，作出其貢獻外。它在其餘生活領域中都有所發揮，如文中提到的皮製草鞋、韋鞋、鞁鞋、白鹿弁、虎皮軒、羊皮席、貂皮席等等，不一而足。本文僅雜論當中六種，漢代的皮製品總數，絕不止此數目。根據作者所考得，皮製用品來除本文曾引述過的動物外，還有牛、犀、狸、狐、麂、豹、鼠、馬、貉及貛子等多種，所造出皮製品還有用於軍事用途方面如：鞋督、面具、守御器及皮盾等。至於日常生活用途，還有製皮衣裳、皮綺、皮褥及皮船等。

總括而言，我國能利用動物皮作為生活材料，一方面是要歸功漢朝時

79　（後魏）賈思勰《齊民要術》卷第9〈煮膠第90〉條：「煮膠法：煮膠要用二月、三月、九月、十月，餘月則不成。沙牛皮、水牛皮、豬皮為上，驢、馬、駝、騾皮為次。破皮履、鞋底、格椎皮、靴底、……但是生皮，無問年歲久遠，不腐爛者，悉皆中煮。……其脂肕鹽熟之皮，則不中用。……」（後魏）賈思勰原著、繆啟愉校釋：《齊民要術校釋》（第二版）（北京市：中國農業出版社，1998年版），頁679。

80　見王子今：〈額濟納漢簡膠鞋及相關問題〉收載於孫家洲主編：〈額濟納漢簡釋文校本〉（北京市：文物出版社，2007版），頁193-200。

人在畜牧業和狩獵業上的非凡成就，為此提供有利條件。另一方面，有賴漢代大一統的政治環境得以成就各項經濟產業，當中包括皮革手工業。這使皮革能得以大量生產和行銷各地商品市場。我國祖先們具智慧地採用不同動物的皮，製成各類生活用品，還不斷改良革新，大大豐富兩漢人民的生活素質。

　　——本文原載於《新亞論叢》，2019年第20期，2020年7月30日再增訂。

秦漢時期動物皮製軍用品述要

一 引言

　　本文集中研究秦漢時期涉及軍事方面的皮製用品，內容主要介紹皮製軍用品的物料來源、功能及其在軍事上的貢獻。透過本文的探考發現，皮製軍用品有著以下幾個階段的發展趨勢：第一階段是以動物皮為「主導」，大抵以夏、商、周三代為時限，此階段大量採用動物皮如犀牛皮、兕皮作甲冑甲盾，奠下軍事用動物皮的基礎。雖然，此階段同時有金屬銅甲片或鐵甲片出現，但並不普及流行。第二階段為春秋戰國皮製用品的發展期，此期是承繼前期皮製的特色，由大片皮製護甲過渡到金屬物料製甲或皮金兩用狀態。至於第三階段，即本文聚焦的秦漢時期，此階段乃皮製軍用品的轉型期。大片皮甲漸漸退出軍事舞臺。細片皮與金屬甲片「複合」並用的新面貌隨之出現，皮甲因亦此由「主角」變成「配角」。與此同時，皮製甲除了護胸護背（主體）以外，其轉向發展其他領域，如製造軍用皮面具及皮繩等。總之，秦漢士兵皮製軍用品得繼承從前製作技術，加以改良轉化。此階段動物皮角色轉移，並與金屬物料緊密地有機合作，齊頭並進。

　　探討本文主題前，有必要看看先秦時候皮製用品的發展歷史，以了解箇中的來龍去脈。

二 先秦皮製軍事的用品概略

我國古代利用動物毛皮的歷史可以追溯到史前時代。北京周口店猿人文化遺址中挖掘出的舊石器時期的遺物可知。早在距今五十至六十萬年前，北京猿人已經會用刮削石器與尖狀石器剝取獸皮。[1]由於皮革的主要成分是蛋白質、脂肪，是一種不利於保存的有機蛋白質物料，故在潮濕環境下尤其易於腐爛。因此，上古時代遺留下來可供考古家研究的皮製軍用品並不多。[2]

根據《史記》卷二〈夏本紀〉載曰：「淮海維揚州，……貢金三品，……齒、革、羽、旄。」[3]〈史記集解〉孔安國云：「象齒、犀皮、鳥羽、旄牛尾也。」[4]《史記》卷二〈夏本紀〉載：「荊及衡陽維荊州……貢羽、旄、齒、革，……。」[5]由此可見，夏代皮革多來源自南方揚州和荊州，屬當地之特產。

夏商時期，皮革大量用作製皮囊來盛放東西或保護器物。[6]商代的皮革業製品，從出土情況看，有用於軍事領域的盾、皮甲、皮盔、刀鞘等，也有用於日用生活方面如鼓、囊等，故《史記》卷三〈殷本紀〉有如下記

1 李聞欣：〈我國古代皮革科學技術的發展〉載《西北輕工業學院學報》2002年第2期。另外，可參考蔡大偉等：〈一種簡便高效的古代動物毛DNA提取方法〉，載吉林大學學報（理學版），第48卷第4期，2010年7月，頁689-693。

2 參考何露、陳武勇：〈中國古代皮革及製品歷史沿革〉載《西部皮革》2011年第16期及參考蔡大偉等〈一種簡便高效的古代動物毛DNA提取方法〉，載《吉林大學學報》（理學版），第48卷第4期，2010年7月，頁689。

3 《史記》卷2〈夏本紀〉，頁58。另，參見王子今：《秦漢時期生態環境研究》（北京市：北京大學出版社，2007年版），頁171。

4 《史記》卷2〈夏本紀〉注11，頁60。見（唐）徐堅《初學記》卷22〈甲第6〉（北京市：中華書局，1962年版），頁536。

5 《史記》卷2〈夏本紀〉，頁60-61。

6 見蔡鋒：《中國手工業經濟通史》（福州市：福建人民出版社，2005年版），頁139。

載：「武帝乙……為革囊盛血仰射之。」商代冑主要有青銅製品與皮製品兩種。[7]考古發掘所見，中國最早的皮甲實物則出土於河南安陽侯家莊殷代大墓南墓道之中，發現時甲片皮質已腐朽，僅留有痕跡及黑、白、紅、黃四色的圖案花紋。[8]另外，刻在龜甲獸骨上的甲骨文與刻在青銅器上金文，見到裘字與革字，這些說明我國早在四千年前已有毛皮生產。清末安陽出土的殷周時代的戌革鼎上刻有革字。[9]在布帛發明以前的遠古時代，因獸皮可天然捕獲且保暖性強，成為人類利用大自然資源禦寒的最佳寶藏。[10]

有學者認為周朝用皮製盾和冑。周的軍事防護裝具：手執的盾牌和身披的甲冑，皆以皮甲為主。雖然從兩周墓中發現過銅甲片，但使用尚不普遍。周仍是以皮製軍備為主流。[11]從考古發掘所獲得的古代甲冑實物觀之，殷商至戰國時期主要都是使用皮甲。[12]中國社會科學院考古研究所結

---

7 宋鎮豪：《夏商社會生活史》下冊（北京市：中國社會科學院出版社，1994年版），頁593。

8 見岳南：《復活的軍團：秦始皇陵兵馬俑發現之謎》（臺北市：遠流出版社，2016年2版），頁310。

9 皮𤴎，剝取獸革者謂之皮。剝，裂也，謂使革與肉分裂也；云革者，析言則去毛曰革，統言則不別也；云者者，謂其人也；取獸革者謂之皮。皮，被；被，析也，見《木部》，因之所取謂之皮矣。引伸凡物之表皆曰皮，凡去物之表亦皆曰皮，《戰國策》言「皮面抉眼」，王褒〈僮約〉言「落桑皮椶」，《釋名》言「皮弧以爲蓄」皆是。（漢）許慎撰、（清）段玉裁注《說文解字注》三篇下〈皮部〉（上海市：上海古籍出版社，1981年版），頁122。革革，獸皮治去其毛曰革。各本「獸皮治去其毛革更之，象古文革之形」，文義、句讀皆不可通。今依《召南》、《齊風》、《大雅》、《周禮·掌皮》四疏訂正。革與鞾二字轉注，皮與革二字對文則分別，如「秋斂皮，冬斂革」是也；散文則通用，如《司裘》之「皮車卽革路」、《詩·羔羊》傳「革，猶皮也」是也。革，更也。二字雙聲。治去其毛，是更改之義，故引伸爲凡更新之用。（漢）許慎撰（清）段玉裁注《說文解字注》三篇下〈革部〉（上海市：上海古籍出版社，1981年版），頁107-108。

10 陳溫菊：《詩經器物戶釋》（臺北市：文津出版社，2001年版），頁146。

11 楊泓、李力著：《中國古兵三十講》（北京市：生活·讀書·新知三聯書店，2013年版），頁33。

12 詳見王先福：〈湖北棗陽九連墩一號墓皮甲的復原〉載《考古學報》2016年第3期，頁417-414。

合屬於東周時期曾侯乙墓出土的髹漆皮甲冑的複製工藝，繞過皮革鞣制環節，將現代工藝與古代工藝相結合，試製作出東周時代的甲冑。由於保存問題，曾侯乙墓皮甲甲片僅有外部髹漆及少量皮纖維殘餘，由於尚未見有對殘餘皮纖維的化學分析報告，未能對當時皮鞣製方法作定論，[13]另外，王先福〈湖北棗陽九連墩一號墓皮甲的復原〉一文把戰國中晚期楚國皮甲的各部分鉅細無遺的作出介紹，值得留意。簡言之，是時軍事上大量髹漆皮甲冑的應用則殆無異議。

此外，戰國時期，燕國有著發達的畜牧業，皮革業相當發達，從事皮革製作的人很多。趙武靈王胡服騎射，所穿衣服、冠、靴均為皮製。[14]一般學術界視為戰國時作品的《周禮》，其中〈考工記〉便敘述皮革工分五部，其文載「函人為甲，犀甲七屬，兕甲六屬，合甲五屬，犀甲壽百年，兕甲壽二百年，合甲壽三百年。」[15]合甲由兩層皮革合成，牢度較強，製成的皮甲片大些，因而它只要五屬，即五排編綴而成。犀、兕、合甲之所以成為士兵重要的防禦軍備。皮革鞣制是皮革加工的關鍵步驟，如果鞣制得好，就能使皮革產生極好的柔韌性、保暖性以及堅固性等。總言之，天然皮革耐磨具有極佳的防風禦寒性能。[16]皮革厚柔性使武器不易穿透，對人體起保護作用。[17]

---

13 參考謝雨彤、徐波、陳武勇：〈秦皮鎧甲現代複製工藝探討〉載《皮革科學與工程》第22卷第5期（2012年10月），頁51-52。

14 參見蔡鋒：《中國手工業經濟通史》（福建人民出版社，2005年版），頁337。另，見《漢官解詁》載：「趙武靈王效胡服，以金璫飾首，前插貂尾，為貴職。秦滅趙，以其君冠賜近臣。意謂北方寒涼，以貂皮煖額，附施於冠，因遂變成首飾。」見（清）孫星衍等輯、周天游點校：《漢官六種》（北京市：中華書局，1990年版），頁24。

15 林尹：《周禮今註今譯》（臺北市：臺灣商務印書館，1992年版），頁446-447及李學勤編《周禮注疏下》（北京市：北京大學出版社，1999年版），頁1109。

16 趙辰龍：〈皮革材料在設計中的應用和未來的發展〉載《美術教育研究》，2011年第11期，頁102-103。

17 楊寬：《戰國史》（增訂本）（上海市：上海人民出版社，1998年3版），頁308。另，參見王子今：《秦漢時期生態環境研究》（北京市：北京大學出版社，2007年版），頁162-165。

　　現代考古化驗技術推陳出新，憑皮革的纖維來判別來自哪種動物皮。如長沙瀏城橋一號墓、湖北隨縣擂鼓墩曾侯乙墓等大墓，都有皮質甲冑出土，表明至遲戰國時期皮革還是防護工具的主要材質。[18]值得注意的是沂源出土戰國皮革文物，學者現可掌握皮革纖維疏鬆和緊實來分辨牛皮或豬皮，是皮革考古的重大突破。豬皮革的纖維間隙較大，纖維編織較為疏鬆；牛皮革的纖維編織綿羊革的細密編織層較厚，占整個皮革厚度的一半以上，而山羊皮革的纖維細密編織層比綿羊皮革的要薄，只占皮革厚度的三分之一左右。[19]最後通過 ATR-FTIR 分析和 SEM 分析，初步判定沂源出土戰國皮革文物的材質為羊皮革。[20]從沂源出土的戰國皮革，可從側面反映動物皮如豬、牛、羊都有被製成革應用於軍事。

　　不過，皮革中較為堅硬的物料非犀牛皮莫屬。犀牛具有碩大的體軀和頭部，它的肩高一點五米以上，身長二點五至三點五米，體重可達一至二

---

18 「楊泓分析了戰國末年騎兵在戰爭中的作用。他指出，這時騎兵已有了較適用的鎧甲，但是缺乏保護戰馬的裝具，雖然在先秦時已有很完備的保護戰車轅馬的馬甲，由厚重的鬃漆皮甲片編成，在隋縣曾侯乙墓中曾有實物出土。」王子今：〈岳麓書院秦簡《數》「馬甲」與戰騎裝具史的新認識〉，載《考古與文物》，2015年第4期，頁62。另見岳南：《復活的軍團：秦始皇陵兵馬俑發現之謎》（臺北市：遠流出版社，2016年2版），頁310。

19 「對於出土皮革文物材質的鑑別，傳統的光學顯微鏡法並不能完全滿足需求。因此張楊等採用分辨率、放大倍數更高的掃瞄電子顯微鏡，對樣品的粒面（皮革的正面）、肉面（與粒面相反的一面，即生皮內部不帶毛的一面）和橫斷面進行觀察，並將古代皮革各現代皮革的顯微特徵進行對比分析。天然皮革的粒面一般都有較清晰的毛孔和花紋，且因動物皮種類的不同，毛孔呈現不同的排列規律，粒面特徵是鑑別不同動物皮革的最確切依據。豬皮革、牛皮革和羊皮革各自有獨特的粒面毛孔分布特徵，如豬皮革毛孔大，一般多以三個為一組呈品字形排列，粒面較牛皮革、羊皮革粗糙；牛皮革粒面細緻，毛孔小，分布均勻，像佈滿的小點；羊皮革毛孔成組成排分布，粒面形成很多的溝紋，且山羊皮革的粒面毛孔有大小之分，每組由針毛和絨毛孔按相同方式有序分布……。」參考張楊等〈山東沂源出土戰國皮革文物的材質鑑別〉載《文物保護與考古科學》第27卷第1期（2015年2月），頁59-64。

20 參考張楊等：〈山東沂源出土戰國皮革文物的材質鑑別〉載《文物保護與考古科學》，第27卷第1期（2015年2月），頁63。

顗,是僅次於大象的最大陸棲獸類之一。全世界範圍內,犀類共五種,其二種產於非洲,三種產於亞洲。由於犀的皮膚厚,除耳緣及尾末梢部以外,體毛極少,幾近裸露,又硬又厚的皮膚類似甲冑。如南方楚國便有用犀皮製甲。顏師古曰:「犀狀如水牛,頭似豬而四足類象,黑色,一角當額前,上又有小角。」[21]根據《楚辭》〈國殤〉載:「操吳戈兮披犀甲」。[22]以犀牛皮製的胸甲,是楚國軍備中常見。學者認為「在鋼鐵的使用未普及前,兕甲是最有效的護身裝備。……從吳國衣犀甲之士之多,可想見人們普遍以犀皮縫製甲盔的概況和濫捕的程度。」[23]至於兕與犀的分別,王子今已有詳細述論,於此不再贅。[24]

犀皮除了做護甲外,還有製盾,王子今在《文選》、《韓非子》、《呂氏春秋》找到戰國時軍隊作戰使用犀盾的史例。[25]戰國後期開始漸漸流行金屬(銅或鐵)鎧甲,但犀牛皮甲冑在很長一段時間裡都是軍中上等的兵甲物料之一。[26]秦漢以後,雖然犀牛在北方已不多見,但江淮一帶還有。至於關中地區,有學者認為最遲到西漢晚期犀牛已經絕跡。這點可視為犀甲皮退出軍備名冊的主觀因素。[27]

除了皮革外,春秋戰國時代軍事上還流行用皮和木料複合共用製軍盾。先秦時期,盾的名稱很多。或謂之幹,《尚書》〈牧誓〉:「稱爾戈,比爾幹,立爾矛,予其誓」注:「干,楯也。」《史記》〈始皇本紀〉引賈誼〈過秦論〉:「伏尸百萬,流血漂鹵。」《集解》:「徐廣曰:鹵,楯也。」

21 見《漢書》卷12〈平帝紀〉(北京市:中華書局,1962年版),注(1),頁352。
22 傅錫壬:《楚辭讀本》(臺北市:三民書局,2003年2版),頁63。
23 許進雄:《古事雜談》(臺北市:臺灣商務印書館,2013年版),頁32。
24 參見王子今:《秦漢時期生態環境研究》(北京市:北京大學出版社,2007年版),頁162-163。
25 轉引自王子今:《秦漢時期生態環境研究》(北京市:北京大學出版社,2007年版),頁162。
26 江崖〈犀皮漆與犀牛皮〉,載《中國生漆》第37卷第4期,2018年12月,頁19-24。
27 孫機:《從歷史中醒來——孫機談中國古文物》(北京市:生活·讀書·新知三聯書店,2016年版),頁24-25。

這些名稱中，有些是同音相假，如伐、麟和播，嚕和鹵，所以歸結起來有千、伐、嚕、盾四種。湖南長沙五里牌第四六○號戰國楚墓中曾出土了兩件極為精美的皮制彩繪漆盾，高為六十二點五和六十三點八釐米，盾以皮為胎，內外兩面均施黑漆甚厚，堅固結實，光澤鑒人，上用褚石和藤黃兩種顏色繪成龍鳳花紋。《國語》〈齊語〉：「管子對曰：制重罪贖以犀甲一戟，輕罪贖以鞍盾一戟。」注：「贛盾，綴革有文如繢也。」依此說，彩繪皮盾應叫作「贛盾」。《國語》〈吳語〉載：「建肥胡，奉文犀之渠。」注：「文犀之渠，謂楯也。文犀，犀之有文理者。」依此說，犀渠即是用犀皮製成的盾牌。目前出土的皮木盾多是楚國的兵器，它只代表了楚國的風格先秦古盾的材質，主要是皮木兩大類。儘管其他兵器已多用青銅和鐵製造，但始終沒有出現大量金屬盾。[28]

另外，考古發現的實物以南方楚地為多：湖南出土的一件彩繪漆，皮胎，盾上部作對稱雙弧形，盾兩面髹黑漆，上繪有赭、黃色精美龍鳳紋。盾高六十四點五釐米、寬四十八點五釐米、厚零點七釐米。[29]在湖北江陵天星觀有長方形盾出土，高九十五釐米、寬五十釐米、厚一點五釐米，木質，盾體上用多道皮革纏繞，外裹麻布，布表髹黑漆？這種以木加革的盾牌，無疑已達到一定的防護標準。可見這時的楚國盾有以下幾個特點，其一，質地多為皮革或木質，外塗漆，同時也有木加革的盾，並且具有一定的先進性。魏文侯積極備戰，殺獸剝皮，塗以紅漆，彩繪動物圖案，這中間相當一部分是用來製作戰爭武器——甲盾。[30]

總言之，春秋戰國軍事上採用動物皮來製甲的方式，至秦統一全國沿用未改。

---

28 參見蔣文孝：〈秦盾初探〉收載《秦文化論叢》2001年，頁494-496。

29 參見《中國博物館叢書》第2卷《湖南省博物館》北京市：文物出版社，1983年版（轉引自蔣文孝：〈秦盾初探〉收載《秦文化論叢》，2001年，頁491-492。）

30 蔣文孝：〈秦盾初探〉收載《秦文化論叢》，2001年，頁491-492。

三　秦朝皮製軍事的用品概略

秦朝有專門工官處理皮革的製作，澳門蕭春源珍秦齋藏印：「革工」二字乃治皮革之工官。[31]從秦革工在皮甲上的染色技術可反映，秦革工發展非常成熟。一九七四年在臨潼秦始皇陵附近出土大批的秦俑：其中鎧甲俑分為兩類：一類為綠色短衣，外披黑甲、紫色連甲線；另一類為紅色短衣，外披暗褐色甲及桔紅色連甲線。這些不同顏色的皮甲與連甲線，表明早在秦始皇時代（西元前221-210年）以前，我國已經掌握皮革的染色技術了。

不過，一九九七年以前發掘的俑坑，武士俑所著鎧甲是依照真甲塑製的。甲片上的穿孔和編綴的縧帶清晰可辨。楊泓等認為：「鎧甲可分兩類，一類甲是先用皮革或其他物料製成護甲，再在護甲之上鑲綴金屬甲片，有的遮掩胸腹、襠下，乃至後腰，有的只遮住胸腹，還配有掩膊，可遮蓋兩肩上臂這類甲比較少，甲片小而精細，又只見於將軍俑身上，應該是將官的鎧甲。二類甲與一類甲不同之處，是將皮甲片編綴一起，穿在戰袍下面。這類甲片較大，是一般士卒穿著的鎧甲，并且不同的兵種所穿著的鎧甲也不相同。[32]

秦朝以降，以整片皮質作為甲冑主要物料的情況不復多見。隨之變化是秦俑身上甲冑，是以動物皮再加金屬甲片的「複合」形態出現。這說明士兵裝備漸得以改良。各地區金屬開採的趨勢，大大為金屬甲冑提供客觀

---

31 王輝、陳昭容、王偉：《秦文字通論》（北京市：中華書局，2016年版），頁16。

32 楊泓、李力著：《中國古兵三十講》（北京市：生活・讀書・新知三聯書店，2013年版），頁117-118。岳南在其《復活的軍團：秦始皇陵兵馬俑發現之謎》則有不同看法，提到「……石質鎧甲的發現，用銅絲和石片編綴而成的石質甲冑在中國乃至世界考古史上也是前無先例。」見氏著書（臺北市：遠流出版社，2016年版），頁308-309。若根據士兵護甲的歷史長期發展來看，皮製用的皮甲片應是主流。至於石質甲冑會否是製俑的物料，而非反映現實，抑或甲冑的製成，兩者情況都並存，則未能確實。

的條件和實質的生產資料。由動物皮而製成的皮甲由原先功能逐漸減退，
或轉移到其他地方，不再成為士兵作防護戰衣的主要物料。總括而言，秦
時皮製的護甲在軍事上仍發揮其著其功能，技術的提升，皮甲退居二線，
為金屬甲片所替代，代之而起的是體積細小輕巧的皮革片。估計當中主要
原因與動物皮具有柔軟性的質地有關。金屬甲片雖然耐用堅硬，剛性十
足，但欠缺彈性和柔韌度。相反，皮革片則富彈性和柔韌度，卻欠金屬般
堅硬。士兵在行軍打仗時，穿金屬甲片已成趨勢。比起皮甲，金屬甲片在
防刺、防割、防砍及防弓箭上明顯有較佳果效。當然，士兵穿者純金屬甲
片極其拘謹，舒適度欠佳，上場殺敵行動並不方便。反之，皮甲韌性高的
特點，使其在佩戴或穿著時方便了人體關節的運動，同時皮革能抵制著來
自自然環境和敵人兩方面的侵害。[33]把金屬甲片和皮甲糅為一體，合兩者
之好，同收剛柔益效。祖先智慧之高，可見一斑。

　　除了前述兵俑鎧甲含動物皮外，其他軍器物如馬甲、犀皮盾、鞮鞪、
皮條及鞍具都有利用動物皮製作而成。

　　先談秦皮製馬甲，這方面王子今〈岳麓書院秦簡《數》「馬甲」與戰
騎裝具史的新認識〉文中有詳細討論。當中提到「湖北隨州曾侯乙墓的发
掘中出土了「人甲」和「馬甲」。「馬甲」應是「駿馬的防護裝備……出土
馬胄由整塊皮革模壓而成，弧度貼合馬面形態，耳目和鼻，部留有穿孔，
眉部外凸。」[34]由此可知，秦馬甲亦有以皮革作為防護物料。馬甲的價
格，見於岳麓書院藏秦簡，為金三兩一錘。已知一錘等於八銖，金一銖等
於二十四錢，所以每個馬甲的價格為一九二〇錢。根據該簡「贖入馬甲十
二，錢二萬三千冊」即十二個馬甲的價格為二三〇四〇錢，也可確定每個

---

33 陳雯雯、李春曉：〈皮革基材的現代首飾設計〉載《皮革科學與工程》第24卷第2期，
　　2014年4月。

34 王子今：〈岳麓書院秦簡《數》「馬甲」與戰騎裝具史的新認識〉，載《考古與文物》，
　　2015年第4期，頁60。

馬甲的價格為一九二○錢。馬甲的價格高於人甲，二者不是同一種物品。[35]

　　另外，秦朝軍事上還有用皮製盾。[36]林劍鳴認為秦朝民間已自製甲、盾，製皮革成為家庭手工業不可少的部分。[37]由於其犀皮製的甲和盾皆有其一定經濟價值，故在秦律中常見以犀甲犀盾抵罪的制度。[38]在秦律中有許多「貲一盾」、「貲二盾」等的條律。雲夢睡虎地秦簡里不僅一次提到不同罪行判罰貲甲盾等級也不相同的記錄。彭浩先生曾對秦律中的盜罪量刑進行了劃分，即贓值過六百六十錢，黥為城旦舂；二百二十錢到一百一十錢，耐為隸臣妾；一百一十錢到二十二錢，貲二甲；不盈二十二錢到一錢，貲一盾。王戰闊考訂秦代的貲甲盾等級至少不應少於貲一盾、貲二盾、貲一甲、貲一甲一盾、貲二甲、貲二甲一盾、貲三甲共七個等級，而判罰貲甲盾的等級所依據的原則一是所犯罪行的輕重，另外一個原則是與受貲甲盾處罰人的級別和爵位相關，即社會地位越高在犯同一罪行的情況下受到的貲甲盾級別處罰應該就越重。[39]統一後的秦，由於持續時間短、戰事也比以前稀少，盾的變化不大，仍沿用以前的對稱雙弧形盾，質地以皮、木為主。[40]

　　除上述外，皮製軍事裝備還有鞮瞀。單看「鞮」字，普遍釋為皮履。

35 于振波：〈秦律中的甲盾比價及相關問題〉，載《史學集刊》，2010年9月第5期，頁37。

36 最原始形態的盾，常常是用日常容易找到的材料製造的如藤木或皮革。進入青銅時代以後，儘管金屬已被用於兵器製造，但皮革和藤木仍然是製盾的最基本最常用的材料。木材做成框架，上面再蒙以皮革或編織物製成，盾面塗漆，並繪有老虎圖案。盾面呈下端略寬於上端的長方形，正面外突，背有盾握。詳見成東《考古》第1期，1989年，頁71-80。

37 林劍鳴：《秦史稿》（北京市：中國人民大學出版社，2009年版），頁234。

38 王子今：《秦漢時期生態環境研究》（北京市：北京大學出版社，2007年版），頁162-163。

39 王戰闊：〈再論秦簡中貲甲盾等級問題〉，武漢大學簡帛研究中心（網上發布日期：2013年1月16日）網址http://www.bsm.org.cn/show_article.php?id=1818#_ednref10

40 蔣文孝：〈秦盾初探〉收載《秦文化論叢》2001年，頁494-496。另見（清）桂馥《札樸》〈五盾〉條（北京市：中華書局，1992年版），頁46。

《說文解字》載：「鞮，革履也。」[41]但與瞀聯成一名詞鞮瞀，則解為戰士的頭盔。在《里耶秦簡〔壹〕釋文（第八層簡牘）》有以下記載：

　　鞮瞀卅九（第一欄）（四五七）[42]
　　鞮瞀卅九（一五七七）[43]

此等利用動物皮革製作成的頭盔，一直沿用到漢朝。在《敦煌漢簡》載有以下文字：「戍卒，祿福屈竟，……鐵甲、鞮瞀各四。」[44]是為明證。鞮瞀用動物皮製成，除本身抵受攻擊時，起保護頭部之作用外，還能在嚴寒的邊區行軍作戰時，起著禦寒作用。

　　至於皮條看似微不足道，但在兵馬俑坑中仍有所發現。

　　〈秦始皇帝陵一號兵馬俑陪葬坑二〇〇九～二〇一一年發掘簡報〉載曰：「……多處，均殘存短截的皮條，寬二、厚零點三釐米。」[45]另外，秦俑坑第三次發掘，在一號坑 T23G11西段清理出一處保存較好的弓弩遺存。二〇一五年三月二十二日《光明日報》的報導中公布了主要數據，載曰：「弓彎曲長一四五釐米，直線長一二五釐米，通體用藤條和皮條纏扎，藤條纏扎在外層，皮條纏扎在內層，藤條和皮條上漆褐色漆。弓弦，通長一三〇釐米。」[46]彭林在其近作〈弓檠與弓軶考辨〉中認為「『檠』的

41　（漢）許慎撰、（清）段玉裁注：《說文解字注》三篇下〈革部〉（上海市：上海古籍出版社，1981年版），頁108。

42　湖南省文物考古研究所編著：《里耶秦簡（壹）釋文（第八層簡牘）》（北京市：文物出版社，2012年版），頁32。

43　湖南省文物考古研究所編著：《里耶秦簡（壹）釋文（第八層簡牘）》（北京市：文物出版社，2012年版），頁78。

44　白軍鵬：《敦煌漢簡校釋》（上海市：上海古籍出版社，2018年版），頁273。

45　見〈秦始皇帝陵一號兵馬俑陪葬坑二〇〇九～二〇一一年發掘簡報〉載《文物》，2015年第9期，頁38。

46　引自彭林：〈弓檠與弓軶考辨〉載《考古》2019年第1期，頁97。

材質「必定硬於弓幹，而絕不可能為軟性的絲麻、皮革之類。」[47]檠的製成是否含有皮製成分，是有待專家學者繼續研究，但可以肯定的是秦人利用皮製的條子「纏扎」應是事實，這亦是皮製品的其中一項功能。至於皮條究竟來自何種動物抑或來自植物，則無任何說明。作者估測多是狗皮、豬皮或鼠皮之類，物料不會太矜貴。如是植物皮，則來自梧桐、構樹等纖維較堅韌的樹。[48]

最後，談「鞁」。在〈秦始皇帝陵一號兵馬俑陪葬坑二〇〇九～二〇一一年發掘簡報〉載：「鞁具——陶之馬系配鞁具……質地有木、皮、麻等。」[49]鞁是古代套車用的器具。《說文解字》載：「鞁，車駕具也。」《晉語》：「吾兩鞁將絕，吾能止之。」韋曰：「鞁，靮也。」《封禪書》言：「雍五畤：路車各一乘，駕被具；西畤、畦畤：禺車各一乘，禺馬四匹，駕被具。」被即鞁字也。[50]由此得知，皮也是鞁具製作的主要物料。

漢承秦制，在軍事用品上所使用的動物皮亦相類同。這點在下面將會有所詳細。

四　漢代皮製的軍事用品

關於漢代的皮製軍事用品，種類與秦朝相若。其時主要的皮製軍用品能較詳考者有以下各類：（1）犀革、（2）犀盾、（3）鞮瞀、（4）皮鼓、（5）皮鞬、（6）皮船身、（7）皮繩／帶、（8）皮製袋子。

47　彭林：〈弓檠與弓柲考辨〉載《考古》2019年第1期，頁99。

48　構樹，樹皮纖維堅韌，將一些植物纖維放在一起旋轉，可以製衣、搓繩。

49　見〈秦始皇帝陵一號兵馬俑陪葬坑二〇〇九～二〇一一年發掘簡報〉載《文物》，2015年第9期，頁38。岳南提到「一副馬甲是由的仿皮革製成」，見岳南：《復活的軍團：秦始皇陵兵馬俑發現之謎》（臺北市：遠流出版社，2016年2版），頁309。

50　（漢）許慎撰、（清）段玉裁注《說文解字注》三篇下〈革部〉（上海市：上海古籍出版社，1981年版），頁109。

現逐一介紹如下：

(一) 犀革[51]

誠如本文上提到犀牛的皮膚厚是製作戰甲的尚佳物料。漢揚雄《蜀都賦》提到四川盆地有犀、象分布。〈蜀都賦〉載道：「于遠則有銀鉛錫碧，馬犀象僰。」[52]《漢書》二十八下〈地理志〉：「壽春、合肥受南北湖皮革、鮑、木之輸，亦一都會也。」[53]師古曰：「皮革，犀兕之屬。……」[54]又，《漢書》二十八下〈地理志〉：「平帝元始中，王莽輔政，欲耀威德，厚遺黃支王，令遣使獻生犀牛。……」[55]獵野犀，除食用其肉以外，還有兩個用途；一是用它的皮作甲，為戰爭服務，二是用它的角盛酒。西漢時仍是以犀兕皮作甲。至於兕，《急就篇》卷四載：「兕似野牛而色青，重千斤，一角，角甚大。」由此可知，犀牛兕作為護甲物料於西漢末仍很盛行。[56]

屬於西漢成帝時期的《尹灣漢墓簡牘》，其簡文記曰：「甲十四萬二千三百廿二。……馬甲、鞮瞀五千三百卅。」[57]又，載：「鐵甲札五十八萬七千二百九十九，革甲十四斤」[58]又，「革□百廿三、革韋（EPT58：73）」[59]。

51　犀牛的形象在漢代鎏金銅犀牛中有所反映。在國家博物館「秦漢文明」展上，便有漢代鎏金銅犀牛與馴犀奴展出。（日期：2017年11月24日）http://www.sohu.com/a/206382738_100028727。國家博物館藏：西漢錯金銀雲紋青銅犀尊，見（日期：2018年3月31日）https://kknews.cc/zh-hk/news/g5y88o8.html

52　葉幼明注譯：《新譯揚子雲集》（臺北市：三民書局印行，1997年版），頁4。另見文煥然等著：《中國歷史時期植物與動物變遷研究》（重慶市：重慶出版社，1995年版），頁224。

53　《漢書》卷28下〈地理志〉，頁1668。

54　《漢書》卷28下〈地理志〉注1，頁1668。

55　《漢書》卷28下〈地理志〉，頁1671。

56　見張傳官撰：《急就篇校理》（北京市：中華書局，2017年版），頁374。

57　張顯成、周群麗：《尹灣漢墓簡牘校理》（天津市：天津古籍出版社，2011年版），頁54。

58　張顯成、周群麗撰：《尹灣漢墓簡牘校釋》上編（天津市：天津古籍出版社，2011年版），頁69

59　張顯成、周群麗：《尹灣漢墓簡牘校理》（天津市：天津古籍出版社，2011年版），頁60。

《尹灣漢墓簡牘》：□革札廿四革札，指皮製甲片。札，鎧甲上用皮革或金屬製成的葉片，也稱「甲札」。[60]《居延新簡》載：「革甲六百五十。EPT59.183」。[61]從上述各簡牘皆反映出皮和金屬甲片合二為一的趨勢。這看法亦非作者一人的想像。王子今對於南越王墓西耳室出地皮甲一件（C153）的研究，認為：「這具皮革，很可能就是犀兕皮革製作。……可以推想，這具鎧甲或許存在以皮質物料製作的防護臂的部分，而護臂部分的強度要求自然較高。護臂部分和『貼近甲片』的『皮質物料』，結為一體，也是合乎情理的。」[62]從人類利用動物皮的歷史趨勢推斷，皮質物料是製作防護臂物料之一，應是是自然趨向。

　　秦漢以後，雖然犀牛在北方已不多見，但江淮一帶還有。至於關中地區，孫機認為最遲到西漢晚期犀牛已經絕跡。[63]由於西漢一代，軍用犀牛皮作革的物料來源減少，故此漢軍隊只能利用稀缺的犀皮來製面積較細的甲片。另一方面，漢代的大型軍備用品轉向金屬製成品。葛明宇、邱永生、白榮金〈徐州獅子山西漢楚王陵出土鐵甲冑的清理與復原研究〉一文圖文並茂，講解詳盡。[64]在皮甲與金屬甲的此消彼長之下，產生以下兩種變化：第一、皮製軍用品由從前作大面積主體保護甲縮少成為「細小甲片」，與金屬部分互補或作殿後保護。另外，皮甲亦由主要保護胸腔背肩，轉向製造其他軍中用品如：「皮面具」、「皮盾」、「皮帶」及「皮軒」等等。

60　張顯成、周群麗：《尹灣漢墓簡牘校理》（天津市：天津古籍出版社，2011年版），頁55。

61　葛紅麗著：《居延新簡詞語文字研究》（北京市：人民出版社，2018年版），頁243。

62　王子今：《秦漢時期生態環境研究》（北京市：北京大學出版社，2007年版），頁169-170。

63　孫機：《從歷史中醒來——孫機談中國古文物》（北京市：生活·讀書·新知三聯書店，2016年版），頁24-25。

64　詳見葛明宇、邱永生、白榮金：〈徐州獅子山西漢楚王陵出土鐵甲冑的清理與復原研究〉載《考古學報》，2008年第1期，頁91-120。

（二）鞮瞀

鞮瞀是皮製的面具在作戰時有保護眼睛的作用。《漢書》〈韓延壽傳〉云：「令騎士兵車四面營陳，被甲鞮鍪居馬上。」師古注曰：「鞮鍪即兜鍪也。」《說文解字》：「胄，兜鍪也。」段玉裁注云：「長楊賦，鞮瞀生蟣。李善曰：鞮瞀，即兜瞀也。鞮瞀有鐵製者，有革製者。」[65]鐵製物是不會生蟣的，但是皮革製的物品則有生蟣的自然生態現象。

關於漢簡所載有關鞮瞀的物料很多，茲舉並中幾處如下：

一、《居延漢簡》載：

鞮瞀□（497・16　圖79）[66]

革鞮瞀四一（239・81　圖29甲1283）[67]

革制頭盔（《集成》七，P70）[68]

二、《尹灣漢墓簡牘》載：

鞮瞀九萬七千五百八十四。

馬甲、鞮瞀五千三百卅。[69]

三、《敦煌漢簡》載：

革甲、鞮瞀各一，完（2184）[70]

---

65 沈剛：《居延漢簡語詞匯釋》（北京市：科學出版社，2008年版），頁290。另見〈武庫永始四年兵車器集簿（YM16D6）〉載張顯成、周群麗撰：《尹灣漢墓簡牘校釋》上編（天津市：天津古籍出版社，2011年版），頁45。

66 見永田英正：《居延漢簡研究》（上）（桂林市：廣西師範大學出版社，2007年版），頁228。

67 見永田英正：《居延漢簡研究》（上）（桂林市：廣西師範大學出版社，2007年版），頁173。《鹽鐵論》載：「古者，庶人賤騎繩控，革鞮皮薦而已。」見王利器校注：《鹽鐵論校注》（北京市：中華書局，1996年版），頁350。

68 沈剛：《居延漢簡語詞匯釋》（北京市：科學出版社，2008年版），頁165。

69 張顯成、周群麗：《尹灣漢墓簡牘校理》（天津市：天津古籍出版社，2011年版），頁54。

70 白軍鵬：《敦煌漢簡校釋》（上海市：上海古籍出版社，2018年版），頁108。

四、《地灣漢簡》載：

（一）□平麥園里成蓋之革甲鞬督各一　86EDHT：14[71]

（二）鐵鎧鞬督各一[72]　86EDHT：48

五、《肩水金關漢簡（壹）》載：

□甲鞬督四73EJT10：31[73]

《肩水金關漢簡（貳）》載：

☑靳干□　　　　73EJT21：334[74]

革甲鞬督各四

六、《疏勒河流域出土漢簡》載：

a.革甲是督□☑（*564）[75]

b.督（？）一直五十（*581）[76]

c.萬歲顯武隧革甲

鞬督各一完（*770）[77]

---

71 甘肅簡牘博物館、甘肅省文物考古研究所、出土文獻與中國文代文明研究協同創新中心中國人民大學分中心編：《地灣漢簡》（上海市：上海世紀出版中西書局，2017年版），頁151。

72 甘肅簡牘博物館、甘肅省文物考古研究所、出土文獻與中國文代文明研究協同創新中心中國人民大學分中心編：《地灣漢簡》（上海市：上海世紀出版中西書局，2017年版），頁156。

73 甘肅簡牘保護研究中心、甘肅省文物考古研究所、甘肅省博物館、中國文代遺產研究院古文獻研究中心、中國社會科學院簡帛研究中心：《肩水金關漢簡（壹）》下冊（上海市：中西書局，2011年版），頁131。

74 甘肅簡牘保護研究中心、甘肅省文物考古研究所、甘肅省博物館、中國文代遺產研究院古文獻研究中心、中國社會科學院簡帛研究中心：《肩水金關漢簡（貳）》（上海市：中西書局，2012年版），頁35。

75 林梅村、李均明編：《疏勒河流域出土漢簡》（北京市：文物出版社，1984年版），頁68。

76 林梅村、李均明編：《疏勒河流域出土漢簡》（北京市：文物出版社，1984年版），頁69。

77 林梅村、李均明編：《疏勒河流域出土漢簡》（北京市：文物出版社，1984年版），頁82。

不少學者都認為鞮䪜是一種用皮革製成的保護眼睛有關的器物，又由於它出現在兵器簿上，所以它可能是一種用皮革製成的保護眼睛的武器裝備。（張國豔：2002）用皮革製作的防面具。（薛美群，何雙全，李永良：1988）及用皮革做成的防禦面具。（王震亞，張小鋒：1998）[78]另外，值得注意的是，陳槃在《漢晉遺簡識小七種》討論到「革甲鞮䪜」。王國維釋「鞮䪜」即「兜䪜」，亦即甲冑之冑，謂「古者以革為鞮䪜，故其字或變而從革；後易以金，故又變而從金，而䪜字遂廢不用」。陳槃認為「漢代甲冑或以革，或以鐵，非謂鐵甲冑已興，而革甲冑遂廢而不用也。」[79]作者贊成陳氏之說，革甲冑並不全廢，誠如上文所分析皮製革甲的角色是有所轉變而已。

在此有必要提一提，鞮䪜是一種用皮革製成的保護眼睛有關的器物。《居延新簡》EPT 48：129記「皮䪜」與「草䖍」並列。䪜為頭盔，冒同帽，兩字含義類同。[80]這會與皮眢容易混為一談。據沈剛《居延漢簡語詞匯釋》載：皮眢（74EJT：119；303，11）《合校》作「皮冒」。[81]《說文》〈目部〉：「眢，深目也。」[82]趙叔向《肯綮錄・俚俗字義》：「目深曰眢。」皮冒，草䖍二物常常並列，大約配套使用。[83]眢、䖍在各亭燧的需

78 沈剛：《居延漢簡語詞匯釋》（北京市：科學出版社，2008年版），頁73。
79 陳槃：《漢晉遺簡識小七種》（上海市：上海古籍出版社，2009年版），頁206-207。
80 李天虹：《居延漢簡簿籍分類研究》（北京市：科學出版社，2003年版），頁114。
81 沈剛：《居延漢簡語詞匯釋》（北京市：科學出版社，科學出版社，2008年版），頁73。又，皮官（303・11）《合校》作皮冒。謂陂官之省文，《漢書》〈地理志〉，九江郡有陂官。張掖郡蓋設有此官，為《地理志》所未詳。西安漢城遺址，曾出有張掖水長章，可證張掖應有陂官之設置。水長之印稱章，當為二千石之身分。陂則屬於水長。（陳直：1986A，頁383）簡文：「凡亭燧皮冒廿八其十三枚受府十五枚亭所作少七枚」，以枚為單位，並且數量之多，當為器物名，或即下條之「皮眢」。沈剛：《居延漢簡語詞匯釋》（北京市：科學出版社，2008年版），頁72-73。
82 （漢）許慎撰、（清）段玉裁注：《說文解字注》四篇上〈目部〉（上海市：上海古籍出版社，1981年版），頁130。
83 李天虹：《居延漢簡簿籍分類研究》（北京市：科學出版社，2003年版），頁105、110。

要量不大，每亭燧各配置一枚。《中國簡牘集成》第七冊所說「皮睯」，乃皮製守禦器，每隧亭配置一枚（〔1〕227）。以數量為標準判斷，睯、葦使用量極小，不是胄、甲。睯有遠望之意，既可以使眼睛深藏，且可以望遠的，當屬於瞭望鏡一類的物件。西北屯戍漢簡中有「深目」是安裝在塢上的固定裝置，用來觀察敵情。有學者認為「睯」也是「深目」出現在守禦器簿中，用來觀察敵情的器具。[84]

最後還要談談「羊皮冒葦一」（EPT56.74）。在《中國簡牘集成》第十一冊記曰：「羊皮冒葦，守禦器之一，以羊皮制作，可防敵矢、石攻擊，又可以透視觀察敵情。「羊皮冒葦一」，即「羊皮冒、羊皮葦各一」，就是羊皮製作的防雨隱蔽衣和羊皮製作的瞭望用具各一。至於「防敵矢、石攻擊」，是注釋者臆測。總而言之，葦、睯都是斥候候望時的必備裝備。葦是偵察兵用的防雨隱蔽衣，草編而成；睯是偵查用的瞭望裝備，多以皮革製成。兩者是偵察兵工作時必不可少的裝備，配套使用。[85]

（三）犀盾

盾是冷兵器時代一種最常用的防護兵器。《說文》：「盾，瞂也，所以扞身蔽目。」[86]兩漢時期的低級武官和護衛之士大都是執盾的，包括亭長之類有時也要執盾，特別是在拜謁迎接上級時，以表示忠於職守和對上司的恭敬。漢代畫像石中描繪的執盾者大都為雙手捧盾躬身侍立狀，便與他們的低級身分有關。亭長執盾，還表示他們有主捕盜罪的職能。漢代畫像中刻畫的所執之盾，皆為小盾，形狀都比較輕巧，有長方形、布幣形、上下兩端呈圓形或菱形等，有的上面還有裝飾。這對我們了解漢代盾的形制

84　聶丹：〈西北屯戍漢簡中的「睯」和「葦」〉載《敦煌研究》，2015年第2期，頁107-108。

85　聶丹：〈西北屯戍漢簡中的「睯」和「葦」〉載《敦煌研究》，2015年第2期，頁109。

86　（漢）許慎撰、（清）段玉裁注《說文解字注》四篇上〈盾部〉（上海市：上海古籍出版社，1981年版），頁136。

與使用狀況都是非常重要的圖像資料。漢代畫像中刻畫執盾者的含義，也與襯托墓主人的身分等級有關。河南方城縣東關出土的執盾門吏，即為其中明證。[87]

又，馬王堆三號墓遣冊中曾提到「執革盾」，可反映西漢時仍有用皮製的盾。《釋名》卷七〈釋兵〉說：「盾，遯也。跪其後，避刃以隱遯也。……以犀皮作之曰犀盾，以木作之曰木盾，皆因所用為名也。」[88]由此可見，犀皮製的盾仍有其作用和市場。孫機認為西漢時常見的盾與戰國盾區別不大。[89]不過，皮盾亦很快被鐵盾所取代。[90]西漢流行畫像石，最常使用的兵器是戟和刀盾，盾牌還進化出了一個特殊品種——「鉤鑲」，外部裝有上下兩個長長的利鉤和刀劍相配合「持短入長」，在對抗長兵器中發揮極大威力。[91]此時皮製的盾在軍事作戰功能方面已經不合時宜，漸漸被淘汰。

（四）皮鼓

作戰時，以金鼓指導進退，即《尉繚子》〈勒卒令篇〉所稱：「鼓之則進，重鼓則擊。金之則止，重金則退。」孫檣說：「鼓不易保存，未能詳說」。[92]鼓、金、旗是漢代軍隊信息指揮的主要用具。孫聞博在其《秦漢軍

---

87 參見王建中、閃修山：《南陽兩漢畫像石》圖47。轉引自黃劍華：〈漢代畫像中的門吏與持械人物探討〉載《中原文物》2012年第1期，頁62。

88 （東漢）劉熙撰；（清）畢沅疏證、王先謙補《釋名疏證補》（北京市：中華書局，2008年版），頁240-241。另見孫機：《漢代物質文化資料圖說》（上海市：上海古籍出版社，2008年版），頁163。

89 孫機：《漢代物質文化資料圖說》（上海市：上海古籍出版社，2008年版），頁162。

90 漢盾和羅馬重盾一樣有中脊，但把手裝於盾背，形狀為西漢的上緣葫蘆形和東漢的橢圓形。漢盾主要防衛箭矢，因此，盾面構造呈平面，沒有古羅馬重盾的彎曲面，體積也只相當於持人身高的三分之一。詳見朱文濤：〈古羅馬與中國漢代武器構造設計的比較分析〉載《史論空間》2010第5期總205期。

91 參考原文網址：https://kknews.cc/culture/34pmm3.html

92 孫機：《漢代物質文化資料圖說》（上海市：上海古籍出版社，2008年版），頁179。

制演變史稿》的第五章第三節〈音聲與軍政：論秦漢軍鼓及相關問題〉中已對軍鼓有全面介紹和探討。[93]現簡略地集中談談製鼓的物料如下：

《漢書》二十一上〈律曆志〉：「皮曰鼓，……。」[94]師古曰：「鼓者郭也。言郭張皮而為之。」[95]東漢劉熙《釋名》曰：「瞽，鼓也，瞑瞑然目平合如鼓皮也。」[96]《釋名》載曰：「鼓，郭也，張皮以冒之，其中空也。」[97]「萬物郭皮甲而出，故謂之鼓。」釋宮室：「郭，廓也。」[98]又，《初學記》卷十六〈鼓第七〉：「《易經卦驗》鼓用馬革圖徑八尺一寸，夏至鼓用牛皮，圓徑五尺七寸。鄭玄注：「馬坎類、牛離類」。[99]《急就章》卷三曰：「……鼓之言部也，張郭皮革而為之也。大者謂之鼖，小者謂之態。」張傳官〈補曰〉：「……殼，長八尺。……鼗，尋有四尺，是大□也。」[100]

尹灣漢簡中〈武庫永始四年兵車器集簿（YM16D6）〉便記載有：

a.「乘輿鼓二百一十五。」[101]

93　孫聞博：《秦漢軍制演變史稿》（北京市：中國社會科學出版社，2016年版），頁370-390。

94　《漢書》卷21上〈律曆志〉，頁957。

95　《漢書》卷21上〈律曆志〉注3，頁957。

96　（東漢）劉熙撰；（清）畢沅疏證、王先謙補：《釋名疏證補》（北京市：中華書局，2008年版），頁271。

97　（東漢）劉熙撰；（清）畢沅疏證、王先謙補：《釋名疏證補》（北京市：中華書局，2008年版），頁226。

98　（東漢）劉熙撰；（清）畢沅疏證、王先謙補：《釋名疏證補》（北京市：中華書局，2008年版），頁226。

99　見（唐）徐堅：《初學記》卷16〈鼓第7〉（北京市：中華書局，1962年版），頁399。

100　張傳官撰：《急就篇校理》（北京市：中華書局，2017年版），頁264。

101　張顯成、周群麗撰：《尹灣漢墓簡牘校釋》上編（天津市：天津古籍出版社，2011年版），頁49。

b.「乘輿鼓=鼙八百廿四。」[102]

c.「乘輿鉦車、鼓車、⋯⋯」[103]

d.「乘輿鼓柎五十六」[104]

e.「鼓柎百廿」、「鼓枹四千二百卅一」、「鼓鼙四千七百廿十五」。[105]

f.「將軍鼓車十乘」、「鼓車六乘」[106]

此鼓及鼓鼙當指一般的鼓以及配套使用的大鼓小鼓。僅就尹灣漢簡一例，可反映西漢鼓及鼓鼙仍是軍中常用樂器，而且數量亦相當大。這不難想像漢政府應是採用了為數不少的牛或馬皮來製造軍用的鼓，並應用於戰場及相關儀式上。

（五）皮鞠

蹴鞠是一種球類遊戲。據《太平御覽》卷七五四引劉向《別錄》，蹴鞠至晚在戰國時期已出現。蹴鞠不單是遊戲，更是訓練士兵技藝和體力的手段。透過蹴鞠的運動，能培養士兵的奔跑、捽跤能力及團隊精神。[107]

漢代蹴鞠大為流行，大將軍霍去病有「蹴鞠將軍」的別稱，喜以蹴鞠

---

102 張顯成、周群麗撰：《尹灣漢墓簡牘校釋》上編（天津市：天津古籍出版社，2011年版），頁48。

103 張顯成、周群麗撰：《尹灣漢墓簡牘校釋》上編（天津市：天津古籍出版社，2011年版），頁48。

104 張顯成、周群麗撰：《尹灣漢墓簡牘校釋》上編（天津市：天津古籍出版社，2011年版），頁51。

105 張顯成、周群麗撰：《尹灣漢墓簡牘校釋》上編（天津市：天津古籍出版社，2011年版），頁59

106 張顯成、周群麗撰：《尹灣漢墓簡牘校釋》上編（天津市：天津古籍出版社，2011年版），頁64

107 劉秉果、趙明奇、劉懷祥：《蹴鞠——世界最古老的足球》（北京市：中華書局，2004年版），頁46。

作練兵。[108]東漢李尤《鞠城銘》講明了漢代蹴鞠的場地、球具、裁判及比賽規則等問題。《藝文類聚》卷五十四引李尤《鞠城銘》曰:「員鞠方墻,仿象陰陽。汰月衡對,二六相當。建長立平,其列有常。不以親疏,不有阿私。端心平意,莫怨是非。」[109]關於鞠的製作,《史記》〈霍驃騎傳〉則有所記錄:「鞠戲以皮為之,中實以毛。」從中可以看出鞠用皮革做成,內用毛填充。[110]皮革作鞠訓練士兵,亦可視為皮製軍事用品之一的例證。

(六)皮船

皮船,歷史相當久遠。《國語》〈吳語〉:「乃使取申胥之尸,盛以鴟夷,而投之於江。」《史記》〈伍子胥列傳〉:「(伍子胥)乃自剄死。吳王聞之大怒,乃取子胥尸盛以鴟夷革,浮之江中。」[111]〈集解〉應劭曰:「取馬革為鴟夷。鴟夷,榼形。」[112]《說文》:「榼,酒器也。」說明鴟夷是用馬革製作的,形如榼。[113]

據《後漢書》〈鄧訓傳〉載:

> (鄧)訓乃發湟中六千人,令長史任尚將之,縫革為船,置於箄上以度河,掩擊迷唐廬落十大豪,多所斬獲。[114]

此條為漢時人利用皮革造船的例證。湟中位於青海東北部,湟水河上游,

---

108 劉秉果、趙明奇、劉懷祥:《蹴鞠——世界最古老的足球》(北京市:中華書局,2004年版),頁47。

109 彭衛、楊振紅:〈秦漢時期的體育游戲〉載《趣味考據二》(昆明市:雲南人民出版社,2005年版),頁281。

110 韓國河等:《中國古代物質文化史——秦漢》(北京市:開明出版社,2014年版),頁283。

111 《史記》卷6〈伍子胥傳〉(北京市:中華書局,1982年2版),頁2180。

112 《史記》卷6〈伍子胥傳〉注(8)(北京市:中華書局,1982年2版),頁2180。

113 宋兆麟:《古代器物溯源》(北京市:商務印書館,2014年版),頁320-321。

114 《後漢書》卷16〈鄧寇列傳〉(北京市:中華書局,1965年版),頁610。

境內三面環山，地勢南、西、北高而東南略低，湟水由西向東橫貫縣境中部。此「縫革為船」能度河，其另一關鍵是「置於簰上」，簰是竹編之器。

　　宋兆麟認為「游牧民族由於居無定所，經常遷徙，他們不能製造和攜帶大型的木船……所以皮船是游牧民族的代表性船隻，而且當地生產皮革，原料充足，也為製作皮船提供了有利條件。」在東漢時代匈奴作「馬革船」，可證宋氏看法正確。根據《後漢書》〈南匈奴傳〉所載：

　　　　其年（西元65年）秋，北虜果遣二千騎候望朔方，作馬革船，欲度迎南部叛者，以漢有備，乃引去。[115]

此條史料可反映游牧民族——南匈奴曾經利用馬皮革作為製船材料，此類「馬革船」應該是南匈奴的主要水上行軍工具。

　　另外，《水經注》〈葉榆水篇〉云：「過不韋縣，故九隆哀牢之國也。……漢建武二十三年，王遣兵乘革船南下水，攻漢鹿茤民。」不韋縣，今雲南保山縣地；所謂「革船」，即革囊也。顧頡剛認為「……皮筏之制通行西南，先於元世祖者甚久，非特漢唐而已。」[116]查「文淵閣四庫全書電子版」其以《景印文淵閣四庫全書》為底本，「王遣兵乘『革』船南下水」，而根據楊守敬纂疏、熊會貞參疏《水經注疏》卷三十七〈葉榆河（水）〉條載：「過不韋縣，故九隆哀牢之國也。……漢建武二十三年，王遣兵乘『簰』船南下水，攻漢鹿茤民。」另外，〔晉〕常璩《華陽國志》卷四〈南中志〉同載「簰船」而非「革船」。[117]劉琳《校注》（注1）曰：「〔簰（pai 排）〕竹木筏」。[118]究竟是『簰』抑或是『革』？簰是「縛

115　《後漢書》卷89〈南匈奴列傳〉（北京市：中華書局，1965年版），頁2949。
116　顧頡剛：《史林雜識初編》（北京市：中華書局，1963年版），頁131-133。
117　常璩：《華陽國志》卷4〈南中志〉，據劉琳《校注》，頁428及任乃強《華陽國志校補圖注》卷4〈南中志〉（上海市：上海古籍出版社，1987年版），頁285。
118　常璩：《華陽國志》卷4〈南中志〉，據劉琳《校注》（注1），頁428。

竹木為簰以當船也。」若是革船，則不是植物而是動物皮製成，兩者物料
截然不同。細看後文或找到端倪。後文曰：「……攻漢鹿茤民。鹿茤民弱
小，將為所擒，于是天大震雷疾雨，南風漂起，水為逆流，波湧二百餘
里，簰船沈沒，溺死數千人……。」[119]能乘載數千人的船，即使沒說明船
的數目，但臆測其絕非上引〈伍子胥列傳〉中所記的細型「鴟夷革」（載
人量少），應是與「置於簰上的革船」類同。作者認為最合理的推斷就是
「簰」船是由「皮革」和「竹木」合製而成的產物。漢代西南地區盛產竹
木，又擁有羊馬牛等畜牧區，兩者皆為漢代西南「簰」船提供極方便和有
利的客觀條件。[120]

（七）皮繩／帶

皮繩不單用在人身上，還有用在馬頭上。二〇一九年深圳博物館展出
之劉賀墓園車馬坑出土的銅鎏金當盧。當盧是置於馬面額前的裝飾物，因
位於馬頭顱正中，「盧」通「顱」，故稱當盧。使用方法為，用皮繩將其繫
連在馬絡頭上。

又，獨輈車馬頭上有「靯具」，馬與車之間亦有皮製的「靷」作牽
引。《居延漢簡》便記載有「皮繩（《集成》十一，頁108）」字樣，其中應
用功能可能用於上述有關的馬頭及馬車身上。[121]

另外，《鹽鐵論》〈散不足二十九〉載：「古者椎車無柔……，大夫士
則單榎木具，盤韋柔革。……今庶人富者……中者錯鑣塗采，珥靳飛
軨。」「今者」指漢朝，說明漢朝上層有錢人愛用「珥靳」，而「珥靳」就

119　常璩：《華陽國志》卷4〈南中志〉，據劉琳《校注》，頁427-428。

120　關於竹木方面，可參考官德祥〈漢時期西南地區竹木述要〉（上）（下）載《農業考古》，
　　　1996年第1期，頁173-179及1996年第3期，頁168-172。關於畜牧業，參考官德祥《東漢
　　　政府於西南地區設立牧苑與當地畜牧業的關係試探》載2000年《新亞論叢》第2期。

121　沈剛：《居延漢簡語詞匯釋》（北京市：科學出版社，2008年版），頁165。

是「用珠玉裝飾服馬當胸的皮帶」。[122]除此之外，皮帶上還可裝飾黃金，為漢代富人時尚奢侈用品。[123]

最後，作者要介紹「皮帶鞡」。《玉篇》〈革部〉曰：「鞡，皮帶鞡。鞓同鞡。」《字彙》〈革部〉：「鞓，皮帶。」

王子今於其一篇論文〈額濟納漢簡膠鞡及相關問題〉中引《額濟納漢簡》釋文：

「第九隧膠二鞡重十三兩（2000ES9SF3：23A」

少一錢少錢（2000ES9SF3：23B）

王氏在論文中提出「煮膠」的問題很有意思，這是皮用品製作的關鍵程序之一。[124]誠如王氏言：「因革煮製的膠曰『鞡』，是我們得到的新知識」。[125]這「鞡」是解開祖先製作皮革的重要鑰匙。

（八）皮製袋子

甲骨文象以繩索綁束囊袋之形，本義是囊袋、袋子。（東漢）許慎《說文解字》卷六下載：「橐 𣂀 ，囊也。按：許云『橐，囊也』，『囊，橐也』，渾言之也；《大雅》毛傳曰『小曰橐，大曰囊』，高誘注《戰國策》曰：『無底曰囊，有底曰橐』，皆析言之也。囊者，言實其中如瓜瓣

---

122 王利器校注：《鹽鐵論校注》（北京市：中華書局，1996年版），頁226。

123 蔡鋒：《中國手工業經濟通史》（福州市：福建人民出版社，2005年版），頁663。

124 （後魏）賈思勰《齊民要術》卷第9〈煮膠第90〉條：「煮膠法：煮膠要用二月、三月、九月、十月，餘月則不成。沙牛皮、水牛皮、豬皮為上，驢、馬、駝、騾皮為次。破皮履、鞋底、格椎皮、靴底、……但是生皮，無問年歲久遠，不腐爛者，悉皆中煮。……其脂肕鹽熟之皮，則不中用。……」（後魏）賈思勰原著、繆啟愉校釋：《齊民要術校釋》（第2版）（北京市：中國農業出版社，1998年版），頁679。

125 見王子今：〈額濟納漢簡膠鞡及相關問題〉收載於孫家洲主編〈額濟納漢簡釋文校本〉（北京市：文物出版社，2007版），頁193-200。

也。橐者，言虛其中以待如木檻也。玄應書引《蒼頡篇》云『橐，囊之無底者』則與高注互異。許多用《毛傳》疑當云：『橐，小囊也』，『囊，橐也』，則同異皆見，全書之例如此，此蓋有奪字。又《〈詩〉釋文》引《說文》「無底曰囊，有底曰橐」，與今本絕異。」[126]

漢代邊地出土竹簡，當中記有關用皮製成的袋子訊息，茲引其中兩枚內容如下：

> 一、《居延漢簡》載：「革橐（EPT10：38）」。[127]
> 二、《敦煌漢簡》載記：「奴所調，買革橐☑（2005B）」。[128]
> 三、皮口袋（《集成》九，頁133）。[129]

漢代革橐或皮口袋應是同一物，皆以皮革為材料製成。《說文解字》卷六又載：「囊，車上大橐」。云：「車上大橐者」，謂可藏任器載之於車也。邊地畜牧業興盛，皮革橐應該是軍戎生活中的主要工具，而車上「有底」之大橐更可用來作「閉藏兵甲」。

五　結語

夏商周時代距古未遠，狩獵得來的動物皮直接採用於軍事，如將領士兵身上的護甲。至春秋戰國時期畜牧業發達，軍事上大量採用皮製護甲，披在士兵或戰馬身上，衝鋒陷陣。與此同時，各國爭雄，競相富國強兵，

---

126 （漢）許慎撰、（清）段玉裁注《說文解字注》六篇下〈橐部〉（上海市：上海古籍出版社，1981年版），頁276。
127 沈剛：《居延漢簡語詞匯釋》（北京市：科學出版社，2008年版），頁165。
128 白軍鵬：《敦煌漢簡校釋》（上海市：上海古籍出版社，2018年版），頁85。
129 沈剛：《居延漢簡語詞匯釋》（北京市：科學出版社，2008年版），頁165。

不斷開採山林產業，冶鐵業盛極一時。大量鐵製農具、手工業工具及武器在此背景下應運而生。[130]在冷兵器時代，為求在戰爭中取勝。當攻擊性的武器愈益精良，而作為防禦性的一方，其保護衣物便要隨之升級。因此之故，皮革加金屬片的「複合體」便在此背景下演生而成。漢代是鐵器全方位發展的時代，士兵所穿的鐵製成護甲鎧成為「主體」甲片，動物皮甲退縮為「配件」，但並未因此而立刻退出軍事舞臺。另外，皮製軍用品因時制宜，由原來保護主體身軀功能，轉向多元化方面發展，如製作成皮鼓、皮鞠、皮甲片、鞿督、皮繩、皮盾及革笥等周邊軍用物品。當中皮盾及鞿督便有用皮或金屬製造，與上面「皮革加金屬片」的情況無異，此皆反映出秦漢時期動物皮作為軍用品是正處於過渡階段——由純皮革轉到皮金或皮木等複合體。

此外，秦漢時期皮製品再不限於在軍事領域方面提供服務，還在皇室及民用方面以流行服飾和家居用品的恣態出現。[131]關於此方面，作者另有專文探究。[132]總言之，我國皮革材料一直伴隨著人類成長和發展。無論在秦漢時期及其後朝代，皮革材料在設計中都綻放了璀璨的光彩，大大豐富了我國中華衣飾文化的內容。

130　（丹）華道安著、（加）李玉牛譯：《中國古代鋼鐵技術史》（成都市：四川人民出版社，2018年版），頁1-145。

131　趙辰龍：〈皮革材料在設計中的應用和未來的發展〉載《美術教育研究》，2011年第11期，頁102-103。

132　見官德祥：〈漢代動物皮製日用品雜論〉載《新亞論叢》，2019年第20期，頁141-152。及《漢代的皮裝》（未刊稿）。

我印象中的嚴耕望教授

一　引言

　　我報考新亞研究所主要是受香港浸會大學李金強教授的影響。在大學上課時，李先生時常提到新亞研究所，文、史、哲三組巨星雲集，是中國南方學術的重鎮。[1]我被此深深吸引，為能親炙眾位大師，大學畢業便毅然報考研究所碩士班，僥倖考上，其時為一九八七年，距今已三十二載。

　　初次見到嚴先生面，就是入學面試當天。[2]若非總幹事趙潛先生介紹，我根本不知道跟前就是鼎鼎大名中央研究院院士嚴耕望教授。[3]在互聯網世界未發達前，此情況雖不罕見，也得怪己之孤陋寡聞。其時，先生年剛七十一，正處「從心所欲，不踰矩」階段。我則一名乳臭未乾小伙子，還差六年才達「三十而立」。師生年齡差距半百，學問高低天懸地隔。對我來說，先生簡直是學問上的巨人，讓人高山仰止。然而，他與學生相處，半點架子也沒有。只要是學術問題，他有研究的，都願意傾囊相授。他肯花

1　李金強：〈新亞研究所師友雜憶〉載《新亞論叢》，2009年總10期，頁171-172。

2　研究所傳統習慣稱老師為先生，不稱教授。我亦入鄉隨俗。

3　嚴耕望先生，號歸田，安徽桐城縣人，民國五年（1916年）生。先生國立武漢大學畢業。曾任齊魯大學國學研究所助理員，中央研究歷史語言研究所研究員，香港中文大學中國史教授、中國文化研究所研究員，新亞研究所教授，美國哈佛大學訪問學人，耶魯大學訪問教授，民國五十九年當選中央研究院院士。上海古籍出版社編輯寫其在一九一八年生乃誤，見《嚴耕望史學論文集》上冊〈出版說明〉（上海市：上海古籍出版社，2009年版）。他是1964年來香港中文大學新亞書院研究所任教，見氏著：《錢穆賓四先生與我》（臺北市：臺灣商務印書館，1992年版），頁80。

寶貴時間寫《治史答問》和《治史經驗談》，並堅持以平價方式售賣，便是他關懷青年人的最佳明證。[4]

就嚴先生所發表過的著作，他是公認的「中國地方行政制度史」及「唐代歷史人文地理」專家。他對文章發表有一套原則，守之極嚴。凡非其專長，絕不輕易發表文章。[5]我說不輕易，因為有例外。在本文第二節〈通識教授〉，我便介紹先生的通識及兩篇「例外」文章。而說到「例外」中的「例外」，更不得不提到三十年前關於一篇先生的「學運反思」訪問稿，此在第三節〈史家旁觀當今政治〉中將有詳細交代。另外，先生愛形容自己是「工兵」，又把國內歷史地理學家譚其驤先生形容為「將軍」，成鮮明比對。關於此點，我會在第四節〈工兵史家與將軍地圖〉作出交代。最後，我想在第五節〈先生晚年心境與生活〉談談先生在研究所最後十餘年的心路歷程。

二 通識教授

認識嚴先生學問的人，先生的精專無須贅言。不過，先生除了精專之外，他是相當「通識」。思果先生，原名蔡濯堂，在其《翻譯研究》〈序〉中便用「博學」來形容先生。[6]思果先生非歷史圈中人，對先生都有此印象，必有其特殊理由。認識先生的人，固然知道他的學術功力深厚，但我仍不嫌其煩，談談兩篇我認為非一般的「例外」作品，以見先生專精學問中的「博通深識」。

4　王壽南：〈懷念歸田師〉，載嚴耕望先生紀念集編輯委員會《充實而有光輝——嚴耕望先生紀念集》（臺北縣：稻禾出版社，1997年版），頁53。

5　劉健明：〈獨立奮鬥　盡我所能——追憶嚴耕望先生〉及思果都說過，他是百科全書式史學家。

6　思果：《翻譯新究》（北京市：中國對外翻譯出版公司，2001年版），〈序〉。

關於上古三代考古學的文章，先生是很少撰寫和發表，而有關二里頭的文章應該是其中「例外」。事實上，先生早明言其對考古學有相當濃厚興趣，此與其身處史語所的環境不無關係。[7]再者，他曾在中文大學開「上古人文地理」課，對上古三代課題有相當基礎。此二里頭考古文章就是先生厚積薄發的「例外」產物。

一九七八年，嚴先生就其四年前秋天所寫之夏代講義加工，作為〈夏代都居與二里頭文化〉一文，並且在《大陸雜誌》第六十一卷第五期發表，主要用的是鋤頭考古學資料與文獻資料相配合。文章曾為當時考古界所重視。[8]文章內容於此不贅，我想談談先生何以寫考古文章。

嚴先生一向與史語所考古組室關係密切。先生自己也承認「史語所有歷史、語言、考古、人類學、甲骨文五個組室，研究範圍包含廣泛，……但就所內成員的研究工作而言，不無好處。因為各組研究的問題各異，方法有別，但大家在一塊，耳濡目染，只要自己開朗一點，自可互相影響，擴大眼界。……」[9]事實上，先生與史語所全人的情誼向來不錯，跨科際的相互交流是自然不過的美事。

我在《傳薪有斯人》一書便看到夏鼐、高去尋、張光直彼此通訊均提及先生。當中更有一封信論及香港嚴曉松寄夏鼐《侯家莊一〇〇一號大墓》報告。[10]曉松是先生女公子，報告應是代先生寄出。從信件內容可反映先生與史語所考古人類學家們關係融洽。最有趣的是曉松初被夏鼐誤為曉梅兄弟輩，引起夏鼐及張光直作了一場小考證，考證關鍵點是曉松來信的地址，最終由先生確認曉松為其閨女，結束考證。此事反映史語所學人

7　嚴耕望先生：《治史答問》（臺北市：臺灣商務印書館，1986年2版），頁21。

8　嚴耕望先生：《治史答問》（臺北市：臺灣商務印書館，1986年2版），頁20。

9　嚴耕望先生：《治史答問》（臺北市：臺灣商務印書館，1986年2版），頁20-21。

10　詳見夏鼐於一九八三年四月七日寄張光直信函及四月十七日張光直覆函，載《傳薪有斯人——李濟、凌純聲、高去尋、夏鼐與張光直通信集》（北京市：生活・讀書・新知三聯書店，2005年版），頁213及273。

隨了嗜好考證外，即使因公出國，彼此間都緊密聯繫，互通消息。[11]

除了二里頭考古文章是「非一般例外」，我認為先生一篇名為〈佛藏中之世俗史料〉中提出的「地球形」說，又是另一個「通識例外」。

我在研究所唸第二年，報讀了先生開的〈中國中古史料研究〉課。嚴先生說：「研究歷史，無論採取什麼方法，都以史料為基礎；不能充分掌握史料，再好的方法，都不能取得真實的成果」。[12]課堂中，先生利用十種不同類型的史料教授諸生。每種史料都輔以他本人所撰的專文闡釋。我對先生「竭澤而漁」的功夫略有傳聞，到了課堂先生現身說法，愈益堅信。李金強先生曾對我說：「能以己之不同專文作範例，恐今杏壇未有幾人能辦得到！」在此十個堂課中，我如劉姥姥入大觀園，眼界大開。其中以〈佛藏中之世俗史料〉一課印象最深。先生說：「研究佛教史的人對世俗歷史認識往往不夠，只是孤立的研究佛教史……而研究世俗史的人又把佛教經典摒於史料之外……」。[13]我曾受先生此話的鼓舞，課後跑到位於一樓的研究所圖書館借《大藏經》〈史傳部〉和〈事彙部〉回家細讀。此一經驗很寶貴，助我拓寬尋找史料的視野。

---

11 嚴耕望先生：〈夏代都居與二里頭文化〉一文初稿一九七四年，增訂於一九八〇年。其間得讀張光直的〈殷商文明起源研究上的一個關鍵問題〉（1976年），先生認為其文可與己文相互補助。後來張光直先生在一九八三年一篇名為〈夏代考古問題〉的文章終承認「二里頭類型文化是夏文化的可能性，在空間上是全合，在時間上是很可以說得通。但是我們還需要更多的碳十四年代，⋯⋯⋯加以進一步的證實」，詳見張光直：《青銅揮塵》（上海市：上海文藝出版社，2000年版），頁23-27。嚴先生所提出二里頭類型文化是夏文化，主線是從「空間」和「時間」兩方面切入，嚴說：「蓋從時間與空間，一縱一橫之兩種角度觀察，此類中原新石器最末期文化，非夏代文化莫屬也」，詳見先生〈夏代都居與二里頭文化〉載《嚴耕望史學論文集》中冊（上海市：上海古籍出版社，2009年版），頁455-485。

12 嚴耕望先生：〈佛藏中之世俗史料〉，載《嚴耕望史學論文集》下冊（上海市：上海古籍出版社，2009年版），頁1004。

13 嚴耕望先生：〈佛藏中之世俗史料〉，載《嚴耕望史學論文集》下冊（上海市：上海古籍出版社，2009年版），頁1004。

嚴先生〈佛藏中之世俗史料〉一文，包括許多面向，有（一）政治、（二）外交、（三）人口、（四）產業生計、（五）交通與都市、（六）商業、（七）社會生活與禮俗、（八）道教史料、（九）人物品題、（十）魔術雜伎之東傳、（十一）癘疫流行毒藥戰爭、（十二）古書輯佚資料、（十三）僧傳所記梵唄聲樂與唱導藝術、（十四）佛藏所見之稽胡地理分布區、（十五）佛藏所見之一「地球形說」，這都是先生提倡「看到人人看不到」的親身示範。[14]

當中我記憶最深者就是第（十五）佛藏所見之一「地球形說」。嚴格上說，這屬於科學史範圍，又屬另一「例外」。先生卻能獨具慧眼，從《長阿含經》、《起世經》檢出幾條天文史料，最後還運用上述史料作計算，並化為畫圖，結果發現大地形狀乃一個球形體。傳統言地圓說不能早於元代。是次，先生透過佛藏差不多把地圓說的年份推前不少於八、九百年。我認為這是先生做學問，既博通兼精專，才能有此新發見。從浩瀚佛藏中找到地圓說已非簡單，能深入分析，綜合出前人所沒有的結論，先生絕對是「通識」專才。[15]

說到先生非一般的「例外」，除了上述外。還有以下一段三十年前的訪問稿，這更是「例外」中的「例外」。

三　史家旁觀當今政治

一九八九年一場發生在北京的學生運動正醞釀著，遠在香港的同胞前仆後繼的去聲援學生。記得一天研究所同學們義憤填膺，手握林燊祿學長

14　嚴耕望先生〈佛藏中之世俗史料〉，載《嚴耕望史學論文集》下冊（上海市：上海古籍出版社，2009年版），頁1004-1032。

15　李約瑟認為地圓說，不能早於元明時期。轉引自嚴耕望：〈佛藏中之世俗史料〉，載《嚴耕望史學論文集》下冊（上海市：上海古籍出版社，2009年版），頁1029。

用很工整隸書所寫成的抗議橫額，浩浩蕩蕩遊行到灣仔。我除了參加遊行外，還在北京鎮壓學生後兩天，向嚴先生做了一個「史無前例」的學運訪問。我對於先生會否接受訪問，尤其當今政治寄望不大，因為平日先生很少與學生談當代政治。後來問先生意見，他竟一口答應受訪，令我喜出望外。

平時先生與我只閒話家常，或談論文問題。這次訪問先生，月旦當今政治，感覺格外特別。訪問時間長約一小時，主題先集中學運緣起，然後論中共領導層，再談及國家法治，旁通臺灣和香港經濟，最後以個人如何貢獻國家作結尾。此文章刊登於一九八九年七月四日〈華僑日報〉〈人文版〉，篇名為〈學運反思〉。[16]

八九學運距今廿五載，當日嚴先生的看法，今日重溫仍有值得細嚼地方。以下是文章的梗概：

> 首先，先生認為「『六四學運』本不應是嚴重問題，學運對政府的要求並不高，若政府能夠開明與溫和，這是很容易解決的。李鵬與學生領袖對話不歡而散，形勢轉壞。趙紫陽到天安門誠懇地勸學生結束絕食，形勢又轉好。但想不到當天晚上，政府態度大變宣布採用大力鎮壓的方式，形勢變得不可收拾。」先生短短數語，便把學運歷史發展的輪廓，很清晰的鉤勒出來，實是史家本色。

先生再進一步對當政者的暴力鎮壓手法作出批評。他認為「當政者以為這樣顯示政府的實力與鎮壓的決心，但這是很近視的看法。……老百姓對政府不支持，則此一政府不能長久維持下去」。他認為「平民老百姓看似沒有什麼力量，其實人民潛在力量是無形的，也是無限的，政府的軍事

---

16 官德祥（少史乃筆名）筆錄，被訪者：嚴耕望教授，篇名：〈學運反思〉刊載於〈華僑日報〉1989年7月4日〈人文版〉。

力量政治力量是有限的」。他舉出國共爭衡歷史例子，說明「百姓……是決定性的因素」。

之後，他逐一點評共產領導層。他評毛澤東「英雄主義太濃，沒有把國家民族社會人群放在心上」。再評鄧小平「由救世主的形象轉變為萬人唾罵的屠夫」。他總結歷史教訓，說道：「在歷史上，做皇帝做久了必出毛病，鄧小平也跳不出這框框……」。對於中共政府的獨裁行為，先生看法較樂觀，憧憬「民主」政治的終會來臨。他表示「民主指日可待，但需時間和耐性去等待」。

至於國家的路向，嚴先生提到「法治精神，過去歷史只強調『道德觀』。法治是一種制度，也是一種習慣。法治仍需要政治方面得到穩定，然後慢慢發展起來。加上，世界潮流及老百姓貿易要求，法治更形重要，貿易才有法律保障。中國現在也不可能閉關自守，希望第二代第三代的中國領導層能把法治習慣培養起來」。

八九學運後，中國政府大力發展經濟成功崛起。先生認為「香港是大陸南方一個窗口，香港能在經濟投資方面影響大陸。而臺灣在政治示範上發揮作用超過香港」。至於「民主」仍如先生言，要耐心地等，而「法治」則誠如先生所言，要由中國領導層培養其成習慣。只可惜，三十年後的今日，兩個核心問題仍未完全達標。政治發展遠遠落後於經濟發展。至於臺灣與香港，時移勢易。臺灣的政治亂局自顧不暇，削弱其作示範的效能。香港經濟九七後受挫，地位今非昔比；這已是先生身後之事了。

四 工兵史家與將軍地圖

年輕時我沒有認真讀過多少嚴先生的著作，但與先生接觸，對他淵博的學問十分佩服。雖然他已達七十歲高齡，頭腦反應奇快，講話一語中的。他喜歡用《中國地方行政制度史》的成果來鼓勵學生。先生常勸諸生

說，只要「肯花時間，肯用心思，肯用笨方法，不取巧，不貪快，任何中人之資的研究生五六年或六七年之內都可寫得出來。」[17]先生寥寥數語，道盡青年人常犯錯誤，如：「不肯花時間」、「不花心思」、「走捷徑」、「取巧」和「貪快」等弊病。不過，他的「任何中人之資……都可寫得出來」一話則極具鼓舞，年輕人聽了後十分受落，對歷史研究充滿著無限憧憬。

先生為加強我們做研究的信心，他會說些例子強調個人力量的不可低估。他曾說：「只有在史語所的最後兩三年，有一位書記幫我抄錄……至於撰寫，更是沒有一個字假手他人。我的工作完全由自己一人擔負，不但是由於無力請人協助，而且縱然有人協助，我也不會要。我在史語所工作的最後一年，擔任國科會設立的研究講座，照章可請兩人協助，一人就用原來的書記，另一請一位助理研究員，但也只請他代我節譯幾篇日本學人論文，並未請他為我搜集材料。因為我認為文科研究，一定要一點一滴的都通過自己的腦海；就是材料，也必須自己去看。因為同樣看一卷書，程度不同，所瞭解的深度也不一樣，也許有極重要材料，程度不夠，往往就看不出來，所以我不假手於人。……」[18]先生解釋任何事件，理由總很充分，說服力強，令人不得不折服。

說到「不假手於人」，還有一段令同學們津津樂道的小插曲。傳日本人以為先生之宏偉鉅著《唐代交通圖考》，其背後必有一大團隊支援協助。事實上，先生只憑一人之力完成。《圖考》是先生超過半世紀有系統、有恆心、有毅力，辛勤耕耘下的成果。每說到此，他都以自己比喻為一個戰場上的「工兵」，單人匹馬，衝鋒陷陣，說時右手還握緊拳頭，手臂前後揮動，有著「雖千萬人吾往矣」的氣勢，此情此景迄今難忘。

先生自比「工兵」同時，又會講出另一個將軍的比喻。比喻為將軍的是《中國歷史地圖集》的譚其驤先生。他說譚先生是一個善於管理和領兵

17　嚴耕望先生：《治史經驗談》（臺北市：臺灣商務印書館，1985年4版），頁76。
18　嚴耕望先生：《治史經驗談》（臺北市：臺灣商務印書館，1985年4版），頁156。

的將軍，《地圖集》的面世，就是在他英明的領導下所竣工。先生預言《地圖集》將來對中國歷史研究者貢獻極大，必會成為人手一本的工具書。

查上世紀八十年代《圖集》問世前，楊守敬《歷代輿地圖》一直是中國歷史地圖中的權威。《圖集》的面世是學術界的一大工程。要「編繪一部符合歷史地理學要求、內容詳確的中國歷史地圖集，僅僅依靠沿革地理成果和傳統技術是遠遠不夠的，還必須有歷史地理各分支學科特別是疆域、政區、地名、水系、海陸變遷等方面的研究成果，以及現代技術精確測繪而成的今地圖，更需要大批專業人員長期通力合作。這些條件在廿十世紀五十至六十年代逐步具備。」[19]在一九五四年，毛澤東批准吳晗重編楊守敬《歷代輿地圖》，使《中國歷史地圖集》得以開展。范文瀾、吳晗、尹達曾先後領導這項工作，由譚其驤主編，復旦大學、中央民族學院、南京大學、雲南大學以及中國科學院的歷史、考古、民族和近代史研究所等單位百餘人共同參加了編繪。[20]總之，《圖集》的編繪最先始於五十年代，定稿於六十年代末至七十年代切，修訂並正式出版於八十年代。一九七五年以中華地圖學社名義出版。[21]

先生對於《圖集》的面世，常讚道：「譚（其驤）先生蓋強於學術行政之領導能力，故能於艱難歲月中凝聚群賢，完成《圖集》之編輯工作，

---

19 葛劍雄：《後而立之》（上海市：復旦大學出版社，2010年版），頁262-263。

20 葛劍雄：《後而立之》（上海市：復旦大學出版社，2010年版），頁263。蔡美彪在其一篇名為〈歷史地理學的巨大成果——《中國歷史地圖集》評介〉一文中說道：「早在一九五四年，已故歷史學家范文瀾、吳晗即依據毛澤東的建議組織歷史工作者和地圖工作者改繪楊圖。次年，組成重編改繪楊圖委員會，委託復旦大學譚其驤教授主持編繪。工作過程，事實上已成為重編一部新型的中國歷史地圖集，楊圖只是作為前人成果提供參考。編繪工作由吳晗、尹達負責組織領導……於一九七三年完成圖集的初稿八冊，作為內部試行本印行。一九八一年起，在中國社會科學院主持下，由譚其驤教授組織參加單位的歷史學家對試行本作了全面的修訂，並增繪或改繪了大部分朝代全圖，……。」詳見蔡氏《學林舊事》（北京市：中華書局，2012年版）頁129-136。

21 葛劍雄：《往事和近事》（北京市：生活・讀書・新知三聯書店，1996年版），頁6。

厥功其偉……。」[22]有一次，我探望嚴先生，帶了一本內容談到《圖集》
緣起的書籍給先生看（書名已忘記）。內容說到毛澤東批示重編地圖云
云，故才有不同單位合作，成其創舉。先生恍然大悟，說道：「怪不得譚
先生能有此本事！」但無論如何，譚先生於《圖集》的面世，居功厥偉，
這點是得到嚴先生正面肯定。

　　一般人都想當「將軍」，覺得很威風。先生則以「工兵」自許，這應
與他的做人哲學有關。先生心目中的「工兵」是腳踏實地，緊守崗位，不
求名，不求利的人。這思路與先生向來「安貧樂道」和「隨遇而安」的宗
旨一脈相承。最重要的是，先生能一直守持這種人生哲理到晚年，殊非輕
易。無論是做人，求學問，先生都強調要達到高的境界，這點會在下面一
節關於先生晚年心境與生活有所詳細。[23]

五　先生晚年心境與生活

　　先生在《治史經驗談》中說：「個人以為，要想在學術上有較大成
就，尤其是史學，若只在學術工作本身下功夫，還嫌不夠，尤當從日常生
活與人生修養方面鍛鍊自己，成為一個堅強純淨的『學術人』」。[24]本節
〈先生晚年心境與生活〉，作者只求片面深刻去為先生「學術」和「生
活」間之互動作一點闡釋。如何定義「晚年」，我是以先生七十歲（1986
年）算起，他在一九九六年逝世，晚年是指他最後的十年。

　　就在先生差不多踏入七十歲時，在《唐代交通圖考》〈序言〉中先生

22　嚴耕望先生：〈漢書地志縣名首書者即郡國治所辨〉〈附記二〉，載《嚴耕望史學論文集》
　　中冊（上海市：上海古籍出版社，2009年版），頁620。

23　先生很常強調「境界」的高與低，他說《中國地方行政制度史》，中資之材五至七年內可
　　完成，境界並不高，但其《唐僕尚丞郎表》則「轉彎抹角辨析入微」。有時他談到唐代的
　　詩人，也喜以評議他們詩的境界。

24　嚴耕望先生：《治史經驗談》（臺北市：臺灣商務印書館，1985年4版），頁157。

寫了以下一段話，對了解他晚年心境提供了重要線索。其話如下：

> 只為讀史治史者提供一磚一瓦之用，……不別寓任何心聲意識，如謂有「我」，不過強毅謹密之敬業精神與任運適性不假外求之生活情操而已。[25]

先生的謙虛是眾所周知，他說「一磚一瓦之用」當是謙虛表現，同時亦是實話。事實上，先生認為歷史問題絕非單憑一人之力可解決。不過，每個個體都可以憑其堅定不移的意志力，奉獻一生歷史研究，做出成績來。他提到「敬業精神」與其後所說「工作隨時努力」之話，實是異曲同工。「敬業精神」就是「工作」的原動力，而「強毅謹密」便是「隨時努力」的實踐要素。

　　「工作隨時努力，生活隨遇而安」。在工作上的努力，先生作品字數遠超四百萬以上，這是有目共睹。我反而想對其前一句「生活隨遇而安」多作點闡述。談到「生活隨遇而安」，先生對物質要求並不高。新亞研究所教授們的薪水比標準低很多。老師們為了減輕研究所的經濟負擔，大都收取微薄薪酬。這點在先生對錢穆一段話得到證實。其內容如下：

> 我在香港有自置寓所，環境頗佳，新亞研究所雖然待遇微薄，但自己也另有一點經常收入，已很足夠支持我的儉僕生活，所以不想再動……。[26]

25　先生在〈序言〉後面記錄著「（1985年）五月九日三校定稿。時在七十歲駒隙中……」，見嚴耕望先生《唐代交通圖考》第1卷〈序言〉，見氏著《唐代交通圖考》（上海市：上海古籍出版社，2007年版），頁8-9。同見錢樹棠：〈紀念嚴耕望兄〉，載嚴耕望先生紀念集編輯委員會《充實而有光輝——嚴耕望先生紀念集》（臺北縣：稻禾出版社，1997年版），頁12。

26　嚴耕望先生：《錢穆賓四先生與我》下〈從師問學六十年〉（臺北市：臺灣商務印書館，1992年版），頁119。

此時大家可能會對「另有一點經常收入」有疑問或好奇。我以為嚴先生所指的「收入」應是其在中研院的退休金。[27]這點在其致湯承業先生信函（一九九五年四月八日）中有如下記載：[28]

> 我前次退休，採取此（月退金）方式，自謂甚為得計，月入雖少，但細水長流，總較有保障。

如果把前引先生對錢穆說的一番話與致湯承業先生信函合起來看，兩者關係自明。更重要的是先生之「不想再動」，應是指安於穩定的生活，這對做學問有利。[29]當中誠然汲取了昔日胡適及顧頡剛兩位先生應酬過多的教訓。[30]再者，先生「不想再動」還可能包括了其意識到自己年事已高，與及對「客居香江」的心態有所轉變等因素有關。在此或容許我在「客居地」一詞再多費點唇舌。

先生的女公子曉松說先生「旅居香港三十年」。[31]此話出自其女口，意義特殊。這是否暗示先生一向視香港為旅（客）居地，這點無從考證得知。肯定的是，先生對「旅居香港」的身分，在其來港之初則非常顯明。這點可以從以下兩句話（先生習慣文章後必標明撰作日期、修改日子版次或含感想）見之。

---

27 先生從三部小書所獲取的版權費，應不屬於「經常收入」之列。

28 嚴先生致湯承業先生信函（1995年4月8日）收載於嚴耕望先生紀念集編輯委員會《充實而有光輝——嚴耕望先生紀念集》（臺北縣：稻禾出版社，1997年版），頁281，〈附錄〉。

29 我曾在一九九○年考慮轉職大專，先生來信勸說大專職位乃短期合約，不穩定，宜留中學，利用安穩的生活多讀點書，多作研究。

30 見官德祥：《〈顧頡剛日記（1941-48）〉中所載的嚴耕望先生及其夫人段畹蘭女士》，載《書目季刊》2011年第45卷第2期，頁73-89。

31 嚴曉松：〈永懷父親〉，載嚴耕望先生紀念集編輯委員會《充實而有光輝——嚴耕望先生紀念集》（臺北縣：稻禾出版社，1997年版），頁3。

1.「民國五十七年十一月二十一日初稿，時客香江。……遷逝懷鄉，今逢何世，有不知其所以悽愴傷心者矣！」[32]

2. 文末寫「民國五十七年十月十七日，時客香港」。[33]

先生於一九六四年來港，時年四十八。到了先生七十歲後，其在香港生活超過廿年了。當中對香港的身分認同或有變化。上引先生說「我在香港有自置寓所，環境頗佳……」，而「時客香江」等語不復再現。[34]

據悉，先生當初是不想離開史語所，為報效業師錢穆先生，應其要求，答允來港。豈料，旋即收到錢穆先生決意離開新亞消息。先生也不想反覆，遂來新亞教學，自此與新亞研究所結下「宿世」不解緣。既來之，則安之。先生未幾在九龍塘自置物業，隨時間歲月積累，研究所自然而然成了他的歸宿地。不過，也成為先生晚年心力消耗的其中一因。這點可以從先生與早期研究所學長譚宗義的書雁往來中找到端倪。譚學長在其追悼先生撰文時寫道：「然而晚年力撐新亞研究所殘局，……。對此一學術研究機構，礙於環境，日走下坡，先生不止一次在給我的信中述其痛心疾首之情，先生不克享高壽，在學術研究上能有更多的研究成果，此當亦為原因之一，正是明知其不可為而為之，心力交瘁，損其健康也。」[35]無論如何，嚴先生對於新亞研究所是有一份報答錢穆師恩的情懷，加上先生一向

---

32 嚴耕望先生：《唐史研究叢稿》〈序言〉（香港：新亞研究所出版，1969年版），頁5。

33 〈括地志序略都督府管州考〉，收錄於嚴耕望先生：《唐史研究叢稿》（香港：新亞研究所出版，1969年版），頁284。

34 由寓居心態到定居「一九八五年十二月下旬，我自中研院退休返港。……我在香港有自置寓所，環境頗佳，新亞研究所雖然待遇微薄，但自己也另有一點經常收入，已很足夠支持我的儉樸生活，所以不想再動。……又有些朋友關心『九七』後的香港。我對於香港前途一向樂觀，認為不會有什麼大動亂。……」嚴耕望先生：〈錢穆賓四先生與我〉（臺北市：臺灣商務印書館，1992年版），頁117-118。

35 譚宗義乃嚴先生早年研究所學生，詳見〈星沉大地──敬悼恩師桐城嚴耕望歸田先生〉，載嚴耕望先生紀念集編輯委員會《充實而有光輝──嚴耕望先生紀念集》（臺北縣：稻禾出版社，1997年版），頁56。

責任心重，惦念所務發展。我贊同研究所之衰落可能對先生健康有所打擊。

先生離世前幾年，患有耳水不平衡，頭暈目眩等病狀，或者是腦中風的前期癥兆。這時候先生的狀況與初見他七十歲比，精神差很遠。在探望他時，他語帶唏噓對我說，往後恐怕不能再作研究，甚至連書都不能看。這點他在給章群先生的信有很清楚的表達。其信內文如下：

> ……我輩書生亦惟讀書寫作以樂餘年。否則心神無所措置，必致徬徨頹廢失去生機矣！惟望已年近八十，精力顯見日衰，頗羨吾兄差較十餘年尚能開拓新論題也！[36]

對於不能完成餘下的寫作計畫，先生絕望的心情躍然紙上，寫道：「有書可讀，萬事足；任何榮辱享受，都其次又其次」[37]，除了顯示出先生一輩讀書人的高風亮節外，更可從其話中體會到先生身體漸走下坡的無奈。

最後，我想把先生去世前一年寫給湯承業先生的信（1995年4月8日）作結，以說明先生的最晚心境。其信如下：

> ……人生際遇各有不同，弟大志不遂亦只得任之，一切隨緣可也。
> 我已步入八十歲過程中，稍前自述生平云：
> 　「勞我體智，逸我心境，
> 　　靜閱世變，冷避參乘；
> 　　我行守獨，狂不角勝，
> 　　勤學自適，亦以獻奉。」

---

36 章群：〈追思〉〈附錄二〉載嚴耕望先生紀念集編輯委員會《充實而有光輝——嚴耕望先生紀念集》（臺北縣：稻禾出版社，1997年版），頁19。

37 嚴耕望先生紀念集編輯委員會：《充實而有光輝——嚴耕望先生紀念集》（臺北縣：稻禾出版社，1997年版），頁277，〈附錄〉。

復作說偈曰：

> 「萬事平常，空有皆虛，
>
> 諸般隨緣，無多歡呼！」
>
> 前八句自謂已大體做到，說偈所期，尚未全做到。……[38]

先生步入八十高齡，病魔頻襲，精神萎靡，深感前路未卜。惟有回顧己之前生，作一總評。首二句「勞我體智，逸我心境」，此話反映先生滿意一生所辛勤勞動下的收穫。第三、四句「靜閱世變，冷避參乘」，蠡測先生想表達史家客觀探究歷史變化的特質。研究歷史，甘淡泊名利，長坐冷板凳。「我行守獨，狂不角勝」。「我行守獨」可理解成孤單一人之感，因為先生的良師錢穆先生和摯友楊聯陞先生，皆於一九九〇年前後同歸道山。先生一時頓失「兩大精神之柱」，對其內心打擊無可估測。[39]另外，「我行守獨」或指先生「工兵」作風，強調個人力量的最大發揮。從不與人較量勝負，與世無爭。當然，「勤學自適，亦以獻奉」，即如前述「強毅謹密之敬業精神」與「任運適性不假外求之生活情操」，這就是「殉道者」的精神，把一生奉獻給歷史研究。

至於先生寫下四句〈說偈〉，其曰：「萬事平常，空有皆虛，諸般隨緣，無多歡呼！」〈說偈〉充滿佛家語，我對佛教思想所知極膚淺。估測先生當時面對著「老」、「病」、「死」等人生問題，寫作計畫驟然停頓。[40]

---

38 嚴耕望先生紀念集編輯委員會：《充實而有光輝——嚴耕望先生紀念集》（臺北縣：稻禾出版社，1997年版），頁281，〈附錄〉。

39 先生說：「現在賓四師、蓮生的言行狀貌歷歷在目，我則不但頓失兩大精神支柱，而且我留在他們兩人心目中的形象意趣已完全幻滅了，是猶我已向死亡邁近了一步，豈僅孤單之感而已！」見嚴耕望先生〈錢穆賓四先生與我〉（臺北市：臺灣商務印書館，1992年版），頁134-135。

40 嚴先生致信章群，信中說到病對他的打擊，「工作勇氣盡失，除家務瑣細每週兩次授課外，儘求閒散無所事事，頗感無奈。欲如吾兄每日仍能工作三、四小時，何可得

空有萬千資料盈箱，亦要束之高閣。究竟何時才能賡續前業？此問題或是一直困惑著先生，終造成「求不得」苦。

　　先生以佛教思想從根本處去解脫世間的「苦」。他寫「萬事平常」，意是用「平常心」面對一切「人生無常」，包括面對學術生命的挫頓、肉身由旺轉衰和外境不就等等。先生借佛家「空」和「有」，說明人生一切鏡花水月，「空有皆虛」，不必因執著而生苦。人生只能「隨順因緣」。因緣來，順之；因緣去，不強求。總之，面對無常，過分悲傷和歡呼都不對，求中道，故有「無多歡呼」之語。又，佛理可視作一種精神慰藉，所謂「萬法唯心造」。面對不幸的病，先生或許作〈說偈〉以調節己的心。先生說他「尚未全做到」，指的應是其撰作計畫之未能「放下」。對先生而言，此工作目標非為己，乃為別人。放不下，是「執著」。但我以為先生此執，乃儒家之擇善固執。

六　結語

　　嚴先生的學問高深淵博，把學術注入生命，把生命融進學術。先生自一九六四年來香港開課授業，差不多三十載，桃李天下滿。比我更熟識先生的，大有人在，上文所寫僅為我過去「求師問學」的總印象。我之不揣鄙陋，撰此文，謹為紀念先生教導之恩。先生早歸道山，等身著作，仍有願未遂。春蠶到死絲未盡，惟待有緣人賡續先生未圓的夢！[41]

　　耶！……」，詳見章群〈追思〉〈附錄一〉載嚴耕望先生紀念集編輯委員會《充實而有光輝──嚴耕望先生紀念集》（臺北縣：稻禾出版社，1997年版），頁17。

41 先生著作不可謂少，可參見李啟文補訂〈嚴耕望先生著作目錄〉，詳見嚴耕望先生紀念集編輯委員會《充實而有光輝──嚴耕望先生紀念集》（臺北縣：稻禾出版社，1997年版），頁251-272。先生許多遺稿，幸得李啟文學長輯錄嘉惠學林。

　　——本文原載於鮑兆霖等編《北學南移》〈學人卷 II〉（臺北市：秀威科技公司，2015年版），2020年6月再把一些錯字、病句，重新增訂。

《顧頡剛日記（1941-1948）》中所載的嚴耕望先生及其夫人段婉蘭女士

一 序言

　　史學家嚴耕望先生於西元一九九六年因病辭世，十四年後其夫人段婉蘭女士也乘黃鶴仙遊。[1]回溯上世紀四十年代，抗日戰事正酣，身處大後方的嚴先生時年廿九，於北碚與段女士邂逅。嚴、段兩情相悅，於一九四六年一月在南溪李莊共諧連理。[2]是時，顧頡剛先生身處大後方，段氏正是他的助手。至於嚴先生因追隨其師錢賓四先生，遂與顧先生在共同時空，因

1　段婉蘭女士於二〇一〇年二月十六日美國時間下午逝世，消息由其公子嚴曉田先生傳至李啟文先生，再轉告給作者。

2　查嚴耕望先生在其《北魏尚書制度考》〈自序〉末有以下記載可作旁證：「……民國三十五年（1946年）三月二十五日桐城嚴耕望寫於南溪栗峰山莊，時新婚五旬又五日。」按天干有十個，十為一旬，「五旬五日」，合共五十五日。屈指一算，應為一月底。詳見廖伯源先生〈充實而有光輝──回憶與懷念〉載嚴耕望先生紀念集編輯委員會《嚴耕望先生紀念集》（臺北縣：稻禾出版社，1997年版），頁61。另外，嚴氏於〈秦漢郎吏制度考〉文後〈附記〉曰：「此文初稿寫於四川北碚金剛碑（碚）工藝班，這是一間初中程度學校；婉蘭及其母已依我為生，故不擇職而任也，時在民國三十四年（1945年）春夏間。……」詳見氏著《嚴耕望史學論文集》上冊（上海市：上海古籍出版社，2009年版），頁84（原載《臺北中央研究院史語所集刊》第23本《傅斯年先生紀念論文集》），一九五一年十二月。據此廖伯源先生認為「嚴先生至遲在三十四年春，已與段女士論及婚嫁」。作者以為戰亂時期，許多事情都不能按常規進行，嚴、段二氏情投以合，又得岳母接納，三人先同居後補繁文縟節，亦無可厚非。作者就此詢問李啟文先生，李先生表示不排除此一可能性。另見鄒建麟〈嚴耕望先生學術年表〉載於《嚴耕望史學研究》，華東師範大學研究生碩士學位論文，2009年，頁52。

緣交疊下相識。[3] 眾所周知，顧頡剛先生於學術上雄才大略，愛才若渴。錢、嚴師徒二人先後來投，遂加以扶植。[4] 此時，青年嚴耕望成為顧氏麾下齊魯國學研究所研究助理員。[5] 豈料，抗日勝利未幾，旋即國共內戰。西元一九四九年國民政府遷臺，嚴氏伉儷便隨中央研究院離開大陸，自此與顧頡剛先生海峽分隔，終身未再相見。

　　嚴耕望先生遷臺後在中央研究院的長足發展，及其後在香港中文大學和新亞研究所的研究教學等，都在其個人專集、文章附記或接受別人訪問中，有所詳細吐露和闡述。還有嚴氏故友門生，對他的方方面面已有許多介紹，於此無容作者續貂。但是，對於一九四九年前正處青年期的嚴氏，究竟其在中國大陸的求學生活如何，所述記者則不多。至於一九四九年後的段婉蘭女士，予人印象僅是史學家嚴耕望先生的賢內助，主力相夫教子。至於青年段婉蘭女士在顧頡剛帶領下，曾撰寫了幾部名人傳記。顧頡剛更以段氏為撰寫自傳的第一人選，這些都是鮮為人知。不過，她離開中國大陸後，再沒有任何治史著述，史筆一直深藏。[6] 《顧頡剛日記》無疑從

3　嚴耕望教授一生追隨錢賓四先生學習其道德文章，由一九四一年三月至一九九一年，詳見《錢賓四先生與我》一書。又，根據石璋如先生口述，李莊時期中研院「不少同仁就是這時在四川結婚」，也許嚴段二氏是石璋如先生口中的其中一雙新配偶，參見《石璋如先生訪問紀錄》（臺北市：中央研究院近史所，2002年版），頁241。

4　嚴耕望到成都要是「奉賓四師所召到齊魯」，詳見嚴耕望〈責善半月刊再版書後〉收錄於《嚴耕望史學論文集》下冊（上海市：上海古籍出版社，2009年版），頁1333。另參見嚴耕望著：《治史經驗談》第9章第4節〈堅定力、戒浮躁〉（臺北市：臺灣商務印書館，1985年版），頁169。

5　齊魯國學研究所位置在「成都北郊崇義橋賴家園」，參見嚴耕望著：〈中國中古史入門書目〉，收錄於氏著《嚴耕望史學論文集》下冊（上海市：上海古籍出版社，2009年版），頁1348（此文原載臺北《書目季刊》第23卷第1期，1989年）及參見〈責善半月刊再版書後〉，同前書，頁1333（此文原載香港再版《責善半月刊》，1968年）。

6　遷臺前，段婉蘭女士有在文化機構做事的一段歷史。據嚴耕望的憶述，「由於嚴氏與段氏不善於用錢，適長子曉田出生，用度較大，常常感到周轉不靈。傅斯年先生曾主動囑嚴耕望氏為夫人婉蘭寫一履歷表，並親自步行到左鄰的考試院，希望安插一個職位，助嚴

側面第三者的角度補充上述之不足。[7]

作者通檢有關嚴先生及其夫人段氏的《日記》材料共得一百六十餘條。時間跨度，起自西元一九四一年八月，訖於一九四八年六月，前後約九年。現就此時段所得幾點認識，撰述如後：

二　《日記》所載顧頡剛先生與青年嚴耕望的交往

嚴耕望先生畢業於武漢大學，然後到成都追隨錢穆，就學於當時由顧頡剛主任的齊魯國學研究所，錢、顧、嚴三人的因緣由此和合一起。

齊魯國學研究所本屬齊魯大學。齊魯大學是美國教會在舊中國所辦的大學之一，校址在山東濟南。學校設有國學研究所，如同其他教會大學的國學研究所或中國文化研究所一樣，是哈佛燕京學社的經費辦。抗日戰爭開始後，學校遷到四川成都，借用華西協合大學的校園隙地，建造了一些簡陋房屋，作為課堂和宿舍。齊魯大學，就這樣在成都復校了。學校一恢復，就考慮恢復國學研究所。

當時，張維華先生是學校的歷史系主任。他是禹貢學會的主要成員，想請顧頡剛先生主持國學研究所的恢復工作。因此，顧先生舉家由昆明遷到成都接受此項任務。這年是一九三九年秋，顧頡剛先生時年四十六歲，出任齊魯大學國學研究所主任，並開始編輯季刊及《責善半月刊》兩種刊物。[8]根據方詩銘先生在〈記顧頡剛先生在齊魯大學國學研究所〉中憶述：「說是恢復，實際是重建。……購置圖書，延聘人員，這是兩個最迫切的

先生一家解決生活問題，但未成功。傅氏馬上又寫信到國立編譯館，終於成功了」，見嚴
耕望先生著：《錢穆賓四先生與我》。

7　為行文方便計，文中之《顧頡剛日記》一律簡稱為《日記》。

8　嚴耕望：《嚴耕望史學論文集》下冊（上海市：上海古籍出版社，2009年版），頁1333。
另詳見鄭良樹：《顧頡剛學術年譜簡編》（北京市：中國友誼出版社，1987年版），頁
213。

問題。為此，顧頡剛先生付出了大量勞動。」[9]錢穆先生與嚴耕望兩師徒就是
在此背景下，獲顧頡剛先生的延攬，先後到齊魯大學國學研究所服務。[10]
當時，錢穆先生是研究所的名譽研究員，及後還接替顧頡剛主任職務。[11]
而嚴耕望先生則以研究生或助理員身分在研究所跟隨錢穆先生及顧頡剛先
生進行學習，並專治秦漢地方政治制度。

作者根據嚴氏在一九六七年十二月二十八日《責善半月刊再版書後》兩
段話，可反映嚴氏對於齊大研究所的學習生活是很滿意。其兩段文字如下：

（一）

> 其時，該（齊大國學研究）所遷於成都西北郊距城約二十餘里之崇
> 義橋賴家花園，由顧頡剛、錢賓四兩師先後主持其事。當地藏書家
> 羅氏慨然以全部藏書數萬冊無條件交研究所利用，復以鄉野僻靜，無

9　方詩銘：〈記顧頡剛先生在齊魯大學國學研究所〉，收錄於《顧頡剛先生學行錄》（北京
　　市：中華書局，2006年版），頁255-261。

10　除了錢穆外，顧頡剛還想延攬童書業、楊寬、顧廷龍。國學研究所聘他們為名譽研考
　　員，詳見方詩銘〈記顧頡剛先生在齊魯大學國學研究所〉，收錄於《顧頡剛先生學行錄》
　　（北京市：中華書局，2006年版），頁256。

11　錢穆在其《八十憶雙親　師友雜憶》中回憶道：「頡剛留所日少，離所日多，又常去重
　　慶。……此後兄任外，余任內，賴家園環境良好，假以年月，庶可為國家培植少許學術
　　後起人才，盼切焦感。而頡剛終以久滯重慶不歸，乃正式提出辭去研究所職務，由余接
　　替。……」見錢穆：《八十憶雙親　師友雜憶》（北京市：生活・讀書・新知三聯書店，
　　1998年版），頁242。另外，方詩銘〈記顧頡剛先生在齊魯大學國學研究所〉文章有一個
　　由編者王煦華的〈按〉記曰：「據胡厚宣先生回憶，顧先生去渝并未辭去主任，錢（穆）
　　先生亦未曾接任主任。」作者認為錢穆第一身回憶「由余接替」，此語是最佳鐵證，此
　　外，方詩銘文中曾載道：「到了一九四四年，賓四先生離職，學校又延請頡剛先生再度擔
　　任國學研究所主任。」「再度」一詞明示顧頡剛先生曾辭職，原因誠如上述錢氏已言。胡
　　厚宣先生的回憶若真確，僅有一可能就是時間性問題。如上引錢氏回憶「頡剛終以久滯
　　重慶不歸，乃正式提出辭去研究所職務」，由此可見，顧氏曾有一段長時間在拖延，欲斷
　　難斷，最終才辭去職務。胡先生的回憶時段正處於顧氏正式辭職前的「猶疑期」，遂有胡
　　厚宣「顧先生去渝并未辭去主任」之語，參見方詩銘：〈記顧頡剛先生在齊魯大學國學研
　　究所〉，收錄於《顧頡剛先生學行錄》（北京市：中華書局，2006年版），頁260。

日機轟炸之虞，四川省立圖書館版本較佳圖書亦多所寄存；合計圖書逾十萬冊。全所師生不過十餘人，擁有如此豐富圖書，兼以師資優良，環境寧靜，生活安定，實為當時青年學子最理想之讀書處。[12]

（二）

又，「……余（嚴氏）幸能廁身其間（齊大國學研究）者二年，受益良多。」[13]

於此可見，嚴先生對於齊大國學研究無論於師資、圖書利用及學習的環境都表示滿意。要知，在炮火下洗禮下的中國滿地瘡痍，能有一相對安全的唸書和做學問的地方如齊魯研究所殊不輕易。

在《日記》中嚴耕望先生首次出現的日子是一九四一年八月七日星期四。[14]當時，顧頡剛先生正校《責善》二卷八期排樣。未幾，「……嚴耕望來。當時錢賓四同在顧頡剛與賓四談所事。……」[15]嚴耕望先生的身分是研究生，除了追隨錢穆外，還要定期完成由顧頡剛老師所安排的研究項目，故需時常與顧老師接觸。當然，顧先生會因應嚴氏的專業範圍作適當安排和指導，例如：嚴耕望先生完成一篇名為〈漢代郡縣屬吏考〉的文章後，於一九四二年三月七日的《日記》便記載顧先生抽空去審閱嚴氏文

---

12 詳見嚴耕望：《嚴耕望史學論文集》下冊（上海市：上海古籍出版社，2009年版），頁1333。另見鄭良樹：《顧頡剛學術年譜簡編》（北京市：中國友誼出版社，1987年版），頁213。

13 參見嚴耕望：〈責善半月刊再版書後〉收錄於《嚴耕望史學論文集》下冊（上海市：上海古籍出版社，2009年版），頁1333。

14 一九四一年八月，文史雜誌社改組，社址遷至小龍坎。社事由顧頡剛主持。一九四二年一月，由於房東逼遷，文史雜誌社遂遷至江北縣柏溪小龍坎沿江而上三十里，參見顧潮《歷劫終教志不灰·我的父親顧頡剛》（上海市：華東師範大學出版社，1997年版），頁201-202。

15 《日記》第4卷，頁567。

稿。[16]是時，顧氏剛好完成其作〈秦漢時期的四川〉。[17]至於嚴氏此篇〈漢代郡縣屬吏考〉於同一年在金陵齊魯華西三大學之《中國文化研究彙刊》第二卷發表。嚴氏文章之能順利發表，除了自己的真材實料外，應該是獲得顧先生的悉心指導和首肯。[18]

　　顧頡剛先生在齊魯時創辦了四種定期出版物，它們分別是《責善半月刊》、《齊大國學季刊》、《齊魯學報》及《中國文化研究彙刊》。根據嚴耕望先生後來的追憶說：「《責善》創刊原在訓練鼓勵青年學子步入學術研究之途；但顧、錢兩師的號召力甚，當時所外學人為本刊寫稿者極多，隱然為當時大後方文史界頗為重視之定期學術性刊物，其聲光實撝居季刊之上。」[19]嚴先生在一九四一至一九四二年屢有文章於《責善半月刊》發表，其中包括〈楚置漢中郡地望考〉、〈武帝創製年號辨〉、〈楚秦黔中郡地望考〉、〈論秦客卿執政之背景〉、〈秦宰相表〉，此階段嚴氏是以先秦兩漢為研究對象。[20]

　　順帶一提，根據〈秦宰相表〉文後，嚴氏提到一處地方——成都北郊鶴鳴園。[21]按嚴氏後來撰文的習慣，喜在文章後提供一些訊息，如文章的改訂次數、日期及寫稿地點，偶爾還寫上一段後記。至於〈秦宰相表〉文後所指的成都北郊鶴鳴園，也許是當時嚴耕望先生工作的地方或是寓所地址罷。

16　《日記》第4卷，頁650。

17　《日記》第4卷，頁650。

18　詳見嚴耕望：〈著者其他論著目錄〉收載於《嚴耕望史學論文選集》（臺北市：聯經出版社，1991年版），頁638。

19　詳見嚴耕望：〈責善半月刊再版書後〉收錄於《嚴耕望史學論文集》下冊（上海市：上海古籍出版社，2009年版），頁1333。

20　詳見嚴耕望：〈著者其他論著目錄〉收載於《嚴耕望史學論文選集》（臺北市：聯經出版社，1991年版），頁638。

21　參見嚴耕望著〈秦宰相表〉文後，收錄於氏著《嚴耕望史學論文集》上冊（上海市：上海古籍出版社，2009年版），頁16，（此文原載成都《責善半月刊》第2卷23期，1942年）

　　除上述外，《日記》還見證了顧頡剛先生對青年史學工作者嚴耕望於生活上的協助。一九四四年春，嚴先生自成都返鄉，因戰事滯留重慶。在重慶期間，嚴氏幸得顧頡剛先生幫忙，暫居其所望持的中國史地圖表社。在一九四四年五月十七日星期三《日記》便有以下載述：

> 耕望、樹民俱自從成都來，一時皆無事，然皆不能賦閒，只得囑樹民為我編文集，耕望標點兩《漢書》。[22]

《日記》還接著載述：「今晚同席：……嚴耕望、王樹民（以上客）……。」由此可見，顧頡剛先生是何等重視年青人才，對兩學生均有妥善安排。十二天後（一九四四年五月二十九日星期一《日記》載述：「（顧頡剛）到圖表社，看信，批工作日記，到耕望處送《漢書》……。」[23]這應該是他先前安排嚴耕望先生標點兩《漢書》事的延續。

　　顧頡剛先生除了安排嚴耕望先生標點兩《漢書》外，三個月過後又為嚴耕望先生所著之《兩漢地方制度》中的〈序〉親身批閱。一九四四年十月五日星期四，《日記》載道：「……看耕望《兩漢地方制度》序，略改。」[24]又，於一九四五年九月七日星期五《日記》載記：「到修志館，修改嚴耕望所作〈官制志〉，畢三分之一。」[25]

　　上世紀七、八十年代，有人說嚴耕望先生是率先以研究地方政治制度在史學界成大名，後轉到歷史地理研究。這是與事實不符。作者以為引起此誤之原因有二。一是嚴氏《中國地方行政制度史》全套書由中央研究院於上世紀六十年代出版，相隔一段時間後才陸續出版先生名著《唐代交通

22　《日記》第5卷，頁284-285。
23　《日記》第5卷，頁288。
24　《日記》第5卷，頁347。
25　《日記》第5卷，頁524。

圖考》。這兩大部頭專書出版時間之落差，予人以地方行政制度研究在
先，交通圖考於其後的錯誤印象。二是嚴氏《中國地方行政制度史》中所
涵蓋時段由秦漢訖於魏晉南北朝，而《交通圖考》則以唐代為主。故此不
知就裡的人就書名表面朝代時間先後，生出誤會。事實上，僅以前述嚴氏
在《責善半月刊》中所發表的五篇文章的方向，即見到嚴先生青年時期的
研究早已包含了地方行政制度及歷史地理──兩條歷史主幹線的端倪。[26]
黃寬重先生有一次訪問嚴耕望先生時便提出以下問題：「……後來又有什
麼原因，促使您轉而研究歷史地理？」當時，嚴先生斬釘截鐵答道：「實
際上我對歷史地理發生興趣要比政治制度早。……讀大學時『地方行政制
度』和『歷史地理』是我同時用心課題。」[27]不過，當時嚴先生對於此兩
大課題心中卻另有謀計，於此作者就不得不介紹一下在武大和齊魯研究所
的「親密戰友」錢樹棠先生。

　　錢樹棠先生是嚴耕望先生的大學同窗，彼此感情要好，做學問互相砥
礪切磋，令他一生難忘。嚴先生後來在其不同文章中都有提及此摯友。嚴
先生自己承認錢氏的天分努力皆比自己優勝。嚴氏為此向齊魯研究所推介
錢樹棠先生，數月後錢亦順利到來齊魯研究所與嚴先生會合。[28]嚴先生推
介錢樹棠到齊魯的原因，在他以下兩段話足以反映其大概。嚴氏說：

　　　　朋友中，余最重之，凡為文必請其過目，促其修訂，始發表。此刊
　　　　（《責善半月刊》）中尚存彼〈秦治馳道〉一文，少年知友，久無音

---

26 中年時期的嚴耕望先生在接受訪問時說：「要建立一個立體的史觀，我認為從歷史地理的
　　觀點著手不失是個可行的方法。」詳見宋德熹等訪問嚴耕望先生，名為〈忘情於不古不今
　　之學〉收載於《嚴耕望史學論文選集》（臺北市：聯經出版社，1991年版），頁619。另，
　　參考錢穆《學籥》第9章〈歷史與地理〉（臺北市：蘭臺出版社，2000年版），頁197-205。

27 黃寬重：〈嚴耕望先生訪問記〉收錄於嚴耕望《治史答問》〈附錄一〉（臺北市：臺灣商務
　　印書館，1992年版），頁123。

28 參見嚴耕望〈責善半月刊再版書後〉收錄於《嚴耕望史學論文集》下冊（上海市：上海
　　古籍出版社，2009年版），頁1333。

問，今校讀此文令人感念不已！[29]

又：

> ……第二學期，我一位非常要好的大學同學錢樹棠先生也來齊魯研究所，我便與他相約，由他研究歷史地理，我專研究政治制度。……[30]

由此可見，嚴氏視錢先生為其學術上的親密夥伴，早已計畫一治制度，一治地理，相互分工。在齊魯時期，顧頡剛先生舉辦許多課餘活動，更進一步加強和鞏固嚴氏、錢氏二人的友誼。根據顧頡剛先生《日記》一九四二載：「……作燈謎七條。團坐吃飯，飯後講笑話及猜燈謎。至十時半而散。今晚同席：賓四……錢樹棠……嚴耕望。」[31]又，同年二月廿五日「（顧頡剛）與所中同人遊犀浦。七時半出發，十一時到四川博物館參觀，十二時至場上世民茶園吃飯。又到博物館參觀。二時許，到玉泉寺，……五時許到崇義橋吃點。六時許回所。……今日同遊……賓四……錢樹棠……嚴耕望……。」[32]

只可惜錢樹棠先生才性與嚴耕望先生不同，這點他們的老師錢穆先生早已作出了精準的預測。嚴耕望先生回憶業師錢穆先生對他說的一番話，

---

29 見嚴耕望〈責善半月刊再版書後〉收錄於《嚴耕望史學論文集》下冊（上海市：上海古籍出版社，2009年版），頁1333。

30 「武漢大學……有兩生，一南通錢某，一桐城嚴耕望……兩生常來伴余，……問學甚勤……嚴生（耕望）……預請畢業後來成都齊魯國學研究所，余亦許之。又後一年，錢生亦來成都。……」錢某，指的是錢樹棠，參見錢穆《八十憶雙親　師友雜憶》（北京市：生活・讀書・新知三聯書店，1998年版），頁239。另參見黃寬重：〈嚴耕望先生訪問記〉收錄於嚴耕望《治史答問》〈附錄一〉（臺北市：臺灣商務印書館，1992年版），頁123。

31 《日記》第4卷，頁642。

32 「所中」指的是齊魯大學國學研究所。另，參見顧潮《顧頡剛年譜》（北京市：中國社會科學出版社，1993年版），頁309。又，見《日記》第4卷，頁646。

「彼（錢氏）之前途不如我（嚴氏）……請其故，師謂彼稟性執著。不數年，我的工作愈做愈起勁，而他似顯諸路不通，無可表現。……再回憶大學時代，兩人同習太極拳，我很快即能略得其形似，而他的拳腳伸出始終強勁如少林，教師糾正，亦不能改……大約他能剛而不能柔，能認真而不恝迴環有彈性。也可說，能抓得緊，但不能放得開；用於治學，易執著，不能靈活通變，終至四處阻塞，興味索然，無可發揮，殊為可惜！」[33]儘管嚴先生離開了中國大陸差不多半個世紀，但對於錢樹棠這青年戰友仍舊表示出依依未忘。

嚴耕望先生在齊魯研究所的時間僅有二年。雖是短短兩年，但齊魯研究所為對青年嚴先生影響很大。[34]方詩銘先生特別在其回憶文章中指出：「（齊魯大學國學研究所）先生們後來各人各自成就，尤其是現在香港中文大學任教的嚴耕望先生，他的《秦漢地方政治制度史》，就是在這個時候開始奠基；他從研究秦漢的政治制度，到研究魏晉南北朝，再到唐代，寫出了不少有價值的論文和專著，可以說，也應該追本溯源於齊魯大學國學研究所。」[35]作者都贊成方先生的說法。青年嚴耕望先生學問確奠基於齊魯，其後學問則成熟在史語所。

三　其他顧、嚴二氏生活逸事點滴

抗日戰爭炮火連連，就算身處大後方也不保證絕對安全。大家對日軍空襲仍惶惶不可終日。民生經濟受打擊，房屋財產被戰火摧毀，百物騰貴，自不待言。這從《日記》中，屢記物價飛昇，生活左支右絀，得以反

---

33 見嚴耕望著：《治史經驗談》第9章（臺北市：臺灣商務印書館，1985年版），頁173-174。

34 參見嚴耕望：〈責善半月刊再版書後〉收錄於《嚴耕望史學論文集》下冊（上海市：上海古籍出版社，2009年版），頁1333。

35 方詩銘：〈記顧頡剛先生在齊魯大學國學研究所〉，收錄於《顧頡剛先生學行錄》（北京市：中華書局，2006年版），頁257。

映。按一九四四年三月八日星期三《日記》顧氏便有以下載述：

> 近日米至萬七千元一石，平價米亦三千七百元一新石。鹽每斤本售
> 十七元，今日漲至四十元一斤。[36]

事實上，顧頡剛先生在《日記》中多次記述戰亂時物價，足反映出其對當
時的經濟十分關注。這點不難理解，顧氏同時間要管理多個學術機構、刊
物，當中的財務或多或少都需由他把關。營運資金充分與否，成為顧氏每
天縈迴心腦的主題。他最擔心的是外圍整體物價提昇，如何對其事業及其
員工生活造成破壞。顧氏責任心極重，財務壓力成為他頭號死敵。他的血
壓長期居高不下及患上失眠症，與此有密不可割的關係。

顧頡剛乃不世出之大學者，但卻需花大量心力憂柴憂米，這都是「謀
殺」他的學術生命。一九四四年六月七日星期三的《日記》中便有一段記
載，可反映一代學術領袖在欠錢生活下「無處話悽涼」的景象，其文如下：

> （顧頡剛）予手頭之錢均向人借，而物價日高，朝暮不同，過四個
> 月恐又將提高一倍，予如何再向人定開口。[37]

不過，從後來一九四四年八月十二日星期六《日記》所載內容，證明
顧氏推算「過四個月……，予如何再向人定開口」是過於樂觀。因為，不
足兩個月顧氏又要向別人借錢。[38] 至於是次的借錢對象就是他的學生嚴耕
望先生。《日記》指名道姓載記著：「……到耕望處借錢。……今日同
會……嚴耕望。」作者估測顧氏刻意在《日記》錄下借錢人名字，很可能

---

36 《日記》第5卷，頁250。
37 《日記》第5卷，頁294。
38 《日記》第5卷，頁324-325。

是作為日後還錢的提示。可惜的是，顧氏在《日記》中並無具體指出向嚴氏借了多少錢。

顧氏熱心助人，尤其對青年學生不遺餘力，盡量提拔扶植。這是眾所周知的史壇美事。然而，顧先生向人借錢卻又非罕見事。大家總以為只有別人向顧氏求助，但顧氏遇到經濟困頓，他也向學生借錢。事件反映一代學術領袖都是人，他也有受經濟困窘的悲涼時候。[39]至於向嚴耕望先生借錢，估計所借數目不會太大。嚴先生本身出身農家，沒有家底。他在齊魯做研究員是能掙點錢，另依靠稿費糊口。至於顧先生向嚴先生借錢，在其《日記》是僅見之事。

除上述外，顧頡剛先生對青年嚴耕望是很照顧。齊魯國學研究所時期，學生人數不多，師生關係密切。《日記》中曾載述不止一次齊魯師生課餘遊山玩水。至於師生同桌共餐的日子舉不勝舉。顧先生離開了齊魯，對於舊人尤其青年都仍愛護有加。嚴耕望先生雖一直以追隨錢穆為志求其學問，但對顧頡剛先生亦奉為老師，行文以「顧師頡剛」作稱謂。[40]

一九四四年，青年嚴耕望先生到了重慶。在顧頡剛先生主持的機構寄居多日。顧先生便對嚴先生吐出心事，說後悔太早享大名，為時代青年所矚目，結果「每天忙得不得了，幾乎毫無工作時間。」[41]顧氏又對舊人嚴氏坦言自評道：「……深悔年輕事弄得名氣太大，不能安心工作，對於史學並無多大貢獻，只是研究孟姜女真正有了成就。」[42]

最後，還有一樁小事。一九四五年三月二十日星期二《日記》條記：

---

39 顧頡剛先生向人借錢的事情自年輕時已有，在其《日記》中便載有詳細債務人的名字及欠債數目，如一九二六年一月六日《日記》條記欠債總數一千六百五十二六角零五釐。又，同年九月十二日《日記》條，便有總欠金共一千五百五十元之記錄。詳見《日記》第1卷，頁707、791。

40 見嚴耕望著：《治史經驗談》第9章（臺北市：臺灣商務印書館，1985年版），頁165。

41 見嚴耕望著：《治史經驗談》第9章（臺北市：臺灣商務印書館，1985年版），頁165。

42 見嚴耕望著：《治史經驗談》第9章（臺北市：臺灣商務印書館，1985年版），頁165。

「……嚴耕望來，出示所作詩」。[43]儘管《日記》沒有記載詩的具體內容，但估計嚴氏所寫是古體詩。熟知嚴先生的人都知道他很少寫詩。不過，試想一下，青年嚴先生風華正茂，卻長年處於戰爭陰霾下所帶來的種種不安及精神受壓，作詩以排遣鬱悶心情不難理解。遷臺以後，嚴先生曾投入大量精神於唐代詩集、文集，並利用大量唐代詩文來考證歷史，做出成績來，也許從其青年對詩所生興趣見其端倪。

四　撰《顧頡剛傳》的第一人選──段畹蘭女士

對於一般人來說，段畹蘭女士名字較陌生。抗戰勝利後，嚴耕望先生到了史語所工作。一九四六年一月，嚴先生便與段女士在李莊結婚。[44]段氏於一九四三年，畢業於國立中央大學歷史系，並進入顧頡剛所主辦的中國史地圖表社當工作員。協助顧氏辦事的助手及門客很多，而段畹蘭女士也曾經是中年顧氏的得力助手之一。在顧氏的領導下，手下各人被安插在不同專業及不同研究範疇上，齊向他服務。眾所周知，顧先生是大忙人，有「一日分呼三店食，七宵投向四床眠」自嘲語。[45]因此，他的許多作品都是由各青年專家先起草，再由他潤飾，最後總其成，並一錘定音，刊布學林。由於顧氏在學術界早出大名，余英時先生稱為「學術界重鎮」，吸引了大批年青學人服膺其下。[46]從年輕人的角度看，既能為自己偶像出力，且能親炙他的教導，何樂而不為。故此，中國許多青年都願意接受他的差遣及指導，青年嚴耕望先生與段女士自不例外。

43　《日記》第5卷，頁427。

44　不遲於一九四五春在北碚，嚴氏已獨力承擔起段氏及與其相依為命的老母生活，詳見前注2。

45　只要閱讀過他的《日記》尤以抗日時段，讀者必深深體會到顧頡剛先生心情。另參見嚴耕望著《治史經驗談》第9章（臺北市：臺灣商務印書館，1985年版），頁164-165。

46　余英時：《未盡的才情──從《日記》看顧頡剛的內心世界》，載《日記》第1卷，頁8。

　　中年顧頡剛先生想寫個人自傳，自己太忙，故需要助手幫忙。在此背景下，段畹蘭女士得到顧氏信任，成為撰寫《顧頡剛傳》的第一人選。當然，顧氏借助段氏手為自己寫傳，其對段氏必有一定程度的信任。

　　段畹蘭女士最先在顧頡剛《日記》出現的日子是一九四二年四月廿二日星期三。當時《日記》僅記「改段畹蘭文」五個字。雖然顧、段二人沒有具體相識日子，但憑《日記》推斷，顧氏認識段氏的日子當不遲於此日。在一九四二年至一九四三年此兩年間，彼此見面約十多次而已。但到了一九四四年二月至九月，其間共有八個月，情況有所變化，顧、段二人接觸頻密起來，短短一年時間見面超過六十次多，是從前兩年總和的六倍，甚至有的時候更一日多見，原因是此時顧頡剛先生已認定段女士為協助他寫一系列傳記（當中包括自傳）的最合宜人選。[47]在此時段當中，除了一起共膳吃點、談文論藝外，顧先生是希望透過面對面的口述，直接向段女士道出個人歷史材料，以備她在為自己寫傳時用。

　　事實上，早在一九四二年五月六日星期三的《日記》中便載述關於段畹蘭女士寫歷史人物傳，當時《日記》內容如下：「……批改段畹蘭所作〈項羽傳〉。」[48]由此可知，段女士對於寫人物傳記是有經驗和有功底。同時亦見到顧頡剛先生對段女士的文章是有作出批改指導，這些都是為她日後寫人物傳作好準備。

　　此外，段女士還有其他撰寫工作，如一九四四年二月十一日星期五《日記》條記：「……看畹蘭所作聯環圖畫文字。」[49]段女士此工作，應與顧氏一心想落實為國人提供通俗讀物有密切關係。顧先生曾組織出版物如《通俗讀物編刊社》，一方面可推動愛國抗日思想，另一方面考慮到民眾知識低落，民間讀物缺乏。又，出版《民眾周刊》，刊物標明：「給農民、

47　參見《日記》第5卷。

48　《日記》第4卷，頁676。

49　《日記》第5卷，頁237。

市民、工人看的通俗刊物」。另外，與丁君陶主編《中國歷史小故事》小叢書，都是同一思路下的產物。[50]總之，段女士的聯環圖畫工作是顧先生一直想實踐「普及知識」的要途，能借段女士之巧手完成心願。

　　根據《日記》所載，顧頡剛與段畹蘭接觸最頻繁的時段，就是顧氏培養段女士寫傳記的時候，當中以一九四四年的《日記》記錄最多。首先，一九四四年二月廿四日星期四的《日記》便載有：「……與畹蘭談予幼年事，備作傳。……」[51]類似此次談幼年的事的約會不止一次，還在同年三月二日星期四的《日記》有載：「……歸圖表社，與畹蘭談幼年事。」[52]又，同年三月十日星期五《日記》載：「……歸，與畹蘭談幼年事。」[53]又，同年三月十一日星期六《日記》載：「與畹蘭談小學時事。」[54]又，同年三月十二日及十三日分別在《日記》載：「……歸，與畹蘭談中學時事。」[55]

　　顧氏為了更具體協助段蘭女士寫其自傳，他特此向段氏口述其家鄉蘇州情狀。一九四四年二月廿三日星期三《日記》載：「……晚飯後與畹蘭講蘇州。」[56]蘇州是顧氏的老家，「講蘇州」是希望為段氏建立一個幼年顧頡剛生活所依所靠的地理舞臺，並交代在此舞臺上的一些生活經歷。[57]顧氏於一九四四年二月廿九日星期二《日記》載道：「……更（顧頡剛）親自寫一簡單年譜，方便段女士寫傳。……」[58]

50　甘蘭經：《顧頡剛與通俗讀物》，收錄於《顧頡剛先生學行錄》（北京市：中華書局，2006年版），頁320-321。
51　《日記》第5卷，頁243。
52　《日記》第5卷，頁247。
53　《日記》第5卷，頁251。
54　《日記》第5卷，頁251。
55　《日記》第5卷，頁251、252。
56　《日記》第5卷，頁243。
57　《日記》第5卷，頁244。
58　《日記》第5卷，頁246。

　　當然，顧氏在口述其個人歷史後，文字撰作的任務便交到段畹蘭女士
手。段氏刻不容緩，整理顧先生所提供的材料，並落手撰寫初稿。當完成
某部分後，立刻把稿本送呈顧先生批閱。在《日記》一九四四年三月六日
星期一條記：「……畹蘭送傳稿來看。」[59]所載日期剛距上次顧先生來提供
「簡單年譜」，共七天。未幾，二月七日《日記》又條記：「與畹蘭談予私
塾中事。……」。[60]總之，一九四四年期間寫《顧頡剛傳》應為段女士當時
的工作焦點所在。

　　誠如上文所述，段畹蘭女士除了撰寫顧頡剛傳外，她還有其他系列的
傳記要按工作計畫完成。檢《日記》所載，段氏協助顧先生寫傳的主要時
段為一九四四年至一九四五年。其中包括一九四四年五月二十六日星期五
《日記》條載：「修改畹蘭代作〈我的祖父〉」，[61]又，同年六月九日星期五
《日記》條載：「到圖表社，修改段女士作蔣委員長自傳。……」[62]未幾，
六月十四日星期三《日記》條載：「……到社，修改段女士所代草〈我的
祖父〉。」[63]翌日，六月十五日星期四《日記》條又載：「為畹蘭修改〈坐
辦公廳〉，又重改〈我的祖父〉……。」[64]十月廿八日星期六《日記》條
載：「……改甊蘭所作蔣主席傳。」[65]又，十一月一日星期三《日記》條
記：「看畹蘭所作蔣主席傳北伐章。……」[66]根據上述一九四四年《日記》
所載，段氏任務已按顧氏計畫大致完成。顧潮先生於其《歷劫終教志不
灰・我的父親顧頡剛》中〈前言〉記曰：「一九四四年上半年所作的《我

59　《日記》第5卷，頁249。

60　《日記》第5卷，頁249。

61　《日記》第5卷，頁287。

62　《日記》第5卷，頁295。

63　《日記》第5卷，頁298。

64　《日記》第5卷，頁298。

65　《日記》第5卷，頁356。

66　《日記》第5卷，頁362。

的祖父》《蘇州舊日的情調》《祖父的故事》，這些均是由他口述而由段畹蘭執筆寫出再由他改定的，曾刊於重慶的《田家畫報》等」[67]，足可證明。

自一九四五年起，段畹蘭女士又轉移到撰寫歷史人物傳記。二月十六日星期五《日記》條載：「畹蘭來，看其所作《鄭樵》。」[68]同年，三月二日星期五：「改〈鄭樵〉文訖。連看段女士兩文。」[69]七月一日星期日《日記》條載：「即將畹蘭代作之〈鄭樵獻書〉、〈鄭思肖心忠孤忠〉、〈晉文公得士興邦〉三篇修改訖……。」[70]至於一九四五年七月八日星期日《日記》條記：「……看段畹蘭所作〈蔣主席傳〉及〈隨園詩話〉」[71]，這是為顧氏對段女士工作的最後「盤點」。

五 顧頡剛先生與段畹蘭女士的情誼

根據上述《日記》所載，顧頡剛能把自己的過去歷史傾囊相授，交託予段氏，可知顧先生對助手段畹蘭是很信任和器重。

顧氏和段氏除了工作外，工餘時候大家都會一起吃飯，顧先生甚至會向段氏教授詩學，這都反映出顧先生對青年愛護有加，肯不遺餘力地提攜後進。[72]誠如一九四四年三月十七日星期五《日記》條記：「與畹蘭同到吉林路。……與畹蘭、練青論詩。可石、自珍回，與畹蘭同歸。」[73]又，同

---

67 顧潮：《歷劫終教志不灰．我的父親顧頡剛》〈前言〉（上海市：華東師範大學出版社，1997年版），頁4。

68 《日記》第5卷，頁410。此外，顧頡剛先生早在廿三年前（1922年）便著手研究鄭樵，並已有初步研究成果，包括鄭樵簡傳、其著述的目錄片等，詳見《日記》第1卷，頁202-203。

69 《日記》第5卷，頁420。

70 《日記》第5卷，頁492。

71 《日記》第5卷，頁495。

72 余英時《未盡的才情——從《日記》看顧頡剛的內心世界》，載《日記》第1卷，頁7。

73 《日記》第5卷，頁254。

年三月廿四日星期五《日記》載：「到吉林路與畹蘭、練青同進點。……飯後與練青同改畹蘭所作詩。」[74]又，一九四四年三月十八日星期六《日記》條記：「歸，教畹蘭吟詩。」[75]又，一九四四年四月四日星期二：「到山門，為畹蘭寫字刻硯。」[76]《日記》中經常提及「吉林路」，所指的是顧頡剛於一九四四年二月十八日「與錫澤住入吉林路三十五號屋」[77]。《日記》許多時候會載段氏與友人自珍、練青等到吉林路看望顧頡剛先生，指的就是這地方。

除上述外，有一件事情發生，對顧氏和段氏兩人都有所打擊。

根據《日記》這事發生在一九四五年二月十一日，是日禮拜天，理應是一個休息的好日子，可是卻有一個不尋常的會議，內容牽涉到段女士在史地圖表社的去留問題。[78]《日記》內容如下：

> ……以大中國圖書局局務會議結果宣布，辭退邵恆秋、段畹蘭兩人，彼等聞之大譁，張權中亦加入，其勢洶洶。此社（史地圖表社）自成立後即多事，予為社長，負責而握權，為人左右，亦無聊，決意辭去。

段女士當時是顧先生左右手，並曾為先生寫自傳及其他系列文章。過去一年協助先生寫傳，這是人所共知。大中國圖書局局務會議議決把段畹蘭女士辭去，儼如直接對顧先生打了一記面光，《日記》遂有「彼等聞之大譁」的記錄。五天後，顧氏在《日記》中又有進一步記錄，其內容如下：

---

74 《日記》第5卷，頁257。
75 《日記》第5卷，頁254。
76 《日記》第5卷，頁262。
77 《日記》第5卷，頁241。
78 《日記》第5卷，頁407。

「史地圖表社成立年餘，風潮不絕，其故（一）黃鏡澄太能挑撥是非，且盡量揭金家短處，激起同人敵愾之心。（二）擎宇為人太貪小利，落許多褒貶在人眼，……激起同人之不滿。此次辭邵、段二人，張權中以抱不平，擅取公物作抵押，投鼠忌器，只得將碚社停辦。予經營年餘之成績又全盤推翻矣。事業不順利，此其末次耶？」[79]總之，是次史地圖表社的風潮，表面矛頭直指向段婉蘭女士，最終她被辭去。一向與母親相依為命的段女士便投向未婚夫嚴耕望先生，仰賴其生活。嚴先生遂有「不擇職而任」，在四川北碚金剛碑（碚）工藝班—初中程度學校工作。[80]

六　結語

根據一九四六至四七間的《日記》，顧氏與嚴、段一家仍偶有見面和聯絡。一九四六年十一月十五日星期五《日記》便載：「……到峨嵋路，

---

[79] 一九四五年二月十六日星期五（《顧頡剛日記》第5卷，頁410。鄭良樹先生在《顧頡剛學術年譜簡編》中載述：「……一九四四年中國史地圖表編纂社（簡稱史地圖表社）業務蒸蒸日上，本年改為大中國書局，擴大營業範圍。……」詳見鄭良樹：《顧頡剛學術年譜簡編》（北京市：中國友誼出版社，1987年版），頁232。鄭氏此處有一大一小兩個錯誤。第一個小錯誤是，其言「大中國書局」應為「大中國圖書局」之誤，概以《日記》為準。第二個錯誤是「一九四四年……業務蒸蒸日上」。僅就顧氏《日記》所嗟嘆道：「……經營年餘之成績又全盤推翻矣……」此明顯與「業務蒸蒸日上」的論調南轅北轍。根據丁君陶回憶大中國圖書局歷史時說道：「一九四五年日寇無條件投降，大家信心百倍，無比興奮。一九四六年一月顧頡剛先生在渝，又籌集資金貳億元，正式組織大中國圖書局股份有限公司。同年三月，遷上海。董事會改選顧頡剛為總經理，金振宇、丁君陶為經理，金緯宇為協理，金擎宇為編輯所主任，地址在四川北路南仁智里四十五號。後又在四川北路八號開設門市部。」詳見丁君陶〈憶顧頡剛先生創辦的大中國圖書局〉，收錄於《顧頡剛先生學行錄》（北京市：中華書局，2006年版），頁318。由此觀之，鄭良樹先生誤把一九四六年後的大中國圖書局的發展成功，與中國史地圖表編纂社混為一談，卻沒有徹底查出兩者在不同時段的發展底蘊以致有所誤。

[80] 見氏著《嚴耕望史學論文集》上冊（上海市：上海古籍出版社，2009年版），頁84（原載《臺北中央研究院史語所集刊》第23本《傅斯年先生紀念論文集》），1951年12月。

遇嚴耕望，同到其家，晤畹蘭母女及其新生子。」[81]又，一九四七年六月十二日星期四《日記》條記：「……耕望來……。」[82]又，一九四八年五月廿一日星期五《日記》條記：「出，遇嚴耕望夫婦。」[83]至於一九四八年六月一日星期二《日記》條載四字：「寫嚴耕望」[84]，為最後見嚴氏名字於日記。儘管我們沒能看到此信內容，但估測此信應與嚴氏一家即將隨中央研究院遷移到臺灣有關。顧氏與嚴先生師徒一場，齊魯後一直保持聯絡，又與嚴夫人段氏情如一對誼父女。加上顧氏本身是一個極重感情的人，他之「寫嚴耕望」應是一封道別信。

事實上，大家原本是一群互相熟識或曾出生入死的師友，蓋因外緣政治問題令同道中人要分道揚鑣，「捨不得」之情在所難免。在一九四七年四月及六月《日記》均載與中央研究院研究一眾人員晤面和吃飯的字樣。按飯局的人選都是即將離開赴臺的同仁，此等飯局應含有「暫別」意味。[85]所謂「暫別」即不是「永別」，作者相信大部分的離開者，沒料計終其一生都回不了老家！

——本文原載於《書目季刊》2011年第45卷第2期，2015年6月增訂。

---

81 《日記》第5卷，頁745。

82 《日記》第六卷，第76。

83 《日記》第六卷，第286。

84 《日記》第六卷，第291。

85 一九四七年四月八日星期二《日記》條記：「……到中研院，晤槃厂、耕望、逯欽立、岑仲勉、貞一、肖梅、芮逸夫、王崇武等，參觀陳列室。」，見《日記》第6卷，頁47。又，一九四七年四月廿三日星期三《日記》條記：「今午同席：予（客）陳槃厂 勞貞一 傅樂煥 王之屏 嚴耕望（以上主）」，見《日記》第6卷，頁54—一九四七年六月五日星期四《日記》條記：「今晚同席：傅孟真夫婦及其子……。」見《日記》第6卷，頁72。

羅夢冊教授的生平及其歷史應然論[*]

一　前言

　　羅夢冊教授已經離開我們差不多三十年了。他的生命雖然結束，但他遺留下來的道德文章，迄今仍散發光輝映照著中華大地。他的幾部超過半世紀的著作，時不時有學者從書海中發掘起來，而且大多表現得愛不釋手，如獲至寶。作者拜讀過夢冊師生前留下的翰墨，用「擲地有聲」四字來形容，絕不為過。他的思想總是圍繞著祖國前途和全人類福址，文字不時流露出大愛的精神。

　　一九八七年夏，作者考入新亞研究所史組碩士班。就於這年與夢冊師初次接觸。他在研究所共開了兩門課：一是《中國古代社會史》、另一是《中國古代社會思想史》。史組同期另有嚴耕望教授和全漢昇教授。他們皆赫赫有名的史學大家。研究所同學大都以學校擁有兩位中央研究院院士作教授為榮。對於嚴、全二氏，史組同學們都能對他們的學術地位、研究旨趣、專業範疇，甚或起居飲食都有若干程度的了解。不過，對於夢冊師的認識，則相對較淺。[1]事實上，夢冊師早在亞洲文商夜校草創期（新亞書

---

[*]　此文章曾在二○○九年發表於《新亞論叢》第十期，距今差不多十一年多。其間學界對於羅夢冊先生的著作關注程度與日俱增，身為學生見到如此氣象，心裡感到極其欣喜。故此，作者決定再為原文作出增訂，加入新近學人對先生的研究概況，並順便把原文的錯誤一併作出修正。

[1]　研究所前輩兼作者大學導師李金強教授向作者相告，其印象中早期夢冊師在研究所為人相當低調，開會時發言不多。另外，澳門大學鄭潤培教授回憶說：「八十年代夢冊師所開的課目修讀人數並不多，跟隨他寫論文的更少。」在八十年代末，據作者所知，修讀夢冊師的同門也不出十位。大家對他認識不深是可以理解的。

院前身）已加盟教師之列，算做新亞研究所創所功臣之一。[2]若排資論輩，夢冊師與錢穆先生是屬同輩。據悉夢冊師年輕時一度活躍政壇，五十年代晚曾應周恩來總理到北京觀光。還知道他寫了一本《福利宣言》和一本關於孔子的書，名為《孔子未王而王論》。傳聞此書得到哲組牟宗三先生稱許。[3]作者對於夢冊師的早期印象僅止於此。[4]

二 羅夢冊的生平事蹟

作者為了方便介紹夢冊師的生平事蹟，粗略地把其分成四個階段說明，第一階段是「青年求學時期」，第二階段是「學而優則仕，從事行政實踐政治抱負」，第三階段是「中年徘徊政治與學術之間」，第四階段「晚年沉潛學問，生命之歸宿」。

2　「於一九四九年秋季十月正式開學。時并無固定之校址，只租九龍偉晴街華南中學之課室三間，在夜間上課，故定名為『亞洲文商夜校』。又在附近炮臺街租得一空屋，為學生宿舍。……」參見錢穆：《新亞遺鐸》〈新亞書院創辦簡史〉（北京市：生活・讀書・新知三聯書店，2004年版），頁755。同見錢穆：《八十憶雙親師友雜憶合刊》（臺北市：東吳大學出版社，1992年版），頁247。羅夢冊進入亞洲文商書院只是比張丕介等僅遲了一個月時間。

3　查哲學大家牟宗三先生非首次向羅老師的作品表示讚賞，除正文中已提到《孔子未王而王論》一書外，牟先生曾對〈中國社會根氏之天下體制、天下哲學〉一文表示稱許，還鼓勵夢冊師多寫類似文章，詳見羅夢冊：〈透過戰國之讓國運動及秦漢之地下哲學看中國〉一文，收載《新亞書院學術年刊》第17期，頁143。此外，除牟宗三外，《孔子未王而王論外》亦受到哲學界的重視，李榮添先生便在其講授中國哲學主流思想中推許是書，其說「羅先生能洞悉孔子並非只是個老師宿儒，……其對孔子理解之深刻乃為同類著作之冠。」李氏對夢冊師此書評價甚高，詳見http://phil.arts.cuhk. edu.hk/~cculture/courses/GEE2160B-1.htm。

4　補充一點，對於夢冊師的了解還可透過羅師母。師母馬德敏女士，時任新亞圖書館館長，為人和藹可親。作者唸歷史，常到圖書館找材料。師母為作者提供了很多次幫忙。師母談吐爾雅溫文，對晚輩態度懇切。作者有時找材料，找累了，便走到她辦公室和她聊天，話題多圍繞夢冊師。

第一階段：青年求學時期

上世紀三十年代初，夢冊師時年廿多歲，在河南大學法學院跟隨杜元載、王毅齋兩先生學習，深受兩位老師讚賞。一九三二年，在國立北平大學攻讀教育學碩士，師從著名教育大家余家菊先生。杜、王、余三氏對夢冊師的思想塑成及個人事業發展都有一定影響力。

杜元載，湖南省漵浦人。一九二四年畢業於北京師範大學，美國明尼蘇達州立大學教育學碩士及西北大學法學博士。先後任教於河南大學、北京師範大學、北京大學、湖南與四川省立教育學院、中央大學、西南聯大、西北大學等院校，歷任教授、系主任、教務長、院長等。[5]夢冊師後來到英國留學，並獲選英國（倫敦）皇家院士，都是因為他能在法政專業取得卓越成就。[6]夢冊師學成歸國，其重返母校法學院，當上法學院長，這裡一切的「因」都是在河南大學本科追隨杜元載唸法學時所種下。[7]

夢冊師的另一位恩師是經濟學家王毅齋教授。王教授原名子豫。一九二三年起，先後在德國、奧地利留學，一九二八年底畢業於維也納大學，獲經濟學博士學位。一九三〇年他到河南大學經濟系任教授，從此夢冊師得以親聆王氏教誨，在王氏悉心指導下，他在世界經濟史領域打下了堅實基礎。[8]其後，在《福利宣言》一書，他表現出對西方經濟學瞭若指掌，並能嫻熟地運用材料，參互比較，與授業於王毅齋教授不無關係。

5　杜氏曾投身國民黨政界，任三青團中央候補幹事，國民黨中央候補委員、中央委員。去臺後，任職於「考試院」考選部，後任「司法行政部」司長，一九五八年出任臺灣師範大學校長。後調任「退輔會」專業教育中心主任，國民黨中央黨史委員會副主任委員、主任委員，從事國民黨史料整理、出版工作。一九七五年逝世。

6　英國皇家院士疑為倫敦大學皇家學院。另外，詳見梁耀強〈羅夢冊教授——站在二十世紀中途論析中國社會形態〉一文，載《北學南移：港臺文哲溯源‧學人卷Ⅱ》第三章，2015年版。

7　夢冊師後來回母校當法學院院長，就是河南大學法學院。

8　參考張振光主編：《薪火集：河南大學學人傳》鄭州市：河南大學出版社，2002年版。

　　除了學術方面之外，王毅齋教授是非常愛國。他先天下之憂而憂，為國家願拋頭臚，灑熱血。他的愛國情懷感染眾多河南大學生，當中包括夢冊師。[9]後來，夢冊師在英國本已打好事業根基，學術地位漸次確立，卻仍願意放棄大好前途，返回祖國。這點或與其唸大學時親睹王毅齋教授從外地回歸，任教河大，報效祖國情況類近。

　　第三位對夢冊師有影響力的是唸教育碩士時期的指導教授余家菊先生。[10]余家菊字景陶，又字子淵，湖北黃陂研子崗大餘灣人。國家主義教育學派的著名教育思想家，著名教授。余教授在一九二二年二月赴英國留學，先後在倫敦大學、愛丁堡大學攻讀哲學、心理學、教育哲學。留學期間在法國結識曾琦、李璜等，並與李將各自所寫同類文章合編寄回國出版，書名《國家主義的教育》。一九二三年曾琦等在巴黎創建中國青年黨（一九二九年以前稱國家主義青年團）。[11]夢冊師在三十年代留學英國，與

9　九一八事變後，他滿懷愛國熱情寫出慷慨激昂的《泣告河大同學書》，倡議組織「抗日救國敢死團」他常被邀請到公共場所作抗日救國演講，受到廣大愛國青年的熱烈擁護。為實現「挽國魂于童蒙」的願望，他於一九三二年創辦私立杞縣大同小學。兩年後增設中學，自任校長，自聘教師，自籌經費。他被河大解聘後，為維持學校正常上課，他變賣了僅有的家產，不得已又去求助劉鎮華（時任國民黨安微省主席），謀到合肥煙酒稅務局長職務，他一人在外，省吃儉用，把節餘的錢全部獻給學校。他聘任的教師都是進步知識份子，不少是中地對學生進行抗日救國教育。為培養學生的革命意志，他又聘請了軍事教官和武術教員，要求學生學文習武，隨時準備保衛祖國。

10　余家菊從一九二二年起，開始研究國家主義教育，並撰寫文章宣傳國家主義教育，成為國家主義學說的代表人物。余家菊不僅是中國近代史上最早的鄉村教育的倡行者和理論構建者，而且是近代中國新式學校軍事訓練的最初提倡者，對兒童教育及兒童心理、義務教育、民族教育及國家主義教育等，均有自己獨到的見解並形成了相應的理論或主張。余氏在抗戰勝利後開始研究佛學，每日誦經不輟；晚年信奉天主教，去世前受洗。畢生勤勉筆耕，為國家主義主要理論家之一，對中國傳統文化也曾下功夫研究。著作頗豐，主要有：《國家主義概論》、《中國教育史要》、《孔子教育學說》、《孟子教育學說》、《荀子教育學說》、《陸象山教育學說》、《教育與人生》、《人生對話》、《中國倫理思想》、《大學通解》、《余家菊先生回憶錄》等。

11　參見中華民國史資料叢稿《中國青年黨》（北京市：中國社會科學院，1982年版），頁340。另詳見周淑真：《中國青年黨在大陸和臺灣》（北京市：中國人民大學出版社，1993

余家菊教授背景相類。余教授是中國青年黨創建人之一。夢冊師參與政治，加入青年黨活動，當中受業師影響的因素皆不可忽略。[12]

值得一提的是，早在一九三一年，夢冊師大學剛畢業未幾，旋即受聘擔任河南大學附屬高中主任，當時他在政治領導方面，已嶄露頭角。根據張振江主編的《薪火集：河南大學學人傳》中有以下載述：

> ……他（夢冊師）在河南大學校長許心武先生的支持下，對附屬高中的教學資源如師資、圖書、儀器和設備等大加整頓和擴充，短期內使停辦四年之久的附屬高中順利恢復，……是年附屬高中招生，報考者逾五千人，從中擇優錄取二百二十人……學生來自全省、全國各地，……教師多數由教授、副教授以及能力較強的講師兼任。因此，附屬高中的教學質量極為可觀，畢業生升入大學者在百分之九十五以上。……[13]

夢冊師能成功整頓河南大學附屬高中，時年僅廿五歲，組織領導力出色令人印象深刻。年青時期的夢冊師無論在行政辦事能力及學術研究能力均有過人之處。這點對其後在政壇及學術上的發展方向起著決定性的作用。

第二階段：學而優則仕，從事行政實踐政治抱負

一九三九年抗日形勢刺激下，夢冊師毅然放棄英國優厚待遇，從英歸國。先後受聘擔任國立政治大學、重慶中央大學和國立河南大學教授，至

年版），頁26-27。

12 「中國青年黨是曾琦、左舜生、李璜、陳啟天、余家菊等……成立於一九二三年十二月二日……」，參見李義彬編《中國青年黨》北京市：中國社會科學出版社，1982年版。

13 參考張振光主編：《薪火集：河南大學學人傳》（鄭州市：河南大學出版社，2002年版），頁140。

於其在三間大學所任教時的詳細狀況，可詳見前引梁耀強之文。[14]不過，
有一點值得注意，夢冊師在河南大學執教的同時曾擔任法學院院長職務。
到了一九四五年，河南大學遷回開封辦學，夢冊師受聘擔任法學院院長。
其當院長之職一直到一九四九年才辭去。另外，在一九四二年，夢冊師更
被選為國民第三屆參政會參政員。此時此刻，夢冊師正走著傳統讀書人所
嚮往之「學而優則仕」的路。用傳統的術語說，就是由「內聖」進而向
「外王」的發展。

　　回顧夢冊師以法政學出身，其後當過四年法學院院長，成功競選參政
員。他選擇了置身政治漩渦中，一伸治平之志，是其個人歷史的「應然發
展」。又，中國抗日雖然成功，但國共內戰，國家意識形態上將一分成
二。夢冊師置身在此歷史巨變中，如何處世立身，成為他和同時代人共同
面對的最大抉擇。最後，夢冊師選擇離開國內，移居香港，正表示出在政
治上對於國共兩方都保持一定程度的距離。事實上，他的抉擇並不是一時
的衝動，而是經過深思熟慮的。他所持的抉擇理由，可以從一九五〇年出
版的《福利宣言》找出端倪，關於此點後文再作交代。

第三階段：中年階段徘徊政治學術之間

　　上世紀五十年代，夢冊師來到香港，他的《福利宣言》是由主流社出
版，封面印著〈時代思潮研究所〉發行。由於時代久遠，資料缺乏，對於
此兩個機構的歷史始末已無法弄清楚。唯一可以肯定的是，夢冊師來港
後，曾辦過一本雜誌名為《主流》。他當主流月刊社長。[15]顧名思義，不難
想像夢冊師是冀望他的政治理想可以成為當世的「主流」思潮。《福利宣
言》的面世應在此背景下產生。至於《主流》是代表著夢冊師，這位正在

14　梁耀強：〈羅夢冊教授──站在二十世紀中途論析中國社會形態〉一文，載《北學南移：
　　港臺文哲溯源・學人卷II》。

15　錢穆：《新亞遺鐸》（北京市：生活・讀書・新知三聯書店，2004年版），頁35。

海外飄搖的知識份子，對祖國政治仍深表關注，刊物本身遂成為闊別祖國後個人政治生命的延續和寄託。

　　另一方面，錢穆先生想在香港辦一所大學，冥冥中有其主宰。一天，夢冊師的舊同事張丕介偕他與錢穆晤面。夢冊師後來在新亞及新亞研究所從事教學科研至其歸道山終，時間長達四十餘年，乃由上述錢氏、羅氏因緣和合而遂成。根據錢穆先生《新亞遺鐸》〈新亞書院創辦簡史〉載當時與夢冊師會晤的情狀如下：

> （亞洲文商）開學後不久（一九四九年秋十月），（張）丕介偕其在重慶政治大學之舊同事羅夢冊來晤面。余（錢穆）抗戰時赴重慶，曾與夢冊在政大有一席之談話。至是亞洲文商遂又獲一新同事。[16]

錢穆先生於抗戰時與夢冊師的一席談話具體內容，旁人不得而知。就錢穆先生的話，很顯然雙方都留下了不錯的印象。假若錢、羅二氏話不投機，就不可能有「亞洲文商遂又獲一新同事」，要知亞洲文商是一所具有文化承傳任務的書院，任重道遠。延聘之導師皆一時俊彥，大家必贊同學院的辦學宗旨，對學院的財務困境，亦多能諒解。[17]換到另一角度，從夢冊師方面看，自己剛從國內來到香港，人地俩生疏，總要找一落腳地方過新生活。事實上，張丕介與錢穆先生也是新相識，據錢穆回憶：「余即邀在廣州新識之張丕介，時在港主編〈民主評論〉，懇其來兼經濟之課

16　錢穆：《新亞遺鐸》〈新亞書院創辦簡史〉（北京市：生活・讀書・新知三聯書店，2004年版），頁755。同見錢穆：《八十憶雙親師友雜憶合刊》（臺北市：東吳大學出版社，1992年版），頁247。當時張丕介在港主編《民主評論》。另外，陳勇書把羅夢冊之「冊」字誤為「珊」字，未知是作者手民之誤抑或是植字者有錯，見氏著：《國學宗師錢穆》（北京市：北京大學出版社，2007年版）。

17　http://www.hkedcity.net/project/newasia/history.phtml

務。……」[18]夢冊師加盟亞洲文商是「志同道合」。夢冊師最終加盟亞洲文商及其後之新亞書院及研究所當教授，雖然薪金待遇不高，但在工作上總算獲得一穩定的歸宿。

剛抵香港的夢冊師仍未完全抽身離開其在國內早已開展的政治生涯，例如想專注辦《主流》月刊，夢冊師因此更辭新亞職務。[19]又參與青年黨活動。[20]留意「參與」一詞，與入了青年黨成黨員是有區別。這裡邊會產生了一個疑問，究竟夢冊師有沒有加入過中國青年黨？由於資料缺乏，作者在此只能做一點估測。

首先，夢冊師在攻讀北平師範大學教育碩士時，可能會受到中國青年黨骨幹余家菊教授的潛移默化，但不能作出肯定性判斷。又，夢冊師在《福利宣言》有反共論調，而青年黨「先天本質」就是反共，這能從旁證明中國青年黨與夢冊師思想相近而已。[21]

另外，根據網上資料載：「在一九五一年，青年黨領導人謝澄平與程思遠幾經交換意見，決定組織一個定期座談會，其成員中便有：羅夢冊、張國燾、程思遠、董時進、伍藻池、黃如今等。不久，張發奎、顧孟余又拉張國燾創辦《中國之聲》雜誌。謝澄平提出要邀請一些比較熟識的朋友

---

18 錢穆：《八十憶雙親師友雜憶合刊》（臺北市：東吳大學出版社，1992年版），頁247。

19 錢穆回憶「此後在港，即聞有一第三黨之醞釀，並有美國方面協款支持。屢有人來邀余出席會議，余終未敢一赴其會。一日，方將成立第三黨中之某君來訪，告余，有意與余共同辦學。新亞經費彼可獨力支持，並由余一人主辦。彼只求再辦一新亞附屬中學，與新亞採同一方針，同一步調進行，余亦緩卻之。彼後乃辦一雜誌，約夢冊主持，夢冊辭新亞職務。其時新亞同人生活難求澄溫飽，余亦正求為同人介紹生路，遂無法挽留。」見錢穆：《八十憶雙親　師友雜憶》（北京市：生活・讀書・新知三聯書店，1998年版），頁285。

20 「截以一九四八年底，全國共有黨員三十萬人」，見陳啟天：《寄園回憶錄》（臺北市：臺灣商務印書館，1965年版），頁305-307。

21 胡國偉：《巴黎心影》〈前言〉（臺北縣：菩提出版社，1964年版），頁1。

舉行定期座談會，交換關於當前局勢的意見。」[22]座談會成員以夢冊師為榜首。不過，參加座談會者身分是否必定是青年黨員呢？這點值得懷疑。

此外，夢冊師在香港的政治活動，曾一度引起國民黨的注意。而國民黨人曾視其為民社黨或青年黨黨員。一九五〇年十月，雷震先生啣蔣介石之命赴香港，與港方各界反共人士接觸，回臺後曾就香港行的見聞向蔣介石報告，認為香港「第三勢力……不足重視」。[23]根據他的報告，集結在第三勢力下的，一為以《自由陣線》雜誌為中心的謝澄平的集團，僅有二十餘人；一為孫寶剛的集團，已無法維持；一為羅夢冊的集團，有學生十數人。雷震因此建議政府「採取不重視態度，則可睹其自生自滅」。[24]第三勢力，主要是民社黨與青年黨人。[25]

為了要解決夢冊師是否中國青年黨員此疑竇。作者奔走各大學圖書館翻查了十多種有關中國青年黨的研究書籍，當中包括李璜、陳啟天等中國青年黨的回憶文字，但無隻字提及夢冊師名字。[26]加上，夢冊師本人亦從沒有在研究生面前親口提及過有關中國青年黨的任何事情。作者認為夢冊師的中國青年黨黨員身分是不確定。而作者更傾向夢冊師是屬無黨派人

22 以張國燾為社長，李微塵為主編。《中國之聲》是一個反蔣的刊物。

23 詳見容啟聰：〈民主社會主義在冷戰香港：從理論闡述到參與本地政治〉載《中國文化研究所學報》2018年7月。

24 詳細可參考林淇漾：《由「侍從」在側到「異議」於外：論〈自由中國〉與國民黨黨國機器的合與分》原載《縱橫》1997年7期，注引《雷震全集》，第27冊，頁1-7。

25 雷震先生對於夢冊師的政治活動有兩處地方值得關注。第一點是雷震認為青年黨人是第三勢力，另一點是雷震建議政府「採取不重視態度，則可睹其自生自滅」。關於第一點，夢冊師在其《福利宣言》中不斷強調資本主義和共產主義都是有嚴重缺陷，反對兩極化世界。他要提出革新的政治理想，要與志同道合者共同努力，這等便成為雷震眼中的所謂第三勢力。至於第二點，從後來中國青年黨的歷史發展看，雷震的預見是非常準確。中國青年黨在香港並未為中國政治帶來具影響力的改變。有學者剖析中國青年黨的失敗，是由於「老成凋謝，後繼無人」。見周淑真：《中國青年黨在大陸和臺灣》（北京市：中國人民大學出版社，1993年版），頁300。

26 詳見陳啟天：《寄園回憶錄》及李璜《學純室回憶錄》。

士。但有一點可以肯定的是他與中國青年黨的關係曾經是密切，並有參與其舉辦的政治活動。

除了與中國青年黨相涉外，夢冊師在政治舞臺上還提出「新革命運動」。此運動卻引來左派人士的攻擊。根據在網上一篇署名《大公報人》李純青，題為在〈質疑所謂新革命運動〉一文便有以下對夢冊師的批評：

> 對「羅夢冊等十五位先生呼籲促成一個新革命運動的主張」表示質疑。……羅先生等「既說在蔣主席領導之下」又說「這個革命要超黨派、超宗派」雖然他們宣稱在「經濟方面」，「崇尚前進而溫和的社會主義……反對落伍的資本主義，舊型的自由競爭」……[27]

此外，上文述及「崇尚前進而溫和的社會主義……反對落伍的資本主義，舊型的自由競爭」的論調，在夢冊師的《福利宣言》書中第二章〈時代的錯誤〉，對於社會主義及資本主義曾作出有力的批判。李純青針對夢冊師「新革命運動」，標榜其為「十五位先生」之群首非無的放矢。[28]

不過，正當夢冊師對現實政治失望，意興闌珊之際。忽然，收到中國總理周恩來的邀請到北京觀光。[29]是時，中國大陸剛處於大躍進運動時期。政治氣氛異常凝重。夢冊師卻欣然應邀。據作者於一九八九年探望老師，他提起此事仍念念不忘，只可惜當時作者並沒詳細追問其事始末。但得到一個訊息，是老師認同此行對新亞研究所來說無疑是件政治敏感的事情。

夢冊師自一九四九年從河南移居香港，至此時已過了十年光景。他對於封閉的中國仍念茲在茲。畢竟，祖國為他青年時代留下許多美好回憶。

---

27 http://media.people.com.cn/BIG5/22114/104848/104849/6360429.html
28 羅夢冊：《福利宣言》第5章〈通達自由之路〉香港：主流出版社，1950年版，頁6-21。
29 據新亞研究所學長楊永漢博士轉告作者，傳周恩來總理看過他的《福利宣言》後，遂有北京旅遊之邀。

十多年前仍是河南大學法學院院長，是參政議員，是立法委員，這都是一生難忘。加上，他並沒有明顯的國民黨包袱，回國內比較容易。對於夢冊師個人而言，如果周恩來總理是因為欣賞《福利宣言》，讀其書並想見其人的話。他的政治理想或許得到國家認同和實現。這豈不是中國傳統知識份子所共同懷抱的美好願景！[30]此外，在香港他也多次參加河大香港校友聯誼活動，曾任河南大學香港校友會名譽會長，予人感覺他對祖國家鄉仍存有一份濃情。[31]

第四階段：晚年沉潛學問，生命之歸宿

北京之旅使夢冊師能重投闊別十年的祖國懷抱，並得以親近共產政權統治下的人民。在這次旅程，夢冊師憑其個人敏銳的觀察和體會，已意識到當下「實然」政治與其心目中的「應然」政治，南轅北轍。要彌縫理想和現實中的寬闊鴻溝，希望渺茫。因此，北京之旅僅此一次。往後日子，夢冊師再沒去北京。當然，北京政府也沒邀請他。回港後，他淡出現實政治，把生命完全灌注於學術研究中。

上世紀七十年代，夢冊的傑作《孔子未王而王論》出版後，並把其個人不平凡的經歷轉化作研究的有力工具。他在《孔子未王而王論》中〈後序〉自覺地承認說：

> 本書之作，非出於一時的興會；今根於古，而通於古，且並可反照前古，個人親履的時代風霜雷雨，當會增進對往聖前哲的了解。[32]

30　羅老師到北京的具體日期不詳，查《周恩來年譜1949-1976》〈中卷〉載：「九月二十四日──和劉少奇接見歸國留學生」，疑周恩來是在此日接見羅老師，參見《周恩來年譜1949-1976》（北京市：中央文獻出版社，1997年版），頁200-275。

31　〈羅夢冊：享譽中西法學界的愛國教育家〉，見《河南日報》2012年8月24日。

32　羅夢冊：《孔子未王而王論》之〈後序〉，巴黎第七大學東亞出版中心，1972年版，頁297。

此後，一連串的發表了四大篇鴻文，它們分別是：一九七一年發表之《說渾沌與諸子經傳之言大象》、一九七四年之〈中國社會根氐之天下體制、天下哲學〉、一九七五年之〈透過戰國之讓國運動及秦漢之地下哲學看中國〉和一九七六年之〈中國歷史社會之行程與中國辯證哲學〉。後三篇文章則環環緊扣，相互密切關聯，其分量之重幾可結集成一部專著。夢冊師亦由「學而優則仕」再轉到「仕而優則學」。他上世紀中寫下的不朽名篇，到今天仍為學界津津樂道。

三　羅夢冊教授於香港的著作

夢冊師一生著述主要圍繞著有三個範疇，第一個範疇是法政專業的文章，其高峰期在英國留學階段，皇家院士的美譽是此時獲取。第二個範疇是在政論方面，著作有《中國論》、《現時代的意義》、《現時代之思想論戰》、《主流》月刊等。[33]高峰之作為《福利宣言》。第三個範疇屬中國古代社會思想的範疇，此處以《孔子未王而王論》及上提四篇鴻文為代表作。上述所提作品各具千秋，乃夢冊師一生學問所在。對於夢冊師兩部在香港刊行的代表作，即五十年代出版的《福利宣言》及七十年代出版的《孔子未王而王論》，有幸得在香港、臺灣及外國流傳，使後人能從此兩書得能深入認識先生偉大的人格和理想。

---

33 國內學者葛兆光說：「另一本最重要的著作，現在很少有人讀，也很少有人提起，就是羅夢冊的《中國論》。他的這本《中國論》要說的話，和現在某些學者很像，就是論述中國是一個文明，既不像帝國也不像國家，我們這個文明就是大家在一起的。大家看這個《中國論》，再對比北宋石介的《中國論》，可以看到，將近一千年裡，有關中國的焦慮始終存在。這是第二次有關「中國」討論的熱潮。詳見二○一七年六月四日，復旦大學文史研究院葛兆光教授應邀到雲南大學作了題為〈今天我們為什麼要談論「何為中國」〉之文。另外，臺灣學者黃俊傑亦注意到先生的著作，在其《思想史視野中的東亞》序中便提到羅氏之論點，詳見黃氏書（臺北市：國立臺灣大學出版，2016年版）。

　　夢冊師曾先後持贈兩書予作者，並簽名作留念。儘管作者水平有限，未能完全參透書中要核。無論如何，作者感到有責任在此推介夢冊師此兩部代表作。[34]

　　首先介紹五十年代出版的《福利宣言》，此書是由夢冊師所主編的主流社擔任出版，全書目次如下：

　　　第一章　一個新的宣告
　　　第二章　時代的錯誤
　　　第三章　推開哲學民主之門
　　　第四章　站在輻射時代看真理
　　　第五章　通達自由之路
　　　第六章　人權經濟
　　　第七章　福利政治
　　　第八章　福利國家與自由社會

　　簡言之，夢冊師在《福利宣言》開宗明義認定共產主義及資本主義兩極化的世界為人類帶來嚴重災害。一切資本主義舊形態經濟和共產主義及其他舊式社會主義型態的經濟都是不民主的。[35]「走到自由社會，把人性實現，是要經過政治民主和經濟民主的手段才能達成。」[36]他強調「要民主，必須走民主之路，要自由必須走自由之路，要無虞匱乏，必須走無匱

34　作者曾於一九八九年十月三日《華僑日報》副刊署名官少史，推介《孔子未王而王論》，並於翌年一九九〇年十一月二十三日《東方日報》〈好書欣賞〉版署名官德祥，推介《福利宣言》。今日看來兩篇推介內容和文字都不成熟，相距約廿年後的今日，再讀二書，對兩書內容的體會應較以前進了一步罷！

35　羅夢冊：《福利宣言》第5章〈通達自由之路〉（香港：主流出版社，1950年版），頁56。

36　羅夢冊：《福利宣言》第5章〈通達自由之路〉（香港：主流出版社，1950年版），頁55。

乏之路……通達自由社會之路。」[37]他在第二章〈時代的錯誤〉說明資本主義與共產主義的本身問題，表明要有第三條改造世界的路，故無怪乎前文載述有人質疑夢冊師集團是第三勢力。[38]

此外，在第五章〈通達自由之路〉宣報：「……吾輩人類今日應去，……不是那些往昔宗教教主們或某些哲學英雄們所慷慨賜予我們之那個可望而不可即的極樂世界，或十全十美的人間天堂，而只是一個素樸無華，適宜於人類居住或較適宜於人類居住的世界，進而以達人類的自由社會。」[39]又，「通達自由社會之路，必須經由政治民主與經濟民主，我們在此間所用的政治民主，已不是資產階段之舊型的政治民主，所用之經濟民主（亦已不是共產主義或舊型社會主義所稱之經濟民主）……的大道邁進，因為政治民主與經濟民主的獲得，才是人或人類在二十世紀六十年代的勝利。」[40]在書中，他帶領著讀者步向他所憧憬著的福利世界之道。

新的福利世界是一個超政治無國家的理想世界。要達到此理想箇中關鍵是要：「……先結束此人統治人之權力政治的舊時代，另開人服務人之福利政治的新時代，再由此福利政治作階石，始可能走入超政治無國家之自由時代或世界」。

在書中他進一步敬告人類說道：「吾人今已置身於福利政治時代之門口」，強調新世代的革命出現。[41]想成功地開出新世代革命之花，達致到「人服務人之福利政治的新時代」，他說要把「理性人」、「經濟人」、「政治人」之綜合的一致的人格的實現起來。

大家可能會問《福利宣言》一書的影響力有多大？這點可以從《孔子

---

37 羅夢冊：《福利宣言》第5章〈通達自由之路〉（香港：主流出版社，1950年版），頁55。

38 羅夢冊：《福利宣言》第5章〈通達自由之路〉（香港：主流出版社，1950年版），頁21。

39 羅夢冊：《福利宣言》第5章〈通達自由之路〉（香港：主流出版社，1950年版），頁54。

40 羅夢冊：《福利宣言》第5章〈通達自由之路〉（香港：主流出版社，1950年版），頁55。

41 羅夢冊：《福利宣言》〈通達自由之路〉（香港：主流出版社，1950年版），頁130頁。

未王而王論》臺灣新版〈自序〉中找到線索。其內容如下：

> ……五十年代，另一本拙作，*Declar（a）tion on Human Welfare* 一書出版之初，熱烈親切的反應即遠從萬里之外的英國頻頻傳來，已甚出乎我個人的意念，想不到更為新異的情況亦接踵而至。為了能夠對拙作出有系統的研討，迅達一致的理解，英國友人們曾於一九五三年的九月中旬，在牛津區、伊普斯敦（Ipsden, Oxfordshire）之布萊雪整合社會研究學院（Braziers Park School of Integrative Social Research）舉行了一個夏令集會（A Summer School）。[42]

臺灣新版〈自序〉寫於一九八一年，這是一九七二年巴黎第七大學東亞版所沒有的。令人產生疑問的是，為何夢冊師在一九七二年版的〈序〉不記下上述事，反在一九八一年事隔約廿八年後才有此舉？筆者有著以下的推測：

在出版一九七二年巴黎第七大學東亞版時，夢冊師對其出版的《福利宣言》是具信心，認為必廣為流傳。就內容上而言，兩者根本屬不同課題，一本談人類新革命，一本談孔子，沒必要一併介紹，故在一九七二年的〈序〉沒有記述。但到了八十年代，離《福利宣言》面世日子差不多三十年，夢冊師或者發現《福利宣言》的影響力非始料所及；一方面是料不到英國人對此書有正面影響，但另一方面亦自覺其書反在中國不流行，中國人對其作品不認識。他毫不諱言說道：「由於拙作未曾在國內出版發行，其與國人卻不無陌生之感……」。[43]因此，他在《孔子未王而王論》臺灣新版〈自序〉時為此舊作造了一些文字上的宣傳，賣了個小廣告。隨著

---

42 詳見羅夢冊：《孔子未王而王論》之〈自序〉（臺北市：臺灣學生書局，1982版）。
43 詳見羅夢冊：《孔子未王而王論》之〈自序〉（臺北市：臺灣學生書局，1982版）。

中國與臺灣的政治學術漸次開放,許多臺灣及國內著作都在對方土地上刊行再版。可惜,夢冊師的兩部力作《福利宣言》及《孔子未王而王論》仍未見國內刊行或再版,這無疑是國內政治及學術界的損失。

第二部要介紹的書是《孔子未王而王論》。[44]

在未曾介紹此書內容時,必須介紹一位曾為是書的出版付出最多汗水的幕後英雄,若沒有這位熱心的人——李克曼博士,夢冊師的著作仍束諸高閣。

事實上,此書的撰寫已於一九五九年完成,夢冊師一直把之藏於名山約十年。在一九七一年二月,因緣際會,與李克曼博士 DR P Ryckmans 談及《孔子未王而王論》,李氏力主從速付印,並把稿寄往巴黎,接洽出版。[45]夢冊師對於李克曼這伯樂感激萬分,分別在巴黎第七大學版及臺灣版的後序和導言中提到李氏之功勞,並於兩次出版均邀李氏作序,惜第一次李氏病後小休,不勞其寫作。最終在臺灣版本中才見到李氏之序言。

夢冊師著《孔子未至而王論》時是以「……個人所親履的時代風霜雷雨,當會增進對往聖前哲的了解」[46]此書並不擬為孔子作任何辯護,只希望「以事實廓清近五六百年間中國舊王朝以師限聖的煙霧,略事恢復孔子的原來面目和行事,以及其對中國的真實影響」。

關於孔子的研究汗牛充棟,而對於孔子的真正面目的了解,夢冊師《孔子未至而王論》肯定是一部成功之力作,其見解之獨到,視角之新穎,受到學術界的重視。[47]

---

44 此書較《福利宣言》易找,加上主目錄及子目多,故在此從略,讀者可自行到各大書店查閱。

45 李克曼博士,筆名黎斯,比利時人,六十年代初曾在新亞研究所修習中文,大概在「掛單」期間,師事副研究員羅夢冊先生,研習中國學術。

46 羅夢冊:《孔子未王而王論》之〈後序〉(法國:巴黎第七大學東亞出版中心,1972年版),頁297。

47 羅夢冊:《孔子未王而王論》之〈後序〉(法國:巴黎第七大學東亞出版中心,1972年版),頁298。

《孔子未至而王論》「承百代之流，中國歷史因受到漢人王孔子並神孔子的影響，已曾發生了「實然之史」和「應然之史」的分裂，且並作其對立性的發展。若只從其一面來看，此類對立的發展，由兩漢而魏晉，而隋唐，而宋元，再由明而清也，好像實然之史就要壓倒了應然之史，而將以專制帝王、世襲至朝、綱常王國之私有天下獨占一切而告終。[48]孔王之當王未王是應然之史敗於實然之史。「有聖人之德者應居王者之位，亦必居王者之位，而王位政權之傳遞，是以聖傳聖的禪讓，為其理想的形式」[49]，夢冊師心目中的王者是有聖人之德。而人人可以成聖人，聖人是可以贊天地之化者，與天地參。[50]

最後，想簡略介紹羅夢冊三篇鴻文，它們分別寫於一九七四年之〈中國社會根氐之天下體制、天下哲學〉、一九七五年之〈透過戰國之讓國運動及秦漢之地下哲學看中國〉和一九七六年之〈中國歷史社會之行程與中國辯證哲學〉。上述三篇文章都是羅老師一口氣連續三年時間構思並逐篇發表，三文內容聲氣互通，一步一步探索中國的歷史進程的真面目。可惜的是，自從在此三篇文章發表過後，再沒見到夢冊師的文章。當然，沒有文章發表，不表示他停止了任何學術研究。

現先談夢冊師的第一篇文章——〈中國社會根氐之天下體制、天下哲學〉，主旨在追尋「中國社會乃一天下形義的大社會」概念的孕育、演進和成長的歷史過程。[51]夢冊師大量爬梳史料，旁徵博引，提出「天下為均」、「天下為平」、「天下為政」等重要概念。首次揭示《禮記》〈禮運

---

48 「……此匹夫無德而王的王者與王朝，一開始即複沿著家天下的故道走」，詳見羅夢冊：《孔子未王而王論》（法國：巴黎第七大學東亞出版中心，1972年版），頁204。

49 羅夢冊：《孔子未王而王論》（法國：巴黎第七大學東亞出版中心，1972年版），頁152。

50 羅夢冊：《孔子未王而王論》（法國：巴黎第七大學東亞出版中心，1972年版），頁145。

51 羅夢冊：〈中國社會根氐之天下體制、天下哲學〉載《新亞書院學術年刊》，1974年第16期，頁354、357。

篇〉「大道之行，天下為公」的意義[52]。所謂：「天下為公」代表著「大道之行也」，而「天下為家」就反映出「今大道既隱」[53]，夢冊師認為古人是共同相信，大道之行也，天下為公。夢冊師找出許多歷史例子證明人們是眷懷「治著太平」，斥「今大道既隱」。[54]

第二篇是〈透過戰國之讓國運動及秦漢之地下哲學看中國〉，此文探討是繼前文再進一步，探索「大道之行也，天下為公」與「今大道既隱，天下為家」其說之由來，並為「有無其思想的或史實的前行者？⋯⋯」作一全面的歷史勘察。[55]夢冊師對於秦孝公讓國予賢相衛鞅、魏惠王禪國於賢相惠施，有著驚人發現。他認為「此類讓國傳賢大事件一而再，再而三地出現於當時之頭等的強大國家，形成為一個政治運動，且能迅速地現其高潮，殊不尋常。」[56]夢冊師為這不尋常的政治運動賦予前人所未有的新發現。[57]他對於「讓國傳賢改制運動」，追始溯源，找尋出其前行思潮為〈禮運篇〉所先倡之「大道之行，天下為公」，此一政治思潮是中國歷史上頭等大事。[58]夢冊師認為讓國傳賢改制運動是「中國社會到了戰國時

52　羅夢冊：〈中國社會根氏之天下體制、天下哲學〉載《新亞書院學術年刊》，1974年第16期，頁369。

53　羅夢冊：〈中國社會根氏之天下體制、天下哲學〉載《新亞書院學術年刊》，1974年第16期，頁375。

54　羅夢冊：〈中國社會根氏之天下體制、天下哲學〉載《新亞書院學術年刊》，1974年第16期，頁369。

55　羅夢冊：〈透過戰國之讓國運動及秦漢之地下哲學看中國〉載《新亞書院學術年刊》第17期，頁143。

56　羅夢冊：〈透過戰國之讓國運動及秦漢之地下哲學看中國〉載《新亞書院學術年刊》第17期，頁152。

57　羅夢冊：〈透過戰國之讓國運動及秦漢之地下哲學看中國〉載《新亞書院學術年刊》第17期，頁146。

58　羅夢冊：〈透過戰國之讓國運動及秦漢之地下哲學看中國〉載《新亞書院學術年刊》第17期，頁146、164。

代，已能從事於自我反省之反映……。」[59]這「戰國自我反省新思潮」的看法是前所未見，新穎獨到，並且發人深省。

第三篇是〈中國歷史社會之行程與中國辯證哲學〉。誠如他在第二篇文中說：「透過戰國之讓國運動及秦漢地下哲學來看中國，來看中國之古今及未來，則中國文化、中國歷史社會之總的面貌和精神或即會為之丕變。……」[60]他利用大量的史料結合豐富的地下出土文物，如夢冊師所言，利用「唐虞禪」、「五帝官天下」地下發掘、經典史程、古代傳說三結合，得出以「正」、「反」、「合」辯證論來說明中國歷史社會的行程。[61]唐虞之世或五帝官天下為之「正」。夏商和西周三代為由「正」入「反」。[62]秦漢以來的社會為中國古代社會之「反」。然後，再由「反」之「反」達致其高級之「正」，亦即之「合」。[63]夢冊師的結論是上古為「正」，中古為「反」，今日明日為「合」。[64]這個「合」是前文所說的「大道之行也，天下為公，再度回返中國」，[65]正反合（反之反），大道之行，仍邏輯的必

---

59 羅老師認為戰國出現自我反省的思潮主要原因有三，一是百家之學已達其高層次的綜合，二是哲人才士之直接間接地從事政治，三是民間口傳之古史，若堯舜禪讓的事跡，已轉化為一代的新思潮，見羅夢冊〈透過戰國之讓國運動及秦漢之地下哲學看中國〉載《新亞書院學術年刊》第17期，頁154。

60 羅夢冊：〈透過戰國之讓國運動及秦漢之地下哲學看中國〉載《新亞書院學術年刊》第17期，頁146。

61 羅夢冊：〈中國歷史社會之行程與中國辯證哲學〉載《新亞書院學術年刊》第17期，頁143-144。

62 夏後殷同繼，由選賢變為世襲，故視之為「反」，見羅夢冊：〈透過戰國之讓國運動及秦漢之地下哲學看中國〉載《新亞書院學術年刊》第17期，頁186-87。

63 羅夢冊：〈透過戰國之讓國運動及秦漢之地下哲學看中國〉載《新亞書院學術年刊》第17期，頁188。

64 羅夢冊：〈中國歷史社會之行程與中國辯證哲學〉載《新亞書院學術年刊》第18期。

65 羅夢冊：〈中國社會根氐之天下體制、天下哲學〉載《新亞書院學術年刊》，1974年第16期，頁375。

然。[66]最後，夢冊師抱寄望說：「『大道之行，天下為公』之能再還中國，亦即是為一種符合於中國歷史要求的民主制度之能運行於今後的中國，鋪好道路，當屬我們這一代的中國人，應負的大責，不容旁貸。」[67]

四　結語──羅夢冊老師心中的應然歷史世界

專精法律的人長於邏輯論證，兼能言善辯。深懂政治的人，敏於人事，且長袖善舞。夢冊師兩者兼備，但不流於世利俗套，為人光明正大，特立獨行。他年輕時專擅法政，從英返國學以致用，丹心一片報效祖國。中年時期，積極參與政治活動，以展其政治抱負，並寫出《福利宣言》；標誌著一個知識分子超越國界，站在人類發展前沿，高瞻遠矚的為新世界繪製改革的藍圖。看過此書，大家都會同意是書宏識巨議，用心於全人類的福祉，氣魄非凡。夢冊師到了「由知天命而耳順」的晚年，出版了《孔子未王而王論》，提出理想中的歷史，即歷史的民意造型，亦即「應然的歷史」。歷史該以「天下為公」為目標。[68]可惜的是，誠如夢冊師所言，實然之史壓倒應然之史。迄今，夢冊師已歸道山差不多三十年，「福利宣言」已出版也有大半個世紀，但「人統治人的權力政治」仍未有改善，我們仍生存在一個存有飢餓、戰爭危機和充斥獨裁者的世界，距離自由之路、人權經濟與及福利政治之「應然」之路還很遙遠。

夢冊師在《孔子未王而王論》對王陽明的評價。也許，反過來可以成

66　羅夢冊：〈中國歷史社會之行程與中國辯證哲學〉載《新亞書院學術年刊》第18期，頁138-139。

67　羅夢冊：〈中國社會根氏之天下體制、天下哲學〉載《新亞書院學術年刊》，1974年第16期，頁375。

68　「上古時代乃是一個『天下為公』之『官天下』。」另見羅夢冊《孔子未王而王論》，巴黎第七大學東亞出版中心，1972年版，頁204。羅夢冊：《孔子未王而王論》，巴黎第七大學東亞出版中心，1972年版，頁200。

為他自己的寫照。「然因王（王陽明）氏之學亦只是止於內聖未及外王，他雖有志於政治的改革，且為實際的從政者，而他對明代之實際的政治，亦缺乏顯著有力的影響。」[69]雖然歷史不許回頭走，假若夢冊師留在英國當他的院士，或留在中國當他的法學院長、立法委員，或依附任何一方權勢，他之官運亨通是可預期。但他卻選擇定居香港，獻身研究所傳業解惑，投入純學術研究，撰文倡導「天下為公」、「讓國傳賢」、「福利政治」等，為中國「應然的歷史」進程作出了無私的奉獻，夢冊師的理想精神應值得學生們銘記！

後記：上過夢冊師課的同學都知老師十分重視上課，衣著一絲不苟，結領帶和穿西裝，整體外型是英式紳士打扮。頭髮齊整，儀容端莊，謙謙君子，談吐儒雅。他教授作者時，年約八十歲，見他很費力勁一筆一劃的把黑板填得滿滿，待同學抄寫筆記之同時，他又滔滔不斷解說心中的玄思妙想。此情此景下，同學們都不敢懈怠，專心聽課，努力抄寫。回憶羅老師最後的日子，大部分時間臥病在床，加上腿腫，走路都有困難。一九八九年一次登門探望羅老師，老師談到六四事件對他的病情如何打擊。此事反映老師對祖國政治的熱忱和關心從未改變。後來，又一次病重，被送到公立醫院留醫，由於醫院床位不足，老師被安排睡在走廊。作者探望時，不忍卒睹，曾與醫院交涉未果。前塵往事，一切歷歷在目，永世難忘！

---

69 羅夢冊：《孔子未王而王論》，巴黎第七大學東亞出版中心，1972年版，頁270。

附錄一 〈羅夢冊教授生平大事記〉[70]

1906（？）年　　是年出世[71]

1927年　　　　考入國立開封第五中山大學法科

1931年　　　　畢業於河南大學法學院，獲法學學士學位，師從杜元載、
　　　　　　　　王毅齋兩位先生
　　　　　　　　受聘擔任河南大學附屬高中主任

1932年　　　　考入國立北平師範大學攻讀教育學碩士學位，師從余家菊
　　　　　　　　先生

1935年　　　　以研究員身分派往英國倫敦大學留學

1939-1942年　　回到祖國，受聘擔任國立政治大學、重慶中央大學和國立
　　　　　　　　河南大學教授。在河南大學擔任法學院院長

1942年　　　　被選為國民第三屆參政會參政員

1945年　　　　隨河南大學搬遷回開封辦學，受聘擔任法學院院長

1948年　　　　當選為立法院立法委員

1949年　　　　河南大學遷到蘇州，羅先生辭法學院院長職，走到香港，
　　　　　　　　並創辦《主流》月刊，為主流月刊社長
　　　　　　　　任教亞洲文商學院夜校

1950-1954年　　任教新亞書院

1955-　　　　　任教新亞研究所

70　參考張振光主編：《薪火集：河南大學學人傳》（鄭州市：河南大學出版社，2002年版）。
　　錢穆：《新亞遺鐸》〈新亞書院創辦簡史〉（北京市：生活・讀書・新知三聯書店，2004年
　　版）。陳勇：《國學宗師錢穆》（北京市：北京大學出版社，2007年版）。

71　對於羅夢冊先生生年有兩種說法：一說是一九〇六年，另一說是一九〇九年。此文曾獲夢
　　冊師的公子羅文先生過目。羅公子亦曾回港與作者見面，當時在場還有李啟文教授。作者
　　私底下亦與羅文先生電郵聯絡，但未聞其對本文持「一九〇六年為夢冊師生年說」有異議。

1959年　　　應周恩來總理邀請到北京觀光

1991年　　　病逝香港

附錄二　〈羅夢冊教授主要著作〉

《現時代的意義》　重慶新評論社　1941年版

《中國論》　商務印書館出版　1943年版

《現時代之思想論戰》重慶文化建設印務局，1944年版

主編《主流》月刊，1949年

《福利宣言》　香港　主流出版社　1950年版

《孔子未王而王論》　巴黎第七大學東亞出版中心　1972年版

〈說渾沌與諸子經傳之言大象〉（上）（下）　《東方文化》　香港大學亞
　　洲研究中心　第9卷第1-2期　1971年　香港　香港大學出版社　頁15-
　　56、230-305

〈中國社會根氏之天下體制、天下哲學〉載《新亞書院學術年刊》　1974
　　年第16期

〈透過戰國之讓國運動及秦漢之地下哲學看中國〉載《新亞書院學術年
　　刊》　1975年　第17期

〈中國歷史社會之行程與中國辯證哲學〉載《新亞書院學術年刊》　1976
　　年第18期

　　　——本文原載於《新亞論叢》2009年第10期。2020年5月再修訂，刊
《新亞論叢》2019年第20期，2020年7月再增訂。

翦伯贊先生在香港的短暫生活（1947-1948）

一　前言

　　一九四七年八月十六日，來自十三個單位的機工，在一片鼓噪聲中準備響應罷工。這次罷工統計有過萬人參與，是自一八七二年香港工人運動以來，最大規模的一次。[1]在工潮此起彼落的同時，有大批充滿政治理想的民主派人士，先後從上海乘船到香港，翦伯贊先生便是其中之一。香港頓時成為南來人士的避難所和發皇政治理想的基地。[2]

　　據張傳璽先生所記，翦伯贊先生在香港的日子是由一九四七年十月二十七日起至一九四八年十一月二十三日，僅欠幾天便足一年一個月。[3]翦氏是香港一位短暫的過客，無怪乎香港大學於一九六九年出版一本「WHO'S WHO」（中文譯為〈共產中國名人錄〉）內裡收錄〈翦伯贊〉的條目載翦氏是一名「historian」（歷史學家），他在香港的事僅一樁，就是進行考古發掘。[4]也許，名人錄受篇幅限制，但編者只記載翦氏在香港考古活動一則，未免失之過簡。

1　周奕：《香港工運史》，利訊出版社，2009年版，頁136-137。另見冼玉儀：〈社會組織與社會轉變〉載王賡武：《香港史新編》上冊（香港：三聯書店，2017年版），頁213。

2　冼玉儀：〈社會組織與社會轉變〉載王賡武：《香港史新編》上冊（香港：三聯書店，2017年版），頁212。

3　張傳璽：〈翦伯贊年表〉載《翦伯贊紀念文集》（北京市：人民教育出版社），頁155-168。

4　"WHO'S WHO IN COMMUNIST CHINA" Vol. 1, by Union Research Institute, Hong Kong, 1969., p.142.

二　天命之年，浮海香江[5]

　　香港學者李玉梅在其一篇關於論翦伯贊先生史學的文章中記翦氏一九四七年十月自上海移居香港，一九四八年十月二十三日離香港到大陸。[6]先不討論其離開的日子是否精確，就以李氏的文章中載：「翦氏由上海『移居』香港。」作者嫌「移居」一詞不夠精準，兼且把事情過於簡化。翦氏決非一般移民，他到香港的「因緣」最早可上溯至一九三二年或更早的時間（即翦氏來香港前15年）。

　　眾所周知，翦伯贊先生年青時曾經是國民黨黨員。不過，他漸漸對國民黨的所作所為感到失望，對該黨獨裁的政治手法非常痛恨。最終，他退出國民黨。翦氏對於該黨深惡痛恨之情，可以在其在一九三二年發表名為〈一個中國國民黨黨員的自白〉的文章中表露無遺。[7]

　　當中有一段文字一針見血道出翦伯贊先生脫離國民黨的主要因由，其內容如下：

> 真正的國民黨早已亡了。現在中國國民黨，是極少數的黨棍招搖撞騙的工具。[8]

上引翦氏反國民黨及其領導的評論僅是一個開始。隨著國民黨政權的腐敗，翦氏的抨擊倍加慷慨激昂，毫不留情，這都反映出翦氏愛民主的堅定意志和不畏強權的文人風骨。他在〈現階段的民主運動〉——《現代新

5　天命之年，是五十歲。時人慣以虛齡計，故翦伯贊於一九四七年四十九歲，視為天命之年。

6　李玉梅：〈翦伯贊四〇年代在香港的學術活動所透視的史學觀念〉載《史學理論研究》1999年第3期，頁52-66。

7　《翦伯贊全集》，第7卷，頁14-18。

8　《翦伯贊全集》第7卷，頁14-18。

聞》第一次座談會上的發言，為「民主」立下了簡單定義：

> 就是以人民為主，如以資本家，買辦，軍閥做主，或者讓這些人存
> 在，絕對不是民主，根據這一點，資本主義的民主與社會主義的民
> 主是不同的，一是只有資本家的自由，一是大多數人的自由。如果
> 只有資本家的自由，就是以少數人壓迫多數人，不算民主……。目
> 前的政府，表面上自己說是民主政府，其實是獨裁政府，因為在廿
> 世紀的今天，穿著龍袍實在太不像話，不能不假裝民主，……。在
> 今天，中國沒有一個老百姓能好好活下去，也沒有一個老百姓心悅
> 誠服擁護這個壞政府，所以中國民主革命是資本家、地主、學生到
> 工人農民爭生存自由的聯合陣線。……我們所要求的是真民主，只
> 要人民一天沒做主，就不是真民主，不管哪一個政黨來執政，只要
> 能辦到人民做主這一點，我們都擁護它，如果國民黨辦到這一點，
> 我們也擁護它，否則我們便反對它。[9]

除上述外，翦氏又在〈悼偉大的民主戰士〉一文除哀悼幾位民主戰士殉難
外，更直率地批評政府，其文如下：

> ……他們為了維持一黨乃至一人的政權，不惜把萬劫不復的中國人
> 民，重新推入血泊之中，并且企圖借著東北問題，挑起美蘇的惡
> 感，從而發動第三次世界大戰，以便在第三次世界大戰中，出現反
> 蘇反共的前鋒。[10]

自一九三八年八、九月文化界抗敵後援會被解散，翦氏和後援會的一些理

9　《翦伯贊全集》第7卷，頁222-223。
10　《翦伯贊全集》第7卷，頁215。

事，被列入黑名單，遭到特務的監視。後來翦氏主編《中蘇半月刊》，發表了一篇題為〈抗議解散抗日團體〉的文章，公開揭露國民黨反動派特務的陰謀。自此，成為國民黨特務的眼中釘。[11]自一九三二年「決裂」文章至一九三八年「後援會被解散」，來自政治的壓力不斷加大。翦氏的工作受到嚴重的騷擾。[12]他並未被特務所威嚇得到，繼續以筆當槍，向危害國家的獨裁政權駁火。國民黨及其黨領袖對於翦氏的批評文章，毫無疑問是十分痛恨，並想除之而後快。

　　一九四六年，李公樸和聞一多被暗殺的新聞，舉世震驚。翦伯贊先生除哀傷他們的死外，還認為其摯友陶行知先生猝然病逝，是受到李、聞的刺激，與及指名要暗殺陶行知的傳言所造成。翦氏在一篇名為〈哭行知先生〉的文章中，對此事有著詳細交代，此文發表於一九四六年七月二十六日（翦氏到香港前一年）。[13]翦氏驚覺此刻的自身安全並無百分百保障，不得不為自身安全作出打算。

　　另一方面，大概陶行知先生死前兩個月，一九四六年五月翦伯贊乘中共代表團的專用飛機由重慶飛抵南京，不久轉赴上海，繼續在周恩來的直接領導下從事統一戰線和理論宣傳工作。[14]這就可以解釋，翦氏後來於一九四七年十月是由上海去香港，非普通「移民」，而是由中共領導籌劃安排。遂有張傳璽先生所記曰：「奉命由上海轉移到香港」。[15]有一點想補

11　翦斯平：〈湘蜀記憶──記父親抗戰時期在湖南和重慶的戰鬥生活〉，收載於《翦佰贊紀念文集》（北京市：人民教育出版社，1998年版），頁37。另外，一九四七年，國民黨政府鎮壓民主運動，民主人士雲集香港，進一步開展爭取和平民主的鬥爭。見柳亞子文集編輯委員會主編《柳亞子文集──書信輯錄》（上海市：上海人民出版社，1985年版），頁580。

12　翦斯平：〈湘蜀記憶──記父親抗戰時期在湖南和重慶的戰鬥生活〉，收載於《翦佰贊紀念文集》（北京市：人民教育出版社，1998年版），頁43。

13　《翦佰贊全集》第7卷，頁215。

14　張傳璽：〈翦伯贊傳略（代序）〉載《翦伯贊全集》第1卷，頁17。

15　張傳璽：〈翦百贊年表〉收錄於《翦百贊紀念文集》，頁162。

充，張氏後來又寫了一篇〈尋訪翦百贊先生在香港的足跡〉（2003年），他開宗明義說：「因逃避國民黨反動政府的迫害，而流亡香港。」張氏對於翦伯贊先生之「奉命」和「流亡」說前後不一。這是否代表著張先生對翦氏來港的原因，因時間上的轉移，而起了根本上的理解變化呢？！事實上，「奉命轉移」和「流亡」兩者應有本質上的不同。

又，曾為翦氏當助手的楊濟安先生則有以下回憶，寫道：「蔣管區白色恐怖陰雲密布，許多民主人士和進步學者都紛紛避難到香港，⋯⋯記得翦老是一九四七年冬季攜家來港，也在（達德）學院任教。⋯⋯翦老是因蔣管區政治黑暗而避難來港的民主進步人士之一，至一九四八年十一月底離港北上，前後共一年多時間⋯⋯」。[16]先不討論翦老是否一九四七年冬季「攜家來港」的問題（這點容後再討論），據上引文可見，楊先生是認為翦氏是「避難來港」。這說法與張傳璽之「迫害流亡」說相類近。究竟是「逃難」抑或是「奉命」，孰是孰非？作者審時度勢後，以為兩者兼有或稱之為「奉命逃難」。

從現實角度分析，翦氏被國民黨視為叛逆分子，對於其批評文章恨之入骨。在國民黨的統治區內，翦氏的生命確是岌岌可危，這點共產黨領導人和翦氏本人心中有數。在離上海前四個月，翦氏發表了一篇名為〈為學生辯誣〉的文章，其文說道：

> 到最近兩天，政府甚至動員了一千以上軍警，攜帶機關槍圍剿交大和復旦的學生，同時，在軍警和便衣人員的隊伍中，還出現了傳奇中的「蒙面大俠」，他們在黑夜中，襲擊學生，逮捕學生，並且侵入教授的宿舍，搜查教授，侮辱教授。⋯⋯[17]

---

16 楊濟安：〈恩師翦伯贊在香港的日子〉收錄於《翦百贊紀念文集》，頁52-53。
17 《翦伯贊全集》第7卷，頁225。

由此可見，翦伯贊先生對於政府軍警「連教授也不放過」的行為既表示憤慨，又顯得有點擔心。還有一事值得留意，在一九四七年十月二十二日，國民黨最高領導人蔣介石由青島到了上海。[18]雖未有直接資料說明因蔣介石之到上海，促使到共產黨及反蔣人士需要離開，但從時間上的吻合角度看，兩者多少都有關聯。至少國民黨特務因委員長的將到上海，必加緊對付異見者，大大提升了異見者的危機感，或因此而加速他們離開上海。歷史的事實是翦氏於翌日（10月23日）便立刻離開上海。

事實上，在一九四六年上半年，中共廣東區黨委部分成員北撤，部分成員被派往海外。到了七月，中共中央派方方到香港，與尹林平共同負責領導華南地區的工作，並籌建中共中央香港分局。[19]一九四六年下半年至一九四七年春，由國民黨統治區撤出的一批重要幹部陸續到達香港。[20]翦伯贊應屬此批於共產黨領導心目中的「重要幹部」。一九四六年一月，翦伯贊以民盟顧問身分參加舊政協，隨後在周恩來的具體布置下到南京、上海堅持地下工作。一九四七年十月遵照組織安排「奉命逃難」到香港。[21]

---

18 韓信夫、姜克夫主編：《中華民國大事記》（1947-1949）卷12（北京市：中華書局，2011年版），頁8436。

19 「一九四七年一月十六日，中共中央香港分局成立，局下設立三個平行的組織機構：其一是農村工作委員會，由方方；尹林平負責；其二是城市工作委員會，由梁廣、陳能興、鍾明等負責；其三是香港工作委員會，由章漢夫仕書記，後來相繼由夏衍、喬冠華、饒彰風接任書記。⋯⋯」，參見孫重貴編：《香江歷程》（香港：文史出版社，2007年版），頁207。

20 許錫揮、陳麗君、朱德新著：《香港簡史》（廣州市：廣東人民出版社，2015年版），頁213。

21 翦伯贊早在一九三七年五月加入中共，在周恩來直接領導下從事文化工作。故他到香港的安排應是奉周恩來的指令。

三　戰後香港，艱辛歲月

在第二次世界大戰期間，香港受到日本軍隊鐵蹄所蹂躪，歷時三年零八個月。這段艱苦日子令許多老香港畢生難忘。日治時期，香港人口由一九四一年時之1,639,357人直線下降至一九四五年之六十萬人以下。抗日勝利後，國內政治和經濟並無隨之而穩定下來。相反，國幣一直下瀉，曾有年初一萬元兌港幣四十八元，到年底只得八元的記錄。內地政局日趨動盪[22]，上海的工商業家開始轉移目標投資香港。[23]加上當時香港的邊境關卡尚未有關閉，大量移民蜂擁而至，香港人口遂在一九四六年躍升至一百五十五萬人。[24]隨著人口急遽回升，帶來便是「糧食」及「居住」問題。當時港督楊慕琦爵士在電臺廣播呼籲市民積極參加為期兩週的「節約糧食運動」。[25]港督的呼籲是否奏效不得而知，但此時香港糧食捉襟見肘則可見一斑。

就此香港特殊地緣政治和經濟的背景下，翦伯贊先生於一九四七年十月二十七日從上海乘輪船到了香港。據〈翦伯贊大事年表〉所載，翦氏初住李濟深的招待所，後遷九龍山林道一個公寓中。十二月，翦夫人到香港，又遷居尖沙嘴海防道四十號。[26]翦氏在香港短短一年多，曾三遷居所。

對於翦伯贊先生初住李濟深的招待所，他有以下記述：「……我初到

22　《華商報》，1948年9月1日。

23　周奕：《香港工運史》，利訊出版社，2009年版，頁153-155。元邦建編：《香港史略》（香港：中流出版社，1997年版），頁203。張曉輝：《香港近代經濟史（1840-1940）》（廣州市：廣東人民出版社，2001年版），頁500。劉蜀永：《二十世紀的香港經濟》（香港：三聯書店，2004年版），頁45。

24　香港在一九四七年，人口為1,750,000。到一九四八年，人口再增到1,800,000，詳見冼玉儀〈社會組織與社會轉變〉載王賡武《香港史新編》上冊（香港：三聯書店，2017年版），頁211。另外，到了1950年，人口達2,360,000。詳見G. B.Endacott. "Government and People in Hong Kong 1941-1962—A Constitutional History", Hong Kong University Press ,1964, p.197.

25　《華商報》，1946年6月6日。

26　《翦伯贊全集》第1卷，頁370，〈附1〉。

香港時，還在他的招待所住了半個月。以後當多與接觸，用承教益。華崗新從北方來港，這裡的統一戰線，今後當更可廣泛地展開。」[27]這裡提到李濟深將軍，他僅比翦伯贊早了八個月到香港。他是於一九四七年二月前往香港，公開反蔣。[28]

至於另一住處，九龍山林道一個公寓。翦伯贊的學生張傳璽先生曾撰〈尋找翦伯贊先生的香港蹤跡〉一文，特別記載昔日柳亞子的到訪及贈詩。[29]但是昔日舊樓已拆，無文字資料和相片可供反映山林道昔日環境。不過，作者找來另一條材料，或可供間接參照之用。

這就是從彭潤平先生一篇回憶名為〈父親彭澤民四〇年代在香港的政治活動〉的文章看到。文章記載了以下一段話：

> 我們在香港的家，地處偏僻，狹窄，沒有任何現代家具陳設，待客人也只有青菜豆腐，然而卻是父母的老同志、老朋友樂於聚會之所，藏身之處。陳其瑗、章伯鈞和李健生暨他們的兩個女兒都先後長時間住在我們的家。我們家裡常備著十多塊木床拼板和九副軍用帆布床，隨時接待來往的同志。[30]

彭潤平的家當有別於李濟深的招待所，但可視為到港民主人士們的一般生

---

27 一九四八年六月二十日發表於香港《野草文叢》，第10集〈論怕老婆〉，收載於《翦伯贊全集》，第4卷，頁298。

28 一九四七年三月九日，李濟深在香港發表《對時局意見》，號召中國國民黨內人士「站出來改正反動派錯誤」，再被中國國民黨開除黨籍。一九四七年五月份被永遠開除出國民黨。一九四八年一月，在香港成立中國國民黨革命委員會，推舉宋慶齡為榮譽主席，李濟深任中央委員會主席，何香凝，馮玉祥等原中國國民黨黨員被推為委員。同年五月，接任中國致公黨中央主席，赴東北解放區。

29 張傳璽：〈尋找翦伯贊先生的香港蹤跡〉載《北大史學》第10期。

30 彭潤平：〈父親彭澤民四〇年代在香港的政治活動〉收載全國政協文史委編：《文史資料選輯》第34冊（北京市：中國文史出版社，1999年版），頁8。

活縮影。這點或可供協助大家想像翦伯贊先生是如何在香港生活。

　　未幾到十二月，翦夫人到香港，翦伯贊又再遷居尖沙嘴海防道四十號的親戚家裡。助手楊濟安先生曾說：「記得翦老是一九四七年冬季携家來港，……。」[31]事實上，翦氏初到香港之境，應沒有携家人來。誠如前面所述翦夫人比他遲二個月才到。兩人是「前後腳」不同時段進入香港。作者推測這「前後腳」或是基於安全理由、行動須守秘等考慮。翦夫人到香港後，翦氏伉儷便搬到翦夫人的外甥女及女婿的家。據悉她的外甥女婿名蘇一立，是在香港作服裝生意。

　　關於翦伯贊最後一個居住地方，是尖沙嘴海防道四十號四層。[32]他的英文地址寫法如下：

> P.T. Chien
> 41, thefloor
> 40, Haipong Rood,
> Kowloon Hong Kong

翦氏還向其摯友馮玉祥說：「我的通信處開列如下，以後通信，請逕寄該處（全寫美英文，可以收到）。[33]

　　此地址有一處地方值得留意，就是第二行的「41, thefloor」。首先，thefloor 應為 the floor，應是兩個字（two words）。又 Haipong Rood 的 Rood 是 Road 之誤，未知是手民抑或印刷誤植。更重要的是41,the floor，按此應是指四十二樓（地下一層不算）。但當時該地建築肯定沒有四十二

---

31 楊濟安：〈恩師翦伯贊在香港的日子〉收錄於《翦伯贊紀念文集》，頁54。

32 章詒和「海防道」誤植為「防海道」〈心坎裡別是一般疼痛——憶父親與翦伯贊的交往〉，載《社會科學論壇》2004年7月，頁79-80。

33 一九四八年六月二十日發表於香港《野草文叢》，第10集〈論怕老婆〉，收載於《翦伯贊全集》第4卷，頁299。

層高，而中文是寫海防道四十號四層，作者懷疑四十一或是第四層一號室之誤。又或者四十一之「一」數目字，因形似疑為「/」之誤。這只是猜測，然而有一點可肯定，此41, thefloor 當中必有誤。不過，作者深信一個盡責和老練的本地郵差，應能把信送到翦氏手中，只要40, Haipong Rood，兩處沒有錯得太離譜，尤其四十不能錯。至於 Rood 之錯只是「o」和「a」一個字母的形似而誤，無傷大雅不會影響到派信。

關於翦伯贊在香港的居住環境，還可以從以下的兩張生活照片見其一麟半爪。

首先，是一九四八年翦伯贊在香港九龍寓所拍攝的一幀相片。相片中的寫字檯是舊款木製，木檯前擺放一藤椅。鏡頭焦點是翦伯贊伏案工作的情狀，背景並無特別家具裝潢。[34]至另一張相，拍攝時間是一九四八年夏，當時翦氏右手執著一支香菸，坐在單人藤椅上，姿態舒坦，膝上還擺放著一份報紙，依稀辨認出是《華商報》。[35]另外，《翦伯贊全集》的編者在此相片上記下一句話：「一八四八年夏，翦伯贊在香港寓所」，相對上一幀「伏案工作」相，編者寫道：「香港九龍寓所」。要知「香港」既可是（香港、九龍和新界）的地名統稱，又可單獨成一個地名「香港」，本地人為了不引起混淆，一般稱「香港」為「香港島」。至於上述編者記「香港九龍寓所」則很清楚說明地點在香港的九龍區。山林道公寓和海防道四十號都屬於九龍區。至於李濟深的招待所究竟在香港島抑或在九龍，則作者手頭並無進一步資料。

翦伯贊先生在香港的日常工作，大抵可分成兩個大方向，一是學術，另一是政治。先談學術方面，在此又細分成兩方面，一是著書立說，另一是在達德學院的教學。關於著書立說方面，翦氏是一個有計畫和自律的學

---

34 《翦伯贊全集》第3卷，正文前第1幀照片。
35 《翦伯贊全集》第8卷，正文前第1幀照片。

者。雖然在香港的時間短促，居無定所，但他從沒有放棄他在學術上的鴻
圖大計。他說：

> 我現在仍以全部精力寫著《中國史綱》第三卷〈三國兩晉南北
> 朝〉，已成二十萬字，尚有二十五萬字待寫。[36]

事實上，在抗戰時生活艱困，翦氏仍在進行學術研究。現在身處香港，生
活雖苦，對比戰時逃難生活，穩定百倍。所以，居住在香港的他，學術勇
猛精進，收穫甚豐。[37]另外，翦氏的史學才華極高，精於撰作，善於講
演。共產黨中央安排他在香港達德學院傳授學問。同時間，翦氏又在報刊
雜誌當編輯，發表文章，精力過人。下面擬就翦伯贊先生在香港達德學院
及在報章宣揚民主工作的兩個方面作出闡述。

四　達德傳國史，報章播民主

　　達德學院的是在內戰背景下由中國共產黨和民主黨派合作在香港的屯
門建立的一所新型民主大學。本地人逕稱為香港第一間「共產大學」。此大
學從一九四六年十月創立到一九四九年二月結束，只有二年零四個月。[38]
翦伯贊先生到香港，剛巧達德學院開辦不久，可說是因緣際會，翦氏與其

36　一九四八年六月二十日發表於香港《野草文叢》，第10集〈論怕老婆〉，收載於《翦伯贊
　　全集》，第4卷，頁299。

37　翦斯平：〈湘蜀記憶──記父親抗戰時期在湖南和重慶的戰鬥生活〉：「……遵照黨的指
　　示，父親把大部分時用來從事統戰工作和其他的社會活動，同時，他仍然還擠出時間來
　　搞學術研究。」翦斯平〈湘蜀記憶──記父親抗戰時期在湖南和重慶的戰鬥生活〉，收載
　　於《翦伯贊紀念文集》（北京市：人民教育出版社，1998年版），頁44。

38　香港政府突然下令取消達德學院的註冊，見《華商報》1949年2月24日。另參見周奕：
　　《香港左派鬥爭史》（香港：利訊出版社，2017年增訂版），頁12-13。

他志同道合的民主人士，都進入達德學院教學及作公開講演。[39]

戰後初期，港英政府對於國共兩黨採取「平衡各方勢力」及「觀望」策略。港英政府容許兩黨的宣傳活動。達德學院能成功除了創辦者的努力外，亦受惠於港英政府的「開放」策略。達德學院的教育方針是「倡民主」、「倡自由」及「反獨裁」，校歌歌詞寫道：「……達德，達德，達德，達德，青山腳下，大海之旁，你像是燈塔在暴風雨裡，照射出新民主新文化的光芒。」[40]達德的教育方針和目標，皆與翦氏的民主進步思想相互匹配。[41]可推想，翦氏在達德的教學生涯是愉悅順心的。

翦伯贊先生在達德學院任教科目有兩門：（1）〈中國史〉、（2）〈中國古代史〉。[42]查當時達德學院的主要課程分屬商業經濟班、法政班、國文班三大學系，另設會計和新聞兩個一年制的專業課程，以及一年制的預備班。當時，商業經濟系、法政系和文哲系第一年級均有一門選修科目〈中國通史〉，規定學分四，每學期學分二，每週授課時數二。[43]預備班則在第一學年設〈中國史〉，每週三小時。它採取學年學分混合制，即是學生要在三年共六個學期內，修讀一二〇學分或以上。[44]這裡頭有一個小問題令人困惑，〈翦伯贊年表〉中「一九四八年條」載：本（4）月到達德學院任

---

39 有關達德學院的相片，《翦伯贊全集》共收錄以下兩幀〈一九四八年，與侯外廬在香港達德學院合影〉收載於《翦伯贊全集》第4卷，正文前第1幀照片。及〈一九四八年，翦伯贊任香港達德學院教授時的該校主樓〉《翦伯贊全集》第4卷，正文前第4幀照片。

40 李凌曲：〈達德之歌〉載於《達德歲月——香港達德學院紀念集》，中山大學出版社，2004年版。

41 劉智鵬：《香港達德學院——中國知識份子的追求與命運》（香港：中華書局，2011年版），頁34、36。

42 劉智鵬：《香港達德學院——中國知識份子的追求與命運》（香港：中華書局，2011年版），頁93。

43 劉智鵬：《香港達德學院——中國知識份子的追求與命運》（香港：中華書局，2011年版），頁39、41、43。

44 左派人才的搖籃——達德學院網址：https://www.vjmedia.com.hk/articles/2013/01/19/29257（日期2018年7月7日）

教授，講授「中國歷史」。劉智鵬先生在其書所記較為具體，其書載翦伯贊在達德學院任教科目有〈中國史〉及〈中國古代史〉。[45] 然而，根據達德課程簡介，預備班才有〈中國史〉、在商業經濟系、法政系和文哲系一年級只有〈中國通史〉，卻沒有〈中國古代史〉的課程。「中國史」與「中國通史」僅一「通」字之差，意思類近。究竟是手民之誤，抑或記載有誤，不得而知。

翦伯贊先生是非常能幹，一心能多用。在達德學院當教授，需要備課、授課、批改功課、出席校務會議、參加學校活動、出席特別日子的宴會、作演講者、當聽眾等等，不一而足。除此之外，他還有在香港《文匯報》中〈史地周刊〉當主編，關於這點，張傳璽先生有以下記述：

> 同年（1948）年九月上旬，香港《文匯報》創刊。該報設有七個副刊，其中《史地周刊》由翦伯贊主編，他幾乎是自撰稿件，自編、自校，工作異常繁忙。[46]

翦氏在香港工作是非常繁忙，這都在楊濟安先生的回憶中得到相類近的證明。在香港，楊先生是翦氏的學生兼助手，對於先生在香港時所經他過目的文章很多，涉及範疇甚廣，包括歷史、考古、政論、時事評論、紀念文章。這還未包括其私人書信。

根據李玉梅先生統計，翦伯贊先生於〈史地周刊〉一身兼撰寫員多名兼校對，在短短一個月中，曾先後化名錢肅端、陳思遵、農疇發表三文於《史地周刊》第一期上，同時又寫了《編者的話》，不需另署名。《史地周刊》一共出了八期，翦氏文章計有《編者的論》、《杜甫世系及其家屬

45　《達德歲月——香港達德學院紀念集》，中山大學出版社，2004年版。

46　張傳璽：〈翦伯贊傳略（代序）〉載《翦伯贊全集》第1卷，頁19。

考》、《西晉的宮闈》、《三國時內戰中的民族軍隊》、《孫皓的末日》、《舶寮島史前遺跡訪問》、《關於臺灣的石環及其他——覆李規先生》、《歷史學上的人名地名與年代》、《關於歷史知識的通俗化問題——兼答吳蘭先生》、《評南北朝的幻想》、《末代帝王的下場——逃跑投降、自殺被俘》、《關於傳國璽答文芳先生》等，翦氏文章在香港的「文章生產量」不可謂少。[47]

翦伯贊留港期間，在《史地周刊》以外發表的文章，還有如下十九種：

一、〈讀書不應「不求甚解」（答讀者）〉

二、〈迎接劃時代的一九四八年〉

三、〈序費德林博士（屈原新論）〉

四、〈從歷史上看中共的土地改革（星期專論）〉

五、〈晉書〉〈祖逖傳書後〉

六、〈戳穿美蔣新的政治陰謀——對「中國社會經濟研究會」的批判〉

七、〈記古聖寺〉

八、〈擁護新政協會的召開——一九四八年五月八日在〈華商報〉〈「目前新形勢與新政協」座談會上的發言〉

九、〈九品中正與西晉的豪門政治〉

十、〈覆馮煥章先生書〉（〈覆馮玉祥先生書〉）

十一、〈揭穿蔣府〉「文化撤退」的陰謀（星期專論）〉

十二、〈序劉啟戈譯〈世界通史〉〉

十三、〈「三、四年」〉

十四、〈新舊唐書杜甫傳糾謬〉

十五、〈評清宮秘史〉

---

47 李玉梅：〈翦伯贊四〇年代在香港的學術活動所透視的史學觀念〉載《史學理論研究》1999年第3期，頁52-66。

十六、〈追懷馮玉祥將軍〉

十七、〈馮玉祥將軍紀念冊〉（編）

十八、〈越南人民的雙重任務〉

十九、〈張炎將軍殉難四周年祭〉

根據上述，翦伯贊先生在香港所撰的文字，無論是政論或是「以古喻今」的歷史文章，都是予人一個強烈的印象，他把自己整個生命，由抗戰至今都是傾注於「政治」與「學術」中。[48]他的犀利筆鋒，專攻擊獨裁政治；他的真摯性格；善結納不同黨派一起追求和平、建立民主新中國，人民的福祉為其終身爭取的目標。[49]

五 秘密離開香港

一九四九年四月一日香港政府開始實施《一九四九年移民管制條例》，目的是管制「非在港土生人士來港、離港以及在內的活動。……同一日，立法局還通過了兩個法例：《驅逐不良分子出境條例》……負責當

---

48 翦氏以古喻今的筆法，可見翦氏《復馮煥章先生書》一例。信中載「三月七日惠書敬悉，知道您對於許多今日的李膺、郭泰之流的人物，能夠逃到香港，感到無限的欣慰。是的，這些朋友，都是中流砥柱，天下人望。……不過，這些朋友的逃亡，又說明了今日的中國，已臨到一個比桓、靈更黑暗的時代。」一九四八年六月二十日發表於香港《野草文叢》，第10集〈論怕老婆〉，收載於《翦伯贊全集》，第4卷，頁295。翦氏此「以古喻今」的筆法散見其文章中，不勝枚舉。

49 李玉梅提出翦氏其中「以古喻今」的史觀，詳見〈翦伯贊四〇年代在香港的學術活動所透視的史學觀念〉載《史學理論研究》1999年第3期，頁55。另外，關於翦伯贊的同道友人，楊濟安先生在其文章已有詳細介紹，茲不贅言，可參考下列文章：楊濟安：〈恩師翦伯贊在香港的日子〉收錄於《翦百贊紀念文集》，頁54-62。陳君葆：《陳君葆日記全集》（卷2：1941-1949）（香港：商務印書館，2004年版），頁544。羅永常：《翦伯贊與郭沫若的深情友誼》2014年4月，頁19-23。章貽和：〈心坎裡別是一般疼痛——憶父親與翦伯贊的交往〉，載《社會科學論壇》2004年7月，頁79-80。

局可以用一簡易的審訊方式判定某人為本法例所指的不良分子。」[50]港英殖民政府意識到國內政局有山雨欲來之劇變，故收緊法例，以作應對。雖然香港政治局勢生變化，不一定與翦氏聞風提早（1948年）離港相關，但國內形勢的急變，導致翦氏離開香港，則應非偶然。

　　許多學者及黨友對於翦伯贊離開香港均有記述，但對於其離港的確實日期則無一致的看法。如李玉梅的文章共有兩處提到翦氏離開香港的日期為一九四八年十月二十三日。[51]至於張傳璽先生所記的日子，則比李氏遲一個月，即一九四八年十一月二十三日，他說翦氏奉中共中央電召，由香港乘輪船北上同船有郭沫若、馬敘倫、侯外廬、許廣平、曹孟君等二十餘人。[52]李氏與張氏的年及日期相同，月份卻有所出入。

　　另外，楊濟安先生在其翦氏回憶文章中，對此有以下記載：

> 一九四八年，翦老應中共中央之邀北上解放區，共商建立新中國之大計。他於十一月二十三日乘蘇聯貨船秘密離開香港，目的地是東北的大連市。他在船上以船員的身分出現的，臨行前他把海員證和工人服都給家人和我看了，并說，這是為了萬一被檢查時用。

楊濟安當時在翦伯贊先生身邊，清楚說明乘什麼船，目的地在那處，還有船員身分證等細節，十分具體，其話應最可信。作者都認為十一月二十三日應是翦氏離開香港的日子無疑。李玉梅論文所記實誤。不過，作者又於另一處地方找到以下一條資料，這資料所記翦伯贊先生離開香港的日期為十二月二十六日，很值得玩味！

50　許錫揮、陳麗君、朱德新著：《香港簡史》（廣州市：廣東人民出版社，2015年版），頁215。

51　李玉梅：〈翦伯贊四〇年代在香港的學術活動所透視的史學觀念〉載《史學理論研究》1999年第3期，頁52、53。

52　張傳璽：〈翦伯贊傳略（代序）〉載《翦伯贊全集》第1卷，頁20。

根據彭潤平先生記曰：

一九四八年八月，大批民主人士陸續進入解放區，準備參加新政協。在周恩來的極其周密穩妥的安排下，錢之光、祝華、徐德明等南下香港，同香港華南分局方方、潘漢年等負責人一起，接送四批民主人士北上。父親在第三批，同行有李濟深、茅盾夫婦、朱蘊山、章乃器、鄧初民、王紹鏊、柳亞子、馬寅初、洪深、翦伯贊、施復亮、梅龔彬、孫起孟、吳茂蓀、李民欣等三十餘人。十二月二十六日晚，乘蘇聯船「阿爾丹」號從香港維多利亞港出發，航行十二日於一九四九年一月七日抵大連。輪船經歷驚濤駭浪，但人們安然若素，老前輩每日輪流講述革命的歷史。父親有一首詩《戊子除夕在舟行中》記載當時一些情況：「航行三日逢除夕，客思悠悠薄送年。海面狂濤姑且渡，春風待近到吾船。」[53]

究竟翦伯贊是哪一天離港？按一般常理，楊濟安先生與張傳璽先生的「十一月二十三日」說與彭潤平先生「十二月二十六日」說，兩者是不能並存，必有一誤（邏輯上還有兩者皆誤的可能，不過可能性較低）。如何找出真相？

作者反覆推敲，與翦伯贊一起的「同行者」或可提供線索。至於同行者的關鍵人物，作者認為最少有以下兩人——郭沫若先生和茅盾先生。

郭沫若先生於一九四八年十二月四日寫了一首〈送別伯贊兄〉，其第一句「又是別中別……」。[54]《翦伯贊全集》〈注一〉釋曰：「一九四八年十

---

53 彭潤平：〈父親彭澤民四〇年代在香港的政治活動〉收載全國政協文史委編《文史資料選輯》第34冊（北京市：中國文史出版社，1999年版），頁11。

54 郭沫若：《送翦伯贊〈五律〉》「一九四八年十二月四日作於由香港北上途中。」見《郭沫若研究資料》（下卷）（北京市：中國社會科學出版社，1986年版），頁643。

一月二十三日，郭沫若、翦伯贊等同志奉中共中央之命，自香港乘船北上。十二月五日抵大連東北之口岸，郭沫若、許廣平等同志北到瀋陽參觀訪問，翦伯贊、連貫、胡繩等同志奉命南渡渤海，至山東，轉河北，赴黨中央所在地石家莊附近的李家莊報到。郭老在離香港時，與于立群等同志告別，這時又與翦老等分別。」[55]假設此「別中別」誠如〈注〉者所指，先有于立群，後有翦伯贊，那便合理，十一月二十三日郭沫若與翦氏同船北上，在大連暫時分別。

另外，據龔濟民、方仁念《郭沫若年卷》上卷載：「（11月23日）夜，（郭沫若）由香港乘華中輪北上，同行者三十餘人」。[56]只可惜，沒有詳細說出，同行者三十人的具體名字。但引起另一問題，文中所載是「乘華中輪」，但根據楊氏前面所載翦氏是乘「蘇聯貨船」。因此，令人費解的是假設郭氏與翦氏有「別中別」是合理，但又非同一船，當中更難通解。

於此，作者嘗試提出另一角度去疏通此問題。

剛才提到「同行人」有郭沫若，這是根據楊濟安先生及張傳璽先生所記述，上面已作出了討論。剩下還有茅盾，據彭潤平所述：

> 父親在第三批，同行有李濟深、茅盾夫婦……翦伯贊……等三十餘人。十二月二十六日晚，乘蘇聯船「阿爾丹」號從香港維多利亞港出發，航行十二日於一九四九年一月七日抵大連。

這裡提供了兩個重要信息。[57]第一是茅盾是與翦氏同船，但郭沫若不在。

---

55 《翦伯贊全集》第7卷注（1），頁366。

56 龔濟民、方仁念：《郭沫若年卷》上卷（天津市：天津人民出版社，1982年版），頁574。又，華中輪屬南茂船務公司，是一艘香港客貨輪船，可參考一八四八年四月份《星島日報》之廣告版。

57 另，林博文亦持十二月二十六日晚離港說，見《一九四九浪淘盡英雄人物》（臺北市：時報文化出版公司，2009年版），頁21。

那麼，郭氏十二月四日〈送別伯贊兄〉的事豈非頓失意義。至於另一信息是船航行十二日抵大連，這又解釋得到十一月三日為出發日。十二月四日作送別詩。十二月五日分手（剛好是12日）。作者正為此等問題煩惱時，一條關於茅盾的材料出現，啟發了作者。其文內容如下：「一九四九年一月一日，茅盾此時已離開香港去解放了的東北，此舉可能係為了迷惑國民黨反動派。」[58] 由此可知，共產黨為了擾亂國民黨，茅盾的離開香港可能是迷惑人的「煙幕」。

撇開個人記憶失誤的考慮，茅盾的「煙幕說」刺激起作者一點想法。

楊濟安先生憶說翦伯贊先生是乘蘇聯貨船「秘密」離開香港。「秘密」者當然不想讓人知，要達此目標，可用手法包括易容、偽裝、發放假消息，製造煙幕，擾亂敵人。為免洩露風聲，翦伯贊先生（見前引文）在船上需要喬裝船員，足見此行程的箇中風險。甚至為了對付「間諜」，發放煙幕，如：真名單、假日期等，放出「煙幕」都屬慣常伎倆。加上是次乃政治「祕密」行動。人分幾批，絕不會浩浩蕩蕩上船。上船後又分布船上不同位置，故意不相往來，免惹懷疑。或者情勢急迫，翦氏名單有變化，故他離港日期、船屬公司與及同行名單，出現張冠李戴的混亂，甚有可能。

基於以上的考慮和猜測，作者較傾向張傳璽及楊濟安兩先生的「十一月二十三日說」。原因是楊氏屬第一手直接材料，而郭沫若的贈詩中的「別中別」，在時間上都是匹配合理，乃有力旁證。至於彭潤平根據父親的回憶，記述間接，可信性略遜，加上缺乏旁證，不宜盡信。最後申明一點，本來翦伯贊先生乘船日期問題是枝末小節，無關宏旨。不過，離港一事都是翦氏在香港短暫生活的最後印記，仍屬本文範圍，遂有上述贅言。

---

58 《茅盾全集》〈附集〉（北京市：人民文學出版社，2001版），頁232。

六　結語

　　關於翦伯贊的文字，很少有提到他對香港的看法。就在翦伯贊先生一篇名為〈論怕老婆〉的文章中，作者找到他對香港唯一的看法，文約僅七十字，史料價值很高，故把其內容抄錄如下：

> 我個人還是和在四川一樣，過著貧苦的日子；但我并不覺得痛苦，因為到了香港以後，我的靈魂已經解放，而且我以為只有貧苦才是最快樂、最豐富、最偉大的生活。[59]

翦伯贊先生此段話的核心是「到了香港以後，我的靈魂已經解放」。雖然抗戰令國民長期過著「貧苦的日子」，但卻絲毫沒有磨蝕翦氏求國家和平、爭取民主與及建立新中國的決心。有謂「知足者，貧亦樂」，翦氏並不因貧而憂，反而因貧而樂。翦氏的「靈魂已經解放」，因為他在香港的生活是（一）最快樂、（二）最豐富、（三）最偉大的生活。關於此三方面的感覺，作者嘗試剖析如下：

　　關於「最快樂」的生活。香港戰後仍是一個開放的地市，各不同黨派和不同意識形態的人都擁到香港。翦氏身不由己的來到香港，一邊在達德學院執教，一邊在香港進行統戰。翦氏心中的香港是一個富有不同思想，相摩激盪的政治理念平臺。事實上，他在香港除了接觸共產黨的同志外，他還與許多不同黨派人士交流見面，此自由的香港與充滿白色恐怖的上海簡直是天堂與地獄之比，也許這是他感到生活「最快樂」的箇中原因之一。

　　第二方面，「最豐富」的生活。翦伯贊在香港用「借來的時間」，專心致志地寫國史、當主編、發表政論、四出演講、進行考古。翦氏在《史地

---

59 一九四八年六月爾二十日發表於香港《野草文叢》，第10集〈論怕老婆〉，收載於《翦伯贊全集》，第4卷，頁298。

周刊》苦心孤詣的文章及其他十九種作品，還有散見各報章刊物的散文和詩文，他感到在香港的學術生活是「最豐富」的。

第三方面，「最偉大」的生活。他在香港生活雖然貧苦，但對於執行中央指令鞠躬盡瘁。平日四出奔波，盡力發揮己之外交長才，在香港作統戰宣傳，穿梭各不同派別人士，充當遊說和統一戰線的幕後功臣。眼見新中國近在咫尺，所盡的綿力並無白費，這就是翦氏心底中「最偉大」的感覺。

總言之，翦伯贊在香港生活了一年多，無論在其政治生涯、學術生活與及人際關係都令其極滿意。就香港歷史而言，翦氏是一顆光芒四射的彗星，偶爾在香港長空劃過，其時間雖短促，但予人印象卻特別深刻。

——2018年7月初稿，11月25日增訂，2020年6月定稿。

後記

　　1984年我考上浸會大學歷史系，那時候年輕少不更事，唯一追求是「學分」。其後考進入新亞研究所，得到所中老師學長的諄諄教誨，由原來追求「學分」之心，轉成求「學問」之志；「分」與「問」差一字，境界則天地懸隔。學分有時盡，學問了無涯。自知愚鈍，根基薄弱，但仍盡最大努力追隨各師長，踏進歷史研究之門！

　　1989年我自新亞研究所碩士畢業後，有一段很長的時間胡亂讀書，不積極寫文章，回想其時即使積極，都未必寫得出像樣文章。後來經過幾年時間搜集材料，寫下讀史札記，腦海中才有點想法，開始邯鄲學步，模仿別人做文章。這時我常抱著醜婦見家翁的心，投稿各學術期刊，當中間有成敗。1999年，我有幸赴北京大學歷史系攻讀博士學位。本論文集內有幾篇關涉於漢代商業的論題，就是從當時畢業論文中抽出部分內容修改而成。另外，我還寫了大一堆未成熟和不完整的文章，長期貯藏電腦中，開時翻出啄磨，然後把自我「感覺良好」的扎記短文擴寫成一篇論文，再拿去投稿，能成功刊登，志得意滿。但隔一段日子，重頭細閱，總有不滿處，吃後悔藥情況不斷輪迴，常令我惴惴不安。莫非此是「今天的我，打倒昨天的我」的必然宿命耶！

　　人一生仿如向上爬山，到達某高度便自然地停下，回首走過的路。我現在把廿多年來所思所想結集成書，為的就是把所做的「學問」來一次中期盤點，總結自己的能力及制訂未來的路向！我不敢奢望每篇論文都有創

獲，只求做到內容翔實，論證不致大誤，於願足已；倘幸獲學界不吝賜教，則為我的最大冀盼！

2020年9月

大學叢書・新亞文商學術叢刊 1707003

中古社會經濟生活史稿

作　　者　官德祥
責任編輯　蘇　軏
特約校稿　林秋芬

發 行 人　林慶彰
總 經 理　梁錦興
總 編 輯　張晏瑞
編 輯 所　萬卷樓圖書股份有限公司
　　　　　臺北市羅斯福路二段 41 號 6 樓之 3
　　　　　電話 (02)23216565
　　　　　傳真 (02)23218698

發　　行　萬卷樓圖書股份有限公司
　　　　　臺北市羅斯福路二段 41 號 6 樓之 3
　　　　　電話 (02)23216565
　　　　　傳真 (02)23218698
　　　　　電郵 SERVICE@WANJUAN.COM.TW
香港經銷　香港聯合書刊物流有限公司
　　　　　電話 (852)21502100
　　　　　傳真 (852)23560735

ISBN 978-986-478-407-3
2021 年 2 月初版二刷
2020 年 12 月初版
定價：新臺幣 620 元

如何購買本書：
1. 劃撥購書，請透過以下郵政劃撥帳號：
　　帳號：15624015
　　戶名：萬卷樓圖書股份有限公司
2. 轉帳購書，請透過以下帳戶
　　合作金庫銀行　古亭分行
　　戶名：萬卷樓圖書股份有限公司
　　帳號：0877717092596
3. 網路購書，請透過萬卷樓網站
　　網址　WWW.WANJUAN.COM.TW
大量購書，請直接聯繫我們，將有專人為
您服務。客服：(02)23216565　分機 610

國家圖書館出版品預行編目(CIP)資料

中古社會經濟生活史稿 / 官德祥著. -- 初版. -
- 臺北市：萬卷樓, 2020.12
　面；　公分. -- (新亞文商學術叢刊；
1707003)

ISBN 978-986-478-407-3(平裝)
1.社會生活 2.生活史 3.中國

630　　　　　　　　　　　　　109015603